Sumário

A todos os que procuram viver suas vidas numa perspectiva total; que evitam os dogmas e os preconceitos e que desejam a sabedoria para compreender e a compreensão para perdoar.

Aos meus pais, William T. Little e Corinne, que instilaram em mim o amor à literatura, à arte, à ciência e à filosofia, assim lançando as sementes para que eu apreciasse a vida, o trabalho e a mensagem de Will Durant.

E para Alexandra, Christopher e Sebastian; que eles possam compreender melhor o significado e a riqueza da herança que os seus avós trabalharam com afinco para lhes transmitir.

John Little

Introdução

*John Little**

Quatro anos antes de morrer, Will Durant, ganhador do Prêmio Pulitzer, começou a trabalhar naquele que seria o seu último livro. O projeto nasceu do desejo que ele compartilhava com a esposa e a filha de apresentar uma versão resumida da muito festejada série de livros intitulada *A História da Civilização*. Nesse empreendimento, que demorou cerca de cinquenta anos para ser concluído, Durant apresentou em onze volumes (com a colaboração da esposa, Ariel) um panorama integrado de mais de 110 séculos.

Durant tinha perfeita consciência do cenário mutante que se revelava no mundo da mídia e da comunicação de massa. As gravações em áudio, a televisão e o cinema eram sérios rivais em busca da atenção das plateias modernas. Ao contrário, quando o primeiro volume de *A História da Civilização* foi publicado, em 1935, a literatura competia apenas com o cinema e com o rádio, criação relativamente recente. Em 1977, Ethel, filha de Durant, na esperança de ampliar o público para o ensinamento dos pais, contatou os estúdios da Paramount visando à criação de uma minissérie para a televisão baseada em *A História da Civilização* e recebeu do estúdio notícias animadoras.

Até a área editorial estava mudando: as pessoas que antes preferiam livros maiores agora queriam informação e diversão em formato mais conciso. O público dispunha de menos tempo para dedicar a livros volumosos, considerando-os,

* Escritor canadense, é o idealizador da Will Durant Foundation. Em 2001, encontrou o manuscrito de *Heróis da História*. É também o executor literário da obra de Durant.

mais do que um prazer, tarefas ameaçadoras. Como o público moderno buscava formas mais eficientes de entretenimento e educação, Will Durant decidiu elaborar uma série de "mini-palestras", ou seja, conferências em áudio concentradas em figuras e acontecimentos-chave da história humana. Durant gostou da ideia, e Ethel conseguiu que fossem gravadas; porém, numa carta à filha, datada de 7 de março de 1977, com a tenra idade de 92 anos, Durant manifestou uma certa hesitação quanto à sua capacidade de completar a tarefa:

> Vejo com cuidado o programa que tracei para uma dupla de camicases intelectuais, [e] percebo que está além da minha capacidade física, mesmo com a ajuda de Ariel, compor e recitar tarefa tão ambiciosa; ...acho que a Ceifadora afinal nos descobriu, pois deixou o seu cartão sob a forma de falhas de memória, uma certa instabilidade no andar e uma nova rigidez nas pernas. Essas intimidações da mortalidade não me entristecem; eu ficaria envergonhado de viver mais do que o meu tempo útil; em todo caso, não devo permitir que você ou a Paramount invistam energia ou dinheiro na minha permanência.

Entretanto, Durant formulou uma lista experimental de figuras da história que considerava interessantes e proveitosas para um público moderno. A lista ia de Confúcio e Li Po a Abraham Lincoln e Walt Whitman. Essa concepção se revelaria importante por motivos que vão além da mera apresentação: permitiria que uma pessoa mediana conhecesse as realizações e as vidas de grandes homens e mulheres da história, diretamente através de Will e Ariel Durant. Com a magia do gravador de fita cassete seria possível ouvir dois dos mais iluminados historiadores americanos comentando o profundo significado de poetas, artistas, estadistas e filósofos que povoaram a paisagem da história humana. Na verdade, as fitas acabariam sendo aulas particulares com os Durant, aulas que poderiam ser ouvidas muitas e muitas vezes, propiciando assim um meio de educação contínua, na opinião de Durant (compartilhada por lorde Bolingbroke) de que "história é filosofia ensinada através de exemplos".

Entusiasmado com a tarefa, Durant foi atingido por uma lufada de criatividade e entrou num dos períodos mais criativos e produtivos da sua vida. Por volta de agosto do ano seguinte, ele criara dezenove roteiros para esse empreendimento e, com Ariel, gravara boa parte em fitas cassete. Nessa ocasião, ocorreu-lhe a ideia de que, aperfeiçoado, o áudio dos roteiros dessas conferências poderia se transformar num livro de leitura muito agradável.

Em 25 de agosto de 1978, escreveu à filha:

> Batize o anexo de "Palestra XVIII". Também acabei de datilografar, mas não de rever, a Palestra XIX – Reforma Católica: 1517-1563, que terá 17 páginas. Como pretendo que esses ensaios sirvam para um livro, HERÓIS DA HISTÓRIA, e não para a televisão, me permiti estender-me um pouco mais nas primeiras exposições. Ao todo, serão cerca de 23.

Não havia qualquer dúvida na mente de Durant: seria a sua tentativa final de transmitir o seu etos de considerar história como filosofia:

> Para mim, a história é uma parte da filosofia. A filosofia é uma tentativa de conseguir uma perspectiva vasta, uma perspectiva ampla da vida e da realidade – uma perspectiva ampla que então determinará a nossa atitude em relação a qualquer parte da realidade ou da vida; por exemplo, será que ela nos faz mais compreensivos e magnânimos? Ora, podemos conseguir uma perspectiva ampla através de pelo menos dois caminhos: um por meio da ciência, estudando as várias ciências que colorem todos os aspectos da realidade externa; mas também podemos conseguir uma perspectiva ampla estudando história, que é o estudo dos acontecimentos no tempo – e não das coisas no espaço. Eu desisti do primeiro tipo porque percebi que era externo e matemático demais; era irreal para com o elemento de vitalidade que encontrei em mim mesmo e nas outras coisas. Eu disse que estudaria a história para descobrir o que o homem é – e não posso descobrir isso através da ciência. Assim, a história é a tentativa de conseguir uma perspectiva filosófica através do estudo dos acontecimentos no tempo.

Consequentemente, se me permitem dizer, acredito que sou um filósofo escrevendo história.

Com esse objetivo, Durant resumiu certas partes da série *A História da Civilização* e elaborou material inteiramente novo para outras. O livro pronto é uma maravilhosa introdução aos assuntos históricos, mas poderia servir (e de fato serviu) para aguçar o interesse dos leitores a irem ao encalço dos "heróis" que considerassem mais interessantes na série maior de *A História da Civilização.*

À época, Durant imaginou completar 23 capítulos para esse livro, mas o destino tinha outros planos. Ele completara apenas 21 quando a esposa Ariel sofreu um acidente vascular cerebral. Em fins de 1981, o próprio Durant seria hospitalizado com problemas cardíacos.

Talvez temendo que o marido não retornasse daquela viagem, Ariel parou de se alimentar. Ela morreu em 25 de outubro de 1981, aos 83 anos. A família decidiu fazer um esforço concentrado para evitar que a notícia do falecimento da esposa chegasse ao filósofo. Segundo todos os relatos, ele fora operado com êxito e estava a caminho de uma recuperação plena. Contudo, a neta de Durant, Monica Mihell, disse acreditar que o avô teve a notícia do falecimento da amada esposa por uma reportagem de televisão ou jornal que, apesar de todos os esforços contrários, chegou até ele. Quaisquer que sejam os fatos, o coração de Will Durant parou de bater a 7 de novembro de 1981. Ele tinha 96 anos.

Com o falecimento dos Durant, os seus documentos pessoais se dispersaram; alguns ficaram com parentes, outros com colecionadores e em arquivos. Entre esses documentos estava este manuscrito, que sobreviveria a três mudanças e a uma grande enchente, até eu encontrá-lo por acaso no inverno de 2001, 21 anos depois de Will Durant tê-lo concluído.

Achar o último manuscrito de um escritor que ganhou o Prêmio Pulitzer como Will Durant é, com certeza, um genuíno acontecimento literário, não apenas para os amantes da prosa de Durant, mas também para os estudantes de história e de

Will Durant

Heróis da História

UMA BREVE HISTÓRIA DA CIVILIZAÇÃO
DA ANTIGUIDADE AO ALVORECER DA ERA MODERNA

Tradução de LAURA ALVES *e* AURÉLIO BARROSO REBELLO

www.lpm.com.br

L&PM POCKET

Coleção **L&PM** POCKET, vol. 1088

Texto de acordo com a nova ortografia.
Título original: *Heroes of History: A Brief History of Civilization from Ancient Times to the Dawn of the Modern Age*

Primeira edição na Coleção **L&PM** POCKET: novembro de 2012

Tradução: Laura Alves e Aurélio Barroso Rebello (Tradução adquirida conforme acordo com a Ediouro Publicações)
Capa: Ivan Pinheiro Machado. *Ilustração*: Moeda cunhada no século I a.C. em homenagem ao membro do Primeiro Triunvirato Marco Licínio Crasso.
Revisão: Bianca Pasqualini e Marianne Scholze

CIP-Brasil. Catalogação na fonte
Sindicato Nacional dos Editores de livros, RJ

D954L

Durant, Will, 1885-1981
Heróis da História: uma breve História da Civilização – da Antiguidade ao alvorecer da Era Moderna / Will Durant; tradução de Laura Alves e Aurélio Barroso Rebello. – Porto Alegre, RS: L&PM, 2012.
400 p. : il. ; 18 cm. (Coleção L&PM POCKET; v. 1088)

Tradução de: *Heroes of History: A Brief History of Civilization from Ancient Times to the Dawn of the Modern Age*
Inclui índice
ISBN 978-85-254-2757-1

1. Civilização - História. I. Título. II. Série.

12-7439. CDD: 909
CDU: 94(100)

Rua Comendador Coruja, 314, loja 9 – Floresta – 90220-180
Porto Alegre – RS – Brasil / Fone: 51.3225.5777 / Fax: 51.3221.5380

Pedidos & Depto. comercial: vendas@lpm.com.br
Fale conosco: info@lpm.com.br
www.lpm.com.br

Impresso no Brasil
Primavera de 2012

filosofia pelo mundo afora. Durant era muito mais do que um homem de letras altamente condecorado (ele também recebera a Medalha da Liberdade, o maior prêmio que o governo dos Estados Unidos outorga a um cidadão comum): era um filósofo, que lutou mais pela clareza do que pela reputação. Profundamente humano, sua prosa é fascinante e convincente, e ele via os seres humanos como uma espécie capaz de alcançar níveis de grandeza quase divinos, quando suficientemente inspirados.

Concordando com Nietzsche, para quem "toda filosofia se tornou prisioneira da história", Durant afirmou que a melhor preparação para se compreender os problemas do presente é estudar o passado, pois ali descobriremos a verdadeira natureza da humanidade. Essa atitude e essa filosofia emanam das páginas de *Heróis da História.* Este livro revela muitas das lições que Durant acreditava que a história precisa ensinar: desde assuntos de religião e política até questões sociais, como a luta de classes, e até mesmo o debate mais atual, relativo à viabilidade da presença de homossexuais nas forças armadas (por exemplo, o leitor poderia ser forçado a encontrar na história algum indício de que os homossexuais não fossem valentes guerreiros; Durant revela no Capítulo 8 que um exército tebano liderado por Epaminondas e trezentos "amantes gregos" ligados por um vínculo homossexual arrasou os espartanos – o mais valente exército de toda a Grécia Antiga – em Lêuctra, em 371 a.C., e foi assim que acabou com o domínio de Esparta na Grécia).

Heróis da História também revela um Will Durant mais cândido e pessoal. Talvez fosse a idade, ou uma acentuada sensação de liberdade que surge depois de ter passado mais de sessenta anos aperfeiçoando-se no próprio ofício; qualquer que seja o motivo, temos aqui um Will Durant totalmente renovado, falando com franqueza, facilidade e fascínio de questões como sexualidade, política e religião, tópicos que a maioria dos historiadores evita, assustada, ou reveste de nomenclatura excessivamente científica. Além disso, o uso que Durant faz da narrativa na primeira pessoa confere um tom de testamento pessoal a assuntos que para ele tinham profundo significado.

O tema de praticamente todos os escritos de Will Durant eram as ideias que as civilizações fomentaram para aprimorar a humanidade e o veredicto a respeito da eficácia dessas ideias, o que já fora estabelecido pelo tribunal da história, se nos detivéssemos a ouvi-las. Em vez de alguém passar horas em abstrações teóricas sobre uma questão filosófica, como, por exemplo, se a riqueza concentrada nas mãos de uns poucos deveria ou não ser redistribuída entre a população em geral, a nossa herança humana já tem exemplos concretos mostrando se esse princípio gerou o resultado desejado ou se precipitou uma catástrofe não prevista.

Este último livro de Will Durant não é mera coletânea de datas, personalidades e acontecimentos, nem um simples resumo da sua obra-prima, *A História da Civilização*. É a lição da nossa herança, transmitida para aperfeiçoar e favorecer gerações futuras. É um buraco de fechadura através do qual podemos espionar, nas palavras de Durant, "...uma cidade celestial, um especial País da Mente, onde milhares de santos estadistas inventores, cientistas, poetas, artistas, músicos, amantes e filósofos ainda vivem e falam, ensinam, esculpem e cantam".

Heróis da História é o testamento final de Will Durant, a bênção oferecida por aquele "País da Mente" que ele tanto amava e ao qual dedicou boa parte da vida para nos revelar. O encanto das palavras de Durant abre as fronteiras desse País da Mente, e as nossas almas são convidadas a visitá-lo, acompanhadas de pessoas que querem caminhar conosco e nos contar histórias de vida, amor, guerra, poesia e ideias, e que se oferecem para nos elevar a uma perspectiva maior e mais nobre de tolerância e sabedoria e a um amor mais ávido por uma vida profunda.

CAPÍTULO 1

O QUE É CIVILIZAÇÃO?

A história humana é um fragmento da biologia. O homem é uma espécie entre incontáveis milhões e, como todo o resto, está sujeito à luta pela existência e à competição dos mais aptos pela sobrevivência. Psicologia, filosofia, diplomacia e utopias, todas devem se harmonizar com essas leis biológicas. É possível situar o homem cerca de um milhão de anos antes de Cristo. A agricultura começou não muito antes de 25.000 a.C. O homem viveu quarenta vezes mais como caçador do que como lavrador da terra levando uma vida enraizada. Nesses 975 mil anos, sua natureza básica foi formada e continua a desafiar a civilização todos os dias.

No estágio da caça, o homem era extremamente ávido e voraz porque precisava ser assim. O seu suprimento de víveres era incerto e, quando ele capturava a presa, precisava comê-la, gostando ou não, até suprir a capacidade máxima do volume do seu estômago, se não a carcaça logo se deterioraria; em muitos casos, comia a carne crua, ou "malpassada", como dizemos, agora que esse homem volta ao estágio da caça nos nossos restaurantes profundamente masculinos. Além disso, milhares de vezes naqueles milhares de anos o homem precisou ser belicoso, sempre pronto a lutar pela comida, pela companheira ou pela vida. Se pudesse, teria mais de uma companheira, pois caçar e lutar eram atividades mortalmente perigosas e deixavam um excedente populacional de mulheres em relação aos homens; assim, o macho ainda é polígamo por natureza.

Tinha poucos motivos para controlar a natalidade, pois, na cabana e mais tarde no grupo de caça, os filhos se tornavam trunfos. Por essas e outras razões, no estágio da caça, a avidez, a belicosidade e a disposição para o sexo eram virtudes, ou seja, qualidades que garantiam a sobrevivência.

Tais características ainda formam o caráter básico do macho. Mesmo na civilização, a principal função do macho é sair à caça de alimento para a família ou em busca de algo que possa, se necessário, ser trocado por comida. Por mais brilhante que possa ser, ele é basicamente sujeito à fêmea, fonte e curso principal da raça.

Provavelmente, a mulher desenvolveu a agricultura, o primeiro solo da civilização. Ela observara o brotar das sementes das frutas caídas das árvores; experimentalmente e com paciência, plantou as sementes perto da caverna ou da cabana enquanto o homem saía para caçar comida de origem animal. Quando a experiência feminina com a semeadura teve sucesso, o companheiro concluiu que, se ele e outros machos se unissem, protegendo-se mutuamente de ataques externos, poderiam plantar e colher com suas mulheres, em vez de arriscar a vida e o suprimento de comida nas incertezas da caça ou de um pastoreio nômade.

Século após século, o homem se ajustou a uma vida doméstica e enraizada. A mulher domesticara o carneiro, o cão, o asno e o porco; também domesticou o homem. O homem é o último animal doméstico da mulher, civilizado apenas parcialmente e com relutância. Aos poucos, ele aprendeu com ela os valores sociais: amor pela família, bondade (que é semelhante a parentesco), sobriedade, cooperação e atividades coletivas. A virtude teve que ser redefinida como qualquer atributo que favorecesse a sobrevivência do grupo. Acredito que tenha sido esse o início da civilização, ou seja, da existência de cidadãos civilizados. Mas nessa ocasião também começou o conflito profundo e contínuo entre natureza e civilização, entre os instintos individualistas, tão profundamente arraigados no longo estágio de caça da história humana, e os instintos sociais que se desenvolveram mais fragilmente numa vida recentemente estabelecida. Cada assentamento precisava ser protegido por uma ação coletiva; a cooperação entre os indivíduos tornou-se uma ferramenta de competição entre grupos, aldeias, tribos, classes, religiões, raças, estados.

A maioria das nações ainda está em estado natural, ainda vive no estágio da caça. As expedições militares correspondem à caça em busca de alimentos, ou combustíveis, ou matérias-primas; uma guerra bem-sucedida é a forma de uma nação se alimentar. O Estado, que somos nós e os nossos impulsos multiplicados em busca de organização e defesa, expressa nossos velhos instintos de avidez e belicosidade porque, assim como o homem primitivo, o homem civilizado sente-se inseguro; a sua voracidade é uma barreira contra necessidades e carências futuras. Somente quando se sente segura externamente a nação atende suas necessidades internas e atinge os impulsos sociais que a civilização desenvolveu. Os indivíduos se civilizaram quando se sentiram seguros de pertencer a uma comunidade efetivamente protetora; os estados se civilizarão quando se sentirem seguros como membros leais de uma confederação efetivamente protetora.

Mas como a civilização se desenvolveu, apesar da natureza inerentemente caçadora do macho? O objetivo não era sufocar essa natureza; a civilização reconhecia que nenhum sistema econômico seria longevo sem apelar para os instintos de avidez e sem fazer emergir habilidades mais complexas oferecendo recompensas superiores. Sabia que nenhum indivíduo ou estado poderia sobreviver sem que desejasse lutar pela autopreservação. Via que nenhuma sociedade, raça ou religião duraria se não se reproduzisse. Mas percebeu que, se não fosse reprimida, a ambição provocaria a banalização do roubo, assaltos indiscriminados, corrupção política e tamanha concentração de riqueza que levaria à revolução.

Se a belicosidade não fosse reprimida, provocaria turbulências em todas as esquinas, o domínio de toda a vizinhança pelo banditismo mais pesado, a divisão de todas as cidades entre gangues rivais. Se o sexo não fosse controlado, todas as jovens ficariam à mercê dos sedutores, todas as esposas à mercê da ânsia secreta do marido pelos encantos da diversidade e da juventude, e isso tornaria não apenas todos os parques, mas também todas as ruas lugares inseguros para qualquer mulher. Esses poderosos instintos tiveram que ser controlados, caso contrário a ordem social e a vida em comunidade seriam impossíveis, e os homens teriam permanecido selvagens.

Os instintos do estágio de caça foram controlados, em parte, pela lei e pela polícia, e, em parte, por um precário acordo geral, a chamada moral. Reprimiram-se os impulsos de avidez, considerando-se ilegais o furto, a cobiça e a destruidora concentração de riqueza. O espírito de belicosidade foi restringido com a aplicação de sanções a pessoas e propriedades. Os impulsos sexuais, apenas ligeiramente menos poderosos do que a fome, foram disciplinados até chegarem a uma ordem viável, proibindo a excitação em público e tentando canalizá-los desde cedo para um casamento responsável.

Como esse complexo código moral – tão incompatível com a nossa natureza, tão perturbador com os seus "Não farás isso, não farás aquilo..."– foi inculcado e mantido através de cinco instituições especiais (família, igreja, escola, leis e opinião pública) que ajudaram a formá-lo e que hoje estão todas dilapidadas? No regime agrícola, a família ensinava a vantagem e a conveniência da associação e da ajuda mútua; a mãe liderava as filhas e ensinava-as a cuidar do lar; o pai liderava os filhos e ensinava-os a cuidar do solo; essa dupla liderança deu forte base econômica à autoridade parental. A religião reforçava os mandamentos morais, atribuindo-os a um Deus que tudo via, recompensava e punia. Através do preceito e do exemplo, pais e professores transmitiam o código divinamente sancionado; e até hoje esse vínculo com a religião fortaleceu-lhes a autoridade. As leis sustentaram grande parte do código pelo uso e pelo temor da força organizada. A opinião pública reprimiu a imoralidade com adjetivos e afrontas e encorajou o bom comportamento com elogios, promoção e poder.

Sob o guarda-chuva protetor da ordem social, a vida em comunidade se expandiu, a literatura floresceu, a filosofia aventurou-se, as artes e as ciências se desenvolveram, e os historiadores registraram inspiradoras conquistas de nações e raças. Aos poucos, homens e mulheres fomentaram a moderação, a amizade e a cortesia, a consciência moral e o senso estético, graças preciosas e intangíveis da nossa herança. A civilização é a ordem social promovendo a criação cultural.

Ora, e se as forças que favorecem a ordem e a civilização falharem em preservá-las? A família enfraqueceu com o desaparecimento do trabalho em conjunto realizado na lavoura; com o individualismo que espalha empregos e filhos; e com o desgaste da autoridade parental por meio da liberdade mental, das aspirações utópicas e da natural rebeldia dos jovens.

A religião enfraqueceu-se com o crescimento da riqueza e das cidades; com os inesperados avanços da ciência e da historiografia; com a mudança do trabalho no campo, que promovia a vida criativa, para as fábricas, que enfatizavam a física, a química e a glória da máquina; e com a substituição de esperanças celestes por estados perfeitos. O nosso sistema educacional é desencorajado pela luta de classes e raças, por minorias armadas que apresentam "demandas inegociáveis", pela revolta de sobrecarregados contribuintes do imposto de renda e pelo colapso das pontes entre juventude e velhice, entre experimento e experiência. As leis perderam a eficácia com a multiplicação e o desvio, com a venalidade dos legisladores, com os melhoramentos dos meios de fuga e esconderijo e com a dificuldade de se aplicar a lei numa população em crescimento descontrolado. A opinião pública perde força com a divisão, o medo, a apatia e o culto universal à riqueza.

Assim, os velhos instintos retornam livres e indomados, explodindo em crimes, no jogo, na corrupção, no ganhar dinheiro sem consciência e num caos sexual onde o amor é o sexo – livre para o macho e perigoso para a raça. O conselho dá lugar ao confronto; a lei sucumbe ante uma força minoritária; o casamento torna-se um investimento de curto prazo em inseguranças diversificadas; a reprodução depende de acidentes e desajustes; a fertilidade da incompetência alimenta a raiz da árvore da raça, enquanto a esterilidade da inteligência faz murchar a copa dessa árvore.

Mas os próprios excessos do paganismo atual talvez garantam certa esperança de que ele não durará muito tempo, pois, em geral, o excesso gera o seu oposto. Uma das sequências mais regulares da história é um período de licenciosidade paga ser seguido por uma era de restrição puritana e disciplina moral. Assim, à decadência moral da antiga Roma no período de Nero, Cômodo e imperadores posteriores seguiu-se o crescimento do cristianismo, adotado e protegido oficialmente pelo imperador Constantino como fonte salvadora e suporte da ordem e da decência.

A violência dos mercenários aventureiros e a licenciosidade sexual do Renascimento italiano com os Borgia provocaram a purificação da Igreja e a restauração da moralidade. O êxtase irresponsável da Inglaterra elisabetana cedeu lugar ao domínio puritano de Cromwell que, como reação, reconduziu o paganismo à Inglaterra na época de Carlos II. O colapso do governo, do casamento e da família durante os dez anos da Revolução Francesa terminou na restauração da lei, da disciplina e da autoridade parental com Napoleão I; o paganismo romântico de Byron e Shelley e a conduta dissoluta do príncipe de Gales que se tornou Jorge IV foram seguidos pelo decoro público da Inglaterra vitoriana. Se esses precedentes nos servem de orientação, podemos esperar que os filhos dos nossos netos sejam puritanos.

Mas há perspectivas mais agradáveis na história do que essa oscilação entre os excessos e seus contrários. Eu não concordo com a conclusão deprimente de Voltaire e Gibbon de que a história é "o registro dos crimes e das loucuras da humanidade". Naturalmente, em parte ela é isso, e contém centenas de milhões de tragédias – mas também é a sanidade salvadora da família comum, o trabalho e o amor de homens e mulheres que carregam o fluxo da vida superando milhares de obstáculos. É a sabedoria e a coragem de estadistas como Winston Churchill e Franklin Roosevelt, este último tendo morrido exausto, porém realizado; é o esforço inquebrantável de cientistas e filósofos para entender o universo que os envolve; é a paciência e a habilidade de artistas e poetas dando forma duradoura a uma beleza transitória, ou uma clareza luminosa a um significado sutil; é a visão dos profetas e dos santos nos desafiando a sermos nobres.

Neste rio turbulento e maculado, escondido em meio ao absurdo e ao sofrimento, existe uma verdadeira Cidade de Deus onde, através dos milagres da memória e da tradição, os espíritos criativos do passado ainda vivem e trabalham, esculpem, constroem e cantam. Platão está lá, brincando de filosofia com Sócrates; Shakespeare está lá, trazendo novos tesouros a cada dia; Keats ainda ouve o seu rouxinol, e Shelley nasceu no vento oeste; Nietzsche está lá, delirante e revelador; Cristo está lá, a nos chamar para compartilharmos do seu pão. Esses e tantos mais, e os dons que nos legaram, constituem o Incrível Legado da raça, o fio de ouro da teia da história.

Não precisamos fechar os olhos para os males que nos desafiam – deveríamos trabalhar sem esmorecimento para diminuí-los –, mas podemos reunir forças a partir das realizações do passado, dos esplendores da nossa herança. Diferentemente do infeliz rei de Shakespeare, sentemo-nos para contar histórias da bravura de nobres mulheres e grandes homens.

CAPÍTULO 2

CONFÚCIO E O ANJO BANIDO

Não é novidade para ninguém que a civilização chinesa é tão velha como qualquer outra que conhecemos e que a sua história está repleta de estadistas, sábios, poetas, artistas, cientistas e santos cujo legado ainda pode enriquecer a nossa compreensão e aprofundar a nossa humanidade. Por volta de 1750, Diderot escreveu assim sobre os chineses:

> Esses povos são superiores a todos os outros asiáticos em antiguidade, arte, intelecto, sabedoria, política e no seu gosto pela filosofia; mais ainda, na opinião de certos autores, nessas matérias eles disputam a glória com os povos mais ilustrados da Europa.

É muito revelador perceber que Confúcio, cerca de quinhentos anos antes de Cristo, escrevia sobre "os homens sábios da Antiguidade"; aparentemente, os chineses tiveram filósofos mil anos antes de Confúcio, antes mesmo de Buda, Isaías, Demócrito e Sócrates.

Os antigos chineses, bem como os nossos próprios ancestrais, desenvolveram lendas para explicar as suas origens. Uma delas conta que P'an Ku, através de dezoito mil anos de trabalho, deu forma ao universo por volta de 2.229.000 a.C. Enquanto trabalhava,

> "a sua respiração se transformou no vento e nas nuvens, a sua voz se transformou no trovão; as suas veias nos rios; a sua carne na terra; os seus cabelos na grama e nas árvores; o

seu suor na chuva; e os insetos que se lhe agarraram ao corpo transformaram-se na raça humana.

Inicialmente, somos informados de que "as pessoas eram como feras, vestiam-se com peles, alimentavam-se de carne crua e conheciam as mães, mas não os pais" – ou, na nossa variante contemporânea, usavam casacos de vison, apreciavam carnes malpassadas, e o macho praticava o amor livre. Essa liberdade selvagem (continua a lenda) foi extinta por uma série de "imperadores celestes", cada qual reinando por dezoito mil anos, que ajudaram a transformar os insetos de P'an Ku em cidadãos obedientes. O imperador Fu Hsi, por volta de 2852 a.C., ensinou ao seu povo o casamento, a música, a escrita, a pintura, a pesca com redes, a domesticação de animais e maridos e a convencer os bichos-da-seda a produzirem a seda. O seu sucessor, Shen Nung, introduziu a agricultura, inventou o arado e desenvolveu a ciência da medicina a partir do poder curativo das plantas. O imperador Huang-ti descobriu o ímã, construiu um observatório, corrigiu o calendário e redistribuiu a terra, a mais antiga menção à redistribuição governamental de riqueza (repetidamente concentrada). Portanto, a lenda, assim como Carlyle, via a história como uma sucessão de heróis e atribuía a uns poucos indivíduos destacados os laboriosos avanços de muitas gerações.

Essa era imperial encerrou-se com a perversidade do imperador Chou Hsin, que inventou os pauzinhos de comer e permitiu que o povo cometesse excessos de licenciosidade e violência; somos informados de que homens e mulheres davam cambalhotas, nus, nos jardins da rainha. Por volta de 1123 a.C., uma revolução derrubou Chou Hsin, e o Império do Meio, como os chineses chamavam o seu país, mergulhou numa confusão de semiducados, cuja semi-independência, como na Alemanha do século XVIII, parece ter contribuído para o desenvolvimento da poesia, da filosofia, da ciência e da arte. Confúcio reuniu 305 poemas desse período feudal em *Shi-Ching*, ou *Livro das Odes*.

O mais contemporâneo desses poemas é o eterno lamento de soldados arrancados dos seus lares e destinados a morrer na guerra sem saber o motivo:

Como são livres os gansos selvagens com suas asas,
E que descanso encontram sob as árvores do bosque de Yu!
Mas nós, trabalhadores constantes a serviço do rei,
Nem sequer podemos plantar o nosso painço e o nosso arroz.

Em quem se apoiarão os nossos pais?
Ó tu, Céu distante e azul:
Quando tudo isto terminará?...

Que folha não ficou púrpura?
Que homem não foi arrancado à sua esposa?
Misericórdia para nós, soldados!
Será que não somos homens também?

Como se depreende da mais feliz dessas odes, lindamente traduzida por Helen Waddell, um soldado retrucou:

A glória da manhã ergue-se sobre a minha cabeça,
Flores pálidas, brancas e purpúreas, azuis e vermelhas.
Estou inquieto.

Lá na grama ressecada algo se mexeu;
Pensei ouvir as passadas dele;
Então um gafanhoto se mexeu.

Subi à colina quando a lua nova apareceu;
E o vi chegando pela estrada do sul.
Meu coração descarrega o fardo pesado.

A esse período feudal pertenceu o primeiro dos famosos filósofos chineses. Nascido por volta de 604 a.C., Lao-tsé, ou seja, "Velho Mestre", rejeitou a civilização das cidades que cresciam na China, num livro conhecido como *Tao-te-Ching*, isto é, *Livro do caminho e da virtude.* É quase um resumo de Jean-Jacques Rousseau e Thomas Jefferson, dois mil e trezentos anos antes. O caminho da virtude, segundo Lao, é esquivar-se das obras e das armadilhas do intelecto e levar uma vida rústica e tranquila, em harmonia com a natureza e com os antigos hábitos e ideias.

Se não fossem tolhidos pelo governo, os impulsos espontâneos do povo – desejos de pão e amor – girariam a roda da vida num movimento circular suficientemente simples e completo. Assim, haveria poucas invenções, pois estas só se somariam à força dos fortes e à riqueza dos ricos. Não deveria haver livros nem indústrias, apenas negócios entre aldeias – e nenhum comércio com o estrangeiro.

O Velho Mestre traça uma distinção nítida entre natureza e civilização, como faria Rousseau naquela galeria de ecos chamada de pensamento moderno. A natureza é a atividade natural, o fluxo silencioso de eventos tradicionais, a marcha majestosa e a ordem das estações e do céu; é o Tao (ou Caminho) exemplificado e corporificado em cada riacho, pedra e estrela; é a lei das coisas, imparcial e impessoal e, contudo, racional, à qual a lei da conduta deve se adequar (como em Spinoza), se quisermos viver na sabedoria e na paz. Essa lei das coisas é o Tao, ou Caminho, do universo, assim como a lei da conduta é o Tao, ou Caminho, da vida. Em Lao-tsé, ambos os Taos são um só; e a vida humana, nos seus ritmos essenciais de nascimento, vida e morte, faz parte do ritmo do mundo.

> Todas as coisas da natureza trabalham em silêncio. Existem e nada possuem. Cumprem a sua função e não reclamam. Todas as coisas fazem o seu trabalho e depois nós as vemos desaparecer. Quando alcançam o apogeu da florescência, cada uma retorna à sua origem. Retornar à origem significa descanso ou cumprimento do destino. Essa reversão é uma lei eterna. Conhecer essa lei é a sabedoria.

Em todos os campos, a marca do sábio é ser quiescente, estar numa espécie de inércia filosófica, recusar-se a interferir no curso natural das coisas. Se o Estado estiver em desordem, o que se deve fazer não é reformá-lo, mas sim levar uma vida ordenada no cumprimento do dever. Quando se encontra resistência, a atitude mais sábia não é discutir, lutar nem guerrear, mas sim recuar em silêncio e vencer, se possível, pela submissão e pela paciência: a passividade vence com mais frequência do que a ação. No texto seguinte, Lao-tsé fala quase com a ênfase de Cristo:

> Se não discutires, ninguém na terra será capaz de discutir contigo [...] Recompensa a injúria com bondade [...] Com quem é bom eu sou bom, e com quem não é bom, também sou bom; assim, tudo será bom. Com quem é sincero eu sou sincero, e com quem não é sincero, também sou sincero, assim tudo será sincero [...] A coisa mais suave do mundo... supera a mais dura.

Todas essas doutrinas culminam na concepção de Lao a respeito do sábio. É característico do pensamento chinês falar não de santos, mas de sábios, não tanto de bondade, mas sim de sabedoria; para os chineses, o ideal não é o devoto piedoso, mas sim a mente madura e tranquila. O sábio não fala nem do Tao nem da sabedoria, pois a sabedoria não pode ser transmitida por palavras, apenas pelo exemplo e pela experiência. Se o sábio conhece mais do que os outros homens, tenta ocultar isso: "ele conterá o seu brilho e chegará a um acordo com a obscuridade alheia. Ele concorda mais com o simples do que com o culto e não se sente magoado com a contradição do aprendiz". Não dá importância à riqueza nem ao poder, pois reduz os seus desejos a um mínimo quase budista.

Podemos imaginar como essa filosofia de recolhimento deve ter sido irritante para o jovem e ambicioso Confúcio, que, com a idade imatura de 35 anos, procurou Lao-tsé e pediu-lhe conselho sobre alguns detalhes históricos. Dizem que o Velho Mestre respondeu com uma concisão áspera e enigmática:

> Aqueles a respeito dos quais tu perguntas moldaram o pó com os seus ossos [...] Livra-te do teu orgulho e de muitas ambições, da tua afetação e dos teus objetivos extravagantes. O teu caráter nada ganha com tudo isso.

O historiador chinês relata que Confúcio reconheceu a sabedoria dessas palavras e não se ofendeu. Prosseguiu decidido a cumprir a própria missão e veio a se tornar o mais influente filósofo da história.

CONFÚCIO

Kung-fu-tsé, "Kung, o Mestre", como os seus discípulos o chamavam, nasceu por volta de 551 a.C., no ducado feudal, ou reino, de Lu, atual província de Shantung. Seu pai morreu quando ele tinha três anos. Confúcio trabalhava depois das aulas para ajudar a sustentar a mãe. Casou-se aos dezenove anos, divorciou-se da esposa aos 23 e não parece ter se casado novamente. Aos vinte anos de idade, começou a ensinar usando a casa como escola e cobrando a importância que os discípulos pudessem pagar. Como Sócrates, ele ensinava mais pelas palavras do que pelos livros; conhecemos suas opiniões principalmente pelos relatos precários dos seus discípulos. Não atacou nenhum outro pensador nem perdeu tempo com refutações. Desejava firmemente a fama e uma posição, porém recusou continuamente a indicação de governantes que lhe pareciam imorais ou injustos.

A sua oportunidade surgiu quando, por volta de 501 a.C., foi nomeado principal magistrado da cidade de Chung-tu. Segundo certa tradição patriótica, uma verdadeira epidemia de honestidade varreu a cidade: os artigos de valor que eram deixados cair nas ruas ficavam intocados ou eram devolvidos ao proprietário. Sabemos que a sua indicação subsequente, para ministro do crime, feita pelo duque Ting, de Lu, foi suficiente para acabar com toda a atitude ilegal. Os registros chineses dizem que

> a desonestidade e a libertinagem ficaram envergonhadas e esconderam suas cabeças. A lealdade e a boa-fé se tornaram as características dos homens, e a castidade e a docilidade, as das mulheres. Confúcio tornou-se o ídolo do povo.

Isso era bom demais para ser verdade e, em todo caso, mostrou-se bom demais para durar. Os criminosos reuniram-se e prepararam armadilhas para os pés do Mestre. Dizem os historiadores que os estados vizinhos ficaram enciumados de Lu e temerosos do seu poder crescente. Um ministro astuto sugeriu um estratagema para afastar de Confúcio o duque de Lu: o duque de Ts'i enviou ao duque Ting um bando de belas "cantoras" e 120 cavalos ainda mais belos. O duque de Lu ficou cativado, ignorou os protestos de Confúcio (que garantia que o primeiro princípio do governante é dar o bom exemplo) e escandalosamente negligenciou os ministros e os assuntos de Estado. Confúcio demitiu-se e iniciou treze anos de caminhadas com os discípulos. Observou com tristeza que jamais "vira alguém que amasse a virtude tanto quanto ele amava a beleza".

Qual era a filosofia básica de Confúcio? Era restaurar a moralidade e a ordem social, difundindo a educação. Dois parágrafos de um livro intitulado *O grande ensinamento* foram escolhidos pelos seus discípulos para resumir-lhe a doutrina:

> Os antigos que desejassem dar um exemplo da mais elevada virtude em todo o império, em primeiro lugar punham em boa ordem os próprios estados. Desejando ordenar bem os próprios estados, primeiro ajustavam suas famílias. Desejando ajustar as suas famílias, primeiro cultivavam a si próprios. Desejando cultivar a si próprios, em primeiro lugar purificavam seus corações. Desejando purificar seus corações, primeiro procuravam ser sinceros nos seus pensamentos. Desejando ser sinceros nos seus pensamentos, primeiro estendiam ao máximo o seu conhecimento. Essa extensão do conhecimento reside na investigação das coisas.
>
> Sendo as coisas investigadas, o conhecimento fica completo. Sendo o conhecimento completo, os pensamentos são sinceros. Sendo os pensamentos sinceros, os corações, então, se purificam. Sendo os corações purificados, os seus próprios eus são cultivados. Sendo os seus próprios eus cultivados, as famílias se ajustam. Estando as famílias ajustadas, os estados são governados corretamente. Sendo os estados corretamente governados, todo o império fica tranquilo e feliz.

Trata-se de um conselho de perfeição que esquece que o homem é um macaco de calças; porém, assim como o cristianismo, oferece um objetivo a alcançar, uma escada para subir. É um dos textos de ouro da filosofia: a reforma começa em casa.

Quando Confúcio fez 69 anos, o duque Gae sucedeu ao duque de Lu e enviou três funcionários até o filósofo, levando presentes e um convite para que retornasse à sua terra natal. Durante os cinco últimos anos de vida, Confúcio viveu ali, com simplicidade e honrarias. Quando o duque de Shi mandou perguntar pela sua saúde, ele mandou o fiel discípulo Tsze-loo responder:

> Ele é simplesmente um homem que, na ansiosa busca do conhecimento, esquece de comer; que na sua alegria (quando a consegue), esquece as tristezas; e que não percebe que a velhice está chegando.

Confúcio morreu aos 72 anos. Seus discípulos o enterraram com a pompa e a circunstância condizentes com o afeto que lhe devotavam; alguns construíram cabanas perto do túmulo e viveram ali por três anos. Quando todos os outros se foram, Tsze-kung, que o amava mais do que os outros, permaneceu ali por três anos mais, pranteando sozinho o túmulo do Mestre.

Agora vista as asas e pulemos 12 séculos, de 478 a.C. para 705 d.C.

Certo dia, no apogeu do seu reinado, o imperador Ming Huang recebeu embaixadores da Coreia que lhe trouxeram importantes mensagens escritas num dialeto que nenhum dos seus ministros conseguia entender. Huang exclamou:

> Quê! Como é possível, entre tantos magistrados, entre tantos eruditos e guerreiros, não se encontrar uma só pessoa que tenha conhecimento suficiente para nos aliviar do vexame desta situação? Se dentro de três dias ninguém for capaz de decifrar esta carta, todas as vossas comissões serão suspensas.

Durante um dia os ministros confabularam e se atormentaram, temendo pelas próprias funções e cabeças.

Então, o ministro Ho Chi-chang aproximou-se do trono e disse:

> Este vosso súdito toma a liberdade de anunciar a Vossa Majestade que existe um poeta de grande mérito chamado Li, que está sempre em casa e conhece profundamente mais de uma ciência; ordenai-lhe que leia esta carta, pois não há nada de que ele não seja capaz.

Li compareceu e ditou uma resposta sábia, que o imperador assinou sem hesitar, quase acreditando no que o ministro Ho Chi-chang lhe sussurrara: que Li era um anjo banido do céu por alguma diabrura maliciosa. Provavelmente, essa história é uma invenção de Li.

Na noite em que Li nasceu, sua mãe – pertencente à família Li – sonhara com Tai-po Hsing, a Grande Estrela Branca, que no Ocidente é chamada de Vênus. Assim, a criança foi chamada de Li, que significa "joia", e recebeu o sobrenome Tai-po, Estrela Branca. Aos 10 anos de idade, ele conhecia a fundo todos os livros de Confúcio e compunha poesias imortais. Tornou-se rico e forte, praticava esgrima e anunciava suas habilidades para o mundo: "Embora com menos de sete pés [chineses] de altura, sou forte o bastante para enfrentar dez mil homens". Depois, perambulou pela terra, absorvendo, de vários lábios, a sabedoria do amor. Escreveu assim:

Vinho da uva,
Cálices de ouro
E a bela jovem de Wu.
Ela vem no dorso de um pônei; tem quinze anos.
Sobrancelhas pintadas de azul
Sapatos de brocado rosa
E canta fascinantemente bem.
Assim deleitando-se à mesa
Incrustada com cascos de tartaruga,
Ela se embriaga no meu colo.

Ah, criança, quantas carícias
Por trás das cortinas bordadas de lírios!

Li casou-se, mas ganhou tão pouco dinheiro que a esposa o deixou e levou os filhos. O imperador ajudou-o e cobriu-o de presentes por ele tecer elogios a Yang Ywei-fei, a amada real. Mas Yang achava que o poeta a satirizava e então convenceu o imperador a dar dinheiro a Li Po e mandá-lo embora.

Nós o imaginamos vagueando de cidade em cidade, como Tsui Tsung-chi o descreveu:

> Com a mochila às costas, cheia de livros, como um peregrino, ele caminha mil milhas ou mais. Sob as mangas, um punhal, e, no bolso, uma coleção de poemas.

Nessas longas perambulações, a velha amizade de Li com a natureza confortou-o e deu-lhe uma espécie de alegria rebelde:

Por que eu vivo entre as montanhas verdes?
Rio e não respondo; minha alma está serena;
Vive em outro céu e terra, que não pertencem a homem algum.
Os pessegueiros estão floridos, e a água corre.

Ou:

Do meu leito, eu vi o luar,
E me perguntei se não havia geada no chão.
Ergui a cabeça e olhei para a montanha-lua;
Inclinei a cabeça e pensei no meu lar distante.

Então, à medida que os cabelos embranqueciam, o poeta sentia saudades das cenas da juventude. Quantas vezes, na vida artificial da capital, ele suspirara pela simplicidade natural da família e do lar!

Nas terras de Wu as folhas das amoreiras são verdes,
E os bichos-da-seda foram dormir três vezes.

À leste de Lu, onde vive a minha família,
Eu me pergunto quem está semeando os nossos campos.
Não posso voltar a tempo das atividades da primavera;
E em nada posso ajudar, viajando pelo rio.

O vento sul, soprando, transporta o meu espírito nostálgico
E o leva até a nossa taverna familiar.
Lá eu vejo o pessegueiro no lado leste da casa,
Com suas folhas espessas e seus galhos se agitando na névoa azul.
É a árvore que plantei antes de partir há três anos.
O pessegueiro agora chegou à altura do telhado da taverna,
Enquanto eu perambulava de um lado para outro sem retornar.

Ping-yang, minha bela filha, eu te vejo de pé,
Ao lado do pessegueiro, colhendo um galho em flor.
Tu colhes as flores, mas eu não estou ali –
Tuas lágrimas fluem como um curso d'água!
Meu filhinho Po-chin cresceu até os ombros da irmã,
Veio com ela para debaixo do pessegueiro;
Mas quem está aí para colocá-lo nas suas costas?

Quando penso nessas coisas, os meus sentidos falham,
E uma dor aguda me corta o coração todos os dias.
Agora rasgo um pedaço de seda branca para escrever esta carta,
E te envio com o meu amor pelo longo caminho do rio.

Os últimos anos do poeta foram amargos, pois ele jamais se humilhou para ganhar dinheiro e, no caos da guerra e da revolução, não encontrou rei algum que lhe evitasse a fome. Aceitou de bom grado o oferecimento de Li-ling, príncipe de Yung, para participar do seu séquito; mas Li-ling se revoltou contra o sucessor de Ming Huang e, quando a revolta foi sufocada, Li Po se viu na prisão, condenado à morte como traidor. Então, Kuo Tsi-i, o general que debelara a rebelião, intercedeu para que a vida de Li Po fosse poupada, porém privando-o do posto militar e do título. O imperador comutou a sentença para exílio. Pouco depois foi declarada anistia geral, e o poeta dirigiu para casa os seus passos vacilantes.

Três anos depois, adoeceu e morreu, e a lenda, descontente com essa morte comum para uma alma tão rara, contava que ele se afogou num rio tentando abraçar, numa bebedeira, o reflexo da lua na água.

No conjunto, os trinta volumes de versos delicados e agradáveis que Li deixou garantem-lhe a reputação de maior poeta da China. "Ele é o ápice sublime do Tai dominando milhares de montanhas e colinas; é o sol em cuja presença milhões de estrelas do céu perdem o brilho cintilante", afirma um crítico chinês.

O rei Huang e sua consorte Yang estão mortos, mas Li Po ainda canta:

> *O meu navio é feito de madeira perfumada e tem leme de mulan.*
> *Músicos sentam-se nas duas extremidades com preciosas flautas de bambu e flautins de ouro.*
> *Que prazer isso representa, diante de um tonel de vinho doce,*
> *E jovens cantando ao meu lado,*
> *Balouçar sobre as águas de um lado para outro, ao sabor das ondas!*
> *Estou mais feliz do que a fada do ar,*
> *Montada no seu grou amarelo,*
> *E, livre como o tritão, distraído, sigo as gaivotas,*
> *Agora com golpes da minha pena inspirada eu abalo as Cinco Montanhas.*
>
> *Meu poema acabou. Rio, e o meu prazer é mais vasto do que o mar.*
> *Ó poesia imortal! As canções (do poeta) Ch'u P'ing são tão gloriosas quanto o sol e a lua,*
> *Enquanto os palácios e as torres dos reis Chou desaparecem das colinas.*

Há muito mais a dizer, porém o relógio infernal marca o tempo; e assim eu termino com o último parágrafo que escrevi sobre a China, por volta de 1932:

> Nenhuma vitória nas armas, nem a tirania das finanças estrangeiras, consegue mais sufocar uma nação tão rica de recursos

e vitalidade. O invasor perderá dinheiro ou paciência antes que a teimosia da China perca a vitalidade; daqui a um século, a China terá absorvido os seus conquistadores (à época, os japoneses) e terá aprendido toda a tecnologia daquilo que momentaneamente leva o nome de indústria moderna; as estradas e as comunicações lhe proporcionarão unidade, economia; a parcimônia lhe dará recursos, e um governo forte lhe trará ordem e paz. Todo caos é uma transição. No fim, a desordem acaba e compensa a ditadura, velhos obstáculos são completamente removidos e o novo desenvolvimento surge livre. A revolução, assim como a morte e o estilo, é a remoção do lixo, a cirurgia do supérfluo; aparece quando muitas coisas estão prestes a morrer. A China morreu muitas vezes e muitas vezes renasceu.

CAPÍTULO 3

ÍNDIA: DE BUDA A INDIRA GANDHI

OS UPANISHADS

Na Índia, a civilização, que definimos como a ordem social promovendo a criação cultural, é tão antiga quanto os arqueólogos podem desejar escavar. Em 1924, em Mohenjodaro, no rio Indo, sir John Marshall e seus assistentes desenterraram quatro ou cinco cidades sobrepostas, com centenas de casas e lojas solidamente construídas com tijolos enfileiradas em ruas amplas e vielas estreitas e, em alguns casos, erguendo-se em vários andares. Lá eles encontraram carroças com rodas, utensílios domésticos, artigos de toalete, cerâmica pintada, moedas e selos gravados, colares e brincos; diz-se que tudo isso é tão antigo quanto as mais velhas pirâmides do Egito.

Por volta de 1600 a.C., povos valentes chamados arianos entraram na Índia vindos do norte, firmaram-se como conquistadores, tornaram-se uma classe superior, estabeleceram ou confirmaram um sistema de castas, desenvolveram uma língua sânscrita, fundamentalmente aparentada com as línguas da Europa, e produziram uma literatura da qual alguns fragmentos chegaram até nós como os quatro Vedas, ou Livros do Conhecimento, que consistem principalmente em orações, hinos e rituais religiosos, assim como parte dos Upanishads, conferências religiosas e filosóficas entre mestre e discípulo. Durante séculos, elas foram transmitidas oralmente; depois, por volta de 300 a.C., foram escritas e hoje são a forma mais antiga da filosofia indiana existente. Eu as aprecio muito e convido você a compartilhar de algumas delas comigo.

Upa significa "perto" e *shad* significa "sentar"; essas palavras sugerem um ou mais discípulos sentados diante de um guru ou mestre. A doutrina – que ainda hoje é ensinada pelos gurus – oferece três estágios para se chegar à compreensão e à salvação. O primeiro é a paciência e a introspecção persistente. Ignorar sensações, desejos, lembranças, raciocínios, ideias; pôr de lado todas as operações intelectuais, pois estas são principalmente adaptadas para lidar com coisas externas; pôr de lado todas as ações ou ideias de ação; praticar persistentemente a introspecção até não ver nada que tenha qualquer forma, substância ou individualidade, até sentir, por trás do funcionamento, a própria mente, a própria consciência da consciência. Esta é a mais imediata, a mais básica de todas as realidades, da qual dependem todos os fenômenos, todas as percepções e, portanto, todas as coisas. Os gurus chamavam essa realidade fundamental de Atman – que parece significar "sopro", como as nossas palavras "espírito" e "inspirar".

Em segundo lugar, em todas as coisas, assim como em nós mesmos, existe um sopro dessa força interior vital, imaterial, sem a qual a matéria não teria espírito nem movimento, seria morta, e nada viveria nem cresceria. A soma de todas essas forças vivas é Brahma, a essência única, completamente imaterial, sem sexo, impessoal, intangível, da qual dependem não apenas todas as vidas e todas as ideias, mas também todas as formas e forças. É o deus uno e único, de quem, ou de que, todos os deuses do panteão hindu são aspectos parciais e expressões poéticas que auxiliam a mente mortal a conceber a vitalidade variada da realidade onipresente.

Em terceiro lugar, Atman e Brahma são um só; a alma ou força não individual que existe dentro de nós, ou dentro de uma árvore, ou de uma pedra, é idêntica à Alma do Mundo impessoal. Ouçamos o mais adorável dos gurus Upanishads, Yajnavalkya, explicar isso ao seu discípulo Shwetaketu:

– Traz-me um figo dali.
– Ei-lo, senhor.
– Divide-o.

– Está dividido, senhor.
– O que vês?
– Belas sementes, senhor.
– Por favor, divide uma delas.
– Está dividida, senhor.
– O que vês?
– Nada, senhor.
– Na verdade, meu caro, a essência mais bela é a que tu não percebes... Na verdade, é dessa essência mais bela que surge esta grande árvore. Acredita, é dessa mais bela essência que o mundo inteiro tira a sua alma. Isso é a Realidade. É Atman. *Tat tvam asi...* isso és tu, Shwetaketu.
– Senhor, tu me fizeste compreender ainda mais.
– Que assim seja, meu caro.

Os Upanishads ensinam muito mais; o ioga como purificação do Eu e o renascimento como punição para o egoísmo. Mas sobre este assunto ouçamos Buda, a "Luz do Mundo" da Ásia.

BUDA

A história de Buda é tão entremeada de lendas que nem se pode ter certeza da sua existência. Conta uma lenda que ele nasceu de uma virgem. Diz-se que ele próprio abriu o lado da rainha Maya, em cujo útero entrou e ali permaneceu dez meses, e que nasceu "não manchado pela matéria impura", mas sim "como um homem descendo degraus" e "brilhando como uma joia". Mas ele teve um pai, o rei de Kapilavastu, perto das montanhas do Himalaia. Sidarta Gautama, como o menino se chamou, recebeu todo o conforto, foi poupado da dor e do sofrimento, escolheu uma esposa entre quinhentas lindas donzelas, tornou-se um pai feliz e viveu em paz e prosperidade.

Diz a tradição sagrada que um dia ele saiu do seu palácio e foi para as ruas e viu um velho. Outro dia, saiu e viu um doente; no terceiro dia, viu um morto. Mais tarde, explicou:

> Aquilo não me pareceu correto. E, enquanto eu refletia, desapareceu toda a soberba da juventude [...] Assim, ó monges,

> eu mesmo estando sujeito ao nascimento, busquei a natureza do nascimento; estando sujeito à velhice, busquei a natureza da velhice, da doença, da tristeza, da impureza. E depois pensei: "E se eu mesmo, estando sujeito ao nascimento, fosse buscar a natureza do nascimento; e, tendo visto a aflição da natureza do nascimento, fosse buscar o ainda não nascido, a paz suprema do nirvana?".

Como alguém atingido pela "conversão", ele decidiu abandonar o pai, a esposa e o filho recém-nascido e se tornar um ascético investigador da verdade fundamental.

Durante seis anos alimentou-se de sementes e grama.

> Depois, pensei: e, se me alimentasse apenas em pequenas quantidades, o quanto me coubesse na palma da mão... suco de feijão, ervilhaca, grão-de-bico e legumes [...] O meu corpo ficou extremamente magro. De comer pouco, a marca das minhas nádegas parecia a pegada de um camelo [...] Quando pensei que me libertaria, me senti prostrado por comer pouco.

Mas, certo dia, ocorreu a Gautama a ideia de que o caminho não era a mortificação pessoal. Percebeu que não lhe chegara uma nova iluminação a partir dessa austeridade; ao contrário, certo orgulho da tortura pessoal envenenara qualquer caráter sagrado que dali pudesse ter nascido. Abandonou o ascetismo e foi se sentar à sombra de uma árvore (a "árvore Bodhi" ainda é mostrada aos turistas), decidido a jamais deixar aquele lugar até alcançar a iluminação. Perguntava a si mesmo qual seria a origem da tristeza, da doença, da velhice e da morte humanas. Teve uma visão da infinita sucessão de nascimentos e mortes, todos manchados pela dor e pelo sofrimento. Concluiu que o nascimento é a origem de todo o mal.

Por que não deter o nascimento? Porque a lei do carma exige novas encarnações, para que a alma possa expiar o mal cometido em existências anteriores. Contudo, se alguém pudesse viver uma vida de perfeita justiça, de incansável paciência e de bondade para com todos; se pudesse vincular os seus pensamentos a coisas eternas, não sujeitar o coração àquilo que tem começo e fim, então esse alguém poderia ser poupado do renascimento e, para ele, a fonte do mal secaria. Se alguém conseguisse aplacar todos os desejos pessoais e tentar apenas fazer o bem para todos, então a individualidade, aquela ilusão fundamental da humanidade, poderia ser superada, e a alma finalmente se incorporaria ao infinito inconsciente. Que paz haveria no coração daquele que se purificasse de todos os desejos pessoais! E que coração poderia conhecer a paz, se não se purificasse? A felicidade não é possível aqui, como pensam os pagãos, nem depois, como acreditam muitos; só a paz é possível, só a serena quietude do desejo terminado, que é o nirvana. E, assim, depois de sete anos de meditação, Gautama prosseguiu pregando o nirvana para a humanidade.

Logo reuniu discípulos que o seguiam enquanto ele caminhava de cidade em cidade ensinando por onde passava. Eles confiavam em Gautama porque ele não parecia pensar em si mesmo e pacientemente retribuía com o bem o mal que lhe faziam. Aconselhava: "Que o homem supere a raiva pela bondade, o mal pelo bem [...] Que o ódio jamais termine em ódio; que o ódio termine em amor". Não pensava no dia seguinte, mas ficava alegre ao ser alimentado por algum admirador local; certa vez, escandalizou os seus seguidores comendo na casa de uma cortesã. Renomearam-no Buda, ou seja, o Iluminado, porém ele jamais alegou que um deus falasse por seu intermédio. Ensinava através de parábolas morais ou de um vigoroso conjunto de cinco ensinamentos, as suas "Cinco Regras Morais":

Não matar nenhum ser vivo;
Não tomar o que não for oferecido;
Não mentir;
Não tomar bebidas embriagantes;
Não ser impuro,

que aparentemente proibiam todos os atos e desejos sexuais. A tradição relata um diálogo entre Buda e Ananda, o seu discípulo favorito:

– Senhor, como devemos nos conduzir em relação às mulheres?
– Como se não as víssemos, Ananda.
– E se as virmos, que devemos fazer?
– Não falar, Ananda.
– Mas se elas falarem conosco, Senhor, que devemos fazer?
– Devemos ficar bem alertas, Ananda.

Buda tinha uma concepção puramente ética da religião; interessava-se por tudo o que dissesse respeito à conduta e por nada relacionado a ritual, culto ou teologia. Além disso, assim como a nossa psicologia mais recente, rejeitava a mente se isso significasse algo existente por trás das operações mentais e que as executasse. A mente é um termo abstrato para designar essas operações consideradas no seu conjunto. Contudo, Buda ensinou que a alma permanece como a força viva de um corpo e de uma personalidade; e é essa alma que pode renascer em outra vida terrena para expiar os pecados cometidos durante a primeira.

O pecado é o egoísmo, a busca da vantagem ou do prazer individual; e até se libertar de todo o egoísmo, a alma renascerá repetidas vezes. O nirvana não é o céu após a morte. É a alegria tranquila de superar o egoísmo. No fim, diz Buda, perceberemos o absurdo do individualismo moral e psicológico. Os nossos Eus atormentados não são verdadeiramente seres e forças isolados; são ondas que passam no fluxo da vida, pequenos nódulos que se formam e se desfazem ao vento soprado pela malha do destino. Quando nos vemos como parte de um todo, quando nos reformamos e aos nossos desejos segundo esse todo, então as nossas derrotas e decepções pessoais, os nossos sofrimentos, as nossas dores e a morte inevitável não mais nos entristecem amargamente como antes; tudo isso se perde na amplidão do infinito. Quando aprendemos a amar não os nossos Eus isolados, mas todas as coisas humanas, então, afinal, encontraremos o nirvana, a paz altruísta.

VINTE E CINCO SÉCULOS

A alma da Índia é quente. Parecia assim naquele fevereiro de 1930, quando os Durant desembarcaram em Bombaim e se depararam com uma temperatura que beirava os 33 graus centígrados. Seria por isso que tantos hindus rezavam pedindo para jamais renascerem? Porém, depois fomos para Nova Déli, a leste, e para Madras, ao sul, e, apesar do calor, encontramos muitos hindus belos e animados, ativos e criativos. Ao norte, a população se mantinha alerta pelos ventos frescos que sopravam vindos do Himalaia. Os ingleses mantiveram por tanto tempo a soberania na Índia porque poucos ficaram ali mais de cinco anos de uma vez; a cada quinquênio, eles voltavam à Inglaterra para fugir do sol.

Depois de florescer durante o reinado de Ashoka no século III a.C., o budismo rapidamente declinou na Índia e teve mais sucesso no quente Ceilão, às custas de uma bárbara transformação. Fiquei chocado ao ver na parede de um mosteiro budista em Kandy uma grande pintura mostrando o amável fundador do budismo distribuindo punições ferozes no inferno. Quando protestei contra aquela barbaridade com aquele idealista que pregara "não matar nenhum ser vivo", um monge me explicou que, a menos que a religião pregasse igualmente o terror, a virtude e a bênção, não conseguiria controlar o desenfreado individualismo da humanidade. Na China, no Japão e no sudeste da Ásia, está florescendo um budismo teologicamente reconstruído, e o ímpio Buda se transformou num deus.

Enquanto isso, enfraquecida pelo calor, pelas divisões religiosas, militares e políticas, a Índia foi invadida por Alexandre e depois sucessivamente por hunos, árabes, turcos, Timur (ou Tamerlão), portugueses, franceses e finalmente ingleses. Em 1686, a Companhia das Índias Orientais anunciou a intenção de "estabelecer um amplo, sólido e permanente domínio inglês na Índia". A maioria dos invasores levou certas vantagens para aquele fustigado subcontinente, como a arte muçulmana e a administração britânica; mas cada um levou alguma parte das fabulosas "riquezas das Índias", deixando um povo empobrecido.

Apesar do despotismo de hunos, árabes, turcos, cristãos e do sol, os pacientes hindus encontraram energia suficiente para desenvolver imponente arquitetura, exuberante escultura, filosofia sutil e rica literatura em prosa e poesia. Quem não se deliciou com aquela pequena joia de Rabindranath Tagore, em que uma sábia donzela questiona os elogios do amado? Deliciemo-nos:

> *Diz-me se é verdade, meu amado, diz-me se é verdade,*
> *Quando estes olhos refletem o seu brilho, as nuvens escuras do teu peito provocam uma reação tempestuosa.*
> *É verdade que os meus lábios são doces como o botão entreaberto do primeiro amor consciente?*
> *Permanecem nos meus braços as lembranças dos idos meses de maio?*
> *Será que a terra, como uma harpa, estremece em canções ao toque dos meus pés?*
> *Será verdade que gotas de orvalho caem dos olhos da noite quando me veem, e que a luz da manhã fica alegre quando envolve o meu corpo?*
> *Será verdade, será verdade que o teu amor viajou sozinho através de eras e de mundos para me procurar?*
> *Que, quando afinal me achou, o teu desejo perene encontrou paz absoluta no meu falar suave, nos meus olhos e lábios e no meu cabelo gracioso?*
> *Será verdade que o mistério do infinito está escrito nesta minha pequena testa?*
> *Diz-me, meu amor, se tudo isso é verdade!*

A Inglaterra aplaudiu a poesia, mas só depois da Segunda Guerra Mundial libertou politicamente a Índia.

MOHANDAS E INDIRA GANDHI

Mohandas Gandhi, que passara três anos estudando na Inglaterra, aprendeu a amar o caráter britânico e a se esquivar do lado mais tenebroso da indústria britânica. Foi influenciado por William Morris, Peter Kropotkin, John Ruskin, Tolstói e pelos socialistas fabianos. Ficou profundamente tocado pelo evangelho ético de Cristo e acrescentou-lhe a ardente aceitação do principal preceito de Buda: não ferir nenhum ser vivo.

Ao retornar à Índia, pediu ao povo que preferisse o campo às fábricas. Se fossem necessários bens industriais, que a família recuperasse a roda de fiar e se contentasse com roupas tecidas em casa e com ferramentas que o ferreiro da aldeia pudesse forjar. A aparente pobreza dos lares rurais era melhor do que os palácios e os prédios das cidades industriais; a cordialidade dos companheiros de aldeia era melhor do que a secreta desconfiança ou do que a hostilidade dos anônimos e apressados bípedes da multidão urbana. A visão defendida por Gandhi era a de um povo feliz com a simplicidade dos modos antigos.

Como a maioria das visões, esta não era realista. Como chegaria o ferro ao ferreiro da aldeia, se não fosse através do esforço de trabalhadores quase enterrados nos calabouços da terra? Como chegariam as armas, a organização e o espírito marcial necessários para defender a aldeia contra ataques? As almas mais bondosas e os assentamentos mais pacíficos ficariam à mercê dos rudes e dos fortes. Mais uma vez, Darwin desafiaria Cristo.

Depois do assassinato de Gandhi (em 1948), o seu movimento contra a industrialização foi rapidamente corroído pela avidez e pelo espírito competitivo naturais dos homens. As fábricas da cidade seduziram a juventude das aldeias, e a agricultura em si tornou-se uma indústria ligada à química e a máquinas dispendiosas; mesmo assim, a população cresceu mais depressa do que o estoque de comida; antigos hábitos e tabus derrotaram modernos costumes e visões; e a fertilidade do povo impediu-lhes a prosperidade.

Enquanto isso, estudos científicos e históricos e o contato da Índia com o ceticismo e com os costumes permissivos de europeus e americanos corroeram os credos religiosos e os códigos morais indianos, e a nova nação constatou que a sua vida econômica, política e social estava em desordem devido ao falso trabalho, à administração corrupta e à decadência social. De repente, uma mulher politicamente popular declarou moratória à democracia e assumiu o controle autocrático do governo, da economia e da imprensa da Índia.

Indira Gandhi não herdou o nome nem a doutrina de Mohandas Gandhi; seu nome provinha do falecido marido, Feroz Gandhi, que não era parente do "Mahatma". Além disso, sua filosofia de governo era quase oposta à do pai, Jawaharlal Nehru, o primeiro primeiro-ministro da Índia livre, que conquistara o povo com a sua delicadeza e seu poder de conciliação. Sentado ao lado de Indira em 1960, quando ela presidia como anfitriã um almoço oferecido aos escribas locais, fiquei desde o início impressionado com sua beleza – traços italianos, olhos brilhantes – e depois, mais sensatamente, fui tocado pela força do seu caráter e da sua mente. Então, quando em 1966 ela se tornou primeira-ministra, não fiquei muito admirado; parecia quase natural ela ocupar o lugar do pai, falecido dois anos antes.

Não devemos pretender julgá-la, pois estamos muito longe, e as nossas informações são muito imperfeitas. Talvez a economia, a política e a sociedade da Índia tivessem mergulhado na desordem, na incompetência e na venalidade e precisassem da mão firme de um poder central e decidido. Na antiga república romana, a lei permitia, durante uma crise, a indicação de um ditador por um ano; mas quando aquele ano terminava, se o ditador persistisse, qualquer pessoa poderia depô-lo, legalmente ou não.

CAPÍTULO 4

DAS PIRÂMIDES A AKHENATON

OS FARAÓS

Será que a civilização do antigo Egito foi a mais velha e a mais duradoura da história?

Assim pensava Elie Faure, historiador da arte mundial:

> É possível que o Egito, através da solidariedade, da unidade e da variedade disciplinada dos seus produtos artísticos, através da enorme duração e do poder prolongado do seu esforço, ofereça o espetáculo da maior civilização já surgida na terra,

escreveu ele. (Eu classificaria a civilização da Roma antiga como ainda maior.) Quanto à idade, a data mais antiga em geral atribuída ao calendário egípcio, embora ainda de modo incerto, é 4241 a.C.; se assim for, a astronomia e a matemática egípcias haviam alcançado desenvolvimento considerável àquela época. Contudo, é provável que desenvolvimento semelhante tenha sido alcançado na Mesopotâmia; e os arqueólogos se inclinam em localizar "a primeira civilização conhecida na história" nas terras situadas "a meio caminho entre os rios" Eufrates e Tigre. Se admitirmos que a civilização especificamente egípcia durou de 4241 a.C. até a conquista do Egito pelos gregos (332 a.C.), prolongaremos a civilização egípcia por mais de 3.809 anos. Não conheço outra cultura, nem mesmo a chinesa, que tenha se mantido por tantos séculos.

O Egito, como disse Heródoto em 430 a.C., era *to doron tou Nilou*, "a dádiva do Nilo". O mais famoso dos rios banhava as povoações que se desenvolveram nas suas margens; oferecia uma estrada líquida para a comunicação e o comércio; e anualmente irrigava as terras dos agricultores com a sua pontual inundação. Os gregos chamavam aquelas povoações de nomos – isto é, comunidades que aceitavam leis –, e cada governante local tornou-se um nomarca. Quando um homem poderoso uniu vários nomos sob o seu poder, os nomarcas se submeteram a um monarca, e começou a história política do Egito.

Por volta de 3100 a.C., um desses monarcas, o quase lendário Menés, disseminou entre as comunidades sob o seu domínio um conjunto de leis que supostamente lhe foram entregues pelo deus Thot. Menés construiu a sua capital na margem ocidental do Nilo, num lugar hoje conhecido pelo nome grego de Mênfis; ali estabeleceu a Primeira Dinastia dos faraós.

Cerca de quatrocentos anos mais tarde, o faraó Zoser (c. 2680 a.C.) nomeou como seu principal ministro Imhotep – o primeiro grande nome da história egípcia, célebre médico e arquiteto. As gerações posteriores cultuaram-no como o deus do conhecimento, pai das ciências e das artes. A tradição atribuiu-lhe a mais antiga construção existente no Egito, a pirâmide em degraus de Sakkara, uma estrutura de pedra, em terraços, perto das ruínas de Mênfis. É a mãe de todas as demais pirâmides.

As mais célebres pirâmides datam da Quarta Dinastia (c. 2613-c. 2494 a.C.). Heródoto celebrizou dois faraós dessa dinastia, Quéops e Quéfren, cujos nomes agora foram corrigidos para Khufu e Khafre. Naquela época, os empresários egípcios haviam formado frotas comerciais e estabelecido o comércio com vários portos a leste do Mediterrâneo; haviam explorado a madeira e outros recursos do Líbano e iniciado a exploração das minas do Sinai; haviam escavado grandes pedreiras no deserto da Núbia e em Assuã.

Os faraós ficaram ricos e esbanjavam riqueza nos seus palácios e túmulos. Heródoto conta que Khufu (c. 2590 a.C.) erigiu a mais antiga das muitas pirâmides que adornam o deserto perto de Gizé, nas cercanias do Cairo. Até onde se sabe, essa é a maior estrutura isolada jamais erguida pelo homem. Cobre uma superfície de 13 acres e atinge a altura de 137 metros; na sua área seria possível incluir a Basílica de São Pedro, de Roma, a Abadia de Westminster, a Basílica de São Paulo, de Londres, além das Catedrais de Florença e Milão.

A pirâmide não tem beleza, exceto pelo esmero no corte da pedra e pela simetria e precisão das medidas geométricas. Impressiona principalmente pelo tamanho e pela história. Como obra de engenharia, foi um milagre da época: 2,3 milhões de blocos de pedra, cada qual pesando em média duas toneladas e meia, foram trazidos de quilômetros de distância atravessando o deserto oriental e depois o Nilo; os blocos de granito, na maioria provenientes de Assuã, foram levados para o norte, de uma distância de cerca de 890 quilômetros. Aparentemente, esses blocos foram erguidos a níveis cada vez mais altos da pirâmide, elevados por roldanas ou trenós ao longo de uma crescente estrutura de tijolos e terra. Segundo Heródoto, essa estrada em ascensão demorou dois anos para ser construída, e a pirâmide exigiu o trabalho de 100 mil homens durante vinte anos. Esse viajante e historiador grego divulgou uma inscrição que alegava ter encontrado em uma pirâmide, registrando a quantidade de rabanetes, alhos e cebolas consumidas pelos trabalhadores naquele empreendimento.

Por que os faraós e outros homens construíram pirâmides? O egípcio acreditava que tinha dentro de si um sósia espiritual, ou duplo, ao qual chamava de *ka*, e ele esperava que sobrevivesse indefinidamente se a carne fosse preservada da fome, da violência e da decomposição. Por isso, o cadáver deveria ser embalsamado e mumificado por um especialista; as vísceras deveriam ser removidas por uma espécie de cirurgia semelhante à cesariana; o cérebro, retirado pelo nariz; o interior do corpo, purificado com vinho, perfumes e especiarias aromáticas; depois, o corpo seria costurado, mergulhado em substâncias químicas antissépticas, esfregado com uma resina adesiva e embrulhado firmemente com bandagens de tecido encerado; por fim, o corpo era depositado num esquife. O túmulo ideal devia ser de pedra em quantidade suficiente que o deixasse sólido e impenetrável, exceto por uma passagem secreta, que conduzia a uma câmara interna provida de comida, armas e um lavatório, e com figuras esculpidas ou pintadas que, através de uma fórmula mágica apenas conhecida pelos sacerdotes, acompanhariam para sempre o corpo, a alma e o *ka*.

Perto da pirâmide do faraó Khafre (c. 2550 a.C.) fica o famoso monstro conhecido na história pelo seu nome grego: Esfinge. Aparentemente por ordem do governante, um grupo de mecânicos e escultores entalhou na pedra uma figura imponente, com o corpo de leão e a cabeça supostamente do próprio Khafre. O rosto é sombrio e carrancudo, como que para atemorizar os saqueadores do túmulo real.

Há algo de bárbaro e primitivo nas pirâmides: a rudeza de querer dominar pelo tamanho, um vão desejo ardente de se eternizar. Pode ser que a lembrança e a imaginação do espectador, intensificadas pela história, tornem grandiosos esses monumentos. Talvez as imagens também os tenham enobrecido muito: a fotografia pode captar tudo, menos a sujeira, e realça objetos feitos pelo homem com preciosas vistas da terra e do céu. O pôr do sol em Gizé é mais grandioso do que as pirâmides.

O POVO

A vida no antigo Egito era agradável para os faraós; as provas do culto à riqueza, ao luxo e ao poder são vistas nas imagens e nos relevos e podem ser comprovadas pelos rolos de pergaminho.

O clero cooperava – declarava que os faraós eram deuses, inculcava no povo a obediência ao regime real e, em troca, recebia uma cota sedutora das receitas reais. Mil escribas treinados constituíam uma burocracia clerical para os faraós, assim como para o clero e para os nobres feudais que governavam as províncias como feudos dos reis. Assim ajudado, o governo organizou um serviço postal regular, cobrou impostos, acumulou capital, desenvolveu um sistema de financiamento e crédito, distribuiu recursos para a agricultura, a indústria e o comércio e, até certo ponto, conseguiu planejar uma economia controlada pelo Estado.

A indústria era conduzida por trabalhadores livres e por escravos, sob a jurisdição dos governadores das províncias. As guerras forneciam milhares de prisioneiros, a maioria sendo vendida como escravos, cujo trabalho facilitou a exploração das minas e os triunfos da engenharia. A luta de classes floresceu; as greves eram frequentes. Um manuscrito preserva uma reivindicação de trabalhadores ao supervisor: "Fomos trazidos para cá pela fome e pela sede; não temos roupas, azeite nem comida. Escreve para o nosso amo, o Faraó, e para o governador que está acima de nós, para que eles nos deem algo para o nosso sustento". Contudo, não se ouve falar de uma revolução de classes, a menos que descrevamos como tal o histórico êxodo dos judeus.

No antigo Egito, as artes industriais eram tão avançadas e variadas como na Europa antes do Renascimento. Os artesãos egípcios faziam armas e ferramentas de bronze, inclusive instrumentos de perfurar que atravessavam o mais duro diorito e serras para cortar as maciças lajes dos sarcófagos. Eram mestres em esculpir madeira: construíram embarcações mercantes de cerca de 300 metros de comprimento e esquifes tão belos que quase convidavam os homens a morrer. A engenharia egípcia suplantou qualquer outra até 1800 d.C; construiu canais unindo o Nilo ao Mar Vermelho e transportou através de grandes distâncias obeliscos que pesavam milhares de toneladas.

O código moral do Egito não fazia objeção ao incesto. Ouvimos falar de muitos casos em que um homem casava-se com a irmã. Muitos faraós fizeram isso, aparentemente para manter o sangue real puro, ou para manter intactos os bens da família, pois a propriedade era transmitida pela linhagem feminina. Os faraós e alguns nobres mantinham um harém, mas para as pessoas comuns essa extravagância era impossível. Havia muitas prostitutas, mas muitas imagens celebram o amor marital.

As mulheres desfrutavam de status legal mais elevado e de maior liberdade moral e social do que em qualquer estado europeu antes da nossa época, possivelmente excetuando-se a Roma Imperial. Os gregos, que confinavam rigorosamente as suas mulheres, ficaram admirados ao saberem que as egípcias executavam publicamente as atividades sociais e de negócios sem serem perseguidas nem molestadas. Elas usavam todos os recursos cosméticos, chegando a pintar as unhas e os olhos; algumas cobriam de joias o colo, os braços e os tornozelos. Falavam de sexo de maneira direta, rivalizando-se com as mulheres mais livres dos dias de hoje. Podiam tomar a iniciativa de cortejar, e o marido só poderia pedir divórcio se a mulher cometesse adultério *comprovado*, ou mediante uma liberal compensação. Algumas mulheres, como Nefertiti, foram imortalizadas pela beleza. Algumas governaram o império de forma competente, como Hatshepsut (c. 1503-1482 a.C.), ou mal, como Cleópatra. A maternidade era reverenciada como um título de nobreza da mulher.

A arte egípcia rivaliza com a grega e a romana, mas as precede em mil anos e supera-as em centenas de aspectos. Eu não preciso descrever, pois muitos de vocês devem ter visto, pelo menos em fotografia, os templos, palácios, colunatas e túmulos que surgiram ao longo das margens do Nilo nos trinta séculos que transcorreram entre a época das pirâmides e o tempo de Cleópatra. Em Karnak e Lúxor, a realeza egípcia ergueu uma verdadeira floresta de pilares. As colunas nos parecem muito profusas, mas é óbvio que a sua impertinente proximidade era intencional, para quebrar o impacto dominador do sol. Ali surgiram o arco e a abóbada, a coluna e o capitel, a arquitrave e o frontão triangular, desafiando a arquitetura do mundo mediterrâneo bem antes de florescerem na Grécia.

Eu não igualaria a escultura egípcia à da Antiguidade clássica, mas não conheço nada na estatuária grega que seja mais belo do que o busto de Khafre, em diorito, hoje no Museu do Cairo. Ele tem 4.200 anos, mas parece imune ao tempo. Pode ter sido idealizado, mas provavelmente representa, em seus traços essenciais, o segundo faraó da Quarta Dinastia. Ainda mais famosa é a estátua em pedra do Escriba, atualmente no Louvre. Agachado e recurvado, quase inteiramente nu, ele exibe uma pena atrás da orelha, como reserva para a que tem na mão. Está guardando uma relação de trabalhos executados e mercadorias pagas, de preços e custos, lucros e perdas, impostos devidos e pagos. Elabora contratos e testamentos e redige a declaração de impostos do seu empregador. Sua vida é monótona, mas ele se consola escrevendo ensaios sobre os sofrimentos da existência do trabalhador manual e sobre a dignidade principesca daqueles cujo alimento é o papel e cujo sangue é a tinta.

No Egito, a religião estava acima e abaixo de tudo. Ela é encontrada em todos os estágios e formas, do totemismo à teologia; constata-se a sua influência na literatura, no governo, na arte – em tudo, menos na moral. E os seus deuses eram quase tão numerosos como na Índia. No início era o céu, diziam os sacerdotes; no fim desse céu e do Nilo, ficavam as divindades principais. Todos os corpos celestes eram as formas exteriores de poderosos espíritos cujos desejos comandavam os seus complexos e variados movimentos. O Sol era o deus Rá, ou Re, ou Amon, criador do mundo e brilhando sobre este; o deus Hórus era um gigantesco falcão que voava pelo céu dia após dia, como se supervisionasse o próprio reino. O Nilo era o grande deus Osíris; e, talvez porque o Nilo fertilizasse a terra adjacente, Osíris também era venerado como o deus da potência sexual masculina.

Isis, irmã e esposa de Osíris, era a deusa da maternidade; e por ser fertilizado por Osíris-o-rio, o solo do Delta era uma das formas dessa deusa. Plantas e animais também eram venerados como deuses; a palmeira, pela sombra; o bode e o touro, pela energia reprodutora; a serpente, como símbolo de sabedoria e vida (pelo menos ela sabia fazer as extremidades se encontrarem). O faraó também era venerado como deus, filho de Amon-Rá; era uma deidade que transitoriamente adotara a terra como lar. Através dessa linhagem supostamente divina, ele era capaz de reinar por tanto tempo e usar tão pouco a força física.

Daí os sacerdotes do Egito serem os necessários suportes do trono e a polícia secreta da ordem social. Através da piedade do povo e da generosidade política do rei, eles se tornaram, com o passar do tempo, mais ricos e mais fortes do que a aristocracia feudal, até mesmo mais do que a família real. Educavam os jovens, acumulavam e transmitiam sabedoria e se disciplinavam com rigor e zelo. Heródoto descreveu-os quase com espanto:

> Eles são, dentre todos os homens, os mais excessivamente atentos ao culto dos deuses e observam as seguintes cerimônias [...] Usam roupas de linho constantemente lavadas [...] São circuncidados para o bem da higiene, acham melhor serem limpos do que belos. Depilam o corpo inteiro a cada terceiro dia para que neles não se acumulem piolhos nem outras impurezas [...] Lavam-se com água muito fria, duas vezes ao dia e duas vezes à noite. (Histórias, 2.37)

A fragilidade desses sacerdotes era uma ardente devoção ao poder e ao desejo de recomendar ou vender aos fiéis encantamentos mágicos, ritos ou feitiços como instrumentos de bem-estar terreno ou felicidade eterna. Segundo o grande egiptólogo americano Prof. James Breasted,

> os perigos do além-mundo eram então grandemente multiplicados, e, para todas as situações críticas, o sacerdote era capaz de fornecer ao moribundo um feitiço eficaz que infalivelmente o curaria. Além disso, havia muitos feitiços que possibilitavam ao moribundo chegar ao mundo do além e aqueles que evitavam que ele perdesse a boca, a cabeça, o coração; outros lhe possibilitavam lembrar o próprio nome, respirar, comer, beber, evitar comer a própria impureza, impedir que a água potável se transformasse em fogo, transformar a escuridão em luz, precaver-se de todas as serpentes e de outros monstros hostis, além de muitos outros [...] Assim, o primeiro aperfeiçoamento moral que podemos encontrar no antigo Oriente foi repentinamente interrompido ou pelo menos controlado por meio de detestáveis recursos de uma classe sacerdotal corrupta, ansiosa pelo ganho.

Em parte, era essa a condição da religião no Egito quando subiu ao trono um poeta, amante e herege, que anunciou a um clero e a um povo chocados que havia um único deus.

O POETA

Amenhotep IV não estava destinado a ser um rei: importava-se mais com a arte do que com a guerra, escreveu o mais famoso poema da literatura egípcia e amou incansavelmente a esposa, Nefertiti. Permitiu que os artistas o mostrassem dirigindo uma carruagem com a rainha, e, juntos, brincando com as filhas.

Nas ocasiões cerimoniais, Nefertiti sentava-se ao seu lado e segurava-lhe a mão, enquanto as filhas se divertiam ao pé do trono. Nefertiti deu-lhe sete filhas, mas nenhum filho; ainda assim, ele a amava e não adotou uma segunda esposa. Referia-se a ela como "dona da minha felicidade; ao ouvir-lhe a voz o Rei se rejubila"; como juramento, usou a frase: "Assim como o meu coração fica feliz com a Rainha e suas filhas".

Depois da rainha, ele amava o Sol. Os egípcios há muito veneravam o Sol como pai de toda a vida terrena; veneravam também Amon e uma centena de outros deuses, desde a estrela vespertina até a cebola e o babuíno. Amenhotep ficou revoltado quando viu o sumo sacerdote de Amon sacrificando um carneiro ao deus; desdenhou o tráfico feito pelos sacerdotes envolvendo feitiços e o uso que faziam do suposto oráculo de Amon para sustentar-lhes os planos.

Abominou a riqueza indecente dos templos e o crescente domínio de uma hierarquia mercenária sobre a vida da nação. Com a audácia de um poeta, abandonou as convenções e anunciou que essas divindades e cerimônias eram uma idolatria vulgar e que só havia um único deus: Aton, o Sol. Repudiou o nome herdado, Amenhotep, que continha a palavra Amon, e denominou-se Akhenaton, que significa "Aton está satisfeito".

Baseou-se em alguns poemas monoteístas, compostos no reinado anterior, para escrever canções apaixonadas para Aton, o deus-Sol; a mais longa dessas canções que sobrevive constitui o mais notável fragmento da antiga poesia egípcia:

A tua alvorada é bela no horizonte do céu,
Ó vivo Aton, começo da vida.
Quando te levantas no horizonte oriental,
Enches toda a terra com a tua beleza.

És belo, grandioso, brilhante, bem acima de toda a terra,
Teus raios envolvem a terra e tudo o que criaste.
Eles são Re, e tu os levas cativos para bem longe;
Tu os unes com o teu amor.
Embora estejas bem longe, teus raios estão sobre a terra;
Embora estejas no alto, tuas pegadas são o dia.

Quando te pões no horizonte ocidental do céu,
A terra fica escura como a morte;
Todos dormem em seus aposentos,
Suas cabeças estão embrulhadas,
Suas narinas param de vibrar,
E nenhum vê o outro,
Todas as suas coisas são roubadas
Que estão sob as suas cabeças,
E eles não percebem.
Todo leão sai da caverna,
Todas serpentes picam...
O mundo está em silêncio,
Aquele que os fez descansa no horizonte,

Brilha a terra quando te ergues no horizonte.
Quando brilhas no dia como Aton
Afastas a escuridão.
Quando envias os teus raios,
As Duas Terras ficam em festa,
Alertas e de pé,
Quando tu as ergues.
Para banhar os membros, tiram as roupas,
Erguem os braços em adoração ao teu amanhecer.
Em todo o mundo se entregam ao trabalho.

Todo o gado descansa no pasto,
As árvores e as plantas florescem,
Os pássaros se agitam nos pântanos,
Com as asas erguidas para te adorar.

Todos os carneiros dançam,
Todas as coisas aladas voam,
Vivem quando sobre tudo isso brilhas.

Os barcos velejam rio abaixo, rio acima.
Todos os caminhos se abrem porque tu acordaste.
O peixe no rio pula diante de ti.
Teus raios brilham no grande mar verde.
Criador do germe na mulher,
Fazedor da semente no homem,
Dás vida ao filho no corpo da mãe,
Acalmando-o para que ele não chore,
Acariciando-o ainda no ventre,
Criador da alma que anima tudo o que fazes!
Quando ele sai do corpo... no dia do nascimento,
Tu lhe abres a boca para ele falar,
Tu lhe supres as necessidades...
Teus raios alimentam todos os jardins;
Quando te levantas, eles vivem,
Crescem por tua causa.

Tu fazes as estações
Para realizarem toda a tua obra;
O inverno para dar-lhes o frio,
E o calor para que possam te sentir.
Tu efetivamente fizeste o céu distante se erguer,
Para que todos contemplem tudo o que fizeste,
Tu, sozinho, brilhando na forma do vivo Aton.
Cintilante, luminoso, te afastando e voltando.
Tu fazes milhões de formas
Exclusivamente sozinho.
Cidades, aldeias e tribos,
Estradas e rios.
Todos os olhos te veem diante de si,
Pois tu és o Aton dos dias da terra...

Tu estás no meu coração,
Ninguém mais te conhece,
Exceto o teu filho Akhenaton.
Tu o fizeste sábio
Nos teus desígnios e com o teu poder.

O mundo está em tuas mãos,
Mesmo que o tenhas feito.
Quando te ergues, tudo vive,
Quando desapareces, tudo morre;
Pois tens a vida em ti mesmo.
Os homens vivem através de ti,
Enquanto os olhos deles recaem sobre a tua beleza
Até que desapareças.
Todo trabalho para,
Quando te deitas no Ocidente...
De fato, tu criaste o mundo
E o construíste para o teu filho...
Akhenaton, cuja vida é longa;
E para a primeira esposa real, a sua amada,
Senhora das Duas Terras, Nefer-nefru-aton, Nefertiti,
Viver e brilhar para todo o sempre.

Este não é apenas um dos maiores poemas da história, é a expressão relevante do monoteísmo, 640 anos antes de Isaías. O deus de Akhenaton não é tribal como Javé; Aton alimenta e governa todas as nações da terra. É a concepção vitalista de deidade, enquanto força viva e criativa que anima todas as coisas; é o calor da vida e o ardor do amor; nutre e fertiliza todas as plantas, energiza todos os animais e "cria o homem-criança na mulher". É o deus de todas as nações, de todas as formas de crescimento.

Akhenaton estragou isso quando permitiu que o egoísmo lhe anuviasse a visão: "Ninguém mais te conhece, exceto o teu filho Akhenaton [...] De fato, tu criaste o mundo e o construíste para o teu filho Akhenaton". Confiante nessa nova religião, ele ordenou que os nomes de todos os deuses, exceto Aton, fossem apagados ou riscados de todos os lugares públicos do Egito. Apagou do nome do pai a palavra Amon, por ser uma divindade agora morta; declarou ilegais todos os credos, à exceção do seu próprio.

A hierarquia oficial se enfureceu e conspirou; o povo, considerando o monoteísmo de Akhenaton uma total chacina para com os deuses, reclamou e se rebelou. Até no palácio os ministros o odiavam, pois ele, ao desprezar a guerra, enfraquecera o exército, e os generais esperavam impacientes que ele morresse. Os estados súditos se recusavam a pagar os tributos habituais; um a um, depuseram os governadores egípcios e se tornaram livres. De repente, o Egito desmoronou. Akhenaton viu-se quase abandonado, exceto pela esposa e pelas filhas. Tinha pouco mais de trinta anos de idade quando morreu, lamentando o próprio fracasso como governante e a indignidade da sua raça.

Dois anos após a morte de Akhenaton, subiu ao trono o seu genro Tutankhamon, favorito dos sacerdotes. Mudou o nome Tutankhaton, que o sogro lhe dera, fez as pazes com os poderes do clero e anunciou a um povo rejubilado a restauração dos antigos deuses. As palavras Aton e Akhenaton foram apagadas de todos os monumentos, os sacerdotes proibiram que o nome do rei herege fosse pronunciado por qualquer pessoa, e o povo referia-se a ele como "o grande criminoso". Os nomes que Akhenaton removera foram novamente gravados nos monumentos, e os dias de festa que ele abolira foram restabelecidos. Tudo voltou a ser como antes.

O Egito viveu outra grande era com Ramsés II, que demonstrou a sua índole ao reconquistar as colônias egípcias, construir templos imensos, gerar cem filhos e cinquenta filhas nas suas múltiplas esposas e deixar uma estátua da sua pessoa como uma orgulhosa relíquia do seu poder. Originalmente, essa estátua media cerca de 17 metros de altura; hoje mede cerca de 17 metros de comprimento, pois os séculos erodiram--lhe o frontão triangular de terra, fazendo-a cair ao chão.

Shelley descreveu essa estátua num soneto ao mesmo tempo belo e terrível, cujo título, "Ozymandias", é um dos muitos nomes de Ramsés:

Conheci um viajante de uma terra antiga
Que me contou: Duas enormes colunas de pedra, sem base,
Jazem no deserto... Perto delas, na areia,
Meio afundado, está um rosto despedaçado cujo cenho,
O lábio franzido e o frio esgar de comando,
Revelam que o escultor leu bem aquelas paixões
Que ainda sobrevivem estampadas naquelas coisas sem vida,

A mão que delas caçoou e o coração que as nutriu;
E no pedestal aparecem estas palavras:
"O meu nome é Ozymandias, rei dos reis;
Olha as minhas obras, ó tu, Poderoso, e perde a esperança!"
Nada ao lado permanece. Em volta daqueles restos,
Daquela ruína colossal, ilimitados e sem fim,
O deserto e as planícies de areia se espraiam ao longe.

CAPÍTULO 5

FILOSOFIA E POESIA NO ANTIGO TESTAMENTO

O NASCIMENTO DE UMA NAÇÃO

O objetivo destes capítulos não é resumir em poucas páginas a história de uma civilização, mas sim estudar e exemplificar as obras-primas do pensamento e da expressão que ela deixou. Assim, vamos rever apenas parte da antiga história judaica para que ela possa nos ajudar a compreender a filosofia e a poesia dos judeus desde o seu surgimento na Palestina, por volta de 1800 a.C., até a diáspora da Terra Santa, em 135 d.C.

O Oriente Próximo, ou Oriente Médio, nos tempos pré-cristãos era um verdadeiro caldeirão de povos, calorosos de temperamento e orgulho, incansáveis nas suas perambulações e impacientes nos assentamentos. Detiveram-se o tempo suficiente para produzir vastas civilizações – suméria, babilônia e assíria; assim, os babilônios fomentaram a ciência e a medicina e, por volta de 1940 a.C., Hamurabi deu-lhes um código de leis extremamente racional.

Um famoso peregrino, Abraão, é retratado na Bíblia como tendo deixado a cidade de Ur, na Caldeia (hoje sul do Irã), e partido, por volta de 1800 a.C., em busca de novas terras para a sua família e para o seu rebanho em crescimento. Sabe-se que ele teve uma visão em que também ouviu o deus Javé lhe oferecer e à sua descendência a terra de Canaã, desde que eles só venerassem Javé e circuncidassem os rebentos do sexo masculino, como sinal de compromisso com o deus.

Tanto neste caso quanto no de Moisés e os Dez Mandamentos pode-se notar a aplicação da convicção religiosa no fortalecimento da unidade, da saúde, da moral e da coragem de um povo em perigo. Assim, Abraão conduziu os seus seguidores rumo a noroeste até Canaã e, cerca de seiscentos anos antes de Moisés, eles ocuparam aquela que daí em diante considerariam a Terra Prometida.

Diz-se que Jacó, o primogênito de Abraão, combateu um estrangeiro que se revelou um anjo ou um deus; Jacó lutou com tanto vigor que o Senhor deu-lhe o novo nome de Israel – "aquele que lutou com Deus" (Gênesis, 32:24-30); este se tornou o nome da tribo e da terra. José, o filho favorito de Jacó, foi enterrado numa cova pelos seus irmãos ciumentos. Resgatado e vendido como escravo no Egito, libertou-se interpretando sonhos sabiamente, fez-se favorito do faraó e aconselhou-o a armazenar grãos nos anos de fartura para alimentar o seu povo nos anos de seca. Os irmãos deixaram Israel, atingida pela fome, e foram pedir comida no Egito; José os alimentou e convidou Jacó e sua tribo para viverem no Egito. Eles aceitaram e se estabeleceram em Gessen por volta de 1650 a.C. (Gênesis, 46).

Seus descendentes prosperaram e se multiplicaram no Egito durante cerca de quatrocentos anos. Depois, por motivos desconhecidos, os egípcios voltaram-se contra eles e lhes impuseram trabalhos pesados e leis odiosas. Assim, se dermos crédito ao relato bíblico, um faraó que pode ter sido Ramsés II (o Ozymandias de Shelley) ordenou que as parteiras eliminassem todas as crianças do sexo masculino nascidas de mães judias (Êxodo, 1:16). Algumas crianças foram poupadas e escondidas. É possível que uma delas fosse Moisés. Em todo caso, podemos aceitar sua existência e os fundamentos da história dos anos de sofrimento dos judeus no Sinai.

Eu acredito totalmente que muitos desses peregrinos, nos seus sofrimentos, perderam a crença no deus dos seus ancestrais e ofereceram sacrifícios a estranhos ídolos, na esperança de alguma ajuda sobrenatural. Posso acreditar que seu líder, com a força do caráter e da fé, chamou-os de volta à ordem e à decência com aqueles Dez Mandamentos que nós, peregrinos no nosso deserto moral, ansiamos por ouvir e obedecer novamente. E posso acreditar que esses viajantes cansados, endurecidos pelo sofrimento e pela batalha, tenham lutado selvagem e brutalmente nas últimas etapas da jornada para reconquistar Canaã, de onde os seus antepassados haviam sido expulsos pela fome e pela sede, quatrocentos anos antes.

Durante quase dois séculos, os vitoriosos viveram em Canaã como uma tênue associação de tribos, que se desfez devido a intermitentes lutas internas e porque repetidas vezes fora molestada na paz e na guerra por filisteus, moabitas, amonitas e edomitas. Por certo tempo, juízes e sacerdotes mantiveram a lei e a ordem. Quando a população cresceu e se espalhou, surgiu a demanda por uma autoridade central, de comando quase absoluto. Samuel, um destacado juiz, argumentou contra esse governo real. Um rei, advertiu ele,

> tomará os vossos filhos e os mandará... arar as terras dele e fazer para ele a colheita e os instrumentos de guerra [...] E tomará os vossos campos, os vossos vinhedos e os vossos bosques de oliveiras, e, melhor, os dará aos criados dele; tomará uma décima parte das vossas sementes e das vossas vinhas, ... e os vossos rapazes mais atraentes, os vossos asnos, e os fará trabalhar e vós sereis seus criados. E então vós protestareis porque o vosso rei vos terá escolhido; então, nesse dia, o Senhor não vos ouvirá.

O povo rejeitou o conselho de Samuel, dizendo:

> Não, mas teremos um rei acima de nós, e seremos como todas as nações, e que o nosso rei possa partir antes de nós e lutar as nossas batalhas.

Saul reuniu o povo que o escolheu para ser o primeiro rei dos judeus; e todo o povo gritou: "Deus salve o rei" (1 Sam. 8:11-20).

Saul fracassou como rei e morreu numa batalha inútil contra os filisteus. O belo e simpático Davi, que fora capitão da guarda real, assumiu o trono por volta de 1000 a.C.; conquistou e uniu todas as regiões de Israel e tomou por esposas algumas mulheres desse povo para firmar o seu domínio; fez de Jerusalém a capital, reinou por 36 anos e deixou uma lembrança de tamanha prosperidade que os judeus, em infortúnios posteriores, ansiavam por um "Messias", um "ungido", descendente de Davi, que restauraria o esplendor e a felicidade do governo de Davi.

Davi é um dos mais antigos e diferentes heróis da história: guerreiro vitorioso, cantador de salmos e tocador de harpa, doce amante de Jônatas, filho de Saul, e do seu próprio filho, Absalão (2 Sam. 11). Roubou Betsabá do marido, Urias, e enviou este ao combate, onde morreu. Trata-se de um homem surpreendente, por conseguinte autêntico, de elementos ricos e variados, que trazia consigo muitos vestígios do barbarismo e todas as promessas da civilização.

O seu filho e sucessor recebeu o nome de Salomão, de *shalom*, que significa "paz", e mereceu esse nome por ter preservado a paz e a prosperidade durante um reinado de 37 anos. Ao manter relações amigáveis com o rei Hiram, de Tiro, induziu os mercadores fenícios a dirigirem suas caravanas através da Palestina e desenvolveu uma lucrativa troca de produtos agrícolas de Israel por bens manufaturados em Sidon e Tiro. Formou uma esquadra mercante para o comércio no Mediterrâneo e no Mar Vermelho, garimpou ouro e pedras preciosas em "Ofir", localidade recentemente descoberta na Arábia Saudita. Permitiu-se um harém de "setecentas esposas e trinta concubinas". Esses números podem ser divididos por dez, considerando-se o resto como relacionamento amável com outros Estados; além disso, é possível que o grande rei tenha tido a paixão eugênica de transmitir suas qualidades superiores a um máximo de filhos.

Salomão adornou Jerusalém com um grande templo cuja beleza tornou-se o orgulho imortal dos judeus, o ápice da sua veneração e, como era costume à época, o centro do comércio. Antes da morte de Salomão, o número de mercadores era muito superior ao de sacerdotes; eles dominavam o governo e controlavam a riqueza nacional. Criara-se um proletariado descontente cuja mão de obra não encontrava emprego seguro nem recompensa satisfatória e cujas dificuldades transformaram o culto guerreiro a Javé no evangelho quase socialista dos Profetas.

OS PROFETAS

Os profetas tornaram-se adivinhos por acaso, uma vez que previram corretamente que Jerusalém seria conquistada por um poder estrangeiro. Porém, eram mais denunciadores do presente do que anunciadores do futuro. Vários chegavam a Jerusalém vindos do campo; ficavam chocados com a exploração industrial e com as tramoias comerciais que encontravam na capital, e com o fato de a religião ter se afastado da justiça rumo a um ritual de queima de oferendas e canções piedosas.

Amós descreveu-se não como um profeta, mas como um simples pastor de aldeia que (por volta de 760 a.C.) deixou os seus rebanhos para experimentar a capital. Sentiu-se intimidado com a complexidade artificial da vida que encontrou ali, com a desigualdade da riqueza, a amargura da competição, a rudeza da exploração. Assim, "postou-se à porta da cidade" e fustigou os ricos e suas riquezas:

> Portanto, visto que vós oprimis o pobre e extorquis uma parte do seu trigo, podereis construir casas de pedra lavrada, mas não vivereis nelas; podereis plantar belas videiras, mas não bebereis do seu vinho [...] Infelizes os que vivem despreocupados em Sião, [...] que se deitam em leitos de marfim [...] e comem carneiros do rebanho [...]; que cantam ao som da lira e, como Davi, inventam... instrumentos de música; que bebem vinho em taças e se perfumam com unguentos preciosos [...] Eu repudio os vossos dias de festa (diz o Senhor); [...] embora me ofereçais oferendas de fogo e oferendas de

> carne, eu não as aceitarei [...] Afastai de mim o barulho das vossas canções, pois não ouvirei a melodia das vossas liras. Mas que a justiça corra como água e que a probidade seja um rio poderoso. (Amós, 5:6)

Um profeta ainda mais notável, a quem os estudiosos chamam de Primeiro Isaías, promulgou este evangelho social numa das prosas mais nobres da literatura mundial:

> O Senhor entrará em juízo com os anciãos e príncipes do seu povo; sois vós que devastais o vinhedo e guardais em casa os despojos do pobre. Que pretendeis ao oprimir o meu povo e esmagar os rostos dos pobres? [...] Ai dos que acumulam casa sobre casa e ajuntam terras e mais terras! Ai dos que promulgam decretos injustos para negar justiça aos necessitados, defraudam o direito dos pobres do meu povo para explorarem as viúvas e roubarem os órfãos. Que fareis no dia do castigo e da desolação que virá de longe? Em quem buscareis ajuda e onde deixareis as vossas riquezas? [...] Lavai-vos, purificai-vos; [...] buscai o que é justo, libertai os oprimidos, fazei justiça ao órfão e defendei a viúva. (Isaías, 3:14-15; 5:8; 10:1, 11)

Isaías é amargo, mas não se desespera; conclui formulando a confiança messiânica dos judeus num futuro redentor que trará uma era de paz e fraternidade universais:

> Eis que uma virgem conceberá e dará à luz um filho e lhe porá o nome de Emanuel [...] Pois entre nós nasceu uma criança, e o governo recairá sobre os seus ombros; e ele será chamado [...] Príncipe da Paz [...] Com justiça julgará os pobres e dará sentença justa aos humildes da terra; sua palavra será o bastão que pune os ímpios, e o sopro dos seus lábios matará os maus [...] O lobo conviverá com o cordeiro e o leopardo dormirá ao lado do cabrito, e o bezerro e o filhote de leão [...] andarão juntos; uma criancinha os conduzirá [...] E das espadas serão forjados arados, e das lanças, foices; nenhuma nação erguerá espada contra outra nem aprenderá mais a guerrear. (Isaías, 7:14; 9:6; 11:1-6; 2:4)

Os males que os profetas ameaçaram aconteceram, embora um pouco depois. Em 609 a.C., um exército egípcio derrotou os judeus numa sangrenta batalha perto da velha cidade de Megido; aparentemente, foi daí que o apóstolo João deu o nome de "Armagedom" ao grande conflito que decidiria o destino do mundo (Apo. 16:16). Em 597 a.C., Nabucodonosor I da Babilônia conquistou Jerusalém e aprisionou 10 mil judeus. Contra os conselhos do severo profeta Jeremias, o rei Sedecias fez os judeus se revoltarem contra a Babilônia; Nabucodonosor retornou em 586 a.C., devastou Jerusalém, destruiu o Templo de Salomão e levou quase toda a população de Jerusalém para o cativeiro na Babilônia. Então, Jeremias lamentou o cumprimento das suas profecias e o flagelo de Jerusalém:

> Ah, como está solitária a cidade antes tão cheia de gente! Como ficou parecida com uma viúva! Ela, a maior entre as nações, a princesa das províncias, como ficou dependente! [...] Vós que passais pelo caminho, olhai e julgai se existe dor igual à minha [...] Justo és tu, ó Senhor, para com os meus protestos; no entanto, permite que eu comente os teus julgamentos: por que razão é próspera a trajetória dos maus? (Lam. 1:1,12; 2:1)

Por volta de 540 a.C., destaca-se um profeta maior do que Jeremias. Os estudiosos chamam-no de Segundo Isaías porque ele acrescentou novos capítulos ao Primeiro Isaías. Pregava para os judeus exilados em nome de um deus, não apenas de Israel, mas de todos os homens, um deus supremo "que medira as águas com a palma da mão e demarcara o céu com o palmo, [...] e pesara montanhas e colinas numa balança [...] Erguei os vossos olhos para o alto e observai quem fez essas coisas".

Mas o Segundo Isaías não mais amaldiçoava o povo pelos seus pecados, mas prometia que Deus tiraria os judeus do cativeiro na Babilônia:

> Preparai o caminho do Senhor; endireitai no deserto uma estrada para o nosso Deus. Todos os vales serão realçados e todas as montanhas e colinas rebaixadas, e as curvas retificadas e as escarpas aplainadas [...] Ele alimentará os seus rebanhos como

um pastor; reunirá os cordeiros com o seu braço e os carregará no colo e bondosamente os conduzirá às mães. (Isaías, 40:3-4, 11.) [*Vocês estão ouvindo a música de Haendel?*]

Essa profecia se cumpriu quando, em 539 a.C., Ciro II, rei da Pérsia, conquistou a Babilônia, libertou os judeus, protegeu-lhes o retorno a Jerusalém e garantiu-lhes ajuda para restaurarem o Templo. O Segundo Templo foi concluído em 516 a.C. e se tornou o centro de um renascimento religioso no qual os reis se apoiavam no clero para manter a ordem social.

Por volta de 444 a.C., um sábio sacerdote, Ezra, reuniu o povo e leu para ele por várias horas diariamente e durante sete dias o que chamou de "o Livro da Lei de Moisés", que os judeus passaram a chamar de Torá, ou "Guia", e os gregos chamaram de Pentateuco, ou "Cinco Rolos", os cinco primeiros livros da Bíblia. Neles estão os Dez Mandamentos e o Código de Moisés, que manteve a ordem entre os judeus com uma saúde acima da média, durante 23 séculos de inigualável adversidade. Nesse código, num livro chamado Levítico, está a maior, mais ousada e mais breve formulação da ética cristã: "Amarás o próximo como a ti mesmo" (19:18).

Em 332 a.C., a pequena Judeia, vendo-se cercada por ávidos imperadores, aceitou pacificamente Alexandre, o Grande, como protetor e supervisor. Depois da morte prematura de Alexandre, o pequeno estado enfrentou a devastação da guerra entre os seus sucessores, enquanto filósofos e poetas recebiam a excitante influência da literatura e do pensamento gregos.

OS FILÓSOFOS

Carlyle chamou o Livro de Jó de "uma das mais importantes coisas já escritas [...] Para mim, não há nada na Bíblia ou fora dela de igual mérito literário". Os estudiosos situam essa obra em alguma data entre 500 a.C. e 300 a.C. Trata-se de um livro fundamental, pois afirma com vigor a tenebrosa questão que persegue toda a teologia: como este mundo pode ser governado por um Deus justo e amoroso, se a injustiça tantas vezes triunfa? No início, Jó é representado como "perfeito e correto", e, no entanto, Javé permite que ele seja tragado por uma verdadeira inundação de calamidades. O sofredor ouve, indefeso, os amigos insistirem que Deus é justo, mas finalmente volta-se contra eles, considerando-os cegos e falsos. Assim como os judeus pré-cristãos, em geral Jó não acredita numa vida após a morte e vê a existência terrena como um adiamento diário da morte inevitável:

> O homem que nasce de uma mulher em poucos dias já está cheio de problemas. Nasce como uma flor e igualmente é cortado; também desaparece como uma sombra e não continua [...] Porque uma árvore cortada tem esperança de brotar novamente e, daí em diante, os seus suaves galhos não fenecerão [...] Mas o homem morre e se acaba; além disso, o homem entrega a alma e onde fica? Assim como as águas caem no mar e a inundação diminui e seca, assim também o homem deita-se e não se levanta [...] Se um homem morrer, viverá de novo?

Jó perde a esperança na justiça divina, volta-se contra Javé, chama-o de "Adversário" e planeja o suicídio. Então, num dos trechos mais majestosos da literatura mundial, uma voz sai das nuvens e do "Redemoinho" e desafia o homem:

> Quem é esse que enche de sombras o desígnio [divino] com palavras vãs? Cinge, pois, a tua cintura como homem, pois eu te perguntarei e tu me responderás. Onde estavas quando criei a terra? [...] Quem pôs a pedra angular ali onde as estrelas da manhã cantam em coro e todos os filhos de Deus gritam de alegria? Ou quem com portas fechou o mar [...] e disse: "até aqui tu chegarás, mas daqui não pássaras; e aqui as tuas orgulhosas ondas se deterão"? [...] És capaz de atar os liames das Plêiades, ou afrouxar o cinturão de Órion? [...] Conheces as leis do céu? Consegues entender como dominam a terra? [...] Quem colocou sabedoria nas entranhas, ou quem deu entendimento ao coração? [...] Será que aquele que compete com o Todo-Poderoso pode instruí-lo? Que responda aquele que faz censuras a Deus. (Jó, 38:1-40:2)

Jó se humilha, apavorado perante essa aparição, dizendo: "Eu me abomino e me arrependo sobre o pó e sobre a cinza". Javé se compadece, perdoa os desafios de Jó e lhe dá "duas vezes mais do que antes"; logo depois, Jó tinha 14 mil ovelhas, 6 mil camelos, mil juntas de bois e mil mulas. Viveu mais 140 anos e viu os seus filhos e os filhos dos seus filhos até a quarta geração.

É um final feliz, porém insípido e sem alegria, e, no entanto, é o melhor que se pode ter. Quem somos nós – ácaros numa poeira passageira – para podermos compreender o universo? A filosofia é um estudo da parte à luz do todo; a primeira lição é que todos nós somos partes muito pequenas de um todo muito grande. A harmonia da parte com o todo pode ser a melhor definição de saúde, beleza, verdade, sabedoria, moral e felicidade.

Esta é, mais uma vez, a única resposta que podemos dar ao Eclesiastes. Esse livro curto, assim denominado, é a mensagem mais amarga da Bíblia. A palavra *ecclesiastes* é a tradução grega da palavra hebraica *koheleth*, que significa "pregador". O autor desconhecido se intitula assim e pretende ser Salomão, o filho sábio de Davi; mas estudiosos desumanos reduziram-no a um obscuro hebreu helenizado de cerca de 200 a.C.

> Eu, o Pregador, fui rei de Israel em Jerusalém. Dediquei-me a investigar e a sondar com sabedoria tudo o que é feito sob o céu; é a pior ocupação que Deus determinou que os filhos dos homens exercessem. Vi todas as obras que são feitas sob o sol e eis que tudo é vaidade e tormento do espírito [...] Pois muita sabedoria é muito sofrimento, e quem aumenta o conhecimento aumenta a dor. (Eclesiastes, 1:12-18)

O autor do Eclesiastes estuda a história e também conclui que ela é igualmente vã, pois na maior parte se repete e, como a Bíblia, é um registro de nascimentos e mortes.

> Uma geração passa e outra geração chega, mas a terra subsiste para sempre. O Sol também se levanta e se põe e se apressa

> em direção ao lugar de onde surgiu [...] Todos os rios correm para o mar, mas o mar não se enche; os rios não voltam mais ao lugar de onde vêm [...] Portanto eu louvo os mortos que já estão mortos, mais do que os vivos que ainda estão vivos [...] Um bom nome é melhor do que um unguento precioso, e o dia da morte é melhor do que o dia do nascimento [...] O homem não tem supremacia sobre um animal [...] Vão todos para o mesmo lugar; [...] todos se transformam novamente em pó [...] Tudo é vaidade.

OS POETAS

Será que os poetas do Antigo Testamento oferecem alguma resposta ao Eclesiastes e a Jó? Eles apresentam duas: façam as pazes com Deus e com o universo; e alegrem a vida com amor. Uma está nos Salmos, a outra, no Cântico dos Cânticos.

Quem será capaz de entoar um cântico de louvor à altura daquelas canções de louvor intituladas Salmos? Conservo como um tesouro, entre as lembranças dos meus dias de seminário, os ecos dos Salmos que nós, acólitos, cantávamos no latim sonoro da tradução de São Jerônimo; no entanto, com toda a nossa piedade, jamais conseguimos sentir com profundidade igual à dos antigos judeus a confiança consoladora de que Deus supervisiona o nosso destino. Não posso esquecer que, quando visitei a minha esposa na sala de recuperação do Hospital Cedars-Sinai, e Ariel, ainda sofrendo, recitou o primeiro verso do Salmo 23, outro paciente que acabara de escapar da morte recitou o segundo verso, e mais outro paciente o terceiro verso daquela humilde resposta a Jó.

> *O Senhor é meu pastor; nada me faltará.*
> *Ele me faz repousar em campinas verdejantes; me conduz por águas tranquilas [...]*
> *Sim, embora eu atravesse o vale da morte, nada temerei...*
> *Com certeza, a bondade e a graça me seguirão por todos os dias da minha vida.*

E haveria tristeza maior do que os anos de cativeiro na Babilônia?

Junto aos rios da Babilônia nos sentamos e choramos relembrando Sião.
Penduramos nossas harpas nos salgueiros ao redor,
Pois aqueles que nos levaram cativos nos pediram uma canção...
dizendo: "Cantem para nós um dos cantos de Sião."
Como poderemos cantar um canto do Senhor em terra estrangeira?
Se eu te esquecer, ó Jerusalém, que a minha mão direita perca a sua destreza.
Se eu não me lembrar de ti, que a minha língua fique presa no céu da boca;
Se eu não considerar Jerusalém acima de toda a minha alegria. (Salmo 137)

Não conheço glória maior da linguagem nem da imagística do que a dos Salmos.

Os céus cantam a glória de Deus [...] Ali ele estabeleceu um tabernáculo para o Sol,
Parecendo um esposo saindo do tálamo, e alegre como um atleta disputando uma corrida.
Ele parte de onde começa o céu, e o seu circuito vai até o outro extremo;
E nada pode escapar ao seu calor. (Salmo 19)

Quem terá escrito estes Salmos? A tradição pia atribuiu uns setenta a Davi, e os estudiosos também lhe creditam alguns; a maioria é provavelmente a voz de muitas harpas, transmitidas através de sete séculos desde Davi até Daniel (de 900 a.C. a 167 a.C.). Muitos eram cantados no Templo; percebemos neles o ritmo em antístrofes da antiga poesia oriental, com majestosos coros em respostas alternadas.

Existe mais um poema do Antigo Testamento que devemos homenagear aqui. No início era chamado de "Cântico de Salomão" por ser, em parte, uma litania aos encantos do jovem rei. Os judeus chamavam-no de *Shir Hashirim*, que a Bíblia católica traduziu como *Canticum canticorum* e que nós expressamos adequadamente como Cântico dos Cânticos.

Raras vezes a poesia celebrou de modo tão franco e vívido a alegre entrega ao amor correspondido.

Só Deus sabe como essa poesia foi introduzida no Livro Sagrado. Corajosamente, a ortodoxia a interpreta como uma alegoria ao amor da Igreja por Cristo. A cultura considera o Cântico dos Cânticos como uma relíquia de algum rito de fertilidade, porém o ardor do poema não permite que se pense em campo nem em criança. A data é desconhecida; há sinais da influência greco-egípcia, como se viessem de Alexandria; os amantes chamam-se de irmão e irmã, ao estilo egípcio.

Um trecho – *Nigra sum sed formosa* ("Sou negra porém formosa", na tradução de São Jerônimo) – sugere uma dama de origem e têmpera africanas; portanto, os meus irmãos e irmãs de cor podem encontrar uma justificativa bíblica para a expressão "Negro é bonito". Mas deixemos o poema falar:

> *Para mim, o meu bem-amado é como um feixe de mirra; ele repousará toda a noite entre os meus seios.*
> *Para mim, o meu amado é como um cacho de alcanas dos vinhedos de Engadi.*
> *Como és bela, minha amada, como és bela, tens olhos de pomba [...]*
> *Eu sou a rosa de Sharon* e o lírio dos vales [...]*
> *Traz-me jarras [de vinho], conforta-me com maçãs, pois estou sedenta de amor [...]*
> *Eu vos exorto, filhas de Jerusalém, pelos cabritos monteses ou pelas gazelas dos campos,*
> *não atiçai nem despertai o meu amor até ele querer [...]*
> *O meu amado é meu e eu sou sua; ele vive entre os lírios.*
> *Antes do dia raiar e das sombras desaparecerem,*
> *volta, meu amado, e faz como um cabrito montês ou um jovem cervo nas montanhas de Beter [...]*
> *Vem, meu bem-amado, vamos para o campo; vamos pernoitar nas aldeias.*
> *Vamos nos levantar cedo e ir para os vinhedos, vamos ver se a vinha brotou, se a uva doce*
> *apareceu e se a romãzeira floresceu; lá eu te darei o meu amor.*

---

* Fértil planície que se estende ao longo do litoral oeste da Palestina. (N.A.)

O poema é magnífico e até mesmo um velho cansado pode sentir-lhe o ardor; mas um apóstolo do amor nonagenário pode solicitar uma litania mais profunda do que o esplendor da forma humana. A alegria de um corpo saudável não precisa fazer apologia de si mesma, mas como responderá à agonia de Jó ou à fome da alma por um significado mais amplo do que a união física ou a brutal sobrevivência? Maupassant sugeriu uma devoção mais bela quando disse: "no verdadeiro amor é a alma que abraça o corpo".

O mais nobre de todos os amores é aquele que amplia o ego e se oferece de coração e braços abertos a tudo aquilo que vive e é pacífico. Feliz a alma que assim engrandece o seu amor.

CAPÍTULO 6

A JORNADA ATÉ PÉRICLES

A MISTURA ÉTNICA

Quem eram os antigos gregos e de onde vieram? Vieram de todas as direções: da Ásia ocidental, das ilhas do Mar Egeu, de Creta, do Egito e dos Bálcãs e alguns até mesmo da "Cítia", ou seja, sul da Rússia. Pastoreavam rebanhos, cultivavam a terra, praticavam o comércio, construíam aldeias e cidades, guerreavam e se submetiam a chefes ou reis como Agamenon de Micenas e Codro de Atenas.

Provavelmente, os micênicos derivaram a sua civilização de Creta e do Egito, enquanto os assentamentos no leste da Grécia parecem ter importado os seus elementos culturais da Ásia ocidental e das ilhas do Mar Egeu. A combinação das sutilezas asiática e cretense e dos refinamentos egípcios com o vigor bárbaro das tribos que chegaram até a Hélade a partir do norte parece ter sido a base biológica da "glória que foi a Grécia".

A EXPANSÃO GEOGRÁFICA

Mais importantes do que a fecundação cruzada foram a expansão e o desenvolvimento surpreendentes dos gregos por todo o antigo mundo do Mediterrâneo, desde Bizâncio, mais tarde Constantinopla, até as "Colunas de Hércules", que se transformaram em Gibraltar. Seja para fugirem dos dórios ou de outros invasores, seja para aliviarem o próprio crescimento excessivo, nos seis séculos entre Agamenon e Péricles, os gregos enviaram o seu ousado excedente populacional, da Ática e do Peloponeso, para estabelecer colônias gregas tão ao norte como a Crimeia, onde Orestes conheceu Ifigênia; bem a leste, em Colchis, e na extremidade do Mar Negro, onde Jasão encontrou Medeia e o Velocino de Ouro; ao longo do litoral sul do Mar Negro e do litoral leste do Mediterrâneo... Demoremo-nos um pouco aqui, pois ao longo deste famoso litoral, ou perto dele, antes de fazerem Atenas famosa, os gregos desenvolveram uma cadeia de doze cidades que passou a ser chamada de Dodecápolis da Jônia; essas doze cidades contribuíram para a história grega quase tanto quanto as da Ática. Em Teos, o poeta Anacreonte, 570 a.C., cantou os prazeres do vinho e do amor ambivalente. Em Mileto, em 600 a.C., Tales fundou a primeira escola de filosofia grega e desenvolveu fortemente a geometria e a astronomia gregas.

Heráclito

Em Éfeso, cujo templo dedicado a Ártemis Diana era uma das Sete Maravilhas do Mundo Antigo, Heráclito expôs, trezentos anos antes de Platão, em apotegmas enigmáticos, uma filosofia da evolução que deve ter deliciado Hegel, Darwin, Spencer e Nietzsche.

Duas ideias fascinavam Heráclito: a mudança é universal, e a energia é indestrutível e perene. Nada é, tudo *se transforma*; tudo sempre deixa de ser o que é para se transformar no que será; "tudo flui" (*panta rei*) e "ninguém se banha duas vezes no mesmo rio"; o universo é um vasto, inquieto e contínuo "transformar-se". Eis aqui, em uma ou duas frases, metade da filosofia que Hegel expôs em 1830.

Mas, debaixo desse fluxo, Heráclito viu uma realidade que nunca diminuía, a qual chamou de "fogo", que, para ele, deve ter significado "força" ou "energia". A alma do indivíduo é uma fagulha passageira na chama da vida, em interminável mutação. O homem é um momento espasmódico dessa chama, "que se inflama ou se apaga como luz dentro da noite". Deus é o Fogo eterno, a energia onipresente do mundo que flui. No devido tempo, no fluxo universal, todas as coisas se transformam nos seus contrários: o bem pode se transformar no mal, o mal pode se transformar no bem, a vida se transforma em morte, a morte se transforma em vida. Os contrários são dois aspectos da mesma coisa; a força é a tensão dos contrários; "A luta (competição) é o pai e o rei de tudo; escolheu alguns para serem deuses e outros para serem homens; de alguns, fez escravos, e, a outros, deu liberdade". Por fim, Heráclito conclui que "a luta é a justiça"; a competição de indivíduos, grupos, instituições, estados e impérios constitui o tribunal supremo da natureza, cujo veredicto não admite apelação.

Safo

Exatamente do outro lado das águas dessas cidades jônicas fica a ilha de Lesbos, caracterizada pelo ativo comércio e pela poesia efervescente. Na sua capital, Mitilene, viveu a segunda mais famosa das mulheres gregas. Psappha, como era chamada no suave dialeto nativo, nasceu por volta de 612 a.C. Não era conhecida pela beleza, mas tinha os encantos da delicadeza, do refinamento e da ternura. Aos vinte anos, casou-se com um rico mercador que logo morreu.

Ansiosa por levar uma vida ativa, Safo abriu uma escola para jovens mulheres a quem ensinava poesia, música e dança; aparentemente, foi a primeira "escola de aperfeiçoamento" que se conhece. Sem parceiro, ela se apaixonou por uma das alunas, Átis, e quase enlouqueceu quando a jovem aceitou os galanteios de um rapaz. Os pais de Átis tiraram-na da escola. Aparentemente, Safo pensava nesse assunto quando escreveu:

> Ela [Átis?] chorou de tristeza ao me abandonar e disse: "Ai de mim, que triste sina é a nossa! Safo, juro que é contra a minha vontade que te abandono". Eu lhe respondi: "Segue o teu caminho alegremente, mas lembra-te de mim, pois sabes o quanto me apaixonei por ti. E se não te lembrares, então eu te farei lembrar como era ardente e bela a vida que levamos juntas. Pois com muitas guirlandas de violetas e lindas rosas tu enfeitavas e embelezavas os teus cabelos ao meu lado, com muitos colares feitos de uma centena de botões adornavas o teu colo delicado; no meu colo, untavas com muito unguento

precioso e raro o teu corpo belo e jovem. Não havia colina, nem lugar sagrado, nem regato que juntas não tivéssemos visitado; jamais primavera alguma encheu os bosques de doces rumores ou do melodioso canto dos rouxinóis sem que tu estivesses por ali comigo".

A descendência masculina vingou-se de Safo divulgando ou inventando a história de que ela morrera de um amor não correspondido por um homem... Um trecho da obra de Suidas conta como "a cortesã Safo" se suicidou, lançando-se de um penhasco na ilha de Leucas (Leucádia) porque um marinheiro, Faonte, não correspondeu ao seu amor. Na verdade, não se sabe quando nem como ela morreu; só se sabe que deixou uma vívida lembrança de paixão, poesia e encanto, e que brilhou até mesmo mais do que Alceu, o cantor mais melodioso da época.

Os exuberantes gregos empurraram seus navios e suas tendas para oeste, colonizaram as ilhas ao sul do Adriático, avançaram pela Itália e fundaram ali as famosas cidades de Síbaris e Crotona. Síbaris deu o seu nome à voluptuosidade e à indolência; Crotona deu à história o atleta vegetariano Milo, vencedor dos Jogos Olímpicos, e Píticos; além deles, Pitágoras, o maior filósofo grego antes de Sócrates.

Pitágoras

Pitágoras nasceu em Samos, uma das ilhas do Mar Egeu, por volta de 580 a.C. Curioso, viajou à Gália, ao Egito, ao Oriente Próximo e à Índia. Jamais foi o mesmo depois de ter ido à Índia: aceitou a teoria do carma; o renascimento punitivo – uma história conta que ele deteve um homem que batia num cachorro, dizendo que reconhecia nos latidos do animal a voz de um amigo morto. Pitágoras tinha mais de 50 anos de idade quando se estabeleceu em Crotona, para onde suas palestras atraíram entusiasmados discípulos de ambos os sexos. Organizou os seus seguidores mais fiéis numa comunidade mística, comprometendo-se a evitar carne, ovos e feijão, a purificar o corpo com abstinência e autocontrole, e a purificar a mente com a ciência e a música. Pitágoras deu à geometria a sua forma clássica, dois séculos antes de Euclides; também formulou o teorema que leva o seu nome.

Descobriu a relação numérica das notas musicais nas cordas de uma harpa. Uma vez que todos os corpos que se movem no espaço produzem algum ruído, cada planeta, no seu movimento orbital, deve produzir sons regulares; esses sons compõem a "música das esferas", que nunca ouvimos porque a ouvimos o tempo todo. Diz Diógenes Laércio que Pitágoras foi o primeiro a "dar o nome de *cosmos* ao mundo", devido à ordem e à beleza das estrelas. *Cosmos*, ou seja, "ordem", tornou-se uma palavra-guia para Pitágoras: virtude é ordem em nossas relações com a comunidade; o governo justo é a manutenção da ordem no Estado. Pitágoras pensava que essa ordem poderia ser mais bem assegurada por uma aristocracia educada, de preferência pelos formandos na sua própria escola. Platão seguiu Pitágoras nesse aspecto e em outros. Quando os gregos falavam de "o filósofo", referiam-se a Pitágoras.

Quando se contorna a ponta da Itália, passa-se entre a Itália e a Sicília; esses "Estreitos de Messina" são provavelmente "Cila e Caribdes" da *Odisseia*, de Homero. Logo se chega a Vélia, a antiga Eleia, onde, por volta de 445 a.C., Parmênides e um dos muitos Zenões fundaram a célebre escola de filosofia e perplexidade. Então, ao norte, chega-se a Pesto, conhecida pelos fundadores gregos como Poseidônia e pelos romanos como Paestum; ali, seiscentos anos antes de Cristo, os gregos construíram templos ainda extremamente belos em suas ruínas. Mais para o norte, os gregos fundaram Neápolis – "Cidade Nova" –, que conhecemos como Nápoles.

De Nápoles, em uma hora de voo, chega-se à Sicília, onde os insaciáveis gregos construíram as cidades de Siracusa, Messina, Catânia, Gela e Ácragas. Em Siracusa, nasceu Arquimedes (287 a.C.), o maior matemático grego, que amava tanto as alavancas que achou que com uma delas e um pedaço de terra para firmar o pé ele poderia mover a Terra. Em Ácragas, atual Agrigento, no litoral sudoeste da Sicília, a próspera colônia ergueu um templo à deusa Concórdia que ainda sobrevive depois de 2.300 anos de guerras políticas. Lá nasceu Empédocles, por volta do ano da batalha de Maratona; talvez tenha sido ali, e não na cratera do Etna, que ele morreu; nós o estudaremos como parte da Época Áurea.

Rumo ao norte, os mercadores gregos construíram cidades em Antípolis (Antibes), Nikaia (Nice), Monoccus (Mônaco) e Massília (Marselha). Navegando ainda mais para oeste, construíram castelos na Espanha, em Ampúrias e Mánaga (perto de Málaga). Depois, talvez amedrontados pelos ventos do Atlântico, voltaram para a terra natal e a enriqueceram com os resultados das suas conquistas e do seu comércio.

Foi preciso fazer esse longo circuito para ver e perceber a extensão, a variedade e a ousadia da civilização grega. Aristóteles descreveu a história constitucional de 158 cidades-estados gregas, mas houve muitas outras. Cada uma contribuiu no comércio, na indústria, na ciência, na filosofia, na literatura e na arte, para aquilo que denominamos de "Grécia Antiga". Nas colônias gregas, bem como no continente, nasceram a prosa, a poesia, a matemática e a metafísica. Sem esses tentáculos coloniais, talvez nunca tivesse existido a civilização grega, o produto mais precioso da nossa herança secular.

A PÁTRIA

Cansados de vaguear pelas areias do Egito e do Oriente Próximo e de singrar o Mediterrâneo até transformarem suas águas do norte num mar grego, os ávidos aventureiros retornaram aos lugares plenamente embebidos da memória grega: às terras do continente (Peloponeso, Beócia, Eubeia, Ática, com suas vibrantes cidades-estados, ciumentas e competitivas, Esparta, Argos, Epidauro, Corinto, Olímpia, Elêusis, Plateia, Atenas); às cidades gregas da Jônia (Halicarnasso, Mileto, Sardes, Esmirna, Pérgamo); ou às ilhas do Mar Egeu (Samos de Pitágoras, Lesbos de Safo, Naxos de Ariadne, Cnido, Tênedo, Patmos de São João, Ceos de Simônides, Quio de Homero e Samotrácia da Vitória Alada), ilhas mágicas onde mercadores e marinheiros gregos foram criados quase pelo cheiro do mar. Trouxeram para a pátria inúmeros fatos que equiparam e estimularam a ciência, uma rica experiência que orientou a filosofia e a política e uma competitividade ardente que favoreceu dramas profundos e uma arte insuperável.

Esse entusiasmo pelo progresso do conhecimento e pelo embelezamento urbano parece ter afetado menos Esparta, que se considerava a guardiã dos portões contra as incursões "bárbaras", isto é, estrangeiras, ou contra a infiltração do norte, e, portanto, submeteu os seus cidadãos e escravos a uma disciplina militar que deixava pouco espaço para as humanidades e belezas da vida. Em contraste, uma dedicação à especulação e à beleza excitava os atenienses, que se sentiam protegidos pela sua frota naval e, assim, fizeram dos seus teatros vozes da filosofia e, dos seus templos, hinos de mármore aos seus deuses.

Nós, americanos, fomos educados para pensar que os deuses gregos eram criaturas da imaginação romântica, ou metáforas da nossa poesia; assim, para nós, Zeus era um adúltero incansável, e Afrodite, um sonho de beleza; esquecíamos os milhares de trechos da literatura clássica que mostravam os gregos sacrificando deliciosos animais para os seus deuses e até mesmo se dispondo a sacrificar uma filha em troca de uma brisa, como Agamenon. Antes que os sofistas começassem a minar a convicção religiosa entre os gregos, por volta de 450 a.C., a religião era cultuada pelas pessoas e as ajudava a manter uma vida moral. Assim, cada casa tinha os seus deuses, cuja supervisão visível mantinha a família unida; toda cidade tinha a sua divindade protetora, como Atenas tinha Atena, em cujo culto os cidadãos podiam, por um certo tempo, esquecer a competição, muitas vezes, inescrupulosa, e quase faliram para construir o Partenon. A religião, assim como o patriotismo, era principalmente da cidade e das suas cercanias, não avançando muito além de Olímpia. Os gregos tinham confederações, mas não um Estado; quando a Pérsia unida os desafiou, eles quase perderam a liberdade coletiva porque apreciavam muito a liberdade local.

Atenas, capital da Ática, nos interessa em particular porque realizou inspiradoras experiências de governo e alcançou excelência insuperável nas questões da mente. Tentou a monarquia e a ditadura, porém, na maior parte dos seus anos de fama, preferiu uma democracia limitada. Assim como os nossos ancestrais, Atenas desfrutava dos serviços de escravos; mas ali estes eram pequena minoria e, em geral, prisioneiros de guerra que preservavam a lembrança e a esperança de liberdade.

Mais uma vez, assim como nos primeiros anos da nossa república, só os senhores proprietários de terras eram reconhecidos como cidadãos. Entre estes, as famílias há muito estabelecidas (os eupátridas ou "bem-nascidos") conseguiram, até 507 a.C., dominar a Boulé, ou Corte de Julgamento, que, do alto da sua localização, na Acrópole, formulava as políticas ou escolhia os arcontes que administravam o Estado.

No século VII a.C., nesse governo semifeudal, os camponeses da Ática chegaram a uma situação perigosa, parecida com a dos camponeses franceses 2.500 anos depois. "Uns poucos proprietários de terras eram donos de todo o solo", escreveu Aristóteles, e os agricultores, com suas esposas e filhos, podiam ser vendidos como escravos se deixassem de pagar os juros de suas dívidas. Muitos camponeses enfrentavam dificuldades porque hipotecavam suas terras a juros altos; quando se viam incapazes de pagar, fugiam para a cidade e se entregavam aos financistas na qualidade de servos. A pobreza rural da Ática ficou tão grave que, para muitos camponeses, a guerra parecia uma bênção secreta, pois proporcionaria mais terras para colonizar e deixaria menos bocas a serem alimentadas.

Quando o século VII a.C. chegava ao fim, "a disparidade de riqueza entre ricos e pobres chegara ao apogeu, de modo que a cidade [de Atenas] parecia estar numa situação realmente perigosa e sem meios de se livrar dos distúrbios, o que só parecia possível com um governo despótico", diz Plutarco. Os pobres começaram a falar em uma revolta violenta e numa completa redistribuição da riqueza. Os ricos, incapazes de cobrar mais as quantias que lhes eram legalmente devidas, e aborrecidos com o desafio à sua propriedade e às suas economias, invocaram antigas leis, apoiaram a dura legislação de Drácon (620 a.C.) e se prepararam para se defender de uma rebelião que ameaçava toda a propriedade, toda a ordem estabelecida e até mesmo a civilização.

SÓLON

Parece incrível que nessa conjuntura perigosa, tantas vezes recorrente na história, tenha existido um homem que, sem qualquer ato ou discurso violento, foi capaz de persuadir ricos e pobres a assumirem um compromisso que não apenas evitou o caos social, mas estabeleceu uma nova e mais humana ordem política e econômica para tudo o que restara da trajetória de liberdade de Atenas. A revolução pacífica de Sólon é um dos animadores milagres da história.

Filho de um eupátrida do mais puro sangue que, segundo Plutarco, "arruinou-se fazendo o bem ao próximo", abandonado à própria sorte, Sólon consolou-se sabiamente: as riquezas dos ricos "não são maiores do que as nossas, pois possuímos estômago, pulmões e pés que nos dão alegria e não desgosto; não são maiores do que os viçosos encantos de um rapaz ou de uma donzela, nem do que uma existência sempre em harmonia com as mutantes estações da vida". Dedicou-se ao comércio e tornou-se um mercador bem-sucedido, com vastos negócios e uma crescente reputação de inteligência e integridade. Ainda não completara 45 anos de idade quando, em 594 a.C., foi escolhido arconte epônimo (tecnicamente representando uma localidade particular). Com a aprovação de todas as classes e regiões, recebeu poderes ditatoriais para acalmar o conflito de classes, elaborar uma nova constituição e restabelecer a estabilidade do estado.

Sólon decepcionou os extremistas radicais por não fazer qualquer movimento para redividir a terra; essa tentativa teria resultado em guerra civil, no caos para uma geração e no retorno rápido à desigualdade. Com a sua famosa *Seisachtheia* (Eliminação dos Encargos) Sólon cancelou, segundo Aristóteles, "todas as dívidas existentes, para com pessoas ou para com o estado" e, assim, de um só golpe, extinguiu todas as hipotecas que oneravam as terras da Ática. Todas as pessoas escravizadas ou presas por dívidas foram libertadas. As pessoas vendidas para o exterior como servas foram repatriadas e libertadas; esse tipo de escravização foi proibido daí em diante. Os ricos protestaram, alegando que essa legislação era um rematado confisco, mas, em uma década, a opinião se tornou quase unânime de que essa providência salvara Atenas da revolução.

Mais duradouros do que essas reformas foram os decretos históricos que criaram a constituição de Sólon, prefaciada por um ato de anistia que libertava e reintegrava todas as pessoas presas ou banidas por ofensas políticas, à exceção das que tentaram usurpar o governo. Sólon dividiu a população livre da Ática em quatro grupos segundo a riqueza e estabeleceu um imposto de renda anual, equivalente aproximadamente a 12% à primeira classe, 10% à segunda classe, 5% à terceira e isentando a quarta. O feudalismo foi substituído por uma franca plutocracia, mas a nova constituição fez vários movimentos em direção à democracia. Abriu a Eclésia, a Assembleia Nacional, a todos os cidadãos, independentemente de riqueza, e atribuiu-lhes autoridade para escolher os arcontes (da primeira classe) e mantê-los sujeitos ao escrutínio e à censura. Todos os cidadãos eram elegíveis por sorteio (como meio de evitar o poder da riqueza) para a *heliaea*, um grande corpo de jurados de 6 mil membros que servia como corte suprema em todas as questões, exceto assassinato e traição, além de corte de apelo à decisão de qualquer magistrado. Esse poder de apelar à corte popular constituiu o apoio e o baluarte da democracia ateniense.

Até na esfera arriscada da moral e dos costumes, Sólon propôs leis. A ociosidade persistente foi considerada crime, e nenhum homem que levasse uma vida libertina tinha permissão de se dirigir à Assembleia. Legalizou e taxou a prostituição, tendo submetido os bordéis públicos à licença e supervisão do Estado. Decretou a modesta punição de cem dracmas pela violação diurna de mulher livre, mas qualquer pessoa que surpreendesse um adúltero no ato tinha permissão de matá-lo imediatamente. Considerou crime falar mal dos mortos ou falar mal dos vivos em templos, tribunais, repartições públicas ou jogos; mas nem Sólon conseguiu amarrar a língua agitada de Atenas, onde o boato e a calúnia pareciam essenciais para a democracia. Estabeleceu que quem ficasse neutro em rebeliões perderia a cidadania, pois achava que a indiferença do povo era a ruína do Estado. Exigiu que os filhos dos falecidos em defesa do país fossem criados e educados às custas do governo.

Os radicais criticaram Sólon por deixar de estabelecer igualdade de bens e poder; os conservadores o denunciaram por admitir que os comuns tivessem o direito de votar e de comparecer aos tribunais; e o seu amigo Anacharse, o excêntrico sábio cita, riu dessa nova constituição, dizendo que a partir de então os sábios precisariam pleitear e os loucos decidiriam. Além disso, acrescentou, não se pode estabelecer justiça duradoura para os homens, uma vez que os fortes ou os espertos distorcerão qualquer lei em seu próprio benefício. A lei é como uma teia de aranha: pega as pequenas moscas e deixa escapar os grandes insetos.

Sólon aceitou afavelmente todas essas críticas, reconhecendo as imperfeições do seu código. Perguntaram-lhe se ele fizera as melhores leis para os atenienses e ele respondeu: "Não, porém são as melhores que eles poderiam ter recebido", as melhores que os conflitantes grupos e interesses de Atenas poderiam ser persuadidos a aceitar naquela época. Ele obedeceu à moderação e preservou o Estado; foi um bom discípulo de Aristóteles, antes do nascimento deste. A tradição atribui-lhe o lema escrito no templo de Apolo em Delfos, *Medem agan* (Nada em excesso); e todos os gregos concordaram em colocá-lo entre os Sete Sábios.

Em 572, depois de servir como arconte por 22 anos, aos 68 anos de idade, Sólon retirou-se da vida pública e foi estudar civilização e governo no Egito e no Oriente Próximo. Dizia: "Envelheço sempre aprendendo". Pouco depois de retornar a Atenas, passou pelo sofrimento de ver Pisístrato estabelecer uma ditadura; mas este último, depois de consolidar a própria posição, restaurou quase todas as leis de Sólon.

Enquanto isso, a expansão e os lucros do comércio ateniense promoviam a indústria de Atenas, e a crescente classe de negociantes resolveu acabar com a supremacia política dos aristocratas senhores de terras. A educação se propagou, e os oradores encontraram plateia receptiva, apelando por um governo público mais amplo. Em 507 a.C., Clístenes, neto de um ditador, estabeleceu a democracia ateniense na forma que se manteve até 338 a.C. A autoridade suprema foi atribuída a certo Conselho dos 501, segundo o qual todo cidadão proprietário que chegasse à idade de trinta anos era indicado por um período de um ano, por revezamento. Esse conselho supervisionava a burocracia administrativa, determinava quais assuntos deveriam ser submetidos à Assembleia e servia de supremo tribunal. Todos os cidadãos – cerca de 30 mil homens – tinham o direito de frequentar a assembleia; 6 mil eram suficientes para o quorum. Jamais houvera no mundo um direito de voto tão liberal, com uma extensão tão ampla do poder político.

Os atenienses se rejubilaram com esse salto rumo à soberania; daí em diante, conheceram o sabor da liberdade mais ampla de agir, falar e pensar; lideraram toda a Grécia, na literatura, na filosofia e na arte e, por um certo tempo, até na condução dos negócios públicos e na guerra. Quando o maior império da época, a Pérsia, que conquistara tudo, do Afeganistão ao Egito, decidiu impor tributos às dispersas cidades da Grécia, esqueceu que na Ática sofreria a oposição dos donos do solo que cultivavam e que também controlavam o Estado que os governava. Foi uma felicidade para a Grécia que Clístenes tenha concluído a sua obra e a de Sólon doze anos antes da batalha de Maratona. Ali e em Salamina, os atenienses foram os primeiros a repelir o desafio da Pérsia, abrindo, assim, o caminho para a Época Áurea de Atenas.

CAPÍTULO 7

A Época Áurea de Atenas

PÉRICLES

"O período que transcorreu entre o nascimento de Péricles e a morte de Aristóteles é... o mais notável da história do mundo", escreveu Shelley por volta de 1820.

Atenas dominava aquela época na civilização europeia porque liderara os gregos na vitória sobre a Pérsia em Maratona (490 a.C.) e em Salamina (480 a.C.) e emergira dessas provações com uma frota naval que lhe proporcionou o controle do comércio do Mediterrâneo, dos seus antigos aliados e dos recursos guardados num templo na ilha de Delos. A pequena cidade da Ática se tornara reconhecidamente a cabeça do Império Ateniense.

Para governar essa região, por várias vezes os cidadãos elegeram Péricles, filho de Xantipo. Ele tinha todas as vantagens de linhagem e educação. O pai lutara em Salamina; a mãe era neta do aristocrata Clístenes, que propiciara a Atenas uma forma aperfeiçoada de democracia. O jovem Péricles, diz Plutarco, era "todo bem-formado, exceto a cabeça, um tanto alongada e desproporcional"; os seus críticos se divertiriam muito com essa cabeça arrogantemente dolicocéfala. Recebeu boa instrução em política, música e literatura, tornou-se ardente discípulo de Anaxágoras e de Sócrates, além de marido de Aspásia, a mulher mais liberada da época.

Conquistou fama pela eloquência, ainda que seu discurso fosse desapaixonado, e empolgava mentes maduras. Plutarco o descreveu como "decididamente livre de todas as formas de corrupção e superior a todas as preocupações com dinheiro"; contudo, isso parecia fácil para alguém que herdara uma fortuna confortável.

Ao ver que a aristocracia proprietária de terras estava em descompasso com a economia comercial em desenvolvimento, Péricles aderiu ao crescente grupo da *demos*, a população livre da Ática. Numa duradoura mostra de admiração e confiança, por trinta vezes, entre 467 e 428 a.C., os eleitores escolheram Péricles para o corpo governante dos *strategoi* (líderes do Estado); em geral, escolheram-no para ser *strategos autokrator*, ou comandante-chefe. Péricles aumentou o controle sobre o povo ao conseguir remuneração pelo serviço de jurado, pela frequência aos dramas dionisíacos ou aos jogos oficiais. O arcontado, até então limitado aos ricos, foi aberto a todas as classes. Péricles deu trabalho aos desempregados inaugurando grandes empreendimentos públicos, como a construção das Longas Muralhas, que cercavam Atenas e seus portos (Falero e Pireu) numa área fechada, só acessível aos inimigos por mar, este firmemente controlado pela frota imperial.

Esperando tornar a capital a coroa cultural de toda a Hélade e reconstruir em escala mais grandiosa os antigos santuários que os persas haviam destruído como prelúdio à Batalha de Salamina, Péricles contratou os artistas de Atenas e os desempregados restantes num audacioso programa de embelezamento arquitetônico da Acrópole. Para financiar esse monumental empreendimento, persuadiu a hesitante Assembleia a transferir o tesouro acumulado pela Liga de Delos, onde ficava sem utilização e sem segurança, para Atenas, e a usar parte desses recursos para embelezamento da vibrante capital.

Durante o desenrolar desses trabalhos, Péricles propiciou especial proteção e apoio a Fídias, Ictino e outros artistas que trabalharam para realizar-lhe os sonhos; também emprestou o seu patrocínio à literatura e à filosofia; enquanto em outras cidades gregas, nesse período, a luta entre as facções consumia boa parte da energia dos cidadãos e a literatura definhava, em Atenas o estímulo à crescente riqueza e à liberdade democrática se combinou com uma liderança esclarecida para produzir a Época Áurea. Quando Péricles, Aspásia, Anaxágoras e Sócrates assistiam juntos a uma peça de Eurípides no Teatro de Dioniso, Atenas podia constatar ao vivo o auge e a unidade da vida grega – diplomacia, arte, ciência, filosofia, literatura, religião e moral não descreviam trajetórias separadas, como nas páginas de um livro, mas se entrelaçavam, produzindo uma textura multicolorida da história de uma nação.

O POVO

Alguns aspectos dessa Época Áurea podem nos alarmar e ofender, porém devemos mencioná-los de passagem, pelo menos para evitar uma idealização romântica de um cenário demasiadamente humano.

Primeiro, dos 315 mil habitantes dessa pequena península chamada Ática, só 43 mil eram cidadãos emancipados. Havia 115 mil escravos. Estes últimos eram recrutados entre prisioneiros de guerra não resgatados, através de ataques para conseguir escravos em estados não gregos, e entre criminosos e vadios. Os negociantes gregos compravam escravos como compravam mercadorias e os vendiam em Atenas, Corinto ou onde arranjassem compradores. Em Atenas (como nos Estados Unidos até 1863 d.C.), havia mercados onde escravos nus eram examinados e comprados. Até o mais pobre dos cidadãos tinha um escravo; Esquines, para provar a sua pobreza, reclamou que a sua família tinha apenas sete. Todos os mineiros eram escravos, inclusive os superintendentes e os engenheiros, e todas as minas e os mineiros da Ática eram propriedade do estado.

A economia ateniense ainda era basicamente agrícola. A maior parte da indústria era realizada nas casas, mas em Atenas havia várias fábricas; Péricles tinha uma. Os vorazes gregos dedicaram-se mais ao comércio do que à indústria; comprar barato num lugar e vender caro em outro passou a constituir metade da vida da Grécia. Em geral, a estrada de cerca de oito quilômetros entre Atenas e o seu principal porto, Pireu, era movimentada durante o dia com o tráfego comercial. Embarcações mercantes movidas a vela e a remadores escravos (às vezes duzentos em cada navio) lançavam a proa ao mar a oito milhas por hora em direção a uma centena de centros comerciais, nos litorais leste e norte do Mediterrâneo.

Com a supremacia naval e a prosperidade comercial, o luxo cresceu, e a moral declinou. As prostitutas eram numerosas, e os seus patronos praticamente não sofriam censura da opinião pública. Atenas reconheceu e legalizou oficialmente esse negócio e taxou a atividade dessas profissionais. Algumas eram treinadas em música, dança e outras formas de entretenimento. As de classe mais elevada – *hetairai*, ou companheiras – buscavam se instruir e divertiam patronos cultos, discutindo literatura, arte ou filosofia; uma delas agradou a Sócrates e outra, Aspásia, casou-se com Péricles.

O problema dessas mulheres não era a lei, mas os rapazes. Os mercadores importavam belos jovens para serem vendidos a quem desse o maior lance. Essa pessoa os usaria primeiro como concubinos e depois como escravos. A lei ateniense proibia relações unissexuais, mas a opinião pública as tolerava. Em *Fedro*, quando Platão fala do amor humano, refere-se ao amor homossexual; e no *Banquete*, os contendores exaltam esse amor acima do amor entre homem e mulher.

Aristóteles atribuiu esse costume ao receio do excesso populacional; talvez fizesse parte da herança oriental da Europa e devia-se muito à reclusão das mulheres. A vida na ágora, no ginásio e na palestra de Atenas mostrava a juventude apenas na forma masculina; nem a arte proclamava a beleza física das mulheres até Praxíteles, um século depois de Péricles. Na vida de casados, os homens raramente encontravam companheirismo intelectual em casa; a escassez da educação entre as mulheres criou um abismo entre os sexos, e os homens buscavam em outro lugar os encantos que não haviam permitido que as suas esposas adquirissem. Para o ateniense, o lar não era um castelo, mas um dormitório; na maioria dos casos, de manhã à noite, ele vivia na cidade e ali raramente fazia contatos sociais com mulheres respeitáveis. A sociedade grega era unissexual e perdeu a animação, a graça e o estímulo que o espírito e o encanto das mulheres propiciariam à Itália no Renascimento e à França no Iluminismo.

Consequentemente, ao homem ateniense médio faltavam elementos de caráter mais delicados. Exceto nos seis primeiros anos, ele vivia com outras pessoas do sexo masculino; a sua personalidade adulta formava-se no mercado, em competições comerciais, em problemas de política, filosofia e guerra, e na dura interação com mentes realistas privadas de moralidade de base religiosa. Os gregos podiam admitir que a honestidade era a melhor política, mas primeiro tentavam tudo o mais.

Trasímaco, o sofista, identificava poder com direito, e Tucídides, o maior historiador grego, concordava com ele em praticamente tudo. Na maioria, os gregos eram bondosos com os animais e cruéis com os homens; usavam regularmente a tortura para extrair informações de escravos não acusados e dormiam contentes depois de matar uma cidade cheia de não combatentes; contudo, os oprimidos e os caçados provenientes de outras nações encontravam refúgio solidário em Atenas. Algum tipo de guerra era a condição normal da Hélade. Gregos enfrentaram gregos em milhares de batalhas; um século depois de Maratona, a mais brilhante civilização da história antiga se consumiu numa guerra de 27 anos que foi quase um suicídio nacional.

Os atenienses eram brilhantes demais para serem bons; desprezavam a simplicidade mais do que abominavam o vício. Nenhum povo teve fantasia mais pronta nem língua mais viva. Para os atenienses, o pensamento claro e a sua expressão clara e infantil pareciam coisas divinas; eles não tinham paciência com as complicações dos eruditos e consideravam a conversa informada e inteligente como o esporte máximo da civilização. Concordavam com Protágoras, para quem o homem era a medida de todas as coisas. O desejo de saber e compreender era a paixão mais nobre, tão imoderada quanto o resto. Mais tarde, eles descobririam os limites da razão e cairiam num pessimismo estranhamente em desacordo com a vivacidade natural do seu espírito. Mesmo durante a exuberância do período de Péricles, o pensamento dos homens mais profundos – que não eram os filósofos, mas os dramaturgos – seria anuviado pela brevidade da beleza e pela paciente perseverança da morte.

A ARTE NO PERÍODO DE PÉRICLES

Entre os gregos, a busca da riqueza era limitada apenas por um intenso amor à beleza. "Juro por todos os deuses", diz um personagem do *Banquete*, de Xenofonte, "que eu não trocaria a beleza por todo o poder de um rei persa". Um outro personagem de *Economia*, de Xenofonte, acrescenta: "É belo também, apesar da zombaria dos tolos [...], ver utensílios de cozinha organizados com senso e simetria. Todas as coisas, sem exceção, devido à simetria, parecerão mais belas se dispostas em ordem".

Esse sentimento de ordem e proporção, forma e ritmo, precisão e clareza, é o fato central da cultura grega. Faz parte da forma e da decoração de todas as tigelas e de todos os vasos, de todas as estátuas e pinturas, de todos os templos e túmulos, de todos os poemas e dramas e de toda a obra grega na ciência e na filosofia; falta apenas na conduta, na religião e na diplomacia dos gregos. A arte grega é a manifestação da razão: a pintura grega é a lógica da linha, a escultura grega é o culto à simetria, a arquitetura grega é a geometria em mármore. Não existe exagero de emoções na arte do período de Péricles, nem *bizarrerie* de formas (como havia num ritual dionisíaco), nem a ânsia pela novidade expressa pelo anormal ou pelo incomum; "Amamos a beleza sem extravagância", diz o Péricles de Tucídides. O propósito não é representar indiscriminadamente os milhares de detalhes do real, mas sim captar e manter a essência das coisas, e retratar as possibilidades ideais de forma e vida.

Apesar de tudo, o que os românticos de períodos menos viris podem ter imaginado em relação aos gregos, estes não eram estetas efeminados, murmurando mistérios da arte pela arte. Os gregos consideravam a arte como subordinada à vida, e a vida como a maior de todas as artes; tinham uma saudável tendência utilitária em oposição à beleza sem objetivo; o útil, o belo e o bom eram quase tão unidos no pensamento dos gregos quanto na filosofia de Platão. Dotados de um vigoroso senso de estado, os gregos identificavam-se com o poder e com a glória das suas cidades. Contratavam milhares de artistas para embelezar lugares públicos, celebrar festivais e comemorar a história.

Acima de tudo, queriam homenagear e obter as boas graças dos deuses, expressar a gratidão pela vida, pela fuga ou pela vitória; ofereciam imagens votivas, gastavam generosamente em templos e encomendavam estátuas para eternizar na pedra deuses ou mortos. Assim, a arte grega não pertencia a um museu onde os homens podem contemplá-la com uma admiração que não lhes é própria, mas sim aos verdadeiros interesses e empreendimentos do povo. Ali o artista não aparece como um recluso insolvente num estúdio, trabalhando numa linguagem estranha ao cidadão comum; era um artesão labutando com trabalhadores de todos os níveis em tarefas públicas e compreensíveis. Mais do que qualquer outra cidade da antiga Europa, Atenas reuniu a maior afluência de artistas, poetas e filósofos de todo o mundo grego; esses homens, competindo numa rivalidade ardente e guiados por uma diplomacia esclarecida, realizaram plenamente as ideias de Péricles.

Nada direi sobre a cerâmica grega, a não ser lembrar a beleza que Keats viu numa urna grega pintada, aquela "ainda inviolada noiva da quietude"; existe tanta coisa em tudo, se percebermos o "silêncio e a lentidão do tempo". Mas, como poderemos perceber, hoje em dia, o gênio dos pintores da época de Péricles, entre eles Polignoto e Zeuxis, se deles não nos ficou uma única pincelada que a história, por descuido, não tenha apagado? Só posso contar uma história de Zeuxis;

quando outro pintor se gabou de pintar com rapidez, Zeuxis disse tranquilamente: "Eu demoro muito".

As esculturas resistiram mais do que as pinturas. Falarei apenas de duas obras-primas desse período. "O nascimento de Afrodite" é um relevo em mármore encontrado nas ruínas da Villa Ludovisi, em Roma, em 1887: a deusa da beleza, cujo nome significa "nascida das espumas", sai do mar, pingando, surgindo vitoriosa de uma imponente onda. Talvez você prefira o "Discóbolo", ou "Lançador de Disco", feito em bronze por Míron por volta de 470 a.C. Esse atleta não é um frenesi de músculos estirados, mas um homem calmo, confiante na sua habilidade, um homem refinado e sensível que poderia escrever livros se assim o quisesse.

Fídias, que não teve rival na escultura até Michelangelo, custou caro a Péricles como um inconsequente consumidor de ouro e líder do grupo de escultores que trabalharam no Partenon. Ele desenhou os grupos e as figuras que preencheriam as métopas, os frisos e os frontões triangulares e deixou que os seus discípulos executassem o projeto. Ele próprio moldou para a Acrópole três estátuas de Atena, a deusa guardiã da cidade. A mais famosa, Atena Pártenos, erguia-se no Partenon a mais de onze metros de altura, como a divindade virgem da sabedoria e da castidade. O Partenon, templo "das virgens", foi uma das obras-primas arquitetônicas que brotaram em Atenas e nas suas cidades afiliadas durante a administração de Péricles. A destruição da capital pelos persas em 480 a.C. pôs ao chão quase todas as construções de valor ou importância. A princípio, ao retornarem vitoriosos, os gregos ficaram desanimados com as ruínas; porém, o interior agrícola enviou-lhes comida, a esquadra vitoriosa trouxe-lhes mantimentos vindos de uma série de cidades, o Tesouro de Delos assegurou recursos, os lucros do comércio garantiram mais ainda; a eloquência de Péricles estimulou a coragem e o orgulho; nos últimos dezoito anos de vida de Péricles (447 a.C.-429 a.C.), a cidade votou uma enorme quantia de recursos para a arquitetura, a escultura e a pintura. As economias dos ricos foram espalhadas entre artistas, artesãos e escravos, e por um século Atenas tornou-se a maravilha do mundo.

Em meio à nova riqueza, a ciência e a filosofia começaram a se fazer ouvir. Muitas cidades gregas, sobretudo Esparta, proibiram comentários públicos sobre teorias filosóficas "devido ao ciúme, à luta e às discussões inúteis que elas fazem surgir", diz Ateneu. Mas, na Atenas de Péricles, o "claro prazer" da filosofia (como chamaria Platão) captava a imaginação das classes educadas; os homens ricos abriam os seus lares, à moda do Iluminismo francês; os filósofos eram tratados como celebridades, e os argumentos inteligentes eram aplaudidos tanto quanto os golpes vigorosos nos Jogos Olímpicos.

Nesse período, Empédocles chegou a Atenas. Físico, vegetariano, poeta e místico da Sicília, expôs uma teoria da evolução do homem e de todas as outras espécies através da luta pela vida, da sobrevivência, da escolha dos mais adequados e da eliminação de formas e espécies por meio de formas internas de decadência. Do norte supostamente bárbaro, de Abdera, chegou Demócrito e informou os atenienses que nada existia, exceto as partículas materiais, e que as ideias eram meras partículas especialmente finas e macias. Porém, Zenão de Eleia já chegara a Atenas e divertira os filósofos com jogos intelectuais destinados a provar o idealismo psicológico do seu mestre Parmênides: como a matéria só é conhecida por intermédio da mente, o materialismo é logicamente ilógico. Em Atenas, a filosofia virou uma febre, e os estadistas conservadores começaram a temer pela dissolução da moral e do Estado.

Por volta de 440 a.C., Anaxágoras, amigo de Péricles, publicou o tratado *Da Natureza*, retratando o universo como um conglomerado de partículas animadas por um *nous* sutilmente físico, ou mente, levemente relacionado à fonte da vida e do movimento que existe em nós. Todos os organismos foram gerados originalmente da terra, da umidade e do calor, e, depois, saíram uns dos outros. Todos os fenômenos deveriam ser explicados pelas causas naturais. Quando não havia outro meio para enfraquecer Péricles, o seu rival demagógico, Cléon, que trabalhava curtindo couro, apresentou uma acusação formal de heresia contra Anaxágoras, alegando que ele descrevera o Sol (até então um deus para o povo) como massa de pedra incandescente. Cléon levou o caso adiante de maneira tão implacável que o filósofo, apesar de defendido por Péricles, foi condenado (c. 434 a.C.). Anaxágoras fugiu para Lâmpsaco, no Helesponto, onde morreu poucos anos depois, aos 73 anos de idade.

Obviamente, entre a minoria intelectual de Atenas, o temor aos deuses diminuíra. Dois processos levaram a isso: o crescimento de uma classe média muito viajada e a difusão da educação secundária por professores itinerantes que ensinavam retórica, literatura, ciência, filosofia e política. Alguns, como Protágoras, intitulavam-se *sophistai*, "professores de sabedoria"; alguns cobravam altas taxas. Uma vez que muitos alunos perdiam a fé religiosa, os professores eram acusados de sofismo venal, e isso até hoje ainda é associado aos seus nomes. Protágoras surpreendeu a sua época ao declarar que "o homem é a medida de todas as coisas" e, em casa de Eurípides, ele pregava um franco agnosticismo: "No que diz respeito aos deuses, não sei se existem ou não". A Assembleia ateniense ordenou-lhe que deixasse Atenas; mandou confiscar todos os exemplares dos seus livros e queimá-los na praça do mercado.

É nessa perspectiva de conflito que devemos examinar a carreira e o destino de Sócrates. É provável que ele seja o mais famoso grego do período de Péricles; metade do mundo ocidental conhece-lhe a careca, o rosto largo, o nariz espesso, a barba espalhada, a esposa negligenciada, a maneira irritante de questionar os outros, raramente se comprometendo; mas as histórias da filosofia falam pouco da tendência dos seus discípulos a abandonarem a fé religiosa. Um desses jovens céticos era o filho de Anito, líder do partido democrático de Atenas. Anito não gostou da crítica de Sócrates à democracia. Esperou atento por uma oportunidade de destruí-lo, mas primeiro elevemo-nos ao apogeu, com o drama grego.

O DRAMA GREGO

Normalmente, a filosofia de um período é a literatura do período seguinte: as ideias e as questões que uma geração discutiu no campo da especulação e da pesquisa propiciam, na geração seguinte, o pano de fundo para o drama, a ficção e a poesia. Mas, na Grécia, a literatura não ficou para trás em relação à filosofia; os próprios poetas foram filósofos e expressaram o próprio pensamento enquanto vanguarda intelectual da época. Aquele mesmo conflito entre conservadorismo e radicalismo que agitou a religião, a ciência e a filosofia gregas também encontrou expressão na poesia e no drama, e até na escrita da história; fazendo o papel de filósofo, Tucídides inventou discursos para os seus personagens históricos. Como nas letras gregas, a excelência da forma artística se somou à profundidade do pensamento especulativo, a literatura da Época Áurea alcançou alturas só atingidas novamente com Shakespeare e Montaigne.

Por volta de 500 a.C., os bancos de madeira de um importante teatro ateniense quebraram, causando tanto alarme que o governo construiu, numa encosta da Acrópole, um majestoso anfiteatro, em grande parte feito de pedra, e dedicou-o ao deus Dioniso. Naquele edifício descoberto, que se erguia em fantásticos semicírculos de fileiras em direção ao Partenon e de frente para o monte Himeto e para o mar, encenavam-se as tragédias e as comédias dos gregos, como tributo aos deuses, diante dos altos sacerdotes e oficiais do Estado; nesses dramas, era representada uma fase viva da guerra, entre a velha fé e a nova filosofia, que resultou num vasto processo de pensamento e mudou a história interna da Grécia clássica.

Ainda em 460 a.C., quando Péricles tinha 35 anos, Ésquilo produziu o seu primeiro drama importante: *Prometeu acorrentado.* Contava a história de um homem que desafiara os deuses ensinando aos homens a arte do fogo e da civilização. Prometeu fora punido por ordem de Zeus, sendo acorrentado a uma rocha no Cáucaso, tendo seu fígado várias vezes comido por um abutre, reconstituído e novamente comido. Na conclusão perdida de uma trilogia, Ésquilo mostrava Prometeu fazendo as pazes com Zeus; mas o tema da revolta do homem contra uma divindade cruel sobreviveu por 22 séculos, até encontrar uma selvagem expressão no *Prometeu libertado*, de Shelley.

Em outra trilogia, a *Oresteia* (458 a.C.), Ésquilo retomou os dois lados do argumento e retratou os crimes do homem como sendo tanto compartilhados quanto punidos pelos deuses. Agamenon, com o atraso da esquadra a caminho de Troia, mata a filha Ifigênia, num ritual de sacrifício para obter dos céus ventos favoráveis. Enquanto ele sitia Troia, sua esposa Clitemnestra, tendo perdido todo o amor pelo marido, entrega-se a Egisto. Ao voltar de Troia, Agamenon é assassinado pela amedrontada esposa e pelo amante dela. Orestes, o filho de Clitemnestra, que cresceu em meio a tais horrores, instigado pela irmã, Electra, mata a mãe e Egisto, e depois é perseguido em corpo e mente pela fúria incansável dos deuses vingadores. Como podia existir tanto mal no ritual de veneração e na alma humana? Essa trilogia sangrenta não é apenas uma história de assassinato. É uma poderosa acusação aos homens e aos deuses que os conceberam. Depois da *Ilíada* e da *Odisseia*, esta *Oresteia* é a maior realização da literatura grega. Talvez nem Shakespeare a tenha igualado.

Em 468 a.C., Ésquilo, então com 57 anos, perdeu o prêmio de drama para um jovem de 27 que portava o nome desafiador de Sófocles, ou seja, "sábio e aclamado". Ele era tudo isso, pois conquistou prêmio após prêmio, tanto no Teatro de Dioniso quanto no palco da vida. Seu pai fazia espadas e enriqueceu, pois os gregos tinham paixão pela guerra. O filho não herdou apenas essa fortuna, mas também boa aparência e talento; era habilidoso jogador, harpista e dançarino. Ficou amigo de Péricles, em cujo governo obteve altos cargos: em 443 a.C., tesoureiro imperial; três anos depois, destacado general. Sófocles era muito piedoso e amava o prazer. Na maturidade teve uma simpatia pelos rapazes, mas na velhice preferiu cortesãs. Desfrutou de todos os prazeres da vida e declarava que o homem mais abençoado era o que nunca tinha nascido; viveu até os 91 anos.

No século XX, as peças de Sófocles só eram conhecidas pelos eruditos quando Freud e seus acólitos nos informaram que, em geral, uma jovem como Electra se apaixonaria pelo pai e teria ciúmes da mãe, ao passo que um filho pletórico, assim como Édipo, mesmo sem premeditar, mataria o pai e casaria com a mãe. Não se deve culpar Sófocles por essa eventual inflação de neuroses: ele simplesmente narrou uma história conhecida pelos seus ouvintes. As suas contribuições foram a sutil estrutura das peças e o fluxo melodioso dos seus versos solenes. A forma de elocução é tipicamente "clássica": polida, plácida e serena; vigorosa, porém contida; todos os versos são relevantes; todos os incidentes conduzem ao clímax e revelam significado.

Apesar de admirar os clássicos e amar os românticos, eu prefiro Eurípides. Ele era descaradamente romântico: embebia a razão no sentimento, odiava loucamente a injustiça e sonhava com mundos mais sensatos. Apenas 18 das suas 75 peças sobrevivem, mas quase todas faziam parte da campanha do autor contra a superstição, a opressão e a guerra. Ele disse aos atenienses que os deuses que lhe pediam para venerar eram fantasias infantis, mais cruéis do que benéficas. Apresentou Medeia, com toda a barbaridade da violência e da raiva, mas disse aos homens orgulhosos que governavam Atenas:

De todos os seres que sobre a terra morrem e brotam,
O mais sofredor é a mulher. Devemos entregar (como dote)
A nossa riqueza em ouro, amealhada para esse dia,
Para comprar o amor de um homem; e eis que essa riqueza compra
Um dono para o nosso corpo!... E o pior ainda é o risco
Quanto ao tipo de dono que ele será, bom ou mau...
Em casa nunca ensinaram à mulher a melhor maneira de
Acalmar o ser que dorme ao seu lado;
E ela, depois de muito esforço, descobrirá a maneira
De fazer o seu dono tolerá-la sem usar
O jugo com muita fúria. Abençoado é o ar
Que a mulher respira! Caso contrário, é melhor morrer.

A mais corajosa de todas as peças de Eurípides foi *As Troianas*, produzida em 415 a.C., em meio à longa e violenta Guerra do Peloponeso entre Atenas e Esparta; essa peça ousou mostrar os sentimentos do inimigo derrotado e retratar a desolação de Troia depois que os vitoriosos incendiaram a cidade e levaram as viúvas para servirem de concubinas ou escravas. O rei Príamo está morto; seu filho e herdeiro Heitor morreu combatendo Aquiles; Hécuba, a velha viúva, pede a Andrômaca, a jovem viúva de Heitor, que se entregue silenciosamente ao concubinato, na esperança de que os seus captores poupem o infante real, Astianax. Mas os gregos temem que a criança mais tarde reclame vingança e o trono de Troia; lançam-na à morte por cima das muralhas da cidade. O corpo é trazido até Hécuba para receber um enterro adequado; Hécuba dirige-se a ele, desafiando e envergonhando os gregos vitoriosos, no clímax do sentimento e da coragem de Eurípides:

(Hécuba pega o corpo e diz:)

Ah, que morte tiveste, minha criança!...
Teus braços ternos, do mesmo feitio dos
Dele... E os teus queridos lábios orgulhosos, tão cheios de esperança,
Cerrados para sempre! Que doces mentiras dizias
De manhã, pulando para a minha cama,
Chamavas-me nomes amorosos e prometias: "Vovó,
Quando morreres, cortarei rente os meus cabelos
E levarei todos os chefes
Até o teu túmulo". Por que me enganaste? Sou eu,
Velha, sem pátria, sem filhos, quem deve derramar por ti
Lágrimas frias, tu, tão jovem e com morte tão triste
Meu Deus! o suave ruído dos teus passos,
Oh, o afago no meu colo, o doce
Adormecer juntos! Tudo isso acabou.
Como o poeta gravaria a pedra do túmulo
Para contar a tua verdadeira história? "Aqui jaz
Uma criança a quem os gregos temiam, e no seu temor
A mataram." A Grécia louvará para sempre a história ali contada!...

Oh, como é fútil o homem
Que se vangloria de ser feliz e não teme,
Enquanto a sorte dança como um doido
Rolando de um lado para outro e ninguém consegue deter.

(Hécuba envolve a criança em trajes fúnebres)

E na gloriosa túnica frígia, que o meu pensamento
Guardou para o teu dia de núpcias com alguma ilustre
Rainha do Oriente, eu te envolvo para sempre.

A onda de ressentimento público enfrentada pela peça *As Troianas* fez Eurípides perceber que, além de Sócrates, não lhe restava um só amigo em Atenas; Péricles morrera há muito tempo. Em 408 a.C., aos 72 anos, Eurípides aceitou o convite do rei Arquelau para ser seu hóspede em Pela, capital da Macedônia. Ali, durante dezoito meses, encontrou conforto e paz e, em 406 a.C., morreu, atacado e despedaçado pelos cães de caça reais, diziam os piedosos gregos.

Eurípides conseguiu popularidade após a morte até mesmo em Atenas. As ideias pelas quais lutara tornaram-se os conceitos dominantes nos séculos seguintes, e o período helenístico relembrava Eurípides e Sófocles como os maiores estímulos intelectuais que a Grécia conhecera até então. As peças dos antecessores de Eurípides caíram em relativo esquecimento, enquanto as suas eram repetidas todos os anos, onde quer que o mundo grego encontrasse um palco. Por ocasião do fracasso da expedição ateniense a Siracusa (em 415 a.C.), quando os prisioneiros atenienses enfrentaram o sofrimento como escravos acorrentados nas pedreiras da Itália, aqueles que soubessem recitar trechos das peças de Eurípides eram libertados (conta-nos Plutarco). O renascimento do liberalismo e do humanitarismo, nos séculos XVIII e XIX, fez de Eurípides uma figura quase contemporânea. Em resumo, só Shakespeare o igualou; Goethe não achava isso. Perguntava: "Será que alguma nação do mundo produziu um dramaturgo digno de chegar-lhe aos pés?". Apenas uma.

DESASTRE

O resto da história de Atenas no período de Péricles é um *decrescendo doloros*. Do apogeu do drama, passamos às comédias de Aristófanes, brilhantes, grosseiras, impiedosas; ridicularizavam Péricles, Eurípides e Sócrates; atacavam a democracia, o ceticismo e a complacência moral; pediam a volta da moral quase esquecida e imploravam o fim da guerra.

Em 431 a.C., Esparta e Atenas iniciaram a Guerra do Peloponeso, que continuaria por 27 anos, espalhando pobreza e crueldade e manchando o espírito da Grécia. Tucídides participou do conflito e o registrou golpe a golpe, num clássico da literatura mundial. Esparta, temendo ser sitiada pelo crescente poderio do império e da esquadra de Atenas, reuniu aliados, declarou guerra, invadiu e devastou a Ática. Atenas, que negligenciara o exército confiando demais na frota naval, não conseguiu defender o interior e foi forçada a convocar a população a viver dentro das muralhas da cidade. Ali as famílias amontoadas aguentaram toda uma geração de sítio, fome, praga e distúrbios políticos. O próprio Péricles morreu em 429 a.C., depois de dois anos de guerra, e os atenienses, cansados da aristocracia democrática desse rei, entregaram-se a uma oligarquia de demagogos que os levou de uma calamidade a outra.

Finalmente a guerra acabou, em 404 a.C., deixando Atenas desordenada e deprimida. Tirando vantagem do caos político, um grupo de aristocratas liderados por Crítias estabeleceu o Conselho dos Trinta para governar Atenas. Esse conselho confiscou a propriedade e tomou dinheiro de muitos mercadores ricos; saqueou os templos e vendeu por três talentos o cais do Pireu, que custara mil; exilou 5 mil democratas e condenou à morte outros 1.500; acabou totalmente com a liberdade de reunião e discurso; Crítias proibiu Sócrates de prosseguir com os seus discursos públicos.

Todos os erros da democracia foram esquecidos, à medida que se multiplicaram as crises dos oligarcas. Crescia, dia após dia, o número de homens, mesmo aqueles de recursos vultosos, que começavam a procurar um fim para a tirania. Quando mil democratas armados, sob o comando de Trasíbulo, se aproximaram do Pireu, Crítias liderou um grupo pequeno contra eles, mas foi derrotado e morto. Trasíbulo entrou em Atenas e restaurou o governo democrático.

Entre os democratas vitoriosos estava o mesmo Anito que anos antes prometera vingar-se de Sócrates por algumas ofensas dialéticas e pela "corrupção" do filho. Ele não podia esquecer que, quando fora exilado pelos Trinta, o filho ficara em Atenas com Sócrates e se tornara um bêbado. Anito achava que Sócrates, mais do que qualquer sofista, representava má influência em religião e moral e minara a convicção dos atenienses educados em relação à democracia. O tirano Crítias fora discípulo de Sócrates; o imoral e traidor Alcibíades fora um descarado amante de Sócrates; Carmides, seu primeiro favorito, acabara de morrer combatendo a democracia. Anito achava apropriado que o filósofo deixasse Atenas – ou morresse.

Em 399 a.C., a acusação foi movida por Anito, Meleto e Lícon. "Sócrates é um ofensor público, pois não reconhece os deuses que o estado reconhece... também é culpado de corromper a juventude." O julgamento realizou-se perante um tribunal popular de cerca de quinhentos cidadãos, na maioria provenientes das classes menos educadas. Sócrates replicou que acreditava nos deuses do estado e até mesmo na divindade do Sol e da Lua. Recusou-se a prometer silêncio: "Jamais abandonarei a prática e o ensino da filosofia... Qualquer que seja a vossa sentença, sabeis que jamais alterarei a minha conduta, mesmo que tenha de morrer muitas vezes". Foi declarado culpado por pequena maioria de sessenta votos.

Sócrates teve o privilégio de propor uma pena alternativa em substituição à morte; por insistência de Platão e outros amigos, que subscreveram o recurso, Sócrates se ofereceu para pagar multa de trinta minas (talvez 5 mil dólares). Uma segunda votação do júri condenou-o por oitenta votos a mais do que a primeira. Os amigos se propuseram a subornar a ruga; ele recusou, dizendo que renunciaria apenas à parte da vida mais senil e incômoda.

A Época Áurea terminou com a morte de Sócrates. Atenas estava exaurida de corpo e alma e sentia a degradação de caráter que se desenvolvera durante uma geração de conflitos selvagens. Duas coisas confortavam a cidade: a restauração da democracia e a consciência de que durante os últimos sessenta anos, mesmo durante a guerra, Atenas produzira tanta arte e literatura que superara na lembrança dos homens a produção de qualquer outro período igualmente breve.

Anaxágoras fora exilado, e Sócrates condenado à morte, porém o estímulo à filosofia foi suficiente para fazer com que Atenas gerasse, nos sessenta anos seguintes, sistemas de pensamento que floresceriam na Europa nos séculos vindouros. Na educação superior, logo os errantes sofistas seriam substituídos por universidades que transformariam Atenas na "escola da Hélade". Apesar do derramamento de sangue e do tumulto dos conflitos, as tradições artísticas não decaíram inteiramente; logo viriam Apeles e Praxíteles; durante muitos séculos os pintores, escultores e arquitetos da Grécia desenhariam, esculpiriam e construiriam para todo o mundo mediterrâneo.

Superando o desespero da derrota, Atenas ergueu-se com surpreendente vigor rumo a um novo nível de riqueza, cultura e poder; a opulência dominou-lhe o outono da vida.

CAPÍTULO 8

De Platão a Alexandre

DEPOIS DA GUERRA

Iniciaremos em 399 a.C., ano em que Sócrates morreu e Platão completara 28 anos de idade. Atenas estava se reerguendo da derrota. Esparta repousava nos louros da vitória.

Atenas reativara o comércio e a indústria; Esparta tinha uma agricultura estagnada, controlada descuidadamente por escravos. "Alguns espartanos tinham domínios de vasta extensão, outros não tinham praticamente nada: toda a terra está nas mãos de uns poucos", escreveu Aristóteles. Quando Esparta tentou dar ordens a Tebas, um exército tebano liderado por Epaminondas (e por trezentos "amantes gregos" ligados por um vínculo homossexual) derrotou os espartanos em Leuctras (371 a.C.) e acabou com o domínio de Esparta na Grécia.

Livre do temor de Esparta, Atenas reconstruiu sua frota mercante, sua marinha de guerra e seu império no Mediterrâneo. As minas de Láurion foram reabertas com o trabalho escravo, e a prata era extraída em tamanha quantidade que o dinheiro aumentou mais depressa do que as mercadorias, os preços se elevaram mais rapidamente do que os salários e os pobres suportaram o fardo dessa mudança. Foram feitas fortunas comprando-se produtos domésticos baratos e vendendo-os com lucro no país ou no exterior. Os espertos enriqueceram; os simples e os desprotegidos viam com crescente ressentimento a rápida concentração de riqueza. Os bancos multiplicaram-se em número e serviços, em investimentos e empréstimos; desenvolveu-se um sistema de crédito. A mudança de uma riqueza baseada na terra para uma riqueza móvel produziu uma luta pelo dinheiro e originou novas palavras como *chrematistike,* a febril busca por riquezas; *pleonexia,* a ganância por possuir cada vez mais; *neoplutoi*, os novos ricos.

Em meio à riqueza, a pobreza aumentou, pois as mesmas variedade e liberdade de trocas que permitiam aos espertos acumularem dinheiro faziam os simples perdê-lo mais depressa e de modo mais diversificado do que antes. Atenas, disse Platão, transformara-se em "duas cidades: uma dos pobres, outra dos ricos, guerreando entre si". Os pobres tramavam despojar os ricos através de legislação ou revolução; os ricos organizavam proteção contra os pobres. Em geral, os intelectuais se alinhavam aos pobres, e até os ricos, como Platão, flertaram com ideias comunistas.

Finalmente, os cidadãos mais pobres se apossaram da Assembleia e começaram a destinar as propriedades dos ricos aos cofres do Estado, para redistribuí-las entre as classes mais baixas. Os legisladores exploravam seus talentos ao máximo para extrair novas fontes de renda pública. O resultado desses impostos foi uma total ocultação de riqueza e de renda. A evasão se generalizou e foi tão engenhosa quanto a tributação. O Estado entrava nas casas, tomava as mercadorias e os homens eram postos na prisão até pagarem. Em 353 a.C., Isócrates, velho e rico, reclamava:

> Quando eu era menino, a riqueza era considerada algo tão seguro e admirável que praticamente todo mundo aparentava possuir mais propriedades do que na realidade possuía; ...agora o homem precisa estar pronto a se defender do fato de ser rico, como se fosse o pior dos crimes.

A classe média e os ricos começaram a desconfiar da democracia como se fosse o império da inveja, e os pobres passaram a desconfiar dela como se a igualdade de votos fosse anulada por uma abissal desigualdade de riquezas. Quando Filipe da Macedônia se precipitou sobre a Grécia, a crescente amargura da luta de classes dividira-a internamente, e muitos gregos ricos acolheram com prazer a chegada do invasor como alternativa à revolução.

A complacência moral acompanhou o crescimento do fausto e a liberação do intelecto. As massas alimentavam as superstições e se agarravam aos mitos consoladores; os deuses do Olimpo estavam morrendo, mas novos nasciam, e divindades exóticas eram importadas do Egito e da Ásia. A burguesia crescente e um tanto estrangeira de Atenas tinha pouco respeito pela fé tradicional. "Agora que certa porção da humanidade não acredita absolutamente na existência dos deuses, [...] uma legislação racional deve eliminar os juramentos de ambas as partes", escreveu Platão.

A filosofia lutava para encontrar na lealdade cívica e na inteligência culta um substituto natural para os mandamentos divinos e para as deidades protetoras, porém as morais sexual, social e política continuaram a declinar. O número de solteiros e cortesãs aumentava, e as uniões livres superavam o número de casamentos legais. "Uma concubina não é mais desejável do que uma esposa?", pergunta um personagem de uma comédia do século IV a.C. "Uma tem ao seu lado a lei, que obriga o homem a conservá-la, por mais desagradável que ela seja; a outra sabe que precisa prender um homem comportando-se bem ou então procurar outro." A limitação do tamanho da família era costume, fosse pelo controle da natalidade, pelo aborto ou infanticídio.

A moralidade política permanecia baixa. O suborno prosperava em todos os níveis de governo. A Pérsia não teve dificuldade em subornar políticos gregos para fomentar a guerra entre estados gregos. Os mercenários gregos se vendiam indistintamente a generais gregos ou a "bárbaros" (não gregos); os exércitos persas que Alexandre enfrentou estavam cheios de gregos. Enquanto isso, a crescente classe dos retores, ou oradores, assumia cada vez mais o trabalho e o caráter de advogados e administradores políticos; planejava e dirigia campanhas e levantava recursos prometendo favores. A política tornou-se mais intensa do que nunca, mas o patriotismo declinou, e a corrupção cresceu. Floresceu o individualismo, e o Estado decaiu.

Enquanto isso, na montanhosa e semibárbara Macedônia, um vigoroso monarca sonhava em conquistar a Grécia.

FILIPE E DEMÓSTENES

Filipe preparou-se para desempenhar seu papel na história ao combinar vigor primitivo e treinamento militar, com um toque de educação e sutileza.

Era forte de corpo e de espírito, atlético e belo, um magnífico animal tentando ser civilizado. Assim como seu filho, ele era um homem de temperamento violento e de generosidade abundante, que amava muito as batalhas e ainda mais a bebida. Diferente de Alexandre, Filipe era jovial e brincalhão. Gostava de rapazes, mas preferia as mulheres e casou-se com muitas. Durante algum tempo, tentou a monogamia com Olímpia, a princesa selvagem e bela da Molóssia que lhe deu Alexandre; depois, os caprichos de Filipe mudaram, e Olímpia remoeu meios de se vingar.

Filipe apreciava sobretudo homens decididos que arriscavam a vida durante o dia e passavam metade da noite se embebedando com ele. Antes de Alexandre, ele foi o mais bravo entre os bravos e deixou em cada campo de batalha um pouco de si. "Que homem!", exclamou o seu maior inimigo, Demóstenes. "Por amor ao poder e ao domínio, ele teve um olho arrancado, um ombro quebrado, um braço e uma perna paralisados." Na diplomacia, era afável, porém traiçoeiro; com a maior tranquilidade, desfazia uma promessa, mas estava sempre pronto a fazer outra; não reconhecia moral no governo e considerava o suborno e a mentira substitutos benévolos do assassinato. Mas era clemente na vitória. Deu aos gregos derrotados melhores condições do que estes davam uns aos outros. Todos os que o conheceram, exceto Demóstenes, gostavam dele e o classificavam como o personagem mais capaz e interessante do seu tempo.

Fundou e adestrou uma tropa de cavalaria, treinada para confundir o inimigo por meio de repetidos ataques a alvos diversos; uma outra de infantaria, organizada em falanges sucessivas e empunhando lanças de mais de seis metros de comprimento; ainda uma outra de arqueiros, que lançavam suas setas por cima das falanges dos inimigos; e uma tropa de cerco, com catapultas e aríetes. Com tais armas, ele propôs novamente expulsar os persas das cidades gregas da Ásia; mas percebeu que, primeiro, deveria unificar todos os gregos europeus sob a sua hegemonia.

Começou se apossando de algumas cidades aliadas de Atenas nos litorais da Macedônia e da Trácia. Elas não apenas bloqueavam o caminho para a Ásia, mas também controlavam as minas de ouro e o comércio tributável. Enquanto os atenienses se ocupavam com outra guerra, Filipe tomou Pidna e Potideia em 356 a.C. e respondeu aos protestos atenienses fazendo elogios à literatura e à arte de Atenas. Porém, quando propôs dominar os próprios atenienses, estes foram instados a resistir pela eloquência apaixonada do mais célebre orador da história.

Demóstenes

A estátua de Demóstenes que está no Vaticano tem um rosto profundamente aflito, como se cada avanço de Filipe cavasse uma nova ruga em seu cenho. O corpo é magro e cansado. O aspecto é o de um homem que lançara um apelo final por uma causa desesperada.

O pai deixara-lhe uma fortuna razoável, mas os testamenteiros a consumiram. Demóstenes construiu a própria fortuna como retor, escrevendo discursos para litigantes; segundo Plutarco, às vezes ele preparava argumentações para ambas as partes de um litígio. Escrevia melhor do que falava, pois era de constituição franzina e de dicção defeituosa. Para superar essas desvantagens, discursava para o mar barulhento, com a boca quase cheia de pedras, ou declamava correndo colina acima. Depois de anos de esforço tornou-se um dos advogados mais ricos de Atenas, flexível quanto à moral, porém destemido em suas opiniões.

Demóstenes disse aos atenienses que eles eram desertores degenerados, que haviam perdido a vontade de guerrear necessária à sobrevivência nacional. Denunciou o apelo de Filipe pela unificação da Grécia como um recurso para subjugá-la à Macedônia. Pediu aos compatriotas que resistissem a Filipe até o último homem. O seu rival, Ésquines, defendia Filipe. Ambos foram acusados de receber suborno: Ésquines, de Filipe, e Demóstenes, do rei da Pérsia.

Finalmente, a campanha de Filipe rumo ao sul reforçou tanto a eloquência de Demóstenes que os atenienses estabeleceram subsídios para os pobres, para prepará-los para a guerra. Em 338 a.C., marcharam para o norte para enfrentar as falanges de Filipe em Queroneia. Esparta recusou ajuda, mas Tebas mandou a sua "Liga Sagrada" para lutar ao lado dos atenienses. Todos os seus trezentos componentes morreram nessa batalha. Os atenienses também lutaram com bravura, mas não estavam organizados nem equipados para resistir ao mar de lanças que caiu sobre eles como se viessem do céu; fugiram, e Demóstenes fugiu com eles.

Filipe puniu severamente os tebanos, mas libertou os dois mil atenienses que haviam sido feitos prisioneiros e enviou seu fascinante filho, Alexandre, para propor a paz, com a condição de que Atenas aceitasse Filipe como general de toda a Grécia contra a Pérsia, inimiga comum. Atenas concordou. Filipe reuniu em Corinto uma assembleia dos estados gregos e delineou os planos para libertar a Ásia helênica do domínio persa. Foi escolhido por unanimidade como comandante dessa iniciativa. Permitiu aos estados constituintes uma grande dose de liberdade e preparou-se para uma guerra santa.

Filipe vencera todos os inimigos menos a esposa, Olímpia, ressentida dos casos amorosos do marido. Dois anos depois de Queroneia, Pausânias, um dos oficiais de Filipe, remoendo uma ofensa e instigado por Olímpia, matou o rei. Alexandre, idolatrado pelo exército, assumiu o trono e, aos 20 anos, preparou-se para conquistar o mundo.

ARTE

Depois da explosão do gênio dramático no século V a.C., a literatura grega caiu em figuras menores como Xenofonte – o general que, com o seu *Anábasis,* disciplinava a juventude moderna ao idioma grego – e Isócrates, o professor e panfleteiro que inventou o ensaio.

A arte continuou a florescer. "Apeles de Cós superou a todos os outros pintores que o precederam ou seguiram", escreveu Plínio, o Velho. Ele deve ter sido supremo, uma vez que podia se permitir a rara extravagância de elogiar os rivais. Sabendo que o maior deles, Protógenes, vivia na pobreza, Apeles viajou até Rodes para visitá-lo. Sem estar avisado, Protógenes não se encontrava no estúdio quando Apeles chegou. Uma velha criada perguntou a Apeles que nome deveria anunciar quando o patrão regressasse. Apeles respondeu pegando um pincel e traçando sobre uma tela, de uma única pincelada, um esboço de extrema beleza. Quando Protógenes voltou, a velha não sabia dizer o nome do visitante que desaparecera, porém Protógenes, vendo o esboço, exclamou: "Só Apeles poderia ter traçado esta linha". Então, desenhou outra linha ainda mais bela dentro da de Apeles e pediu à mulher que mostrasse ao forasteiro, se este voltasse. Apeles voltou, maravilhou-se com a habilidade do rival ausente, mas traçou entre as duas linhas uma terceira, de elegância e delicadeza tamanhas que, quando Protógenes a viu, confessou-se vencido e correu até o porto para alcançar o mestre e dar-lhe boas-vindas.

Esse painel passou como obra-prima de geração em geração, foi comprado por Júlio César e desapareceu no incêndio que destruiu o palácio do monte Palatino. Plínio acrescenta que um quadro de Apeles era vendido por uma soma equivalente aos tesouros de toda uma cidade. Nada resta dessas obras-primas.

A escultura tomava mais tempo e era preservada pelo tempo. Em muitos aspectos, essa difícil arte chegou ao apogeu nessa época. Faltava-lhe o estímulo da religião, nada se comparava ao frontão triangular e ao friso do Partenon, porém adquiriu nova inspiração a partir da graça feminina e conseguiu uma beleza jamais ultrapassada.

O século V modelara homens nus e mulheres vestidas. Idealizara os tipos e moldara ou cinzelara a vida fustigada do homem num repouso sem emoções; o século IV tentou realizar na pedra algo da individualidade, dos sentimentos e da dor humanos. Na estatuária masculina, a cabeça e o rosto adquiriam maior importância, e o corpo, menor; o estudo do caráter substituía a idolatria da forma; os retratos em pedra ficaram na moda. O corpo abandonou a pose rígida, ereta, e apoiava-se à vontade num bastão ou numa árvore; a superfície era modelada de modo a permitir o vívido jogo de luz e sombra. Ansioso pelo realismo, Lisístrato de Sicião, aparentemente pela primeira vez entre os gregos, tirou um molde de gesso diretamente do rosto do modelo e aplicou-o na fundição.

Com Praxíteles a representação da beleza sensual aproximou-se da perfeição. Todo mundo sabe que ele cortejou Frineia e perpetuou-lhe os encantos além da morte, mas ninguém sabe quando ele nasceu nem quando morreu. Era filho e pai de escultores, e assim nós o retratamos como o clímax de uma tradição familiar de duradouro talento artístico. Trabalhava tanto com bronze quanto com mármore e conseguiu tamanha reputação que muitas cidades disputavam-lhe os serviços.

Por volta de 360 a.C., a cidade de Cós contratou-o para esculpir uma "Afrodite"; para isso, ele contou com a ajuda de Frineia, mas os nativos de Cós ficaram escandalizados ao verem a deusa quase nua. Praxíteles acalmou-os fazendo outra "Afrodite" vestida, enquanto Cnido comprava a primeira. O rei Nicomedes da Bitínia ofereceu-se para pagar a pesada dívida pública de Cnido em troca da estátua, porém a cidade preferiu a imortalidade; vinham turistas de todos os recantos do Mediterrâneo para ver a obra; os críticos declararam-na a mais bela estátua jamais feita na Grécia; os boatos diziam que, ao vê-la, os homens ficavam excitados num frenesi amoroso.

Com irritante concisão, o geógrafo Pausânias observa que entre as estátuas do templo de Hera em Olímpia havia "um Hermes de pedra carregando Dioniso criança, de autoria de Praxíteles". Técnicos alemães que escavavam o local em 1877 viram seus esforços coroados quando encontraram essa figura soterrada sob séculos de lixo e argila, como se o tempo tivesse permanecido totalmente cego. Descrições, fotografias e amostras prejudicam a qualidade da obra; é preciso ficar diante dela no pequeno museu de Olímpia e clandestinamente passar os dedos na sua superfície para avaliar a suavidade e a textura viva dessa carne de mármore. A cabeça proporciona prazer especial, com a sua simetria aristocrática, o requinte do cinzelado das feições calmas e do cabelo encaracolado. O pé direito é perfeito, onde é rara a perfeição na estatuária. A Antiguidade considerou-a uma obra menor; por aí, pode-se imaginar a riqueza artística do período.

Nos escassos vestígios de Praxíteles, nota-se a ausência da sublimidade e da força de Fídias; os deuses cederam lugar a Frineia, e as grandes questões da vida nacional foram postas de lado pelo amor secreto. Mas nenhum escultor jamais suplantou a precisão técnica de Praxíteles, o dom quase miraculoso de imprimir à dureza da pedra o abandono, a graça e a ternura, a alegria bucólica e o prazer sensual.

Pairando entre escultura e arquitetura está o Mausoléu de Halicarnasso, uma cidade-estado da Jônia cujo governante, Mausolo, era tão amado pela esposa, Artemísia, que, quando ele morreu, em 353 a.C., ela reuniu Escopas e outros artistas para construírem e decorarem o túmulo do marido. O magnífico friso, hoje no Museu Britânico, é um dos triunfos da escultura grega. O monumento testemunha muitas linguagens e foi citado pelos antigos entre as Sete Maravilhas do Mundo.

Na mesma lista, a Antiguidade incluiu um terceiro templo, construído em Éfeso em 356 a.C., dedicado à deusa Ártemis. Foram necessários cinquenta anos de trabalho para erguê-lo. Depois de pronto, tornou-se o maior templo do mundo grego. Ali essa deusa virgem foi venerada; primeiro pelos gregos, como Ártemis, depois pelos romanos, como Diana, e mais tarde pelos cristãos como Maria, Mãe de Deus. Na história, assim como nos jornais, só mudam os nomes e as datas; os acontecimentos são sempre os mesmos.

Na nossa juventude mental, descobrimos Platão e imaginamos um belo jovem afagando a filosofia com um "raro prazer" e sonhando com uma utopia guiada por virtuosos filósofos; na velhice, descobrimos Platão propondo um governo de ditadores, controlando ou banindo artistas e poetas e reforçando uma religião estatal sob pena de morte. Como ele administraria essa transformação?

Dos nossos estudos iniciais na universidade, lembramos que Platão nasceu em 427 a.C., de boa família e de relativos recursos; que durante muitos anos foi um ardente seguidor de Sócrates e prontamente apoiou a aversão do mestre pela democracia; que a execução de Sócrates por um governo democrático transformou essa aversão em desprezo. Platão via os políticos democráticos atenderem aos caprichos da plebe comum até que, na sua opinião, a liberdade se transformou numa anarquia; e os velhos padrões de conduta e gosto que protegeram a civilização nos costumes, na moral e nas artes se degradaram, espalhando uma vulgaridade triunfante. Ele fez o seu Sócrates imaginário seguir em frente como se descrevesse o presente:

> SÓCRATES: Num estado assim, a anarquia cresce e penetra nos lares [...] O pai se acostuma a descer ao nível dos filhos, e o filho a considerar-se no nível do pai, tendo perdido o medo e a vergonha aos pais [...] O mestre teme e elogia os discípulos, e os discípulos desprezam os mestres [...]
> ADEIMANTUS: Qual é o próximo passo?...
> SÓCRATES: Todo excesso provoca uma reação no sentido oposto [...] O excesso de liberdade, no estado ou nos indivíduos, parece apenas uma passagem para a escravidão... e a forma mais grave de tirania surge das formas mais extremas de liberdade.

No segundo livro de *A República*, Platão avaliou uma utopia comunista, mas explicou que era impraticável, pois os homens, por natureza, são individualistas, gananciosos e ocasionalmente assassinos. Prosseguiu retratando um estado que seria "o segundo melhor", organizado em torno de um sistema de educação aberto a todos e governado por "guardiães" de cinquenta anos que sobrevivessem aos testes mais severos da oficina educacional. Tais guardiães, argumentava Platão, não deveriam ter propriedades, dinheiro nem esposas, mas se dedicar à vida plena e à alta filosofia; deveriam ser uma ilha comunista governando um mar cercado pela livre iniciativa. Deveriam supervisionar, segundo princípios eugênicos, todos os acasalamentos e casamentos; "os melhores de cada sexo deveriam se unir aos melhores com a maior frequência possível, e os inferiores aos inferiores; os rebentos do primeiro grupo serão criados pelos guardiães, mas não os do segundo, pois esta é a única maneira de se conservar o rebanho em boas condições."

Todas as crianças deveriam ser educadas pelo estado e receber igual oportunidade de educação; as classes não seriam hereditárias. As meninas teriam chance igual à dos meninos; e nenhum cargo seria vedado às mulheres pelo fato de serem mulheres. Isso poderia parecer impraticável, mas Platão concluiu: "Até os filósofos serem reis, ou os reis e os príncipes deste mundo possuírem o espírito e o poder da filosofia, [...] as cidades e a raça humana jamais se livrarão do mal."

Na velhice, Platão perdera o ardor pelas utopias, mas na sua última obra importante, *As Leis*, reagiu contra a complacência continuada da democracia ateniense para com a ditadura. O seu novo ideal é uma comunidade rural situada suficientemente no interior para que as ideias estrangeiras não a perturbem. Os votantes seriam 5.040, pois este número é convenientemente divisível. Seriam eleitos 360 guardiães que administrariam a economia e as leis, além de um Conselho Noturno de vinte e seis membros para legislar sobre todas as matérias vitais, econômicas ou culturais. Todos seriam encorajados a se tornarem ativos agricultores. Todas as complexas operações financeiras deveriam ser evitadas; legados econômicos seriam estritamente limitados. As mulheres teriam oportunidades iguais – educacionais, econômicas e políticas A bebida e as diversões públicas seriam regulamentadas pela religião e pelo estado, para proteger a moral do povo. A autoridade substituiria a liberdade na família e na escola. Como a obediência aos pais, mestres e leis só pode ser assegurada por sanções e crenças sobrenaturais, o estado determinaria quais deuses seriam venerados e como. A literatura, a ciência e a arte seriam censuradas para evitar a difusão de ideias hostis à religião ou ao estado. Qualquer pessoa que questionasse a religião estatal seria presa e, se persistisse, condenada à morre.

Embora o mais famoso filósofo de Atenas tivesse tão pouco a dizer em defesa da liberdade, a filosofia estava madura para uma nova religião, e a Grécia, madura para um novo rei.

ARISTÓTELES

Brincamos com Platão, mas com Aristóteles devemos *trabalhar.*

Uma das brincadeiras da história é dizer que os populares *Diálogos* de Platão sobrevivem, e tantas vezes nos encantam, ao passo que os seus tratados técnicos submergiram nos destroços do tempo, enquanto as obras populares de Aristóteles desapareceram e só restaram os seus tratados técnicos, que demandam atenção laboriosa como preço do seu saber concentrado.

Filho de um médico estagirita da Trácia, Aristóteles herdou um amplo interesse pela ciência. Vindo para Atenas, inscreveu-se na Academia de Platão, cujo portão principal advertia: "Que ninguém entre aqui sem a geometria". Depois da morte de Platão, Aristóteles foi para a corte de Hermeias, seu colega na academia que se livrara da escravidão para ser ditador em Atarneus e Asso, na Ásia Menor.

Aristóteles casou-se com Pítia, filha de Hermeias, e estava prestes a se estabelecer em Asso quando o sogro foi assassinado por um persa. Aristóteles fugiu com Pítia para Lesbos, onde ela morreu depois de lhe dar uma filha. Mais tarde, ele se casou – ou viveu junto – com a hetaira Herpília, mas até o fim manteve uma terna devoção a Pítia e, por ocasião da sua morte, pediu que os seus ossos ficassem ao lado dos dela. Aristóteles não era o devorador de livros desprovido de emoção, fato que parece emergir das suas obras que sobreviveram.

Em 343 a.C., Filipe convidou-o para se mudar para Pela, a fim de se encarregar da educação do príncipe Alexandre, então um adolescente rebelde de 13 anos de idade. Aristóteles dedicou-se a essa tarefa por quatro anos. Em 334 a.C., voltou para Atenas, talvez ajudado por recursos do então rei Alexandre, e abriu uma escola de retórica (literatura e filosofia). Escolheu para sede o mais elegante ginásio de Atenas, um conjunto de construções dedicadas a Apoio Liceu (deus dos pastores) e cercadas por bosques sombreados e alamedas cobertas.

A escola passou a ser chamada de Liceu. O grupo que a frequentava e a respectiva filosofia foram denominados peripatéticos a partir das alamedas *(peripator)* ao longo das quais Aristóteles gostava de caminhar com os discípulos enquanto discursava. Ele os fez reunir e organizar o conhecimento em quase todos os campos: os costumes dos povos estrangeiros, as constituições das cidades-estados gregas, a cronologia dos gregos vitoriosos nos Jogos Píticos e nas Dionísias atenienses, os órgãos e os hábitos dos animais, o caráter e a distribuição das plantas, a história da ciência e da filosofia. Essas pesquisas tornaram-se um tesouro de dados, aos quais Aristóteles recorria, às vezes com excesso de confiança, para escrever os seus tratados diversificados e numerosos. Se os examinarmos, não devemos esperar o brilhantismo de Platão, mas apenas uma carga rica de conhecimentos e ideias e a conservadora sabedoria própria de um amigo e pensionista de reis.

Na ciência, Aristóteles cobriu o campo com observações, relatos e experiências e foi o primeiro homem conhecido a organizar um grupo dedicado à pesquisa científica. Fez centenas de constatações brilhantes e centenas de erros evidentes – como a tranquilizadora descoberta de que as mulheres tinham menos dentes do que os homens. Mas a sua obra *Sobre a história dos animais* chegou perto da teoria da evolução, e o seu *Tratado sobre a alma* definiu a alma, ou psique, como sendo "os poderes vitais de nutrição, crescimento e decadência de um organismo". Sua concepção de Deus como Primeiro Motor, ou energia básica e onipresente, concorda com a concepção moderna de mundo enquanto energia em ação.

O objetivo da conduta é a felicidade, porém o segredo da felicidade é a virtude, e a melhor virtude é a inteligência, uma cuidadosa reflexão sobre a realidade, o objetivo e os meios; em geral, "virtude" é a média áurea entre os extremos. A política é a arte do compromisso entre as classes que constituem a sociedade. Todos os homens nascem desiguais, e as classes superiores prontamente se revoltarão caso seja imposta uma igualdade antinatural, assim como as classes inferiores se rebelarão se a desigualdade atingir extremos antinaturais. Então, Aristóteles defendia uma "timocracia" (governo honorífico), uma combinação de aristocracia e democracia, na qual o sufrágio ficaria restrito aos proprietários de terras e uma classe média numerosa seria o eixo e o equilíbrio do poder.

Em resumo, Dante estava certo quando chamou Aristóteles de *il maestro di color chi sano* – "o mestre dos que sabem" – e a Europa estava certa ao chamá-lo, durante quase 1.500 anos, de *ille philosophus* – "o filósofo".

ALEXANDRE

Alexandre, o discípulo mais famoso de Aristóteles, agradou ao mestre durante alguns anos depois de se tornar rei da Macedônia e comandante-chefe de todos os exércitos gregos contra a Pérsia. "Da minha parte, eu preferiria suplantar os outros no conhecimento daquilo que é excelente, e não na extensão do meu poder e do meu domínio", escreveu Alexandre a Aristóteles. "Ele tinha uma sede e uma paixão violentas por aprender, e isso aumentou com o passar do tempo", diz Plutarco. Porém, as instruções do filósofo foram apenas uma pequena parte das influências que formaram o caráter e as políticas do jovem monarca.

Alexandre aceitou entusiasticamente o plano do pai de libertar dos persas a Ásia grega, mas, a cada vitória, expandiu esse plano. Sua mãe alegava ser descendente de Aquiles e enfrentou a infidelidade de Filipe anunciando que o verdadeiro pai do seu filho seria o deus Amon; Alexandre jamais rejeitou inteiramente essa genealogia heroica e divina. Leu e releu a *Ilíada* até saber de cor uma centena de trechos e invejou Aquiles por ter tido Homero para cantar-lhe a história. Lamentava o tempo que passava dormindo e dizia que o sono e o ato da geração faziam-no sentir que era mortal.

Fisicamente, ele se aproximava da divindade. Era exímio em todos os esportes e caçava leões por diversão; certa vez, depois de um duelo com um leão, ficou satisfeito ao ouvir dizerem que lutara como se tivesse de decidir qual dos dois seria o rei. Todo mundo conhece a história de como ele amansou o imenso cavalo Bucéfalo, quando todos os outros cavaleiros haviam fracassado. Por isso Filipe exclamou: "Meu filho, a Macedônia é pequena demais para ti; procura um império maior, mais digno de ti". Acrescente-se a isso que a beleza de Alexandre excedia os predicados exigidos para um rei.

Para um jovem tão sobrecarregado de perfeição e poder, era impossível desenvolver um julgamento maduro ou uma mente educada. Aos vinte anos, uma coroa pesou-lhe na cabeça como um fardo, a guerra e o governo absorveram-no até a morte. A morte atingiu-o aos 33 anos, antes que ele conseguisse alcançar a inteligência clara de César ou a compreensão instantânea de Napoleão. Alexandre falava brilhantemente, mas cometeu centenas de erros quando conversava sobre política e guerra. Colocou-se acima do dogma, mas era um escravo da superstição; sua corte estava apinhada de astrólogos. Conseguia governar milhões, mas não o próprio temperamento. Permitia que a bajulação diária lhe turvasse o julgamento. Viveu num frenesi de excitação e glória e amava tanto a guerra que raramente conheceu uma hora de paz de espírito.

Do ponto de vista moral, ele também jamais atingiu a consistência ou a maturidade. Sexualmente era quase virtuoso, não tanto por princípio, mas por preocupação. Tomou várias esposas como ferramentas da arte de governar. Era galante com as damas, mas preferia generais e rapazes; amava, à loucura, o jovem Heféstion e deu à amizade a ternura e a solicitude que outros homens dariam ao amor. Os soldados apreciavam-no, pela consideração que lhes devotava; fazia-os arriscarem suas vidas, mas não com indiferença, e parecia sentir os ferimentos de cada um. Muitas vezes, perdoou ofensas e fez amizade com generais cativos. Sua fama de generoso tornou-se internacional. Muitas tropas inimigas deixavam-se levar como prisioneiras, confiando na facilidade das condições; as cidades, sem resistir, abriam os portões à sua chegada. Mas ele era parecido com a mãe: tinha uma tigresa no sangue e podia chegar a paroxismos de crueldade.

É conhecida a história das suas conquistas. Com os seus 30 mil soldados, diz-se que enfrentou 600 mil persas no rio Isso (333 a.C.) e confundiu-os com incalculáveis arremetidas da cavalaria, fazendo-os desistir e fugir com Dario III, que deixou para trás a bolsa e a princesa. Alexandre prosseguiu tomando Damasco, Sidon e Tiro, recebeu cortesmente a rendição de Jerusalém, marchou pelo deserto do Sinai até o Egito, expulsou os persas (que reinavam ali desde 525 a.C.), fundou Alexandria, retornou pela Ásia, enfrentou o enorme exército poliglota de Dario III perto de Arbela; a princípio, ficou tão espantado com a superioridade numérica dos inimigos que os seus soldados o tranquilizaram: "Ânimo, Senhor! ...eles não conseguirão suportar o cheiro de bode que se desprende de nós". Quem venceu foi a bravura, a cavalaria, as falanges e a aceitação ordeira do sábio comando do general: Dario fugiu de novo e foi morto pela própria tropa. Alexandre tomou a Babilônia, marchou em direção a Susa, encontrou o tesouro acumulado pelo governo e dividiu parte com os seus comandados.

Embriagado com a vitória e o ouro, Alexandre conduziu suas tropas, relutantes, pelo Himalaia até a Índia. Cruzou o rio Indo, derrotou o rei Poro e anunciou a intenção de chegar até o rio Ganges. Mas os soldados estavam exaustos de corpo e alma; sabiam que estavam deixando a família e a civilização grega cada vez mais longe; a própria vitória ficara cansativa. Com tristeza, Alexandre rendeu-se a eles e acompanhou-os de volta à Pérsia, numa retirada quase tão longa e desastrosa como a de Napoleão retornando de Moscou. Quando chegaram a Susa, 10 mil haviam morrido de calor ou sede.

Então, entre os persas Alexandre percebeu que os seus guerreiros haviam conquistado um povo mais civilizado do que eles mesmos. Concebeu a ideia de um casamento entre conquistados e conquistadores; casou-se com duas princesas persas e propôs que seus oficiais e soldados tomassem noivas persas. Milhares fizeram isso. Ele abriu à colonização grega as terras da Pérsia e da Mesopotâmia. Esse intercâmbio de culturas diferentes favoreceu a helenização do Oriente Próximo e, depois, num movimento contrário, facilitou o fluxo das religiões orientais em direção ao leste; assim, o judaísmo e, mais tarde, o cristianismo espalharam-se pelo Mar Egeu. Uma fé nascida em Jerusalém tornou-se o credo da Europa.

Alexandre ainda sonhava com vitórias e continentes, mas os seus soldados ameaçaram se amotinar. Finalmente, ele permitiu que voltassem à pátria, mas acrescentou uma censura: "Voltem e contem que desertaram o seu rei e deixaram-no sob a proteção de estrangeiros conquistados". E, assim, conta uma história talvez apócrifa, ele se recolheu ao quarto e se recusou a ver qualquer pessoa. Atingidos pelo remorso, os líderes da revolta foram se postar diante da porta de Alexandre, dizendo que não sairiam dali enquanto ele não os perdoasse e os aceitasse de volta ao exército. Quando afinal Alexandre reapareceu, eles se curvaram e insistiram em beijá-lo; depois de se reconciliarem com o rei, voltaram para o acampamento, cantando uma canção de ação de graças. *Si non è vero è ben trovato.*

Enquanto Alexandre estava com o seu exército em Ecbatana, faleceu o seu jovem e amado amigo Heféstion. Sentindo-se mortalmente triste, Alexandre entregou-se a um sofrimento quase descontrolado. De volta à Babilônia, abandonou-se à bebida. Certa noite, quando fazia vigília com os oficiais, propôs uma competição de bebida. Prômaco tragou treze litros de vinho e ganhou o prêmio: um talento; morreu três dias mais tarde. Pouco depois, em outro banquete, Alexandre esvaziou sete litros de vinho. Na noite seguinte, voltou a beber em excesso; de repente, o tempo esfriou; ele pegou uma febre que o deixou de cama. Ficou acamado onze dias e morreu, em 323 a.C., aos 32 anos. Quando os generais lhe perguntaram para quem deixaria o império, Alexandre respondeu: "Ao mais forte".

É bem verdade que Alexandre morreu no apogeu; se vivesse mais anos, com certeza teria tido desilusões. Talvez, se ele vivesse mais, poderia ter sido ainda mais profundamente marcado pela derrota e o sofrimento e poderia ter aprendido – como começava a aprender – a amar mais a diplomacia do que a guerra. Mas ele se esforçara demasiadamente; a tensão em que vivia para manter a união daquele reino dilatado, para vigiar-lhe todas as partes, provavelmente vinha desorganizando aquela mente brilhante. Energia é apenas metade do gênio; a outra metade é trabalho cotidiano; Alexandre era todo energia.

Embora não tenhamos o direito de esperar, falta a Alexandre a calma maturidade de César ou a sabedoria sutil de Augusto. Nós o admiramos (como admiramos Napoleão) porque enfrentou sozinho metade do mundo e porque nos encoraja com a ideia da incrível força potencial existente na alma de cada indivíduo.

Sentimos uma simpatia natural por Alexandre, apesar das suas superstições e crueldades, porque sabemos que ele foi, pelo menos, um jovem generoso e afável, assim como de uma capacidade e bravura incomparáveis; que lutou contra uma enlouquecedora herança de barbarismo, trazida no sangue; e que, com todas as batalhas e carnificinas, soube manter o sonho de levar a luz de Atenas a um mundo mais longínquo.

CAPÍTULO 9

A República Romana

Nestas páginas introdutórias, não empreenderemos uma história da Roma republicana, mas sim uma breve análise da maneira pela qual a família, a religião e a disciplina moldaram o caráter romano; como os conflitos de classes e gerações moldaram o governo romano; e como a colaboração entre o caráter e o acaso permitiu que Roma dominasse o mundo mediterrâneo.

Então, em primeiro lugar, o povo.

O POVO

Quem eram os romanos? Eles eram as tribos indígenas – úmbrios, sabinos, latinos... cultivando a terra e guerreando em Roma e nos arredores. Eram os ousados imigrantes vindos da Europa Central, galgando os Alpes e se espalhando pela região dos lagos Maggiore, Como, Garda, até o fértil vale do rio Pó. Alguns podem ter sido aventureiros da Ásia Menor que vieram se misturar aos nativos para formar os obscuros etruscos da antiga Toscana. Ademais, inúmeros descendentes de gregos desenvolveram animados assentamentos ao pé daquela bota mágica chamada Itália.

"Os melhores juízes do país registram que, quando ítalo se tornou rei de Enótria, o povo dali mudou o nome para italiano", conta Aristóteles. Enótria era a ponta da bota italiana, tão abundante de uvas que essa palavra significava "terra do vinho". Segundo Tucídides, Ítalo foi rei dos sículos, que conquistaram a Sicília. Do mesmo modo que os romanos chamaram todos os helenos de *graeci*, gregos, a partir de uns poucos *graai* que haviam migrado do norte da Ática para Nápoles, igualmente os gregos estenderam gradualmente o nome Itália a toda a península ao sul do rio Pó. A maior parte da população vivia da agricultura; uma parte mínima constituía a precária população das cidades. A competição com escravos diminuía o salário dos trabalhadores livres e forçou muitos a viverem em favelas. Havia poucas greves entre os trabalhadores livres que precisavam competir pelos empregos; mas, entre os escravos, os levantes eram frequentes. A "Primeira Guerra Servil" (139 a.C.) não foi a primeira, e Espártaco não foi o último escravo a morrer numa revolta (71 a.C.).

Aos escravos, somaram-se criminosos para construir as grandes estradas que estimularam o comércio, aceleraram o movimento dos exércitos e das ideias e finalmente unificaram a Itália. Em 312 a.C., Ápio Cláudio dirigiu a construção da Via Ápia, entre Roma e Cápua; ano após ano, ela foi ampliada até alcançar o Adriático, na atual Brindisi. Em 241 a.C., Aurélio Cota iniciou a Via Aurélia, que fez de Nice um posto avançado de Roma.

A ordem social, a qual era a fonte e o sustentáculo da civilização, era mantida pela família, clero, escola, leis e as variadas armas do estado. No início da República, a ordem familiar baseava-se num poder quase absoluto do pai; só ele tinha todo o direito perante a lei; até mesmo o dote da esposa lhe pertencia. Se fosse acusada de crime, a esposa era entregue ao marido para julgamento e punição; ele poderia condená-la à morte por infidelidade ou pelo roubo das chaves da adega. Sobre os filhos ele tinha poder de vida e morte, ou de vendê-los como escravos; sobre os escravos, o poder era ilimitado.

Aos poucos, a opinião pública, os costumes, o conselho dos clãs e o desenvolvimento da segurança e das leis refrearam esses direitos do *pater familias*. Se não fosse isso, esses direitos durariam até a morte do chefe. Provavelmente, os direitos refletiam as guerras frequentes e, por conseguinte, a necessidade de se instigar o hábito a uma disciplina rígida. Os direitos eram mais rígidos no papel do que na prática e não impediam uma profunda e natural *pietas*, ou afeto reverente, entre pais e filhos. A estatuária dos túmulos romanos é tão terna como a da Grécia e a nossa.

Como protetores, legisladores e forças morais, pairava sobre a família uma multidão de deuses concebidos sem forma humana, mas como espíritos que exerciam poder sobrenatural sobre todas as coisas e todas as fases e os períodos da vida. Assim, a deusa Vênus simbolizava a vida e a continuidade da família, pelo fogo da lareira; esse fogo jamais poderia morrer e deveria receber uma parcela de todas as refeições. Sobre as lareiras havia pequenos ícones representando os deuses da família: Lares, que guardavam os prédios e os campos, e Penates, ou deuses do interior, que protegiam o que a família acumulara nos seus armários, depósitos e celeiros.

Invisível, porém forte, pairando sobre a soleira, ficava o deus Jano, dotado de dois rostos não para enganar, mas para observar a entrada e a saída em todas as portas. Ensinava-se às crianças que a mãe trazia em si um Juno, como espírito da capacidade de gerar uma vida nova, e que o pai tinha um *genius*, como espírito do seu poder de procriar. A criança também tinha *genius* ou Juno, como anjo da guarda e como alma, uma semente divina num invólucro mortal. Por toda parte, havia *Di Manes*, ou sombras bondosas, máscaras mortuárias penduradas nas paredes, advertindo a criança para não se desviar dos caminhos dos antepassados e lembrando-lhe, como Burke lembrou aos revolucionários franceses, que a família é composta não só daqueles poucos indivíduos que ainda estão vivos, mas também dos que foram antes ou serão algum dia membros da sua carne, e que, portanto, fazem parte da multidão espiritual e da unidade eterna. Em Roma, a família governava o Estado.

Quando a criança saía de casa, achava-se mais uma vez e por toda parte na presença dos deuses. A própria terra era uma deidade, às vezes Tellus, ou Terra Mater, "Terra Mãe"; às vezes Bona Dea, ou "Boa Deusa", que dava ventres férteis às mulheres e aos campos. No campo, havia um deus que ajudava em todas as tarefas ou estava em todos os lugares:

Pomona para os pomares, Saturno para a semeadura, Ceres para a colheita, Vulcano para a feitura do fogo. Outras religiões podem ter olhado para o céu, e os romanos admitiam que ali também havia deuses, porém a piedade mais profunda e as expiações mais sinceras voltavam-se para a terra como mãe da vida, morada dos mortos e força mágica da germinação da semente.

Até o ar e o solo da Itália estavam repletos de divindades: espíritos da estação, como Maia, deuses das águas, como Netuno, duendes da floresta, como Silvano, e deuses que habitavam as árvores. Havia espíritos de procriação: Tutumus era a divindade tutelar da concepção; Lucina protegia a menstruação e o parto; Príapo era um deus grego que rapidamente se incorporou à Itália; donzelas e matronas sentavam-se sobre o membro masculino dessa estátua para garantir gravidez; sem causar escândalo, figuras desse deus adornavam muitos jardins, usadas para trazer fertilidade ou boa sorte.

Sobre todos os deuses e homens reinava Júpiter, ou Jove, deus do céu, ou Sol, também chamado de Júpiter Tonante, quando representado por um raio de trovão, ou ainda de Júpiter Pluvioso, a chuva. Quase tão antigo na consideração popular era Marte, o deus da guerra; todas as tribos da Itália denominavam um mês em sua homenagem. Esses deuses mais importantes eram identificados com divindades vindas da Grécia: assim, Atena virou Minerva, Hera passou a Juno, Afrodite tornou-se Vênus, Vulcano, Marte, Ártemis transformou-se em Diana. Jamais uma religião tivera tantos deuses; Petrônio reclamou que em algumas cidades da Itália havia mais deuses do que homens.

Será que a religião ajudou a moral romana? Em alguns aspectos, ela nos parece imoral: os rituais sugeriam que os deuses recompensavam não a bondade, mas sim presentes e fórmulas; as orações eram quase sempre para obter bens materiais ou vitória militar. Contudo, a religião garantia a ordem e a força do indivíduo, da família ou do Estado. Antes que a criança pudesse aprender a duvidar, a fé esculpia-lhe o caráter na disciplina, no dever e na decência. A religião aplicava sanções divinas e apoiava a família; instilava nos pais e nos filhos um respeito mútuo e uma piedade jamais superados. Investia de solenidade religiosa todas as fases da vida pública e misturava estado e intimidade com os deuses, de modo que piedade e patriotismo tornavam-se uma coisa só, enquanto o amor pelo país alcançou um sentimento mais forte do que em qualquer outra sociedade conhecida na história. A religião compartilhou com a família o mérito de formar o caráter férreo que durante quinhentos anos ajudou Roma a governar o mundo clássico.

O GOVERNO

Na sua longa e vasta experiência, Roma experimentou muitas formas de governo e serviu de exemplo a outras tantas. Os conflitos familiares e os desvios sexuais dos reis, talvez lendários, fizeram os romanos se fartarem da monarquia. Tarquínio, o Soberbo, o último rei, tinha um filho irresponsável que estuprou a virtuosa Lucrécia – Lívio e Shakespeare contaram essa história. Lucrécia tornou pública sua infelicidade e se matou. A classe patrícia à qual ela pertencia rebelou-se para vingá-la; depôs Tarquínio, estabeleceu uma república e escolheu dois cônsules para governarem sob as ordens de um senado supremo, composto de anciãos que alegavam descender dos fundadores do Estado.

Assim como os fundadores, ou *patres*, os patrícios romanos não pretendiam que a nova república fosse uma democracia. O direito de votar era limitado aos senhores de propriedades; a expressão *res publica* significava "riqueza comum". Os chefes dos velhos clãs, ou famílias, formavam um senado de cerca de trezentos membros, reabastecido pela admissão automática de cônsules e tribunos que completassem os seus mandatos com distinção. Esses primeiros senadores não viviam no conforto e no luxo, como alguns dos seus descendentes; muitas vezes, punham as próprias mãos no machado ou no arado; eram vigorosos, alimentavam-se de comidas simples, usavam roupas tecidas em casa. A plebe admirava esses senadores mesmo quando eles a combatiam e referia-se a quase tudo o que lhes pertencia usando o termo *classicus* – "clássico, ou da classe mais elevada".

Próximo a esses senadores em riqueza, porém bem abaixo em poder político, ficavam os *equites* – literalmente cavaleiros da ordem equestre, na verdade a classe dos negociantes. A palavra *populus*, "povo", só incluía essas duas classes superiores. Abaixo ficavam os escravos e os plebeus. Quando Roma iniciou a sua carreira de conquistas, os prisioneiros de guerra eram vendidos em número crescente para aristocratas, homens de negócios e até mesmo para os plebeus prósperos.

Os plebeus eram o que sobrava dos romanos além de patrícios, homens de negócios e escravos. Consistiam de agricultores, trabalhadores, negociantes, profissionais, artistas, professores, banqueiros e outros. Alguns eram ricos, outros poderosos, a maioria, pobre; todos achavam que a lei romana não lhes fazia justiça; a maior parte da história romana antes de César é a história da luta dos plebeus por uma cota de participação no poder. Combateram a rígida lei que permitia a um credor manter em cárcere privado um devedor insolvente, vendê-lo como escravo e até mesmo matá-lo. Exigiram que as terras conquistadas em guerra fossem distribuídas entre os pobres, em vez de serem dadas ou vendidas aos ricos a preços simbólicos; que os plebeus fossem elegíveis para a magistratura e o sacerdócio e tivessem representantes da sua classe entre os funcionários mais graduados do governo. O senado tentou frustrar a agitação fomentando guerras, mas ficou chocado ao ver ignoradas as suas convocações para o serviço militar.

Em 494 a.C., grandes massas de plebeus "agruparam-se num certo Monte Sagrado" no rio Anio, a cinco quilômetros de Roma, e declararam que não lutariam nem trabalhariam em defesa de Roma até que suas reivindicações fossem atendidas. Temendo que um ataque externo pudesse coincidir com a revolta interna, o senado concordou com o cancelamento ou redução das dívidas e com o estabelecimento de dois tribunos eleitos como defensores da plebe. Foi a batalha inicial de uma guerra de classes, destruída pela república.

O passo seguinte na ascensão da plebe foi exigir leis definidas e escritas, livres da interpretação e do controle eclesiástico. Depois de longa resistência, o senado (em 454 a.C.) enviou uma comissão de três patrícios à Grécia para estudar e relatar as leis de Sólon e de outros legisladores. Quando retornaram, a Assembleia dos Centuriões – isto é, do exército – escolheu dez homens para formularem um novo código. Essa comissão transformou as antigas leis de Roma, baseadas nos costumes, nas famosas Doze Tábuas, e as exibiu no Fórum para que todos lessem. Foi a primeira forma escrita do conjunto de leis que constituiria uma das mais significativas contribuições de Roma à civilização.

O poder do senado manteve-se supremo, apesar desses avanços em direção à democracia. O custo de se conquistar e manter um cargo não remunerado desqualifica os pobres. Os plebeus mais ricos cooperavam com os patrícios, vigiando movimentos radicais. Os negociantes concordavam com a política patrícia porque esta lhes proporcionava contratos para obras públicas, abertura para explorar colônias e províncias, além de os incumbir de receber impostos. O senado assumiu a liderança da legislação, e o costume deu-lhe autoridade bem maior do que ditava a lei.

Quando as relações exteriores se tornaram importantes, a administração firme e habilidosa do senado aumentou-lhe o prestígio e o poder. Em 264 a.C., quando Roma entrou num século de lutas com Cartago pelo controle do Mediterrâneo, foi o senado que levou a nação à vitória, apesar de todos os desafios; o povo em risco submeteu-se com poucos protestos à sua liderança e ao seu domínio.

A CONQUISTA

Roma passou a potência militar porque se viu encurralada entre o mar e numerosos estados italianos totalmente independentes e que apreciavam a guerra. Com armas e diplomacia, Roma combateu ou comprou esses estados, absorvendo a maioria sob o seu domínio. Dois problemas subsistiram: a Itália, ao norte do Pó, ainda estava sob o controle dos gauleses. Até os romanos a chamavam de Gália Cisalpina – Gália aquém dos Alpes; ao sul de Roma ficavam Nápoles, Pesto, Crotona, Síbaris e Tarento – todas extremamente orgulhosas das suas origens e culturas gregas e da sua riqueza comercial.

Temendo que Roma ficasse poderosa devido às suas vitórias, essas cidades apelaram para Pirro, o brilhante rei jovem de Épiro, para que viesse auxiliá-las. Esperando dividir a Itália para sentir-se seguro, Pirro atravessou o Adriático e derrotou os romanos em Heracleia (280 a.C.) e Ásculo (279 a.C.); mas as suas perdas foram tão desencorajadoras que Pirro admitiu: "Outra vitória assim e seremos destruídos". Assim surgiu a expressão "vitória de Pirro". No entanto, ao ser informado de que os invasores cartagineses estavam sitiando Siracusa, Pirro conduziu o seu exército esgotado até a Sicília e expulsou os cartagineses de quase todos os postos que ocupavam na ilha. Porém, o governo dominador de Pirro ofendeu os gregos sicilianos, que pensavam poder ter liberdade sem ordem; Pirro retornou à Itália dizendo: "Que prêmio eu deixo para ser disputado entre Cartago e Roma!". Enfrentou os romanos fortalecidos em Benevento (275 a.C.) e sofreu uma derrota tão decisiva que se retirou para Épiro. Três anos depois foi morto numa batalha em Argos, aos 46 anos.

Agora Roma era senhora de toda a Itália, porém do outro lado daquele mar estreito havia um poder mais antigo e rico. Mercadores fenícios, navegando entre o Oriente Próximo e a Espanha, estabeleceram postos de comércio intermediários no litoral norte da África. A lenda, assim como a *Eneida* de Virgílio, conta que Dido, filha do rei de Tiro, fundara perto de Ática um povoamento semita chamado Kart-hadasht, ou Cidade Nova, que os romanos modificaram para Cartago. Os povoadores contrataram ou escravizaram os nativos africanos, desenvolveram agricultura em larga escala, construíram uma esquadra mercante e transportaram mercadorias entre Tiro e Sídon, Espanha e Bretanha. Por volta do século III a.C., Cartago transformara-se na mais rica cidade do mundo mediterrâneo, com uma população de 250 mil habitantes e uma receita vinte vezes maior do que a de Atenas no apogeu; tinha palácios e templos tão esplêndidos que inspiraram, dois mil anos depois, a prosa iluminada de *Salambô*, de Flaubert. O governo era conduzido por uma Assembleia popular, e os mercadores dominavam o senado. O orgulho secreto dessa cidade-estado era a sua marinha de quinhentos quinqueremes que controlavam todo o sudoeste do Mediterrâneo. Quando essa marinha transportou um exército para a Sicília, o senado romano decidiu que Cartago deveria ser destruída.

Não precisamos repetir o que nos contaram na escola: que Roma e Cartago se digladiaram, de 264 a 146 a.C., para saber qual das duas ficaria com a Sicília, a Córsega e a Espanha, e chamaria o Mediterrâneo de *Mare nostrum*, "nosso mar". Muitos heróis se projetaram na história dessas três Guerras Púnicas (ou seja, Fenícias): Régulo, Amílcar, Aníbal, Asdrúbal, Cipião, o Africano. Antes de partir de Cartago numa batalha final, Amílcar levou Aníbal, seu filho de nove anos, até o altar do deus Baal-hamen e o fez jurar que um dia vingaria o seu país contra Roma. Aníbal jurou.

As famosas conquistas de Aníbal foram possíveis graças ao intermitente conflito de Roma com os gauleses pelo controle da Itália ao norte do rio Pó. Para se garantir a oeste, a Itália assinou um tratado segundo o qual os cartagineses da Espanha concordavam em ficar ao sul do rio Ebro. Em 225 a.C., um exército gaulês de 50 mil homens a pé e 20 mil a cavalo desceu da Gália Cisalpina, numa tentativa de destruir Roma. Os habitantes da capital ficaram tão apavorados que o senado retomou o primitivo costume do sacrifício humano e queimou vivos dois prisioneiros gauleses. As legiões romanas enfrentaram os invasores perto de Telamão, mataram 40 mil (dizem) e seguiram adiante para subjugar a Gália Cisalpina. Agora senhora da Itália, Roma retomou o duelo com Cartago.

Em 221 a.C., o exército cartaginês da Espanha escolheu Aníbal para ser seu comandante. Ele estava com 26 anos, no apogeu do corpo e do espírito. Recebera certa instrução em história, línguas e literaturas da Fenícia e da Grécia e fora treinado como soldado em acampamentos e na guerra. Disciplinara o corpo às dificuldades, o apetite à necessidade, o pensamento aos fatos, a língua ao silêncio. Era "o primeiro a entrar em combate", disse o hostil Lívio, "e o último a deixar o campo de batalha". Os veteranos o amavam porque, na sua figura de comandante, viam o velho líder Amílcar retornando em plena juventude; os recrutas adoravam-no porque não descansava antes de prover o exército e com todos compartilhar os sofrimentos e as conquistas. Os romanos não o perdoavam pelo fato de vencer mais batalhas com o cérebro do que com as vidas dos seus comandados.

Agora que os gauleses rivalizavam com ele em seu ódio a Roma, Aníbal teve a sua chance. Ele não podia invadir a Itália pelo mar, pois a marinha romana era poderosa demais; mas poderia marchar através da Gália e dos Alpes... Atravessou-os quase pela mesma rota que Napoleão tomaria dois mil anos mais tarde. Os habitantes da Gália Cisalpina o receberam bem; alguns se juntaram a ele, mas os 50 mil homens que liderara desde a Espanha estavam reduzidos a 26 mil. Enfrentou os exércitos romanos perto do rio Ticino (218 a.C.) e novamente perto do lago Transimene (217 a.C.) e esmagou-os com elefantes africanos e uma selvagem cavalaria númida. Aníbal liderou suas forças exaustas pelos Apeninos até a costa do Adriático. O senado nomeou ditador Quinto Fábio Máximo e ordenou-lhe que perseguisse e combatesse o exército de Aníbal. Fábio achou mais prudente perseguir do que combater; assim como Pirro, propiciou um adjetivo às línguas europeias. O senado substituiu esse Fábio por dois comandantes, e um deles, Caio Varro, insistiu na batalha.

As duas forças combateram em Canas, na Apúlia (216 a.C.). Os romanos tinham 80 mil soldados de infantaria e 6 mil de cavalaria; Aníbal dispunha de 19 mil veteranos, 16 mil gauleses não confiáveis e 10 mil cavalos; seduziu Varro a lutar numa planície ideal para a cavalaria. Arrumou os gauleses no centro, esperando que desistissem, o que eles fizeram. Quando os romanos os perseguiram até o centro, o próprio Aníbal, bem no interior do combate, ordenou que os seus veteranos cercassem os flancos romanos e comandou a cavalaria para romper a linha dos cavaleiros inimigos e atacar as legiões por trás. O exército romano, cercado, perdeu todas as chances de manobrar e quase foi aniquilado; 44 mil romanos morreram ali, inclusive oitenta senadores. Aníbal perdeu 6 mil homens, dois terços dos quais gauleses. Esse exemplo supremo de estratégia, raramente superado na história, aniquilou a confiança de Roma na infantaria e influenciou as diretrizes das táticas militares por 2 mil anos.

Foi uma batalha imediatamente decisiva e definitivamente inútil. Durante algum tempo, o mundo mediterrâneo pensou que o poder de Roma fora abalado. Certo número de estados italianos aliou-se a Aníbal; Siracusa declarou-se favorável a Cartago; Filipe V da Macedônia, temendo a expansão romana na Grécia, abriu guerra contra Roma. Porém, em meio a esses triunfos, Aníbal percebeu que o seu exército, exaurido e farto de batalhas, precisava de tempo para curar as feridas. Apelou ao senado cartaginês para que lhe mandasse reforços; a resposta foi mínima; enquanto isso, Roma reunia e equipava um novo exército de 200 mil homens.

Em 208 a.C., Asdrúbal, o irmão mais novo de Aníbal, liderou um exército cartaginês de Esparta atravessando a Gália e os Alpes; morreu numa derrota no rio Metauro (207 a.C.); sua cabeça decepada foi lançada no acampamento de Aníbal, por ordem de um general romano. Então, Públio Cornélio Cipião, que logo seria chamado o Africano, trouxe toda a Espanha para o controle romano e depois liderou um exército rumo à África. Cartago, desorganizada e sitiada, implorou a Aníbal que viesse em seu auxílio. Ele voltou, formou um novo exército e enfrentou as forças de Cipião em Zama, a oitenta quilômetros da capital. Foi derrotado, e a definitiva submissão de Cartago terminou a Segunda Guerra Púnica (202 a.C.).

Agora, nada no Mediterrâneo poderia deter a expansão de Roma, que prosseguiu quase de imediato para dominar Filipe V da Macedônia. Em 200 a.C., uma força romana chefiada por Tito Quíncio Flaminino atravessou o Adriático e, depois de anos de manobra, dominou Filipe nas colinas Cinoscéfalas (197 a.C.). Agora toda a Grécia esperava se transformar em outro entrave nos intentos de Roma. Mas Flaminino crescera em meio ao liberal círculo helenístico da família Cipião; sua admiração pela herança acumulada da história, literatura, filosofia e arte gregas se comparava à admiração pelas cidades gregas, apaziguadas em suas disputas e submetidas à paz. Numa convocação memorável em Corinto, ele anunciou aos gregos que Roma não seria a dona, mas sim a protetora; eles ficariam livres dos impostos e até mesmo de uma guarnição, e governariam a si mesmos com a única condição de que terminassem as disputas internas e interestaduais. Diz Plutarco que uma animação tão grande brotou da multidão que os corvos que passavam sobre o local caíram mortos em pleno voo. Flaminino retirou suas tropas para a Itália.

Os gregos cantavam odes à liberdade, mas estavam divididos demais para manter a paz; a guerra e a luta de classes recomeçaram. Em 146 a.C., enquanto Roma lutava a Terceira Guerra Púnica, a Liga Aqueia dos estados gregos deflagrou uma guerra para se libertar de Roma. Um exército romano sob o comando de Múmio capturou Corinto, matou quase todos os homens, vendeu as mulheres e as crianças como escravos e carregou para Roma toda a riqueza e arte que podia ser transportada. Atenas e Esparta tiveram permissão para manter as próprias leis, mas as outras cidades-estados foram reunidas numa província, com um governador romano.

Abriram-se estradas para transportar homens, bens e ideias entre a velha e a nova civilização. Milhares de gregos atravessaram para a Itália, levando consigo fragmentos da sua herança. A conquista cultural grega de Roma seguiu-se lentamente à conquista militar romana da Grécia.

Assim unificada, a herança clássica cresceu, atravessou as estradas romanas e os Alpes até o norte da Europa e, com o passar do tempo, chegou a todos nós.

LUCRÉCIO

Parte da rica herança que migrou lentamente para Roma no rastro dos conquistadores em retorno era constituída de literatura e arte, filosofia e ciência, credos religiosos e dúvidas, acumulados durante meio milênio nas dispersas cidades da Grécia continental e colonial.

Entre esses tesouros estavam os manuscritos e as tradições orais que transmitiram o materialismo de Demócrito e a ética de Epicuro. Um poeta romano, Tito Lucrécio Caro, entusiasmado com o que sobreviveu da carnificina e do atraso, dedicou-se à tarefa agradável e divertida de expressar em poesia latina, para uma nação ainda intelectualmente jovem, os problemas da filosofia e as fontes terrenas do prazer racional.

Lucrécio intitulou o seu épico filosófico de *De rerum natura* (*Sobre a natureza das coisas*), e escreveu em hexâmetros homéricos, tão sucintos, vivos e poderosos como se Aquiles tivesse composto os versos. Iniciou com uma ardorosa apóstrofe a Vênus como deusa da fertilidade e conquistadora do deus da guerra:

> Mãe da raça do Eneias, deleite de homens e deuses, ó Vênus generosa! [...] através de ti toda a vida é concebida, nasce e vive sob o Sol; diante de ti, e à tua chegada, os ventos fogem e as nuvens do céu se afastam; para ti, a terra miraculosa se abre em flores suaves; para ti, sorriem as ondas do mar, e os céus tranquilos brilham difundindo a luz. Pois tão logo surge a face primaveril do dia e o fertilizante vento sul refresca e enverdece todas as coisas, então os pássaros do ar proclamam o teu advento, tocados até o coração pelo teu poder, ó divina; então os rebanhos selvagens saltam nas pastagens alegres e cruzam riachos velozes; e, assim, presos ao teu encanto, todos te seguem aonde quer que os conduzas. Então, através de mares e montanhas e rios impetuosos, e nas copadas moradias dos pássaros, e nos campos verdejantes, tu lanças o doce amor no seio de todas as criaturas e fazes com que se propaguem de geração em geração segundo cada espécie. Assim, pois, só tu governas a natureza das coisas; pois sem ti nada se eleva para a luz, nada alegre ou belo nasce; anseio

> por ti como inspiradora destes versos [...] Concede às minhas palavras uma beleza imorredoura, ó deusa. Enquanto isso, adormece e acalma a selvagem atividade da guerra [...] Quando Marte se reclinar sobre a tua forma sagrada, envolve-o com o teu abraço, pronuncia suaves elogios e implora para os teus romanos o dom da paz.

Vênus é a única divindade que Lucrécio venera. Não considera os outros deuses romanos; podem existir, mas não têm influência nos assuntos humanos. Lucrécio denuncia os rituais pagãos de sacrifícios animais ou humanos; conta a história de Ifigênia, sacrificada por um vento.

> Ó miserável raça dos homens, que imputa aos atos como estes, e lhes atribui esta terrível ira! [...] Porque a piedade não consiste em voltar para as pedras um rosto velado, ...nem em se prostrar... diante dos templos, ...nem em borrifar altares com o sangue de animais, ...mas sim em ser capaz de olhar para todas as coisas com paz de espírito [...] O terror e o desânimo da mente não devem ser disseminados pelos raios do sol, ...mas sim pelo aspecto e pela lei da natureza.

E assim, "tocando com o mel das musas" o rude materialismo de Demócrito, Lucrécio estabelece como teorema básico que "nada existe senão os átomos e o vazio", isto é, matéria e espaço. Um dia tudo foi informe, porém o agrupamento gradual de átomos em movimento, por tamanho e forma, produziu, sem um plano, o ar, o fogo, a água e a terra; destes, nasceram o Sol e a Lua, os planetas e as estrelas. No espaço infinito, novos mundos estão sempre nascendo, e velhos mundos desaparecem. Uma parte da névoa primitiva se desprendeu da massa e esfriou, formando a Terra. Os terremotos não são roncos de divindades, mas a expansão de gases e rios subterrâneos. O trovão e o relâmpago não são a voz nem o sopro de um deus, mas o resultado natural da condensação e do choque de nuvens. A chuva não é uma dádiva intermitente de Jove, mas o retorno à terra da umidade que se evaporou pela ação do calor do sol.

Lucrécio foi um minucioso evolucionista.

> Nada surge no corpo de modo que possamos usar, mas o que surge traz em si o seu próprio uso [...] Não foi o desenho dos átomos que os levou a se organizarem ordenadamente com aguda inteligência, ...mas porque no tempo infinito muitos átomos se moveram e se mesclaram de todas as maneiras, tentando todas as combinações. [...] Assim começaram as grandes coisas, ...e a geração dos seres vivos [...] Muitos foram os monstros que a terra tentou criar: ...alguns sem pés, outros sem mãos, ou boca ou rosto, ou com os membros presos à estrutura [...] Tudo em vão; a natureza negou-lhes o crescimento, eles também não conseguiram encontrar comida, nem se unir para fazer amor [...] Muitas espécies de animais devem ter perecido assim, incapazes de forjar as cadeias da procriação [...] Pois aqueles a quem a natureza não deu qualidades (de defesa) fizeram à mercê dos outros e logo foram destruídos.

A alma (*anima*) é um "sopro vital" que se espalha como matéria muito fina por todo o corpo e anima todas as partes. Cresce e envelhece com o corpo, e aparentemente os seus átomos se dispersam quando o corpo morre. A vida não nos é dada, mas emprestada para sempre, enquanto pudermos fazer bom uso. Quando tivermos esgotado as nossas forças, devemos deixar a mesa da vida com a mesma cortesia com que um convidado agradecido se retira de um banquete.

A morte, em si, não é terrível; só os nossos temores do além a deixam assim. Mas o além não existe. O inferno é aqui, no sofrimento que surge da ignorância, da paixão, da belicosidade e da cobiça; e o céu é aqui, nos *sapientum templa serena*, "serenos templos da sabedoria".

A virtude não reside em temer os deuses nem em evitar timidamente o prazer; reside no funcionamento harmonioso dos sentidos e faculdades, guiados pela razão: "a verdadeira riqueza do homem consiste em viver com simplicidade e paz de espírito". O casamento é bom, mas a paixão é uma loucura que priva a mente de clareza e raciocínio. Nenhum casamento, nenhuma sociedade, nenhuma civilização encontra base sólida nessa embriaguez erótica.

Num belo resumo da antiga antropologia, Lucrécio conta como se desenvolveu a civilização. A organização social deu ao homem o poder de dominar animais mais fortes. Descobriu o fogo a partir da fricção de folhas e galhos, desenvolveu a linguagem a partir de gestos e aprendeu a cantar com os pássaros; domesticou animais para o seu uso e a si mesmo, com o casamento e as leis; observou o céu, mediu o tempo e aprendeu navegação. A história é uma sucessão de estados e civilizações que surgem, prosperam, decaem e morrem; mas cada um, por sua vez, pode transmitir a herança civilizadora de costumes, morais, leis e artes; "como corredores de uma corrida, passando um ao outro as tochas da vida" (*et quasi cursores vitai lampada tradunt*).

Recapitulando essa "maravilhosa performance de toda a literatura antiga", devemos, em primeiro lugar, reconhecer-lhe as imperfeições: o caos do conteúdo, deixado sem revisão pela morte prematura do poeta; a concepção do Sol, da Lua e das estrelas como não sendo maiores do que podemos vê-los; a dificuldade de explicar como átomos mortos se transformam em vida, consciência e percepção; certa ausência de sensibilidade para com os discernimentos, consolos e inspirações da fé, e para com a moral e a função social da religião.

Mas essas falhas pesam pouco na balança, se comparadas à corajosa tentativa de interpretar racionalmente o universo, a religião, as doenças ("Há muitas sementes de coisas que sustentam a nossa vida; e, por outro lado, deve haver muitas voando por aí e contribuindo para as doenças e a morte"); é o quadro da natureza enquanto mundo da lei, onde matéria e movimento jamais aumentam nem diminuem; é o poder ininterrupto da imaginação que percebe por toda parte "a majestade das coisas" e transforma as visões de Empédocles, a ciência de Demócrito e a ética de Epicuro numa das poesias mais grandiosas que se conhece.

Na interminável luta entre o Oriente e o Ocidente, entre as fés "ternas" e consoladoras *versus* a "áspera" ciência materialista, Lucrécio empreendeu quase sozinho a maior batalha da época. Naturalmente, trata-se do maior dos poetas filosóficos.

Com Lucrécio – e, logo depois, com Catulo, Cícero e Virgílio – a literatura latina chegou à maioridade, fazendo com que a liderança nas letras passasse da Grécia para Roma.

CAPÍTULO 10

A Revolução Romana

Consideremos agora as principais causas, pessoas e crises da revolução que agitou Roma no período entre a legislação liberal de Tibério Graco em 133 a.C. e a derrota de Antônio e Cleópatra na Batalha de Actium em 31 a.C.

Se você tem mente alerta e astuta como eu suponho, verá nesta narrativa muitas analogias com a história dos Estados Unidos nos últimos cem anos. Como disse Horácio, "*de te fabula narratur*" – "a história será a tua".

PRESSÁGIOS

Alguns fatores fomentaram a revolução. A importação de grãos baratos, produzidos por escravos nas províncias, arruinou os agricultores livres da Itália, forçando-os a vender as colheitas abaixo do custo de produção. A substituição de propriedades familiares por latifúndios, ou seja, enormes propriedades trabalhadas por escravos e pertencentes a senadores ou homens de negócios, obrigou o camponês livre a se juntar ao turbulento proletariado da cidade. Ali ele assistia gratuitamente aos jogos no anfiteatro, recebia do governo um donativo em milho, vendia o seu voto a quem oferecesse o lance mais alto e se perdia na massa empobrecida e anônima. O próprio trabalhador urbano estava tão atormentado competindo com os escravos que achou que tanto fazia ser ocioso ou trabalhar.

Havia muitos escravos por todo o Império, mas principalmente na Itália. Aos prisioneiros de guerra trazidos depois de alguma campanha vitoriosa, somavam-se as vítimas dos piratas, que faziam da servidão humana um negócio, ou os oficiais das colônias de Roma que organizavam caçadas humanas e condenavam à escravidão qualquer pessoa apanhada à toa ou sem algum amigo protetor. Todas as semanas os negociantes de escravos traziam suas presas humanas para serem leiloadas nos mercados públicos; em Delos, foram vendidas 10 mil em um só dia. Em 177 a.C., 40 mil sardos, e, em 167 a.C., 150 mil epirotas foram capturados pelos exércitos romanos e vendidos por aproximadamente um dólar cada. Nas cidades, a sorte dos escravos era mitigada pelo contato humano com o proprietário, mas, nos latifúndios, o escravo raramente via o seu dono, e as recompensas do feitor dependiam do lucro que este conseguisse obter para o seu senhor com o trabalho dos seus comandados; estes últimos não recebiam incentivo para trabalhar, exceto o medo do chicote ou do *ergastulum* – ergástulo, ou prisão subterrânea, comum nas lavouras muito grandes. De vez em quando, havia revoltas de escravos, principalmente na Primeira Guerra Servil, em 139 a.C., e em 73-71 a.C., sob a liderança de Espártaco. Quando essa famosa rebelião fracassou, 6 mil prisioneiros foram crucificados ao longo da Via Apia, de Roma a Cápua. Os corpos apodrecidos ficaram pendurados durante meses, para aliviar os senhores e admoestar os escravos.

Enquanto isso, em Roma e no seu império, assim como em todas as civilizações e em quase todas as gerações, a natural desigualdade da capacidade econômica e a instituição popular da herança haviam produzido uma crescente concentração de riquezas que, por meio da conquista e da exploração imperiais, atingiram um grau sem par na história. Periodicamente, essa concentração é desafiada pela inquietação social e, às vezes, pela revolução. Em Atenas, resolveu-se pacificamente um caso assim durante o arcontado de Sólon (594 a.C.). Em 133 a.C., surgiu uma crise semelhante em Roma, mas a competência fracassou e foi substituída por uma centena de anos de guerra de classes, causando um fim humilhante à República Romana.

AS JOIAS DE CORNÉLIA

Tibério Semprônio Graco (162?-133 a.C) estava praticamente destinado à grandeza: era filho de um homem que foi cônsul duas vezes, e sua mãe, Cornélia, era filha de Cipião, o Africano Maior, que derrotara Aníbal em Zama. O marido de Cornélia morrera depois de lhe dar doze filhos; nove morreram na adolescência, restando uma filha e dois filhos, Tibério e Caio, seus consolos e orgulhos. Quando um visitante lhe perguntava se ela usava joias, mostrava os dois meninos: "São estas as minhas joias", dizia.

Educados numa atmosfera de literatura, diplomacia e filosofia, Tibério e Caio Graco conheciam as especulações do pensamento grego e os problemas do governo romano. Viajando pela Itália, Tibério notou a penúria dos camponeses livres; que tipo de exército Roma teria se os robustos camponeses que antes o integravam fossem substituídos por escravos cativos que odiavam Roma? Como Roma poderia ter estabilidade política se o proletariado urbano apodrecia na pobreza, em lugar de uma orgulhosa pequena burguesia, dona da terra que cultivava? Uma distribuição das terras do Estado entre os cidadãos mais pobres parecia a solução óbvia e necessária.

Eleito tribuno em 133 a.C., Tibério preparou três propostas para a Assembleia dos tribunos: (1) que nenhum cidadão tivesse mais de 333 acres de terra, ou, se tivesse dois filhos, 667 comprados ou alugados do estado; (2) que todas as outras terras públicas que haviam sido vendidas ou arrendadas a indivíduos particulares fossem devolvidas ao Estado pelo preço da compra ou do aluguel, acrescido de uma bonificação pelos melhoramentos feitos; (3) que as terras devolvidas fossem divididas em lotes de vinte acres entre os cidadãos pobres, com a condição de que estes concordassem em jamais vender a sua parte e pagar um imposto anual ao Tesouro. Diante de uma assembleia de plebeus indigentes, Tibério defendeu suas propostas apelando para os interesses de classe:

> Os animais do campo e os pássaros do ar têm as suas tocas e os seus esconderijos, porém os homens que lutam e morrem pela Itália desfrutam apenas da luz e do ar. Os nossos generais conclamam os soldados a lutarem em defesa dos túmulos e santuários dos seus antepassados. O apelo é inútil e vão. Não podeis apontar um altar paterno. Não tendes um túmulo ancestral. Lutais e morreis para propiciar a outros riqueza e luxo. Sois chamados de senhores do mundo, mas não tendes um pedaço de chão que seja vosso.

O senado denunciou as propostas de Tibério como confiscatórias, acusou-o de visar à ditadura e persuadiu Otávio, um outro tribuno, a vetar que as propostas fossem submetidas à Assembleia. Daí em diante, Tibério percebeu que qualquer tribuno que agisse contrariamente aos desejos dos constituintes seria imediatamente deposto. A Assembleia aprovou a medida, e Otávio foi removido à força do banco dos tribunos pelos lictores de Tibério. As propostas originais foram então transformadas em leis, e a Assembleia, temendo pela segurança de Tibério, escoltou-o até a sua casa.

Aquele modo ilegal de tratar o veto tribunício, que, de longa data, a Assembleia mantinha absoluto, forneceu a brecha para os opositores de Tibério atacarem-no. Declararam a intenção de denunciá-lo ao fim daquele período de um ano, por ter violado a constituição, tentando ser reeleito tribuno em 132 a.C. Quando chegou o dia da eleição, Tibério apareceu no Fórum com guardas armados e vestido de luto, querendo dizer que a derrota significaria o seu impedimento e a sua morte. No decorrer da votação, a violência irrompeu de ambos os lados. Cipião Nasica, gritando que Tibério queria se fazer rei, liderou os senadores armados com porretes Fórum adentro. Os defensores de Tibério, amedrontados com as vestes patrícias, recuaram; ele foi morto com um golpe na cabeça e várias centenas dos seus seguidores pereceram junto. Quando o seu irmão mais jovem, Caio, pediu permissão para enterrá-lo, recebeu a recusa e os corpos dos rebeldes mortos foram lançados no rio Tibre.

Cornélia ficou desolada. Só a consolava o filho que sobrevivera, Caio Semprônio Graco, que servira com coragem e inteligência na Espanha e ganhara a admiração de todos os grupos pela integridade da sua conduta e pela simplicidade da sua vida. No outono de 124 a.C., foi eleito tribuno para a Assembleia. Suas propostas visavam conquistar o apoio de diversas classes: o campesinato, ao renovar o programa do irmão de redistribuir as terras estatais; a classe média, ao estabelecer novas colônias – em Narbo, Cápua, Tarento e Cartago – e desenvolvê-las como prósperos centros de comércio; as massas urbanas, com a sua *lex frumentaria*, ou lei do grão, que forçava o governo a distribuir grãos pela metade do preço de mercado a quem pedisse. A medida chocou as velhas ideias romanas de autoconfiança e estava destinada a desempenhar papel vital na história romana. Enriqueceu os contratantes de obras públicas e reduziu o desemprego com um programa de construção de estradas em toda a Itália. Foi uma das medidas mais radicais oferecidas a Roma antes de César.

Armado desses apoios variados, Caio conseguiu ignorar os costumes e ganhar a eleição (123 a.C.) para um segundo e sucessivo tribunado. Mas quando propôs estender plenos privilégios a todos os homens livres do Lácio (o pequeno estado do qual Roma era a capital) e privilégios parciais a todos os homens livres do resto da Itália, a Assembleia, ciosa das suas prerrogativas, contestou; um ano depois, quando Caio zombou da tradição e tentou ser eleito para um terceiro ano, foi derrotado. Alguns dos seus seguidores acusaram a falsificação de muitos votos. Caio desaconselhou a violência e retirou-se para a vida privada.

O senado, que Caio reduzira a uma impotência aparente, agora reconquistava parte do seu poder. No ano de 121 a.C., propôs o abandono da colônia de Cartago; todas as facções interpretaram essa medida, abertamente ou em particular, como um primeiro movimento de uma campanha para repelir as leis dos Graco. Alguns partidários de Caio foram à Assembleia armados; um deles matou um conservador que ameaçava prender Caio. No dia seguinte, os senadores apareceram totalmente vestidos para a guerra, cada qual com dois escravos armados, e atacaram os representantes da plebe, entrincheirados no monte Aventino. Caio fez o possível para acalmar o tumulto e evitar maior violência. Ao fracassar, fugiu pelo rio Tibre; alcançado, ordenou ao criado que o matasse; o escravo obedeceu e depois se matou. Um amigo decepou a cabeça de Caio, encheu-a de chumbo derretido e levou-a para o senado, que oferecera uma recompensa em ouro equivalente ao peso da cabeça. Dos partidários de Caio, 250 morreram na luta, trezentos outros foram condenados à morte por decreto senatorial. A multidão urbana que ele amparara não fez protesto algum quando o seu cadáver e os dos seus seguidores foram lançados ao rio; estava ocupada em saquear-lhe a casa. O senado proibiu Cornélia de usar luto pelo filho.

SILA, O FELIZ

Aos poucos, os *populares* se reorganizaram e iniciaram uma "guerra civil", sob a brilhante liderança de Caio Mário, que periodicamente abandonava a guerra para desfrutar dos seus butins. Contra ele, o senado escolheu como defensor militar dos *optimates* ("os novos") Lúcio Cornélio Sila, uma das personalidades mais indescritíveis da história.

Sila, que viveu de 138 a 78 a.C., era pouco atraente e vingou-se do fato de a vida tê-lo feito ao mesmo tempo patrício e sem vintém; quando conseguiu dinheiro, fez com que este servisse aos seus apetites sem qualquer escrúpulo ou restrição. Era dono de brilhantes olhos azuis e de um rosto branco salpicado de pústulas vermelhas, "parecendo uma amora polvilhada de farinha". A sua educação desmentia a aparência. Era bastante versado tanto em literatura grega quanto romana, refinado colecionador de objetos de arte (em geral obtidos por meios militares), tinha as obras de Aristóteles, trazidas para Roma como parte dos mais ricos despojos vindos de Atenas, e entre a guerra e a revolução encontrou tempo para escrever as suas *Memórias*, que tanto desnortearam a posteridade. Era um companheiro alegre e amigo generoso, devoto do vinho, das mulheres, da batalha e das canções. "Viveu extravagantemente, mas o prazer jamais interferiu nos seus deveres, exceto como marido, cuja conduta poderia ser mais honrosa", diz Salústio. Fez carreira depressa, principalmente no exército, ambiente no qual se deu melhor; tratava os soldados como camaradas, compartilhava do trabalho, das marchas e dos perigos; "o seu único esforço era não permitir que ninguém o superasse em sabedoria ou bravura". Não acreditava em deuses, mas tinha muitas superstições. Além disso, era o mais realista e o mais rude dos romanos; sua imaginação e seus sentimentos estavam sempre sob o controle do intelecto. Dizia-se que era metade leão, metade raposa, e nele a raposa era mais perigosa do que o leão. Viveu metade da vida em campos de batalha, passou sua última década na guerra civil e, no entanto, preservou até o fim o bom humor; homenageou com epigramas a própria brutalidade, encheu Roma com a sua risada, fez centenas de milhares de inimigos, conseguiu todos os seus propósitos e morreu na cama.

Esse homem parecia quimicamente composto das qualidades necessárias para sufocar a revolução no país e a rebelião no exterior. Seus 35 mil homens treinados rapidamente derrotaram os regimentos de camponeses ou proletários que Mário improvisara. Mas, depois que Sila retirou suas tropas da Itália para fazer com que Mitrídates VI se submetesse novamente aos romanos, Mário reuniu outro exército, proclamou liberdade para os escravos e conquistou Roma. Embriagados com a batalha e ardendo com o ódio de muitos anos, os vitoriosos mataram milhares e marcharam com as cabeças dos nobres suspensas em estacas, como modelo para futuras insurreições. Todos os amigos presos de Sila foram mortos, sua propriedade foi confiscada, ele foi declarado inimigo público, e Valério Flaco foi enviado para o leste com 12 mil homens, para depô-lo do comando. Lúcio Cinna, eleito cônsul por quatro anos sucessivos (87-84 a.C.), transformou a República numa ditadura.

Enquanto isso, Atenas uniu-se a Mitrídates na revolta contra Roma. Sila reconquistou a outrora famosa cidade, permitiu alguma carnificina e depois proibiu-a, dizendo que "perdoaria os vivos pelos mortos". Atravessou de barco o seu exército pelo Helesponto, procurando Mitrídates, mas descobriu que Valério Flaco e suas legiões também haviam chegado à Ásia, trazendo-lhe a exclusão disciplinar e a proscrição. Sila persuadiu Flaco a dar-lhe tempo para dominar Mitrídates. Um certo Fímbria matou Flaco e avançou contra Sila; este fez as pazes com Mitrídates e avançou contra Fímbria; as tropas deste último passaram-se para Sila; Fímbria se matou; Sila conduziu 40 mil homens através do Egeu, da Grécia, do Adriático e da Itália, até os portões de Roma.

O governo revolucionário matou todos os patrícios que conseguiu encontrar e depois evacuou a capital. Sila entrou desimpedido, mas logo teve de conduzir os seus 50 mil veteranos contra a massa de rebeldes de 100 mil homens na Porta Colina, numa das batalhas mais sangrentas dos tempos antigos. Sila venceu, e a Assembleia, humilhada, nomeou-o ditador. Massacre, exílio e confisco de bens espalharam-se a partir de Roma e recaíram por toda parte sobre os rebeldes e seguidores de Mário. Sila promulgou uma série de editos, destinados a estabelecer uma constituição aristocrática permanente, pois estava certo de que só um monarca ou a aristocracia poderia administrar um império. Depois de dois anos de governo absoluto, Sila renunciou a todos os seus poderes e se retirou para a vida privada.

Estava salvo, pois matara quase todos os que poderiam ser suspeitos de planejar-lhe o assassinato. Despediu os seus guardas, caminhou desarmado pelo Fórum e se ofereceu para prestar contas dos seus atos oficiais a qualquer cidadão que ousasse pedir. Depois, partiu para passar os últimos anos de vida na sua vila em Cumas. Cansado da guerra, do poder e da glória – talvez cansado dos homens –, Sila cercou-se de cantores, dançarinos, atores e atrizes. Escreveu os seus *Comentários*, caçou e pescou, comeu e bebeu tudo o que pôde. Os seus subordinados chamavam-no de Sila, o Feliz, porque vencera todas as batalhas, conhecera todos os prazeres, alcançara todos os poderes e agora vivia sem medo nem remorso.

Casou-se com cinco mulheres, divorciou-se de quatro, compensando com amantes as falhas das esposas. Aos 58 anos, Sila desenvolveu uma úlcera do cólon, tão grave que "a carne podre transformou-se em vermes. Muitos homens passavam o dia e a noite a destruí-los, porém eles se multiplicavam tanto que não apenas as roupas, os banhos e as bacias ficavam contaminadas, mas até a comida", diz Plutarco. Sila morreu de hemorragia intestinal, pouco mais de um ano depois de se retirar da vida pública. E não esqueceu de ditar o seu epitáfio: "Paguei plenamente a todo amigo que me serviu, a todo inimigo que me enganou".

O COLAPSO MORAL

Uma década depois da morte de Sila, as suas providências para restaurar a ordem política e econômica estavam arruinadas. Ele lidara com os fenômenos, mas não com as causas da decadência de Roma. Essas causas eram os múltiplos fatores da revolução econômica, provocando a mudança da lavoura das aldeias para a indústria urbana; da família (como unidade de produção econômica, disciplina moral e ordem social) para a cidade e para os indivíduos da cidade, que competiam no trabalho, nos negócios e nas finanças e que atiravam a moral aos motores da indústria e ao anonimato protetor da multidão. A classe de negociantes em ascensão não apreciava o ritual pomposo da religião oficial, cujos principais ministros eram senadores céticos; enquanto oficiava como *pontifex maximus*, César sorria. O crescimento e a concentração das riquezas propiciaram um secularismo epicurista nas classes mais elevadas. A arte passou de temas e formas religiosos para os políticos. A literatura ousou pregar um ateísmo materialista, como o épico filosófico de Lucrécio, *De rerum natura* (59 a.C.); ou combinava obscenidade hilariante a uma poesia refinada, como fazia Catulo (60 a.C.), que dizia que precisava salpicar sujeira nos seus versos para manter o público. No regime agrícola, a pobreza pertencera à família ou ao indivíduo e encontrara consolo na religião; na cidade, os pobres tornaram-se uma classe e uma condição corporativa e abriram caminho para uma crescente revolta social.

Assim, a guerra de classes acirrou-se ainda mais e, afinal, repeliu qualquer restrição moral. Os *optimates* alimentavam o governo dos aristocratas e do senado; os *populares* exigiam um governo das assembleias populares e terras livres para os pobres; ambos os grupos praticavam a intimidação e a venalidade sem consciência, sem dissimulação nem repressão. Cícero descreveu os candidatos circulando de bolsa na mão, prontos para comprar qualquer voto por um preço razoável. Pompeu conseguiu que Afrânio, seu amigo medíocre, fosse eleito cônsul, convidando os líderes das tribos para os seus jardins e pagando ali todos os votos desses grupos. Emprestava-se e tomava-se emprestado tanto dinheiro para financiar candidaturas que as campanhas elevaram os juros para 8% ao mês, ou 96% ao ano.

Os tribunais da época, embora antecipadamente apropriados por senadores, competiam em corrupção com as apurações de votos. Os juramentos tinham perdido todo o valor como testemunho e quase todo veredicto podia ser comprado. Lêntulo Sura, que fora absolvido por dois votos, lamentou a despesa extra que tivera para subornar mais um juiz do que precisava. Protegidos por essas cortes, procônsules senatoriais, generais, coletores de impostos, agiotas e agentes de negócios exploravam as províncias a tal ponto que decididamente envenenaram Roma com uma riqueza imerecida. Lúculo financiava seus célebres banquetes com sobras trazidas do Oriente; Pompeu recuperou US$ 11 milhões para o Tesouro e US$ 21 milhões para si mesmo. Cícero lamentava ser honesto, tendo obtido apenas US$ 110 mil no seu único ano como governador da Cilícia. A Antiguidade jamais conhecera governo tão poderoso e tão corrupto.

As classes comerciais aceitavam a aristocracia e a democracia quase com indiferença, aparentemente confiando em que haviam transformado ambas numa plutocracia. O milionário Ático contribuiu para ambos os grupos, sabendo que nenhum se arriscaria muito sem o seu auxílio financeiro.

Senadores patrícios e magnatas dos negócios competiam na exibição do luxo, enquanto a revolta fermentava nas províncias e os homens morriam de fome nas favelas. Os senadores repousavam em seus leitos até o meio-dia. Alguns dos seus filhos vestiam-se e andavam como cortesãs, cobriam-se de joias, borrifavam-se de perfumes e rivalizavam a imparcialidade bissexual dos gregos. Todos os homens ambiciosos tinham pelo menos um palácio, mais uma casa de campo em algum lugar de recreio, como Baias, onde tomavam banhos e declaravam moratória à monogamia. Nos seus palácios eram servidos por uma horda de escravos especializados – valetes, mensageiros, acendedores de lampião, secretários, músicos, médicos, filósofos, cozinheiros. Comer era, então, a principal ocupação dos romanos da classe alta; "tudo de bom se refere à barriga", disse Metrodoro.

O sexo vinha logo em segundo lugar. Apesar da crescente competição de homens e mulheres, a prostituição era abundante. O adultério era comum, e as mulheres se divorciavam dos maridos com a mesma rapidez com que eles se divorciavam das esposas. Ainda havia muitas uniões leais, porém o casamento era cada vez mais político; assim, César entregou sua filha Júlia a Pompeu como um dos itens da aliança triunviral.

Amavam-se muito os filhos, mas também havia escassez deles entre os romanos educados, que há muito haviam aprendido as artes da contracepção. César preocupava-se, temendo que o contingente nativo fosse engolido pelas famílias imigrantes que cresciam em número e tamanho nas cidades. Nos seus tempos de legislador, ele prometeu às damas recompensas do Estado para famílias grandes, mas descobriu que filhos eram um luxo que só os pobres podiam se dar. Enquanto isso, uma crescente proporção de mulheres buscou expressão em objetivos culturais – aprenderam grego, estudaram filosofia, escreveram poesias, deram aulas e abriram salões literários.

Sob a camada de luxo, a pobreza das massas continuava; em 71 a.C., irrompeu uma revolta de escravos liderada pelo heroico Espártaco e, em 65 a.C., uma insurreição de plebeus chefiados por Lúcio Catilina. Segundo Salústio, que escreveu na geração seguinte, Catilina se dirigia aos seus seguidores em termos de uma franca luta de classes:

> Desde que o estado caiu no domínio de uns poucos poderosos... toda a influência, todos os postos e toda a riqueza ficaram nas mãos deles. Para nós, eles deixaram perigo, derrota, perseguições, pobreza. [...] Que nos restou além do sopro da vida? [...] Não é melhor morrermos valentemente do que perdermos as nossas vidas infelizes e desonrados depois de termos servido de passatempo para a insolência de outros homens?

O programa que Catilina propunha para unir os elementos heterogêneos da revolução era simples: *novae tabulae*, "novos registros", ou seja, uma total e completa abolição de todas as dívidas. Cícero, o destacado orador e ensaísta da época, atacou Catilina com as suas furiosas *Filípicas,* que alguns de nós estudaram na escola como modelo da prosa latina. Em 64 a.C., Catilina se opôs a Cícero como candidato ao consulado e empreendeu uma campanha tão violenta que muitos cidadãos da classe alta se amedrontaram e se prepararam para deixar a Itália. Cícero venceu; Catilina se dedicou à guerra e organizou um exército de 3 mil homens; todos morreram em batalha, Catilina lutou até morrer. Muitos anos depois, seus seguidores ainda espalhavam flores em seu túmulo. César foi acusado de tê-lo apoiado secretamente e por pouco escapou de ser assassinado. Um ano mais tarde, César formou um triunvirato, com Crasso e Pompeu, e começou a sua própria revolução.

CÉSAR

Caio Júlio César reconstituía a sua genealogia, através de Eneias, até Vênus, filha de Júpiter, e viveu de acordo com a sua linhagem, na guerra e no amor. A *gens*, ou o clã dos Júlio, embora empobrecido, não deixava de ter reputação ou poder; propiciara cônsules a Roma em 489, 482, 473 e 157 a.C. César nascera em 100 a.C., presumivelmente através da operação que mais tarde tomou o seu nome.

"Agora havia aquele César, maravilhoso, dócil e propenso a aprender", diz Suetônio. César dedicou-se à oratória e quase se prejudicou com a precocidade literária. Salvou-se por ter sido escolhido como ajudante de ordens de Marco Termo, na Ásia. Nicomedes, rei da Bitínia, encantou-se tanto por ele que mais tarde Cícero o insultaria dizendo que ele "perdera a virgindade para um rei". Voltando a Roma em 84 a.C., César casou-se com Cossúcia para agradar ao pai; com a morte do pai, divorciou-se e casou-se com Cornélia, filha de Cinna, continuador da revolução de Mário. Quando Sila chegou ao poder, ordenou a César que se divorciasse de Cornélia; quando César se recusou, Sila confiscou-lhe o patrimônio e o dote de Cornélia e arrolou-o entre os que deveriam morrer. César fugiu, foi capturado por piratas, escapou e foi para Rodes estudar retórica e filosofia.

De volta a Roma, dividiu suas energias entre a política e os namoros. Era belo, mas preocupava-se com o cabelo, que rareava. Quando Cornélia morreu, César casou-se com Pompeia, neta de Sila. Como esse casamento era puramente político, César não teve escrúpulos em manter relacionamentos à moda da época, tão numerosos e diversificados de gêneros que Cúrio chamou-o de *omnium mulierum vir et omnium virorum mulier* – "homem de todas as mulheres e mulher de todos os homens". Os aristocratas odiavam-no duplamente: por corroer-lhes os privilégios e por seduzir-lhes as esposas. Devemos imaginar César a princípio como um político inescrupuloso e libertino irresponsável, cuja responsabilidade aos poucos transformou-o num dos estadistas mais conscienciosos da história. Enquanto nos deleitamos com os seus erros não devemos nos esquecer de que, apesar disso, ele foi um grande homem. Jamais nos igualaremos a César provando que ele seduziu mulheres, subornou chefes de guarda e escreveu livros.

Em 68 a.C., aos 32 anos, foi escolhido questor para servir na Espanha. Liderou expedições militares contra tribos rebeldes e reuniu butins suficientes para pagar parte das suas dívidas. Em 65 a.C., como encarregado de obras públicas, gastou o seu dinheiro, ou o dinheiro do seu rico amigo Crasso, adornando o Fórum com novas construções e cortejando o populacho com jogos. Sila removera do Capitólio os troféus de Mário – quadros e despojos representando as feições e as vitórias do velho radical; César restaurou tudo isso e, com esse ato, anunciou a sua política de favorecer os *populares*.

Os conservadores protestaram e marcaram-no como um homem a ser eliminado. Em 64 a.C., como presidente de uma comissão indicada para julgar casos de assassinato, César intimou a comparecerem ao seu tribunal os agentes que sobreviveram às proscrições de Sila e sentenciou vários ao exílio ou à morte; um ano depois, no senado, votou contra a execução de alguns líderes capturados na revolta de Catilina. Quando decidiu se candidatar ao consulado, praticamente todos os senadores se opuseram. César derrotou-os com a vitória do ídolo da classe dos homens de negócios, Pompeu, com quem estabeleceu uma aliança juntamente com Crasso, formando o Primeiro Triunvirato (60 a.C.), onde cada membro se comprometia a se opor a qualquer legislação que desagradasse a um deles. Com o apoio de Pompeu e o dinheiro de Crasso, César foi eleito cônsul para o ano de 59 a.C.

O mandato de César foi praticamente consumido numa batalha para reativar a legislação dos Graco. Propôs repartir as terras do governo entre 20 mil soldados retornados e entre os cidadãos pobres que tivessem três filhos. Para levar o debate ao escrutínio público, César contratou funcionários que registravam as atividades senatoriais e outras atividades políticas em inscrições nas paredes das construções do Fórum, *os Acta Diurna*, ou Atos do Dia; esses grafites eram levados por mensageiros jornalistas a várias partes de Roma e a outras cidades e constituíram, num certo sentido, o primeiro jornal conhecido na história, o início do papel vital da "imprensa" para influenciar a legislação.

Depois de consumir a maior parte do seu ano de consulado levando a cabo essas e outras medidas populares, César, de olho na própria segurança pessoal, conseguiu ser indicado por cinco anos como governador das Gálias, Osalpina e Narbonense, comandando o único exército que ficaria legalmente estacionado na Itália. Antes de deixar o posto, divorciou-se da terceira esposa, Pompeia, suspeita de adultério com Públio Clódio Pulcro; contudo, César emprestou o seu decisivo apoio à eleição de Clódio como tribuno para o ano de 58 a.C. Recusou-se a fazer qualquer acusação moral contra Clódio; quando lhe perguntaram por que então se divorciara de Pompeia, replicou: "Porque a minha esposa deve ficar acima de qualquer suspeita". Garantiu a eleição de Gavínio Piso como cônsul, tomou como quarta esposa Calpúrnia, filha de Piso, e partiu para conquistar a Gália.

Provavelmente, no início, César não tinha essa intenção. Os gauleses apelaram para que os ajudasse contra os germanos que invadiam a Gália em vários pontos ao longo do rio Reno. Ele aceitou; repeliu perto de Autun uma enorme horda que atravessara a Suíça; marchou para o norte, derrotou uma multidão de germanos comandados por Ariovisto e expulsou-os para o outro lado do Reno. Os gauleses agradeceram e pediram-lhe que sugerisse uma recompensa. César propôs que toda a Gália aceitasse ser incluída ao Império Romano, contando portanto com essa proteção. Os gauleses recusaram e lutaram bravamente contra as legiões de César, mas em vão; este viveu o bastante para contar a história, em *De bello Gallico.* Embora quinhentos anos mais tarde um franco-germano desse àquela terra um nome germano, a Gália tornou-se, através de César, uma terra latina, com uma língua latina absurda, porém bonita; o rude latim dos soldados romanos transformou-se na música de Racine e Anatole France; *corruptio pessimi optima.*

Embora César, sem querer, estivesse preparando a Gália para herdar e transmitir a civilização clássica, a República morria num poço de corrupção e brutalidade. Em 53 a.C., a primeira divisão de votos na Assembleia pagou 10 milhões de sestércios para cada voto. Quando o dinheiro falhava, o assassinato estava disponível; ou o passado de um homem era esquadrinhado, e a chantagem forçava-o a aceitar as condições. O crime floresceu na cidade, aumentou o banditismo nas estradas; não havia força palaciana que controlasse isso. Os homens ricos contratavam bandos de gladiadores para protegê-los ou para garanti-los nos comícios. Qualquer homem que votasse mediante pagamento era admitido nas fileiras, fosse cidadão ou não; às vezes, apenas uma minoria dos sorteados era intitulada a votar; quem votava contra era atingido em todos os aspectos da vida. Depois, sua casa era incendiada. Após um desses tumultos, Cícero escreveu: "O Tibre estava cheio de cadáveres de cidadãos; os esgotos públicos repletos deles; e os escravos tiveram de esfregar com esponjas o sangue que respingou no Fórum". Clódio, o Belo, e Tito Milo foram os mais destacados especialistas de Roma neste tipo de democracia. Organizaram bandos rivais de rufiões com propósitos políticos, que todos os dias eram desafiados. Um dia, Clódio assaltou Cícero na rua; outro dia, os seus guerreiros destruíram a casa de Milo; finalmente, Clódio foi apanhado e morto pela gangue de Milo. O proletariado, desconhecendo todas as tramas de Clódio, homenageou-o como mártir, deu-lhe um imponente funeral, carregou-lhe o corpo até o senado e queimou o prédio sobre ele, como se fosse uma pira funerária. Pompeu chegou com os soldados e dispersou a multidão. Como recompensa, pediu ao senado e recebeu a nomeação de "cônsul sem par", expressão que Catão, o Jovem, recomendou como sendo mais bela do que a de ditador. Todos os elementos de riqueza e ordem da capital cederam à ditadura de Pompeu, enquanto as classes mais pobres esperavam, ansiosas, a chegada de César.

Um século de revolução destruíra uma aristocracia estreita e egoísta, mas não colocara outro governo em seu lugar. Desemprego, suborno, pão e circo haviam reduzido a Assembleia a uma multidão mal-informada, dominada pelas paixões, incapaz de governar a si mesma e muito menos a um império. A democracia sucumbira à fórmula de Platão: a liberdade degenerara em licenciosidade, e o caos implorava o fim da liberdade.

César concordou com Pompeu em que a República estava morta e que uma ditadura era inevitável. Mas esperava estabelecer uma liderança que fosse progressiva, que não congelasse o *status quo*, mas diminuísse os abusos, as desigualdades e as privações que degradaram a democracia. Estava com 54 anos e, com certeza, enfraquecido pelos dez anos de campanha na Gália. Fez todos os esforços possíveis para a conciliação. Propôs ao senado que Pompeu e ele entregassem seus cargos; Pompeu se recusou. Depois de longas negociações, o senado outorgou a Pompeu ordens e poderes para "agir de modo que nenhum dano acontecesse ao estado", a frase romana que representa a ditadura e a lei marcial. César hesitou mais do que de hábito.

Finalmente, convocou a sua Décima Terceira Legião, a favorita, e expôs aos soldados a situação. As primeiras palavras os conquistaram: "*Commilitones*!" – "Companheiros de milícia!". César lembrou-lhes que uma aristocracia preguiçosa e corrupta não daria a Roma a ordem, a justiça e a prosperidade. Eles o acompanhariam? Nenhum se recusou. Quando César disse-lhes que não tinha dinheiro para remunerá-los, todos lhe entregaram suas economias. A 10 de janeiro de 49 a.C., César liderou uma legião que atravessou o Rubicão, um pequeno riacho que marcava a fronteira sul da Gália Cisalpina. Registra-se que então disse: *"Alea iacta est"* – "a sorte está lançada". Uma a uma, as cidades no trajeto abriram-lhe as portas; algumas saíram em massa para dar-lhe as boas-vindas; "as cidades o saúdam como a um deus", escreveu Cícero. Embora as suas forças suplantassem em muito as de César, Pompeu fugiu de Roma e da Itália. César perseguiu-o e, em Farsala, na Tessália, embora seus soldados fossem, em número, a metade dos de Pompeu, venceu uma das batalhas mais sangrentas da história romana, em 9 de agosto de 48 a.C. César pediu aos seus homens que poupassem o jovem senador Marco Júnio Bruto. Pompeu escapou e foi para o Egito, onde um agente de Ptolomeu XII o apunhalou até a morte. Quando César chegou lá, os assassinos ofereceram-lhe a cabeça decepada de Pompeu. César afastou-se horrorizado e chorou diante dessa nova prova de que, por meios diversos, os homens chegam ao mesmo fim.

Encontrou muitas coisas encantadoras no Egito: o tesouro estava cheio, aparentemente seria seu por nada, e a irmã de Ptolomeu, Cleópatra, era bela e ansiosa. Ele permaneceu ali o suficiente para assisti-la ter um filho seu, a quem denominaram Cesárion. Em outubro de 47 a.C., voltou a Roma, trazendo consigo Cleópatra, seu irmão-marido e Cesárion. Aparentemente Calpúrnia, a esposa de César, aceitou tudo como rotina normal da política romana. Alguns aristocratas sobreviventes murmuraram que César planejava tornar-se rei e deslocar a capital do império para Alexandria. Contudo, amedrontado pelas legiões, o senado encheu César de terras e honrarias e, em 44 a.C., fez dele "ditador perpétuo" – o que, no caso, significou cinco meses.

Nesses meses, César esforçou-se para reanimar Roma como cidade e como Estado. Reduziu os poderes do senado, aumentando o número de membros de seiscentos para novecentos; esse número convidava ao debate, desencorajava as decisões e libertava César para governar. As Assembleias o elegeram tribuno, o que transformou a sua pessoa em legalmente inviolável. Ele controlava todas as nomeações importantes e iniciou a mais significativa das legislações.

Continuando a obra dos Graco, César distribuiu terras para os veteranos e para os pobres. Aliviou a pressão do aumento populacional, enviando 80 mil cidadãos para colonizar Cartago, Corinto e outros centros em que a população diminuíra com a guerra. Para abrir postos de trabalho aos desempregados, distribuiu somas substanciais para programas de construção em muitas cidades na Itália, Espanha, Gália e Grécia. Para reduzir a perda de recursos com a administração do bem-estar dos pobres, exigiu uma verificação dos recursos das pessoas que se candidatavam à distribuição estatal de grãos; logo o número de inscritos caiu de 320 mil para 150 mil. Reduziu as dívidas, sancionou várias leis contra excessivas taxas de juros, atenuou casos extremos de insolvência estabelecendo as leis de falência – basicamente como existem até hoje.

Observando que o calendário dos sacerdotes perdera qualquer conexão com as estações, César contratou o astrônomo alexandrino Sosígenes para desenvolver um modelo egípcio, o calendário "juliano", que atribuía 365 dias ao ano e acrescentava um dia ao mês de fevereiro a cada quatro anos. Cícero reclamou que César, não contente em governar a terra, agora regulava as estrelas, porém o senado recebeu bem a reforma e deu o nome de família do ditador, Júlio, ao mês *Quinctilis*, que fora o quinto mês quando o ano iniciava em março.

Mas esse grande estadista não era imune à vaidade. Para esconder a calvície, continuou usando diariamente a coroa de louros que fora colocada sobre sua cabeça por ocasião de um triunfo. Ordenou que a sua estátua fosse erigida no Capitólio ao lado dos antigos reis de Roma e demitiu os tribunos que removeram da estátua o diadema real ali colocado pelos seus amigos. Na festa da Lupercália de 18 de fevereiro de 44 a.C., o cônsul Antônio, bêbado, tentou três vezes colocar uma coroa real na cabeça de César; três vezes César recusou-a, mas seria porque a multidão murmurava desaprovando?

Os aristocratas que haviam sido privados dos seus poderes habituais não podiam ser amolecidos por César ter-lhes perdoado a resistência anterior; é difícil perdoar o perdão; pouco depois da Lupercália, Caio Cássio, descrito por Plutarco como um homem doentio, "pálido e magro", sugeriu a Marco Bruto o assassinato de César. Já conseguira várias adesões ao plano; concordavam que, se Bruto aderisse, a sua reputação de virtuoso glorificaria a causa.

Bruto acreditava-se descendente de Lúcio Júnio Bruto, que expulsara os reis de Roma 464 anos antes. O historiador Apiano observa que César foi amante de Servília, mãe de Bruto, e Plutarco registra que César acreditava que Bruto fosse seu filho. Bruto refletiu, melancólico, sobre esses assuntos e parece ter escrito a um amigo: "Os nossos ancestrais pensavam que não deveríamos tolerar um tirano, ainda que fosse o nosso próprio pai". Bruto cedeu, e os conspiradores traçaram um plano. Num momento de má inspiração, Bruto insistiu em que Antônio fosse poupado.

Na noite de 14 de março, numa reunião em casa, César propôs como tópico de conversa: "Qual é a melhor morte?" e deu a sua própria resposta: "*Subito*", ou seja, súbita. Na manhã seguinte, a esposa implorou para que ele não fosse ao senado, dizendo que sonhara tê-lo visto coberto de sangue. A caminho do Teatro de Pompeu, onde o senado se reuniria, César encontrou o adivinho Espurina, que certa vez lhe sussurrara: "Cuidado com os idos de março!"; César lembrou-lhe que os idos haviam chegado e que estava tudo bem, ao que Espurina retrucou: "Mas ainda não passaram". Quando César entrou no teatro e sentou-se, os libertadores avançaram contra ele sem demora. "Alguns escreveram que, quando Marco Bruto correu em direção a César, este disse em grego: '*Kai su teknon?*' ('Até tu, meu filho?')", registra Suetônio. Apiano diz que, ao perceber a arma de Bruto, César deixou de oferecer qualquer resistência. Foi satisfeito um desejo do homem mais completo que a Antiguidade produziu.

Tecnicamente, a República voltou convulsivamente à vida: o apelo de Antônio à comunidade parecia oferecer a esta outra chance de governo. Na verdade, tudo o que restou foi a luta de Antônio contra Bruto pelo privilégio de governar as ruínas, e depois a luta de Antônio contra o filho adotivo e herdeiro de César, Gaio Otaviano, pelas rédeas do poder. Depois de derrotar Antônio e Cleópatra em Actium em 31 a.C., e depois do suicídio duplo destes no Egito, Otaviano, mais tarde renomeado de Augusto, estabeleceu (em 27 a.C.) e manteve um governo monárquico que chamou de "principado". Assim, a roda da história política de Platão completara o seu círculo: da ditadura à monarquia, à aristocracia, à democracia, à ditadura, à monarquia...

Por mais dois séculos, Roma ainda seria, embora *diminuendo,* o centro e o ápice glorioso e cruel da história do Ocidente.

CAPÍTULO 11

O IMPÉRIO ROMANO (27 A.C.-180 D.C.)

O ESTADISTA AUGUSTO

Gaio Otaviano, sobrinho-neto, filho adotivo e herdeiro de Júlio César, retornou a Roma em 29 a.C. depois de derrotar Antônio e Cleópatra em Actium (31 a.C.) e estabelecer o controle romano sobre o Egito, apossando-se dos tesouros e restaurando a ordem e a cobrança de impostos nas dependências orientais de um Império Romano há muito desagregado por guerras, revolução e anarquia.

A capital recebeu-o como a um opulento salvador. Deu-lhe uma recepção triunfal de três dias. Ele retribuiu concedendo a cada soldado uma substancial soma em dinheiro e a cada veterano dispensado com honras um lote de terra arável. Perdoou todas as dívidas de impostos dos proprietários de terras e queimou publicamente todos os registros dos débitos com o Estado. Com os recursos que herdara ou acumulara, financiou a distribuição de grãos, realizou obras públicas para reduzir o desemprego e embelezar Roma, liquidou o déficit do tesouro nacional e enviou grandes quantias para aliviar províncias que sofriam com "atos de Deus".

Armado dessa irresistível beneficência, com talento para dar um ritmo gradual e suave às mudanças, além de cortês, ele logo persuadiu o senado a denominá-lo *princeps senatus*, que significava "o primeiro na lista de chamada do senado", mas que logo assumiria a dignidade de "príncipe". Em 27 a.C., Otaviano abdicou de todos os seus cargos e funções e retirou-se para a vida privada. O senado implorou-lhe que continuasse governando; ele concordou e confirmou o seu título vitalício de príncipe. Logo outorgou-se o título religioso de *Augustus*, "divino aumentador" ou "provedor", e passou à história com esse nome.

Os povos de Roma, e da Itália, aceitaram essa monarquia disfarçada com a humildade da experiência. Não estavam mais enamorados da liberdade, mas sim cansados, queriam segurança, ordem e paz; qualquer um que lhes garantisse jogos e pão poderia governá-los. Compreendiam vagamente que a inábil assembleia popular, atravancada com a corrupção e atormentada pela violência, não poderia governar um império. Agora todo o mundo mediterrâneo estava em desordem aos pés de Otaviano, esperando pela sua capacidade de estadista.

Ele aliviou a morte da República mantendo termos e formas republicanos. Declarou-se um mero presidente do senado, porém medida alguma foi proposta sem que ele instigasse ou consentisse. Permitiu que as assembleias se reunissem; candidatou-se por treze vezes ao consulado e, como os demais, pediu e chegou a pagar votos; foi uma concessão aos costumes. Cônsules e tribunos continuaram sendo eleitos até o século V, mas as suas funções ficaram mais administrativas do que executivas e eles cederam o poder ao príncipe. A corrupção política prosseguiu, mas diminuiu quando se exigiu que todos os candidatos depositassem uma garantia financeira de que se absteriam de subornar. Contudo, Augusto violou um precedente essencial: manteve sob o seu controle três coortes de soldados na cidade e outras seis nas proximidades, para garantir a ordem pública e o *seu* governo. Essas nove coortes tornaram-se a Guarda Pretoriana que, em 41 d.C., elevou Cláudio ao poder e começou a dominar o governo.

Investido de tamanha autoridade e auxiliado por administradores que descobrira na classe comercial em ascensão, Augusto restabeleceu a ordem produtiva na economia e no Estado. Distribuiu a propriedade de terras entre os pobres, emprestou dinheiro sem juros a agricultores responsáveis, abriu novas minas, ruas e estradas, controlou o banditismo e a pirataria, defendeu e aumentou os grandes aquedutos que traziam água para Roma; apaziguou os pobres com trigo barato, animadas loterias e jogos espetaculares; protegeu todas as classes com leis bem administradas e, no mais, permitiu que a fome, a ambição, a competição e a livre iniciativa estimulassem a produção, a distribuição e as finanças. Com dinheiro público e privado, e auxiliado pelo talento de Marco Agripa, levou a cabo um importante programa de construções públicas que aliviou o desemprego e mais tarde justificou o fato de Augusto se gabar de que, quando a encontrara, Roma era uma cidade de tijolos transformada por ele em uma cidade de mármore.

Augusto achou mais fácil restaurar a prosperidade do que reformar a moral. O declínio da antiga fé entre as classes educadas dissolvera o apoio sobrenatural ao casamento, à fidelidade e à linhagem; ao passar do campo para a cidade, os filhos passaram a ser menos uma vantagem do que uma responsabilidade a mais, além de um brinquedo caro; as mulheres queriam ser sexualmente desejáveis, e não reverenciadas por serem mães; muitos romanos nativos evitavam o casamento ou limitavam as famílias por meio da contracepção, do aborto ou do infanticídio. Augusto viu nesses fenômenos a decadência da autoridade paterna, da ordem social e do caráter romano. Por meio dos seus poderes como censor e tribuno, induziu a Assembleia a promulgar leis que colocassem o casamento sob controle do Estado e punissem o adultério da mulher com a expulsão e o confisco de um terço da sua fortuna e metade do seu dote; contudo, a esposa não poderia acusar o marido de adultério, e este poderia, impunemente, frequentar prostitutas registradas.

Outra lei tornou o casamento obrigatório, impôs penalidades econômicas aos celibatários e ofereceu recompensas monetárias e sociais para quem concebesse e criasse filhos. Os historiadores, de Tácito em diante, relatam essas leis como fracassos; homens e mulheres encontraram meios de evitá-las. A imoralidade sexual continuou ainda mais aberta; em *Amores*, de Ovídio, ela se transformou numa arte requintada ensinada por especialistas a aprendizes. Os romanos nativos começaram a diminuir em número e vigor enquanto os imigrantes, mais próximos da família e da religião, multiplicavam-se em número e poder.

Augusto teve mais sucesso quando assegurou ao Império uma estrutura de leis e uma estabilidade que se mantiveram por duzentos anos. Como qualquer general romano, ele começou buscando expandir o Império com suas conquistas; enviou expedições fracassadas para incorporarem a Etiópia e a Arábia e mandou os seus enteados, Druso e Tibério, punirem as novas invasões germanas na Gália, conquistando a Germânia até o rio Elba. Mas no nono ano da era cristã, os germanos atraíram três legiões romanas numa armadilha, cercaram-nas e mataram todos os homens. Augusto ordenou que Tibério exigisse alguma vingança, mas mandou recuar a fronteira romana para o Reno.

Depois de expandir ao máximo o Império – da Bretanha à Espanha, ao Mar Negro e ao Eufrates –, Augusto suspendeu novas conquistas e decidiu substituir a guerra pela legislação. Manifestou surpresa de "que Alexandre não considerasse a tarefa de organizar o Império como sendo maior do que a de conquistá-lo". Começara a *Pax Romana*.

A HORA DO POETA

Com essa paz romana, todas as partes do reino podiam exportar mercadorias, ideias e importar as últimas novidades e credos. Agora o mundo helenístico – Grécia, Oriente Próximo e Egito, criadores e herdeiros de culturas ricas e diversificadas – podia derramar sua poesia e sua prosa, suas velhas crenças e novas dúvidas, ciência, filosofia e arte, numa Roma ainda intelectualmente carente, pronta a receber novas religiões, novos êxtases poéticos e novas formas arquitetônicas.

Um jovem tímido de Mântua, tão modesto que alguns sábios trocaram o seu nome de "Virgílio" para "Virgem", inspirou-se nas pastorais gregas de Teócrito de Siracusa para escrever *Éclogas*, descrições da vida pastoral, em hexâmetros de deliciosa melodia. O milionário filantropo Mecenas persuadiu Virgílio a afinar a lira para a celebração mais substancial das tarefas e alegrias rurais. Quando Otaviano voltou das difíceis vitórias contra Antônio e Cleópatra, Mecenas atraiu-o para ouvir durante quatro dias os 2 mil versos das *Geórgicas* de Virgílio, poemas líricos sobre a terra. Tais poemas combinavam harmoniosamente com a esperança do jovem conquistador de atrair novamente os romanos para cuidarem da terra. Recompensou regiamente o poeta, e Virgílio, agradecido, retirou-se para refúgios secretos onde nos dez anos seguintes compôs o épico *Eneida*, destinado a fazer por Eneias e pela cidade de Roma aquilo que a *Ilíada* de Homero fizera por Aquiles e por Troia. O meticuloso autor morreu aos 51 anos (em 19 a.C.), antes de completar a obra-prima.

A *Eneida* carece de estrutura lógica, mas a lógica raramente se harmoniza com a poesia; carece do fluxo vigoroso da *Ilíada* e do raciocínio masculino da *Odisseia*, mas é um verdadeiro arquipélago de episódios melodiosos, *rari nantes in gurgite vasto* – "nadando aqui e ali num vasto mar". Como exemplo, segue-se uma passagem precursora da mais bela ode de Keats:

> Sob a sombra de uma papoula, a mãe rouxinol chora a perda dos filhos, que um lavrador rude viu e arrancou do ninho, ainda implumes; a noite inteira ela chora e, pousada num galho, renova o seu canto de dor, enchendo o bosque com o seu lamento triste.

Naturalmente, há a história de Dido, rainha de Cartago; da sua entrega apaixonada aos fortes braços de Eneias, que a abandona para seguir o seu destino de fundar Roma; ela, desesperada, atira-se viva numa pira funerária. Horácio comparava a *Eneida* à *Ilíada*; a Idade Média reverenciou Virgílio como *anima naturaliter Cristiana* – "a alma da natureza cristã" antes de Cristo (o mesmo que Pater* diz de Platão); Dante escolheu Virgílio para guiá-lo no inferno, no purgatório

* Walter Pater (1839-1894), historiador e crítico literário inglês. (N.T.)

e no céu; Purcell inseriu Dido na música e Voltaire suplantou a todos ao classificar a *Eneida* como o mais belo monumento literário legado pela Antiguidade.

Uma das imagens mais agradáveis do mundo das letras, onde o ciúme é apenas menos frequente do que no amor, é Virgílio apresentando Horácio a Mecenas. Este homem mundano apreciou, nos poemas sutilmente elaborados de Horácio, uma sofisticação que complementava a simplicidade do caráter e dos versos de Virgílio. Em 34 a.C., ele deu a Horácio uma casa espaçosa e uma propriedade produtiva no Vale das Sabinas, cerca de setenta quilômetros ao norte de Roma. Assim liberado para deixar a mente falar, Horácio satirizou em hexâmetros quase coloquiais as figuras típicas que conhecera cm Roma: o escravo sarcástico, o autor vaidoso, o tagarela cansativo, o filósofo ambicioso, o oriental astucioso, o negociante, a prostituta, o namorador que, cansado da esposa, anseia por outra mulher que, por sua vez, insinua-se para outro homem. E nisso tudo se percebe a vida em Roma.

No conforto dos seus 24 aposentos e três piscinas, Horácio idealizou o agricultor que "longe dos negócios, cuida... e ara com os seus próprios bois os seus campos patrimoniais". Para preencher os próprios sonhos, Horácio compôs odes para amantes reais ou imaginárias, das quais mencionou o nome de treze. Consciente da própria habilidade, escreveu uma carta mais tarde intitulada de *Ars poetica*, onde ensina aos jovens escritores as regras da boa escrita: ser claro, direto e unir o útil ao agradável. A arte supõe sentimento, tanto do artista quanto de quem a recebe: "Se quiseres que eu chore, deves primeiro te mortificar". Mas a arte não é exclusivamente sentimento; é o sentimento transmitido de forma disciplinada, "a emoção relembrada na tranquilidade"; eis o desafio do estilo clássico para o romântico.

Para alcançarem a forma, estudem os gregos dia e noite. Evitem palavras novas, obsoletas ou sesquipedais, "palavras que medem um pé e meio". Se o produto sobreviver a tudo isso, escondam-no por oito anos. Se ainda assim os agradar, publiquem-no, mas lembrem-se de que ele pode envergonhá-los na maturidade. Se escreverem dramas, obedeçam às três unidades: ação, tempo e lugar. Estudem a vida e a filosofia, pois sem estudo e sem compreensão um estilo perfeito é um vaso vazio, frágil demais para o nosso uso.

Horácio não duvidava da própria arte e de que esta sobreviveria. *Exegesi monumentum aere perennius* – "ergui um monumento mais duradouro do que o bronze, mais elevado do que os altos picos das pirâmides [...] eu verdadeiramente não morrerei" – *non omnis moriar.* No ano 8 a.C., tendo legado a sua propriedade a Augusto, Horácio entregou o corpo à terra e foi posto para descansar perto do túmulo de Mecenas.

Um terceiro poeta exaltou o período de Augusto, ou – pensava Augusto – desgraçou-o inteiramente. Públio Ovídio Naso virou o modelo e o poeta laureado dos romanos epicuristas, que se ressentiam da legislação do príncipe contra a liberdade sexual e riam dos guerreiros que faziam incursões mortais em solo estrangeiro quando poderiam estar explorando os encantos das liberadas mulheres de Roma. Seu pai, pertencente à classe média rica, mandou-o para a capital estudar leis e ficou chocado quando soube que o filho pretendia ser poeta. Ovídio conseguiu chegar ao cargo de juiz, bastante incompatível com a sua natureza, porém, no percurso, escreveu um livro de poemas elogiando a promiscuidade.

Depois de aplicar-se na conquista de experiência na caçada amorosa, Ovídio produziu um manual de sedução intitulado *Ars amatoria* (em 2 a.C.), mas pedia sensatamente aos leitores que só aplicassem os preceitos com cortesãs e escravas. Esse livro e outros venderam tão bem que Ovídio chegou a alturas estonteantes de fama e arrogância: "Enquanto eu for festejado no mundo inteiro, não importa o que um ou dois rábulas digam a meu respeito". Ele não sabia que um desses rábulas era Augusto, que arquitetava meios de acabar com as Leis Julianas, que promulgara em 13 a.C.

Ovídio prosperou, casou-se três vezes, encontrou nova felicidade com Fábia, arrefeceu o seu ardor e, em 7 d.C., publicou a sua obra mais duradoura, *Metamorfoses*, que relatava em hexâmetros ardentes e fluidos alguns casos famosos em que animais, homens e deuses se transformavam em objetos; quase até a nossa época, milhares de poemas, pinturas e estátuas extraíram seus temas desse tesouro. No final, o confiante autor anunciou a sua imortalidade: *Per saecula omnia vivam* – "Eu viverei para todo o sempre". Mal pronunciara essa profecia quando, no ano 8 da nossa era e aos 51 anos de idade, recebeu a comunicação imperial de que deveria se exilar em Tomos (atual Constança), uma cidade fria e enevoada no litoral romeno do Mar Negro.

Com frequência, o poeta enviava à esposa ou aos amigos poemas que mais tarde foram reunidos sob o título de *Tristia.* Naquele porto sombrio, pensando nas cálidas mulheres e nos alegres céus da Itália, o coração de Ovídio se partia, e os versos, ainda belos na forma e no fraseado, adquiriram um sentimento profundo, raramente mostrado antes. Humildemente, Ovídio apelou pelo perdão, mas não veio resposta alguma e ele morreu no exílio em 17 d.C. Ele deve ter sido uma pessoa verdadeiramente adorável, pois a terceira esposa, que ficara na Itália por ocasião do exílio, permaneceu fiel até o fim.

O PRÍNCIPE MORTAL

O homem cuja palavra se tornara lei desde York até Baalbek e Cádiz levou uma vida sempre modesta e simples, evitando os luxos da riqueza e as vantagens do cargo, usando roupas simples, tecidas pelas mulheres da sua casa, dormindo num compartimento pequeno do palácio que antes pertencera ao orador Hortênsio.

Augusto era tão despretensioso que um gaulês mandado para matá-lo pensou que aquele não poderia ser o chefe do império, a quem buscava. Durante quase toda a vida, ele foi castigado por alguma doença – tinha artrite, tifo, catarro, pedras na vesícula, insônia. Em algumas campanhas, fraco demais para ir a cavalo, precisava ser carregado até o campo de batalha numa liteira. Depois de tentar vários médicos, medicava-se com banhos sulfurosos e alimentava-se de pães rústicos, queijos, peixes e frutas. Envelhecido desde os 35 anos, Augusto viveu até os 76.

O seu caráter continha elementos contrastantes que podiam vir à tona alternadamente, ao capricho das circunstâncias. Na juventude, feliz em família e amado por César, Augusto compartilhou da lassidão sexual do período. Depois, abalado pelo assassinato de César, juntou-se a Antônio contra Bruto; porém a ambição desmedida de Antônio e o tratamento cruel que este dispensava à esposa Otávia, irmã de Otávio, transformaram Otávio num inimigo sem piedade. Quando, aos 33 anos, Augusto tornou-se senhor de Roma, suas virtudes desabrocharam e prosperaram. Em vez de corrompê-lo, o poder tornou-o mais humilde. Apesar de tanto poder, ele não se dava ares de importância. Sorria das sátiras que sábios e poetas compunham a seu respeito. Embora fosse a corte suprema da terra, julgava com sabedoria e piedade. Nos últimos anos, uma série de infortúnios amarguraram-no e endureceram-no. Antes que os nossos corações sintam por ele o que sentem por César assassinado ou por Antônio derrotado, devemos levar em conta a fragilidade do seu corpo e as tristezas da sua velhice.

Os fracassos e as tragédias de Augusto aconteceram quase todos no seio da família. Sua filha Júlia parecia destinada, pela beleza e vitalidade, a animar-lhe os anos de velhice, mas ela, com suas paixões ardentes e seu temperamento volátil, não recebeu bem as leis do pai a respeito de casamento, paternidade e moral. Casada aos quatorze anos e viúva aos dezesseis, Júlia desfrutou da sua liberdade com tanto desembaraço que o pai apressou-se em casá-la com o seu auxiliar favorito, Marco Agripa, de quarenta anos de idade. Júlia deu a Agripa cinco filhos; mas quando o marido morreu, em 12 a.C., entregou-se a uma sucessão de amores, transformando-se no escândalo e no deleite de uma Roma desgastada pelas "leis julianas". Forçada a se casar com Tibério, filho adotivo do seu pai, Júlia manteve seus amores; Tibério procurou refúgio em Rodes, para estudar filosofia e astrologia. Seus amigos lembraram a Augusto que, segundo as leis, uma adúltera deveria ser denunciada à corte pelo marido ou, se este se recusasse, pelo próprio pai. No ano 2 a.C.,

Augusto promulgou um decreto banindo a filha para a ilha de Pandatária, um rochedo estéril ao largo da costa da Campânia. Muitas pessoas, inclusive Tibério, imploraram a Augusto para perdoar Júlia; ele se recusou, e ela morreu depois de seis anos de prisão. Enquanto isso, sua filha, também chamada Júlia, imitava a moral da mãe, até que Augusto exilou-a numa ilha no Adriático (em 8 d.C.). O velho governante, abatido, ansiava pela morte.

Esta lhe chegou tranquilamente aos 76 anos. Aos amigos que estavam ao seu lado no leito de morte, o maior estadista romano pronunciou as palavras muitas vezes utilizadas para concluir uma comédia romana: "Como eu desempenhei bem o meu papel, batei palmas e entre aplausos dispensai-me do palco". Abraçou a esposa e disse: "Lembra-te da nossa longa união, Lívia; adeus". E com essa despedida simples, faleceu.

Dias depois, o seu corpo foi carregado por Roma nos ombros dos senadores até o Campo de Marte e ali cremado, enquanto crianças das classes altas cantavam o lamento dos mortos.

CAPÍTULO 12

NERO E AURÉLIO

NERO

Desde a morte de Augusto, em 14 d.C., até a ascensão de Odoacro em 476 como o primeiro governante "bárbaro" de Roma, o Império Romano sobreviveu a todas as experiências de desafios externos e à decadência interna.

Tibério, que sucedeu a Augusto no poder, na qualidade de seu filho adotivo, governou bem até que problemas familiares o irritaram, e o poder absoluto anuviou-lhe a mente. Calígula iniciou o seu reinado fazendo beneficências populares, porém logo se entregou a crueldades que levaram a seu assassinato. Cláudio surpreendeu Roma governando bem, apesar de ter escrito livros de filosofia e história e uma autobiografia; mas "era descontrolado na sua paixão pelas mulheres", diz Suetônio.

Sabe-se, por uma versão não confiável, que a quarta esposa de Cláudio, Messalina, levava-lhe concubinas como recompensa por ele tolerar-lhe os adultérios. Depois que alguns soldados mataram Messalina, Cláudio casou-se com Agripina, já então mãe de Nero; esta persuadiu Cláudio a adotar Nero como filho; por fim, ela alimentou o imperador com cogumelos envenenados; Cláudio morreu, e Nero subiu ao trono aos dezessete anos (em 54 d.C.).

Nero tornou-se o mais famoso imperador de Roma porque falsamente se acreditava que ele ordenara o incêndio de Roma e porque organizava exibições teatrais das suas habilidades artísticas. Contudo, o grande Trajano relatava que os primeiros cinco anos do governo de Nero foram o melhor período da história do Império. Admitindo a própria juventude, Nero entregou ao senado praticamente todos os poderes imperiais, exceto o comando do exército.

Aceitou Sêneca para lhe servir de orientador e prometeu dar exemplo, durante todo o seu reinado, da virtude da bondade que o filósofo exaltava no tratado *De clementia*; contudo, quando soube que a mãe fazia intrigas para substituí-lo no trono pelo outro filho, Britânico, Nero providenciou (dizem) o envenenamento do irmão. Em todo caso, o Império prosperou no primeiro quinquênio de Nero: a corrupção foi reprimida, a burocracia administrativa melhorou, o Mar Negro ficou livre dos piratas e a Pártia assinou um tratado de paz que durou cinquenta anos.

Sêneca foi provavelmente o espírito orientador desse quinquênio. Para desviar Nero dos negócios de Estado, permitiu-lhe afrouxar a rédea na moral. O jovem desenvolveu o gosto pelos banquetes caros, pelos rapazes alegres e pelas prostitutas. Desfez-se da gentil esposa Otávia e casou-se com Popeia Sabina, que passava metade do dia se embelezando e a outra metade estimulando o desejo. Quando a mãe de Nero fez-lhe oposição, Popeia incitou o jovem marido a ordenar a morte de Agripina. Ao ver-lhe o cadáver despido, Nero observou: "Eu não sabia que tinha mãe tão bonita".

É difícil acreditar nessas histórias de um jovem de 22 anos, com reconhecida paixão por poesia, drama, música, arte e jogos atléticos. Praticava tudo isso diligentemente e, em algumas atividades físicas, ficava perto da excelência. Reunia à sua volta artistas e poetas e comparava a sua obra à deles. Em 64 d.C., em Nápoles, deu um concerto público como harpista; um ano depois, como harpista e cantor no Teatro de Pompeu, em Roma. Exibia-se no palco como ator e vibrava com o aplauso do público. Ao saber que Alexandria e Antióquia haviam sido reconstruídas de acordo com desenhos científicos, lamentou que Roma tivesse crescido tão ao acaso, misturando palácios com favelas; sonhava reconstruí-la e mudar-lhe o nome para Nerópolis.

Em 18 de julho de 64 d.C., irrompeu um incêndio no *Circus Maximus* que se alastrou rapidamente. Durou nove dias e arrasou dois terços de Roma. Nero estava em Antium (hoje Anzio), a 37 quilômetros de distância, quando lhe chegou a notícia da catástrofe. Ele correu para a capital e fez o possível para localizar e controlar as chamas. Energicamente, organizou o socorro. Ergueu uma cidade de tendas no Campo de Marte e mandou buscar comida nas regiões vizinhas para alimentar os desalojados. Foi equivocadamente acusado de ter iniciado o fogo e de ter assistido de uma torre, cantando versos do seu épico sobre o incêndio de Troia. Segundo Tácito, o próprio Nero acusou o pequeno grupo de cristãos que os apóstolos Pedro e Paulo haviam fundado ali três anos antes. Esse historiador fortemente anti-imperialista diz que Nero fez com que alguns fossem "condenados à morte com crueldade requintada". Enquanto isso, Nero recomeçou a restauração da cidade de acordo com o seu sonho. Um ano depois, Nero soube de uma conspiração para depô-lo; alguns prisioneiros comprometeram Sêneca e o poeta Lucano; Nero ordenou aos dois que se matassem e eles obedeceram. Agora ele parecia estar no apogeu do poder. Em 66 d.C., considerava-se tão seguro que deixou a Itália para competir nos jogos nacionais da Grécia. Em Olímpia, competiu conduzindo uma carruagem de quatro cavalos. Foi derrubado, feriu-se gravemente, montou de novo na quadriga, retomou a corrida e desistiu, exausto, antes do final, mas recebeu a coroa da vitória – em consequência, daí em diante liberou a Grécia de todos os tributos devidos a Roma. Prosseguiu competindo nos Jogos Píticos, Nemeus e Estonianos, como cantor, harpista, ator e atleta. Recebia regularmente o prêmio e consolava os competidores vencidos dando-lhes a cidadania romana.

Em meio às suas conquistas, Nero recebeu a notícia de uma rebelião na Judeia e de que praticamente todo o Ocidente estava contra ele. Em 68 d.C., Víndice, governador de Lyon, e Galba – comandante do exército romano na Espanha –, ambos, aderiram à rebelião; Nero procurou a Guarda Pretoriana para defendê-lo; esta se declarou favorável a Galba, e o senado proclamou Galba imperador. Nero apelou aos amigos que favorecera, mas nenhum o ajudou. Fugiu pela estrada em direção a Óstia, esperando encontrar um navio com uma tripulação leal, mas os soldados do senado o alcançaram e cercaram. Tentou enfiar um punhal na garganta; a mão falhou; seus criados libertos o ajudaram a pressionar a lâmina. "*Qualis artifax pereot*", lamentava-se ele – "Que artista morre comigo!"

DECADÊNCIA

A morte de Nero marcou o ápice da Roma epicurista, assim como a morte de Catão, o Censor, em 149 a.C., marcara o apogeu da Roma estoica.

Pouco depois da morte de Catão, as conquistas romanas da Grécia (em 146 a.C.) e do Oriente helênico estenderam para oeste aquela estrada econômica e cultural que as conquistas de Alexandre haviam aberto, dois séculos antes que invadissem Roma impostos, povos, costumes, filosofias e religiões do Oriente e começassem a transformar-lhe o vigor estoico em bem-estar epicurista. A primeira conquista de Roma não foi realizada pelas tribos bárbaras do norte, mas pelos povos cultos do Oriente; gregos, sírios, judeus, egípcios, partos, etíopes...; Juvenal reclamou que o Orontes (rio da Síria) desaguava no Tibre, e o orgulhoso senador Tácito chamou Roma de "esgoto do mundo".

Havia muitas virtudes nos recém-chegados; para os judeus, a vida familiar era o pilar da força, e os pequenos enclaves cristãos surpreendiam os romanos por serem piedosos e recatados. Mas muitos recém-chegados ficavam desmoralizados ao se verem removidos do seu ambiente e da sua disciplina nativa. A frequente mistura com códigos estrangeiros acabava destruindo os seus próprios. Essa diversidade de códigos, essa submissão de unidade e vigor raciais misturados a uma confusão de diferentes troncos familiares, credos, propósitos e caminhos, pode ter concorrido, junto com a riqueza que Roma importou, para relaxar-lhe a vida moral no hedonismo inconsequente de Ovídio, Horácio e Marcial, nos desvios e crimes de Nero e na infidelidade das rainhas romanas. Ainda mais surpreendente é o súbito aparecimento, no segundo século da nossa era, dos mais estoicos e dedicados governantes da história de Roma pós-Augusto.

OS REIS FILÓSOFOS

Ouçamos a opinião de Gibbon:

> Se alguém fosse solicitado a definir o período da história do mundo em que a condição da raça humana foi mais feliz e próspera, sem hesitar mencionaria o período transcorrido entre a ascensão de Nerva (96 d.C.) e a morte de Aurélio (180 d.C.). Juntos, esses reinados são, possivelmente, o único período da história em que a felicidade de um grande povo foi o único objetivo do governo.

Ernest Renan concordou: o princípio da adoção régia deu a Roma "a melhor sucessão de soberanos bons e importantes que o mundo já teve". Esse princípio fora estabelecido por Augusto; abandonado depois da morte de Nero; restaurado por Nerva (em 98 d.C.) quando este reconheceu Trajano como seu sucessor. O senado aceitara esse princípio supondo que o adotado seria um homem de reconhecida habilidade administrativa e militar. O princípio funcionara bem porque Nerva, Trajano, Adriano e Antonino Pio não tinham filhos e tiveram tempo para estudar e treinar seus escolhidos.

Marco Cocceio Nerva tinha 66 anos quando o senado o nomeou *princeps*. Distribuiu terra entre os pobres, anulou muitos impostos, liberou os judeus do tributo a que eram obrigados, fortaleceu as finanças do Estado fazendo economia no lar e na administração. Três meses antes de morrer (98 d.C.), indicou como sucessor Marco Úlpio Trajano.

Trajano amava tanto o Império que queria aumentá-lo cada vez mais, tanto que passou boa parte da vida madura protegendo-o e expandindo-o. Conquistou e anexou a Dácia (atual Romênia), necessária para controlar o Danúbio e a melhor barreira contra os "bárbaros", que se multiplicavam.

Deu à Dácia uma língua latina e, em troca, extraiu dali minas de ouro. Enriquecido, distribuiu 650 denários (talvez US$ 260) a qualquer cidadão romano que pedisse; construiu o ainda hoje brilhante anfiteatro de Verona e o imponente *Fórum Trajanum*, em Roma; deste, o arco triunfal e as colunas com relevos em espiral, comemorando as vitórias de Trajano, inspiraram Napoleão.

Em 113, Trajano partiu com suas legiões esperando conquistar a Pártia e abrir uma rota comercial para a Índia. Transformou a Armênia, a Assíria, a Mesopotâmia e a Pártia em novas províncias e chegou triunfante ao Mar Vermelho. Então, sofreu um ataque de paralisia e morreu em Selino, em 117, depois de transmitir os poderes imperiais ao sobrinho, Públio Elio Adriano.

Adriano, como Trajano, nascera na Espanha, mas diferia do tio em quase tudo. Não gostava da guerra, amava cães, cavalos, caça, literatura, filosofia e várias artes. Restaurou a independência da Armênia, da Assíria, da Mesopotâmia e da Pártia. Ao retornar a Roma, reorganizou o governo, ficando atento a tudo e (como Napoleão, que aprendeu muito com Roma) surpreendeu todos os chefes administrativos com o seu conhecimento detalhado de cada campo de atividade.

Supervisionando todos os departamentos, colocou um *advocatus fisci*, ou "defensor do fisco", para detectar corrupção ou fraude. Como supremo magistrado do Império, conquistou a reputação de juiz justo e sábio, em geral favorecendo os pobres contra os ricos e os fracos contra os fortes. Adriano foi o melhor de todos os governantes do Império.

Incansável e cheio de ideias, Adriano compartilhou com as províncias a riqueza que elas haviam cedido a Roma. Na Gália, levou alívio a localidades atingidas por imprevistos "atos de Deus". Na fronteira com a Germânia, reforçou a linha de defesa contra os sempre insistentes "bárbaros" – palavra que, para os romanos, significava qualquer povo fora do Império. Navegando pelo Reno até o Mar do Norte, atravessou a Bretanha romana (122 d.C.), pacificou-a com benefícios e, no extremo norte, providenciou a construção da "Muralha de Adriano", como defesa contra os invictos e incontáveis escoceses.

Depois de descansar durante o inverno em Roma, Adriano viajou para o norte da África, para estabelecer regras nas suas florescentes cidades. Em 124, visitou o Oriente Próximo helenizado; em praticamente todas as paradas, ouviu reclamações e pedidos e forneceu recursos para templos, teatros e banhos. Passou em Atenas os invernos de 125 e 128, feliz na companhia de estudiosos e filósofos e fazendo construções tão sabiamente que a envelhecida metrópole do espírito ficou mais limpa, bela e próspera do que nunca em toda a história. Em 130, viajou ao Egito, sentiu os ventos da doutrina teológica ou escolástica em Alexandria e, depois, deslocou-se prazerosamente pelo Nilo com a esposa Sabina e o belo e devotado namorado Antínoo. Nessa viagem, o jovem morreu afogado. Inconsolável, Adriano voltou para Roma.

Ali se dedicou a embelezar ainda mais a capital: mandou os seus arquitetos e engenheiros substituírem o Panteão – que Agripa construíra em 27 a.C. e que fora praticamente destruído pelos incêndios de 80 e 110 d.C. – por um templo circular (de 43 metros de diâmetro), cujo interior dispensava suportes internos e recebia a única e suficiente iluminação por uma abertura de mais de oito metros de largura situada no domo. Dessa bela cúpula descende uma linhagem arquitetônica que chega até a Basílica de São Pedro, em Roma – e ao nosso Capitólio, em Washington.

A revolta da Judeia, em 135, amargurou Adriano; lamentou que isso interrompesse a longa paz do seu reinado. Naquele ano, foi atingido por uma doença prolongada que lhe destruiu a saúde e obscureceu-lhe a mente, provocando até uma certa crueldade ocasional. Para acabar uma incipiente guerra pela sucessão, adotou como herdeiro o seu amigo Lúcio Vero, que morreu pouco depois. Adriano o substituiu por um homem de reputação nacional de integridade e sabedoria, Tito Aurélio Antonino, a quem aconselhou que adotasse e treinasse dois jovens da corte. Um deles morreu antes de Antonino; o outro viria a ser Marco Aurélio. Adriano morreu em 138, com apenas 62 anos de vida, dos quais 21 dedicados ao governo; com energia e prudência, deu ao Império três reinados tidos entre os mais benéficos da história.

Tito Aurélio Antonino foi cognominado Pio pelo senado porque era um modelo das virtudes reverenciadas pela velha República romana: devoção filial, patriotismo, lealdade para com os amigos, generosidade de tempo e de bolso. Começou o seu reinado despejando a sua volumosa fortuna pessoal no Tesouro Imperial. Cancelou as dívidas de impostos, financiou jogos festivos, aliviou a escassez de azeite, trigo e vinho comprando-os e distribuindo-os gratuitamente. Apresentou uma contabilidade pública de todas as receitas e despesas. Igualou entre homens e mulheres a pena por adultério e privou de escravos os senhores cruéis. Destinou recursos do Estado para ampliar a educação, especialmente aos pobres, e concedeu a professores e filósofos reconhecidos muitos privilégios da classe senatorial. Todas as províncias, menos o Egito e a Dácia, progrediram durante o reinado de Antonino Pio e sentiam-se felizes de fazer parte de um império que lhes garantia ordem social e paz interna. Autores oriundos das províncias – Estrabão, Filo, Plutarco, Apiano, Epicteto – elogiavam a *Pax Romana*, e Apiano afiança que vira em Roma representantes de nações estrangeiras tentando em vão incluir os seus países no domínio romano. Jamais a monarquia dera tanta liberdade aos homens ou respeitara tanto o direito dos súditos. "O mundo ideal parecia ter sido alcançado. Reinava a sabedoria, e por 23 anos o mundo [romano] foi governado por um pai", escreveu Renan.

No 74º ano de vida, Antonino adoeceu gravemente. Chamou à cabeceira o filho adotivo, Marco, e transmitiu-lhe a guarda do Império. Ao oficial do dia transmitiu a senha – *aequanimitas*. Depois, virou-se como se fosse dormir e morreu (em 161). Todas as classes e todas as cidades competiram para homenagear-lhe a memória.

Antonino "não teria competidores na sua reputação de ser o melhor dos soberanos, se não tivesse designado Marco Aurélio como sucessor", disse Renan. Marco parecia ter herdado todas as virtudes do antecessor e mais outras que creditava aos seus "bons avós, bons pais, boas irmãs e bons pares". O tempo compensou tanta sorte com uma esposa de fidelidade e moral questionáveis, a quem ele jamais deixou de honrar, e um filho decididamente indigno, a quem ele jamais deixou de amar. Graças aos livros, sobretudo à lógica e à astrologia, Marco Aurélio viu-se libertado da superstição e aprendeu a viver simplesmente e de acordo com a natureza.

Aos doze anos de idade, adotou a veste rude dos filósofos, dormia num monte de palha espalhada pelo chão e, por muito tempo, resistiu às súplicas da mãe para que usasse uma cama. Era um estoico, antes de ser um homem. Agradecia "ter preservado a flor da minha juventude; não ter assumido a responsabilidade de ser um homem antes do tempo, mas sim de ter adiado mais do que o necessário, ...nunca ter estado com Benedita". Agradecia ao irmão, Severo, que lhe ensinara "a ideia de um Estado com uma lei igual para todos, ...direitos iguais e liberdade de fala, e a ideia de um governo real que, acima de tudo, respeita a liberdade dos governados". Durante dois reinados, a ideia estoica de monarquia manteve o trono. Marco Aurélio decidiu governar mais pelo exemplo do que pela lei. Não se permitiu luxos, assumiu todas as tarefas da administração e cansou-se atendendo a todos em audiência. Logo todo o Império dava-lhe as boas-vindas, como se o sonho de Platão tivesse se tornado realidade: um filósofo era rei.

Sua fama de filósofo encorajou os bárbaros a tentarem outra investida contra as fronteiras romanas. Em 167, as tribos do norte do Danúbio atravessaram o rio, num ataque-surpresa contra as legiões depauperadas pela guerra e pela peste. Marco Aurélio pôs de lado os livros, organizou um novo exército convocando policiais, gladiadores, bandidos e escravos e treinou-os para a disciplina e a força. Liderou-os com estratégia e habilidade através de uma dura campanha até a vitória e retornou a Roma para enfrentar os problemas da sucessão. Esperara educar o filho Cômodo em filosofia e na arte de governar, mas o jovem fugiu dos estudos para os gladiadores e logo superou os seus imprudentes companheiros na ação violenta e no discurso áspero.

Enquanto isso, os nativos romanos perdiam número e vigor, derrotados pela esterilidade e ócio, e os bárbaros se multiplicavam pela fertilidade e pela vida árdua. Nos sete anos entre 168 e 176, o império foi atacado, em um ponto depois do outro, pelos chatis, marcomanos, mouros, sármatas, quados, iáziges; alguns invadiram a Grécia e chegaram a 22 quilômetros de Atenas; outros atacaram a Espanha romana; alguns cruzaram os Alpes, ameaçaram Veneza e Verona e devastaram os ricos campos do norte da Itália.

Nesses anos, Marco Aurélio foi intermitentemente atacado por uma dolorosa doença do estômago que resistiu a todos os diagnósticos e até mesmo aos remédios de Galeno. Emaciado, com a barba por fazer, os olhos cansados de ansiedade e insônia, o solitário imperador trocou novamente as preocupações domésticas pelas desagradáveis tarefas da guerra.

Nessa campanha ao longo do Danúbio, nos intervalos da ação, Marco Aurélio escreveu em grego o pequeno livro conhecido como *Meditações* ou *Pensamentos*, que ele intitulou *Ta eis heuton* ("Para ele"). Propunha-se a resumir as conclusões a que chegara sobre as primeiras e últimas coisas da vida. Perdera a fé religiosa romana oficial e não adotara nenhum dos novos credos vindos do Oriente; mas não duvidava que uma inteligência misteriosa criara o universo porque encontrara na natureza muitos sinais e formas de ordem. Percebia que todas as coisas eram determinadas pela razão universal – a lógica inerente ao todo; e que cada parte deveria aceitar alegremente o seu modesto destino. "Equanimidade" (a senha de Antonino) "é a aceitação voluntária daquilo que a natureza do todo te destinou. Tudo que harmoniza contigo harmoniza comigo, ó universo. Nada que para ti esteja em tempo é muito cedo ou muito tarde para mim."

Ele admite, relutantemente, que no mundo há homens maus. A maneira para se lidar com eles é lembrar-lhes que também são homens, que são indefesas vítimas dos próprios erros, pelo determinismo das circunstâncias. "Se um homem te faz mal, o mal é dele; ...perdoa-o." Parece uma filosofia impraticável? Ao contrário, nada é tão invencível quanto uma boa disposição, se for sincera. Um homem realmente bom é imune aos infortúnios porque a sua alma permanece tranquila, ainda que todos os males recaiam sobre a sua cabeça. Filosofia não é lógica nem cultura, mas sim compreensão e aceitação.

Quanto à morte, é preciso aceitá-la também como natural e necessária:

> Pois assim como a mutação e a dissolução dos corpos abre caminho para outros corpos condenados a morrer, assim almas que deixam o corpo depois da existência terrena transmutam-se e difundem-se... na inteligência seminal do universo e abrem caminho para novas almas [...] Tu, que exististe como parte, desaparecerás naquilo que te produziu [...] Esta também é a vontade da natureza [...] Então, vive este pequeno espaço de tempo em conformidade com a natureza e encerra contente a tua jornada, como a azeitona que cai da árvore quando madura, abençoando a natureza que a produziu e agradecendo à árvore onde cresceu.

Marco Aurélio enfrentou a morte sem esperar felicidade além-túmulo e sem confiar no filho que o sucederia. Durante seis anos, continuou as campanhas no norte e com tamanho sucesso que, ao voltar a Roma, em 176, mereceu uma recepção triunfal como salvador do Império. Sabia que a vitória era apenas temporária, e dois anos mais tarde partiu novamente para reprimir a multidão dos germanos. Morreu nessa campanha (180), tendo transgredido o princípio de adoção por amor ao filho.

Cômodo inaugurou o longo declínio do Império Romano, enquanto os cristãos, amedrontados e escondidos na multidão, esperavam pacientemente pelo triunfo de Cristo.

CAPÍTULO 13

O Cristo humano

AS FONTES

Jesus existiu? Será que os três primeiros Evangelhos do Novo Testamento são simplesmente a adorável transmissão de um mito? No início do século XVIII, o visconde Bolingbroke surpreendeu Voltaire ao sugerir a possibilidade de Jesus jamais ter existido. Volney reviu a questão no seu famoso *Ruínas do Império*, de 1791. Quando Napoleão conheceu o sábio Wieland, em 1808, nada lhe perguntou sobre política ou guerra, mas se ele acreditava na historicidade de Cristo. Em 1840, o historiador alemão Ferdinand Christian Baur começou a publicar uma série de volumes apaixonados e controversos, visando a caracterizar Cristo como um mito da mesma classe de Osíris, Dioniso e Mitra.

Não conheço estudioso algum de renome que ainda sustente esse ponto de vista, embora em geral se concorde em que muitas histórias contadas sobre os deuses pagãos – como a dos Três Reis Magos – tenham sido popularmente acrescentadas, sem a sanção eclesiástica, aos relatos transmitidos por Mateus, Marcos e Lucas. O Evangelho de São Marcos, hoje atribuído ao período entre 65 d.C. e 70 d.C., aparentemente circulou enquanto alguns apóstolos ainda estavam vivos e podiam contradizê-lo. Não é provável que São Paulo pregasse a religião de Cristo se duvidasse da existência do pregador crucificado a quem os apóstolos dedicavam suas vidas. Seria um milagre que uns poucos homens simples conseguissem, em poucos anos, inventar uma personalidade tão poderosa e tão atraente como a de Jesus, bem mais incrível do que qualquer outra registrada nos Evangelhos. Depois de dois séculos de crítica extremada, os esboços da vida, do caráter e do ensinamento de Cristo permanecem razoavelmente claros e constituem o traço mais fascinante do panorama do homem ocidental.

O FILHO DO HOMEM

Devemos tentar perceber o lugar e o tempo do nascimento de Jesus, a relação da sua terra e do seu povo com o Império Romano que os engolira, a amargura de uma nação conquistada, a sua orgulhosa herança de religião, leis, literatura e filosofia, a esperança apaixonada de libertação, o sonho de se tornar um reino de liberdade, justiça e glória. Essa nação depositou todas as suas esperanças num espírito sensível e compreensivo – o filho de um carpinteiro e o conduziu à cruz.

Conforme os humores da história, ele nasceu três ou quatro anos "antes de Cristo", ou seja, segundo o Evangelho de São Mateus (Mat. 2:15), antes da morte do rei Herodes, o Grande, que morreu em 4 a.C. Jesus era natural de Belém, na Judeia ou, segundo alguns, de Nazaré, na Galileia. O mesmo evangelho localiza a ancestralidade de Jesus desde o rei Davi até "José, esposo de Maria" – o que parecia combinar bem com a convicção judaica de que o Messias capaz de redimir Israel e que também lhe devolveria a glória seria um descendente de Davi; porém Mateus acrescenta que "quando Maria desposou José, antes de levarem vida em comum, ela ficou grávida por obra do Espírito Santo" (Mat. 1:18). O Evangelho de Lucas amplia o milagre em bela literatura: "O anjo Gabriel chegou até ela e disse: 'Ave Maria, cheia de graça; o Senhor esteja contigo; bendita sejas entre as mulheres', ao que Isabel, prima de Maria, ao ouvir isso, acrescentou: 'E bendito seja o fruto do teu ventre'". Essa se tornou a mais bela oração católica. Maria respondeu com o magnífico *Magnificat*, que inspirou tantas músicas grandiosas: "Minha alma engrandece o Senhor e o meu espírito alegra-se intensamente em Deus, meu Salvador. Pois ele olhou para a humildade da sua serva;

de agora em diante, todas as gerações me chamarão bem-aventurada" (Lucas, 1:46-48).

Penso em todos os belos hinos que a Idade Média compôs para Maria, e nas alegres canções que cantei para ela na minha juventude; foi o meu primeiro amor. Um dos aspectos que redimem a raça humana é tê-la imaginado e adorado e erguido milhares de templos em sua homenagem. Afinal, não há muito a dizer em favor do atletismo absurdo com que geramos uma alma nos dias de hoje.

Aparentemente, Jesus pertencia a uma grande família, pois os seus vizinhos mencionavam "os seus irmãos Tiago, José, Simão e Judas" (Mat. 13:55). Presume-se que ele tenha praticado o agradável ofício do pai, a carpintaria, mas deve ter apreciado as belezas naturais do campo, pois, mais tarde, observou com sensibilidade a graça e a cor das flores e a silenciosa fecundidade das árvores.

A história de que ele questionou os sábios do Templo não é inacreditável: ele tinha mente alerta e curiosa. No Oriente Próximo, um rapaz de doze anos já se aproxima da maturidade. Frequentou a sinagoga e ouviu as Escrituras com evidente satisfação; os Profetas e os Salmos ajudaram a moldá-lo e se inculcaram profundamente na sua memória. Talvez ele também tenha lido os livros de Daniel e Enoque, cujas visões do Messias, do Juízo Final e da chegada do Reino dos Céus estão presentes nos seus ensinamentos posteriores.

O ar que ele respirava era tenso de excitação religiosa. Milhares de judeus esperavam ansiosos pelo Redentor de Israel. Por toda parte, eram aceitas mágica e feitiçaria, demônios e anjos, "possessões" e exorcismo, milagres e profecias, adivinhações e astrologia. Taumaturgos – fazedores de milagres – percorriam as cidades. Nas peregrinações anuais que todos os judeus da Palestina faziam a Jerusalém por ocasião do festival da Páscoa Judaica, Jesus pode ter ouvido falar dos essênios e de suas vidas meio monásticas; talvez os missionários budistas do rei indiano Ashoka tenham chegado à Palestina. Porém, a experiência que despertou em Jesus o fervor religioso foi a pregação de João, filho de Isabel, prima de Maria.

Mateus e Marcos descrevem João vestido de peles, alimentando-se de gafanhotos mortos e mel, às margens do rio Jordão, convocando as pessoas ao arrependimento, batizando penitentes para um renascimento espiritual. Advertia os pecadores a se prepararem para o Juízo Final e proclamava a próxima chegada do Reino dos Céus. Se toda a Judeia se arrependesse e se purificasse do pecado, dizia João, o Messias e o Reino dos Céus chegariam.

Quando João Batista foi preso, Jesus assumiu o seu trabalho e começou a pregar a chegada do Reino dos Céus. "Voltou à Galileia e ensinou nas sinagogas", diz Lucas. "O espírito do Senhor está comigo, porque Ele me ungiu para pregar aos pobres a Boa Nova; Ele me enviou para curar os corações partidos, para pregar a liberdade dos cativos e a recuperação da visão dos cegos, e para libertar os oprimidos." (Isaías 56:1-2). "Os olhos de todos na sinagoga se fixavam nele [...] E todos falavam bem dele e se admiravam das palavras animadoras que lhe saíam dos lábios", acrescenta Lucas (Isaías 4:19).

As palavras nem sempre eram agradáveis. Jesus aceitava e proclamava algumas doutrinas severas que se desenvolviam entre o seu povo. Falava dos pecadores, condenava-os ao "inferno, o fogo que jamais se extingue; onde o verme não morre e o fogo não se extingue" (Marcos 9:43-44); e, no capítulo 13, Mateus falou do Juízo Final, quando então "o Filho do Homem" (ou seja, Cristo) "enviará os seus anjos e eles tirarão do Seu reino todas as coisas que ofendem e que promovem a iniquidade; e as lançarão numa fornalha acesa; haverá choro e ranger de dentes. Então os justos brilharão como o Sol no reino do Pai" (Mateus 13:41-43).

Cristo contou, sem que se registrasse qualquer protesto, que o pobre que estivesse no céu não teria permissão para deixar que uma só gota de água caísse na língua do rico que estava no inferno (Lucas 16:25). Talvez, assim como os seus seguidores, Jesus achasse que certa severidade e rigor eram indispensáveis para pregar a um mundo acostumado à violência, ao adultério e à cobiça. O seu aspecto mais característico apareceu quando alguns fariseus – anciãos conservadores – pediram-lhe que condenasse uma mulher apanhada em adultério. Ele lhes disse: "Quem dentre vós estiver sem pecado, atire a primeira pedra" (João 8:7).

Em geral, dizem que ele era o mais adorável de todos os homens. Muitas mulheres percebiam nele uma ternura solidária que inspirava uma devoção inabalável. Assim, lemos sobre a prostituta que, emocionada porque Jesus aceitava prontamente os pecadores arrependidos, ajoelhou-se diante dele, ungiu-lhe os pés, derramou lágrimas sobre eles e enxugou-os com os cabelos. Quando alguns espectadores protestaram, Jesus respondeu: "Seus numerosos pecados lhe foram perdoados, já que mostrou muito amor" (Lucas 7:37-38, 47).

Acredito que a maioria dos milagres atribuídos a Jesus fosse resultado natural da sugestão – da influência de um espírito forte e confiante sobre almas impressionáveis; fenômenos semelhantes podem ser observados todas as semanas em Lourdes. A presença de Jesus e a sua fé foram, em si, um tônico; ao seu toque otimista, os fracos se tornavam fortes e os doentes sentiam-se bem. É impossível estabelecer limites para os poderes que existem no pensamento e na vontade de pessoas dotadas de força e convicção.

A BOA NOVA

Que evangelho – que em inglês foi traduzido como "boa nova" – Jesus levou ao seu povo? O ponto de partida foi o Evangelho de João Batista, que, por sua vez, remontava a Daniel e a Enoque: *historia non facit saltum.* O Reino dos Céus estava próximo, dizia Jesus; em breve, Deus poria fim ao domínio da iniquidade na terra; o Filho do Homem (como ele próprio se denominava) viria "sobre as nuvens do céu" para julgar toda a humanidade, vivos e mortos. O tempo para o arrependimento estava se esgotando; aqueles que se arrependessem, vivessem com justiça, amassem a Deus e confiassem no seu mensageiro herdariam o Reino dos Céus e seriam levados ao poder e à glória num mundo finalmente livre de males, sofrimento e morte.

Jesus não definiu claramente essas ideias, e muitas dificuldades ainda obscurecem esses conceitos. O que ele queria dizer com "o Reino dos Céus"? Um céu sobrenatural? Aparentemente não, pois os apóstolos e os primeiros cristãos esperavam unânimes por um reino aqui na terra. Era essa a tradição judaica que Cristo herdara, e ele ensinou os seus seguidores a rezarem para o Pai: "Venha a nós o vosso Reino, seja feita a vossa vontade, assim na terra como no céu". Só depois dessa esperança ter fracassado é que o Evangelho de João faz Jesus dizer: "O meu reino não é deste mundo" (João 18:36). Jesus se referia a uma condição espiritual ou a uma utopia material? Às vezes, ele falava de um Reino dos Céus como sendo um estado de alma, alcançado pelos puros e sem pecado – "o reino de Deus já está no meio de vós" (Lucas 17:20); em outras ocasiões, descrevia esse reino como uma sociedade futura e feliz, na qual os apóstolos seriam os governantes e aqueles que tivessem se entregado ou sofrido por Cristo receberiam uma recompensa cem vezes maior (Mateus 19:29).

Muitos interpretaram o Reino dos Céus como uma utopia comunista e viram em Cristo um revolucionário social. Os evangelhos fornecem certas provas para esse ponto de vista. Cristo prometeu aos ricos e abastados fome e infortúnio e consolou os pobres com bem-aventuranças que lhes garantiriam o Reino dos Céus. Ao jovem rico que lhe perguntou o que deveria fazer além de observar os Mandamentos, Jesus respondeu: "Vende os teus bens, dá o teu dinheiro aos pobres e... segue-me" (Mateus 19:15). Aparentemente, os apóstolos interpretavam o Reino dos Céus como sendo uma inversão revolucionária do relacionamento existente entre ricos e pobres; nós os veremos, assim como os primeiros cristãos, formando um grupo comunista que "tinha tudo em comum" (Atos 2:44-45).

Mas um conservador também pode citar o Novo Testamento a seu favor. Cristo ficou amigo de Mateus, que continuava sendo um agente do poder romano; não pronunciou crítica alguma ao governo civil, não tomou parte no movimento judaico de libertação nacional e aconselhou uma dócil submissão, praticamente sem tom de revolução política. Aconselhou os fariseus a "darem a César o que é de César e a Deus o que é de Deus". Aprovou o escravo que investira as dez minas (US$ 600) que o seu dono lhe confiara e ganhara outras dez; reprovou o escravo a quem foi confiada uma mina e que a manteve a salvo e improdutiva, esperando o retorno do dono; reservou ao dono as seguintes palavras duras: "àquele que tem, mais será dado; e daquele que nada tem, até mesmo o que tem será tirado" (Lucas 19:26) – um excelente resumo das operações de mercado e, até mesmo, da história mundial.

Jesus não atacou as instituições econômicas existentes; ao contrário, condenou as almas ardentes que "tomam de assalto o Reino dos Céus" (Mateus 11:12). A revolução que ele buscava era bem mais profunda, sem a qual as reformas seriam apenas superficiais e transitórias. Se conseguisse purificar o coração humano do desejo egoísta, da crueldade e da luxúria, a utopia se realizaria. Como se tratava da mais profunda de todas as revoluções, ao lado da qual todas as outras seriam meros golpes de estado de uma classe espoliando outra e por sua vez explorando-a, Cristo, nesse sentido espiritual, seria o maior revolucionário da história.

A sua conquista não foi a de promulgar um novo Estado, mas a de delinear uma nova moral. O seu código ético vaticinava a chegada do Reino dos Céus e destinava-se a tornar os homens dignos de entrar ali. Dele resultam as bem-aventuranças com a exaltação da humildade, da delicadeza e da paz sem precedentes; o conselho de dar a outra face; a indiferença para com os bens econômicos, a propriedade, o governo; a preferência pelo celibato em vez do casamento; a ordem para abandonar todos os vínculos de família. Essas regras de Cristo não eram para uma vida familiar, nem para uma ordem social, e sim constituíam um regime semimonástico para homens e mulheres escolhidos por Deus que entrariam num Reino de Deus, onde não haveria leis, casamentos, relações sexuais, propriedades nem guerras.

Seriam novas essas ideias morais? Nada é novo, exceto a organização. O tema central da pregação de Cristo – o advento do Juízo Final e do Reino dos Céus – já existia havia mais de um século entre os judeus, entre os quais o Código de Moisés inculcara a fraternidade humana. "Amarás o teu próximo como a ti mesmo", diz o livro do Levítico; "tratarás como um dos teus o estrangeiro que mora na tua casa e o amarás como a ti mesmo" (Lev. 19:17-18, 34). Os Profetas punham a vida perfeita acima de qualquer ritual; Isaías e Oséas haviam começado a transformar Javé de um Senhor das Hostes – ou seja, dos Exércitos – em um Deus de amor. Hillel, assim como Confúcio, formulou a Regra de Ouro. Não devemos acusar Jesus por ter herdado e usado a rica doutrina moral do seu povo.

Por muito tempo, ele se considerou um puro judeu, compartilhando das ideias dos Profetas, continuando-lhes o trabalho e pregando, como eles, exclusivamente para os judeus. Quando enviou os discípulos para difundirem o Evangelho, enviou-os apenas para cidades judaicas. "Não tomeis o caminho que conduz aos gentios" (Matcus 10:5), pois isso causaria um problema na Lei Mosaica. "Eu não vim para destruir a Lei de Moisés, mas sim para fazer com que seja cumprida" (Mateus 5:17). Disse ao leproso a quem curara: "Vai, mostra-te ao sacerdote e... dá a oferenda que Moisés prescreveu" (Mateus 8:4). Contudo, Jesus fez algumas modificações na lei. Endureceu-a em assuntos de sexo e divórcio, mas suavizou-a ao apontar para um perdão mais imediato; lembrou aos fariseus que o sábado era feito para os homens, e não os homens para o sábado. Relaxou o código de alimentação e purificação e aboliu certos jejuns. Condenou orações solenes, exibições de caridade e funerais pomposos.

Judeus de todas as seitas, menos os essênios, se opuseram a essas inovações e em especial ressentiram-se da suposta autoridade de Jesus para perdoar os pecados e falar em nome de Deus. Ficaram chocados ao vê-lo manter relações amigáveis com mulheres de moral duvidosa. Os sacerdotes do Templo e os membros do Sinédrio administrativo viam no número crescente de seguidores de Jesus uma revolta disfarçada contra Roma e temiam que o procurador dos romanos os acusasse de negligenciarem a responsabilidade pela manutenção da ordem social. Sem se preocupar, Jesus censurou-os:

> Ai de vós, escribas e fariseus hipócritas! [...] Ai de vós, guias cegos, [...] insensatos! [...] Sois semelhantes a sepulcros caiados: por fora com bela aparência, mas, por dentro, cheios de hipocrisia e maldade [...] Descendeis dos assassinos dos Profetas [...] Serpentes! Raça de víboras! Como escapareis da condenação ao inferno? [...] Os publicanos e as prostitutas vos precedem no Reino de Deus (Mat. 23:1-34; 21:31).

A crise final aconteceu quando os Apóstolos proclamaram abertamente que Jesus era o Messias prometido, que livraria Israel da servidão a Roma e estabeleceria o Reino de Deus na terra. Na última segunda-feira antes da sua morte, quando Jesus entrou em Jerusalém para levar o Evangelho à capital, "toda a multidão dos seus discípulos" saudou-o com as palavras: "Bendito seja o rei que vem em nome do Senhor!" (Lucas 19:37). Alguns fariseus pediram que Jesus reprovasse essa saudação; ele respondeu: "Se eles se calarem, as pedras gritarão". O Evangelho de João relata que a multidão saudou Jesus como "Rei de Israel". Aparentemente, os seguidores consideravam-no um Messias político que derrubaria o poder romano e libertaria a Judeia.

Talvez essas aclamações, por equívoco, tenham condenado Cristo à morte como revolucionário.

MORTE E TRANSFIGURAÇÃO

Aproximava-se a festa da Páscoa judaica, e um grande número de judeus se reunia em Jerusalém para oferecer sacrifícios no Templo. O pátio externo do santuário estava cheio de barulhentos vendilhões, vendendo pombos e outros animais para o sacrifício, além de cambistas oferecendo dinheiro local em troca de moedas de povos idólatras, como os romanos.

Ao visitar o Templo no dia da sua entrada em Jerusalém, Jesus ficou chocado com o alarido e com o mercantilismo nas barracas; num acesso de indignação que produziu inimigos influentes, Jesus e seus seguidores derrubaram as bancas dos cambistas e dos mercadores de pombos, espalharam as moedas pelo chão e com "um açoite de vara" expulsaram do pátio os negociantes.

Por vários dias, daí em diante, Jesus ensinou livremente no Templo; mas, à noite, saía de Jerusalém e ficava no monte das Oliveiras, temendo ser preso ou assassinado. Os agentes do governo – civis e eclesiásticos, romanos e judaicos – há muito o observavam. O fracasso de Jesus em conseguir um grande séquito fizera com que esses agentes o ignorassem; porém, a entusiástica recepção em Jerusalém fez os líderes judeus duvidarem se essa excitação, visível nas multidões emotivas e patrióticas na Páscoa, poderia se transformar numa revolta inútil e intempestiva contra o poder romano e resultar na anulação de todo o governo autônomo e de toda a liberdade religiosa da Judeia. O sumo sacerdote Caifás convocou uma reunião do Sinédrio e expressou a opinião de que "aquele homem deve morrer pelo povo, em vez de toda a nação ser destruída" (João 15:15). A maioria concordou, e o conselho ordenou a prisão de Jesus.

Alguma notícia dessa decisão parece ter chegado até Jesus. No 14º dia do mês judaico de *Nisan* (para nós, 3 de abril), provavelmente no ano 30, Jesus e seus discípulos comeram a Ceia, ou o Jantar da Páscoa, em casa de um amigo em Jerusalém. Confiavam que o Mestre se libertasse por algum poder miraculoso; ao contrário, ele aceitou o destino. De acordo com o ritual judaico, abençoou (em grego, no Novo Testamento, *eucharistisae*) o vinho, deu-o para os apóstolos beberem, e juntos cantaram a canção ritual judaica "*Haliel*". Jesus disse-lhes, segundo o Evangelho de João, que estaria com eles "apenas um pouco mais [...] Eu vos dou um novo mandamento: amai-vos uns aos outros [...] Não deixeis vossos corações se perturbarem. Acreditai em Deus e acreditai em mim. Na casa do meu Pai há muitas moradas [...] Eu vou preparar-vos um lugar".

Naquela noite, dizem que o pequeno grupo se escondeu no Jardim do Getsêmani, fora de Jerusalém. Ali um destacamento da polícia do templo encontrou-os e prendeu Jesus, levando-o primeiro à casa de Anás, um antigo sumo sacerdote, depois à do sumo sacerdote Caifás, onde se reuniu um "Conselho" – provavelmente um comitê do Sinédrio. Várias pessoas testemunharam contra Jesus, especialmente lembrando a ameaça que ele fizera de destruir o Templo. Quando Caifás perguntou-lhe se ele era "o Messias, o Filho de Deus", conta-se que Jesus respondeu: "Eu sou!" (Marcos 14:61; Mateus 26:63). Na manhã seguinte, o Sinédrio se reuniu, declarou Jesus culpado de blasfêmia (à época um crime capital) e decidiu levá-lo à presença do procurador romano.

Pôncio Pilatos não imaginou que aquele pregador de modos suaves fosse um verdadeiro perigo para o Estado. "Tu és o Rei dos Judeus?", perguntou. Segundo o Evangelho de Mateus, Jesus respondeu: "*Su eipas*" – "Tu o disseste". O quarto Evangelho menciona que Jesus acrescentou: "Pois para isso eu nasci... para dar testemunho da verdade". "E qual é a verdade?", indagou o procurador – pergunta que revela o abismo entre a cultura sofisticada e cínica do romano e o idealismo confiante do judeu. Com relutância, Pilatos sentenciou Jesus à morte.

A crucificação era uma forma de punição romana, não judaica. Em geral, era precedida de flagelos aplicados com força. Deixavam o corpo numa sangrenta massa de carne inchada. Os soldados romanos coroaram Jesus com uma coroa de espinhos, caçoando da sua realeza como "Rei dos Judeus", e colocaram sobre a sua cruz uma inscrição em aramaico, grego e latim: *Iesus Nazarathaeus Rex Ioudaeorum.*

Se Cristo foi ou não um revolucionário, obviamente Roma condenou-o como tal; foi assim que Tácito entendeu o assunto (*Anais,* 15.44). Uma pequena multidão, do tamanho que poderia se reunir no pátio da casa de Pilatos, pedira a execução de Cristo; agora, no entanto, à medida que ele subia a colina do Gólgota, "foi seguido por uma grande multidão", diz Lucas, e por mulheres que batiam no peito se lamentando. É claro que a condenação não teve a aprovação do povo judeu.

Diz-se que a cruz foi erguida na "terceira hora", ou seja, às nove da manhã. Marcos relata que dois ladrões foram crucificados ao lado de Jesus e "o insultavam"; Lucas diz que um dos dois pediu ajuda a Jesus. De todos os Apóstolos, só João estava presente. Com ele, as três Marias – a mãe de Jesus, a irmã desta e Maria Madalena; havia também algumas mulheres observando à distância. Segundo o costume romano, os soldados repartiram entre si as roupas dos moribundos; como Cristo só tivesse uma roupa, eles a sortearam. Possivelmente, neste ponto, existe uma lembrança inserida no Salmo 22:18: "Repartam entre si as minhas vestes, sorteiem entre si a minha túnica". O mesmo salmo começa com as seguintes palavras: "Meu Deus, meu Deus, por que me abandonaste?" – esta é a enunciação desesperada e humana que Marcos e Mateus atribuem ao Cristo moribundo. Será que naquele momento cruel a grande fé que o sustentara diante de Pilatos cedera lugar a uma dúvida pungente?

Um soldado, com pena da sede de Cristo, ergueu até a sua boca uma esponja embebida em vinagre. Jesus bebeu e, segundo relatos, disse: "Tudo está consumado". Na "hora nona", ou seja, às três da tarde, ele deu um grito e o último suspiro. O Evangelho de Lucas acrescenta: "Toda a multidão que tinha vindo ver o espetáculo [...] voltava para a cidade, batendo no peito". Dois judeus bondosos e influentes, tendo conseguido a permissão de Pilatos, desceram da cruz o corpo e o colocaram num túmulo.

Os dois ladrões crucificados com Jesus ainda viviam; algumas vítimas padeciam três dias antes de morrer. Para encerrar a agonia, os soldados quebraram as pernas dos companheiros de sofrimento de Cristo, para que o peso do corpo arriasse sobre as mãos e assim o coração parasse. Pilatos manifestou surpresa pelo fato de um homem demorar apenas seis horas para morrer, depois de crucificado; só deu o consentimento para que Cristo fosse removido da cruz quando o centurião de plantão garantiu-lhe que Cristo estava morto.

Dois dias depois do sepultamento, Maria Madalena visitou o túmulo com "Maria, mãe de Tiago" (um dos Apóstolos). Encontraram-no vazio. "Assustadas porém alegres", correram para dar a notícia aos discípulos. No caminho encontraram um homem que pensaram ser Jesus; inclinaram-se diante dele e abraçaram-lhe os pés. Dizem que, no mesmo dia, Cristo apareceu a dois discípulos na estrada para Emaús, conversou e comeu com eles; por muito tempo "eles evitaram reconhecê-lo"; mas quando "ele tomou o pão e o abençoou, [...] os olhos deles se abriram e eles o reconheceram, mas ele desapareceu" (Lucas 14:13-32).

Os discípulos voltaram à Galileia logo depois, "viram-no e curvaram-se diante dele, embora alguns tivessem dúvidas". Quarenta dias após o aparecimento para Maria Madalena, o início dos Atos dos Apóstolos diz que Cristo ascendeu fisicamente ao céu. A ideia de um santo sendo fisicamente "transportado" para o céu, e vivo, era familiar aos judeus; referiam isso em relação a Moisés, Enoque, Elias e Isaías. O Mestre foi-se tão misticamente como viera, mas a maioria dos discípulos parece ter ficado sinceramente convencida de que, depois da crucificação, Jesus estivera fisicamente entre eles.

"Voltaram cheios de alegria a Jerusalém e permaneceram continuamente no Templo, bendizendo a Deus" (Lucas 24:52).

CAPÍTULO 14

O crescimento da Igreja

Por algum tempo, as autoridades judaicas toleraram a seita por ser pequena e inofensiva, mas quando os "nazarenos" em poucos anos se multiplicaram de 120 para 8 mil, os sacerdotes se alarmaram.

Pedro e outros foram presos e interrogados pelo Sinédrio; alguns foram açoitados, mas, depois, todos acabaram liberados. Um ano depois (30 d.C.?), Estêvão, um dos discípulos, foi convocado perante o Sinédrio e acusado de usar "linguagem abusiva a respeito de Moisés e de Deus". Ele se defendeu com tanta veemência que os sacerdotes, enraivecidos, mandaram apedrejá-lo até a morte. No ano 41, Pedro foi preso novamente, mas escapou.

Em 65 d.C., os judeus se revoltaram contra Roma; os judeus cristãos, indiferentes à política, retiraram-se para Pela, na margem oriental do Jordão. Os judeus acusaram os cristãos de covardia e traição, e os cristãos saudaram a destruição do Templo, em 70 d.C., como o cumprimento de uma das profecias de Jesus. O ódio mútuo inflamou as duas fés e propiciou a escrita de parte da literatura mais piedosa desses dois grupos.

Pedro partiu para pregar a nova religião na Síria e em locais do Oeste até chegar a Roma, onde fundou a Sé (sede) de Pedro, tornou-se o primeiro papa e foi crucificado em 64 d.C., durante as perseguições realizadas no reinado de Nero. A tradição católica afirma que a famosa Basílica de São Pedro foi construída no local em que Pedro morreu e que o altar-mor lhe cobre os ossos.

Assim como Pedro fundou a Igreja, Paulo fundou o credo. Paulo nasceu na cidade helenizada de Tarso, na colônia romana da Cilícia, na Ásia Menor. Seu pai chamou-o de Saulo e transmitiu-lhe duas orgulhosas honrarias: a de ser um destacado fariseu e cidadão romano. Enviado a Jerusalém para receber uma instrução judaica mais completa, Paulo, como os romanos o denominaram, apoiou o Sinédrio na condenação a Estêvão e realizou uma viagem a Damasco para erradicar a comunidade cristã ali estabelecida. A história é conhecida: no caminho, ele sofreu um ataque, aparentemente provocado pelo calor e pelo brilho do sol do deserto. Ficou cego, caiu ao chão e pensou ouvir uma voz dizendo: "Saulo, por que me persegues?". Foi levado à cidade e ali ficou três dias sem enxergar; "não comia nem bebia". Então, um recém-convertido aproximou-se

> e impôs as mãos sobre ele, dizendo: "Irmão Saulo, foi o Senhor quem me enviou a ti, esse Jesus que apareceu na estrada que tu seguias, para que recuperes a visão e recebas a plenitude do Espírito Santo". E imediatamente caiu-lhe dos olhos algo parecido com escamas e ele recuperou a visão, levantou-se e recebeu o batismo. Então, Saulo ficou sete dias com os discípulos que estavam em Damasco e imediatamente pregou Cristo na sinagoga (Atos 9:17-20).

Assim começou a missão histórica do mais célebre dos discípulos. Junto com Barnabé, outro recém-convertido, Paulo partiu para pregar a nova fé nas cidades do norte. Em Antióquia, o Evangelho foi bem recebido pela comunidade judaica e por alguns não judeus. Contudo, estes últimos levantaram uma questão vital para a difusão do cristianismo: todos os convertidos deveriam aceitar o Código de Moisés, com as suas 613 leis? E a circuncisão? Paulo e Barnabé não insistiram nisso e logo foram interpelados por violarem o exemplo de Cristo. Voltaram a Jerusalém e discutiram o assunto com os Apóstolos. Pedro concordou com eles, pois também aceitara convertidos não circuncidados. A maioria dos Apóstolos fez objeção, achando que a circuncisão fazia parte do acordo de Abraão com Deus. Paulo respondeu que, a menos que os convertidos não judeus fossem poupados desse acordo, o cristianismo seria simplesmente um ramo do judaísmo ("uma heresia judaica", como diria Heine) e desapareceria dentro de um século. Os Apóstolos cederam. Paulo reassumiu a sua missão de "Apóstolo dos gentios" e levou o Evangelho desde Éfeso até Atenas e Roma. Por um momento, o destino de uma grande religião dependera de um fragmento de carne.

Paulo foi crucificado em Roma, provavelmente no mesmo ano 64 da morte de Pedro. Através das atividades de ambos e daqueles milhares de outros portadores da "Boa Nova", a Igreja Cristã assumiu o seu formato e iniciou a tarefa histórica de dar a um império moribundo e a seus invasores bárbaros uma fé viva, uma esperança firme e um código moral baseado num deus onipresente e onipotente.

A IGREJA CATÓLICA

O enfraquecimento do respeito pela religião estabelecida fez surgir, assim como no nosso tempo, uma centena de formas de convicções e rituais sobrenaturais. Entre elas havia diversas seitas cristãs; e entre estas o credo dos apóstolos Pedro e Paulo revelou-se o mais capaz de sobreviver e se difundir. Por volta do ano 300, os cristãos do Oriente Próximo atingiam um quarto da população; em Roma, os cristãos eram 100 mil. A sua teologia firme sustentava certa moral de grupo, que chamou a atenção e conseguiu o elogio de filósofos pagãos: assim, Plínio, o Jovem, relata ao imperador Trajano que os cristãos levavam vidas pacíficas e exemplares (Plínio, *Cartas*, 10.997); o famoso médico Galeno descreveu-os como "bastante avançados em autodisciplina e com um desejo intenso de obter a excelência moral". Em 311, depois de três séculos de perseguições brutais, o imperador Galério, notando que eram inofensivos, promulgou um edito de tolerância, reconheceu o cristianismo como uma religião lícita e pediu orações dos cristãos em troca da "nossa mais bondosa clemência".

Em 312, Constantino, conduzindo um exército da Gália para Turim, onde enfrentaria rivais que reclamavam o trono de

Roma, viu no céu (diz a lenda) uma cruz em chamas adornada com as palavras gregas *EN TOUTOI NIKA* ("Com este símbolo vencerás"). No dia seguinte, ele anunciou que aceitava o cristianismo e venceu uma batalha decisiva. Marchou para leste, derrotou o rival e fez de Bizâncio – mais tarde renomeada Constantinopla – a capital do Império Romano do Oriente, que logo substituiu Roma como centro do poder político.

Aos poucos, à medida que as invasões bárbaras desafiavam a autoridade secular, a proteção e a administração da ordem social passaram das mãos dos funcionários pagãos das cidades da Europa Ocidental para os bispos, abades e sacerdotes cristãos, sob a liderança do papa em Roma; a Igreja, em vez do Estado, tornou-se a fonte e a guardiã da civilização. Muitos dos chamados "bárbaros" já haviam aceitado o cristianismo e eram mais receptivos aos papas do que aos imperadores.

O povo da Europa Ocidental se acalmou com vários reis guerreiros, como Alfredo, o Grande, na Inglaterra, Carlos Magno na França e os imperadores Otos e Henriques na Alemanha; mas esses governantes buscavam a consagração papal como um amparo necessário e como confirmação do próprio poder – a qualquer momento eles podiam perder esse poder, se o papa os excomungasse. Ano após ano, o papado cresceu em influência, até que os reis o reconheceram como a suprema autoridade em todas as questões de moral – o que podia significar quase todos os assuntos importantes. Assim, o imperador Henrique IV foi até Canossa (em 1077) fazer penitência, pedir o perdão e a reintegração ao cargo ao Papa Gregório VII, Hildebrando.

Essa "República Cristã", ou esse superestado papal, atingiu o apogeu com o Papa Inocêncio III. No período de dezoito anos (1198-1216), ele forçou todos os monarcas da Europa Latina, exceto Sverrir da Noruega, a reconhecerem-lhe a soberania em matéria de fé, moral e justiça, inclusive o poder de liberar povos inteiros do juramento de obediência para com os respectivos reis. Alguns Estados – Portugal, Hungria, Sérvia, Bulgária, Armênia e até a Inglaterra do rei João – reconheceram-se feudos do papado. Em 1204, a conquista de Constantinopla pelos cruzados fez com que a Igreja Grega se submetesse ao papado romano, e Inocêncio pôde declarar, orgulhoso, que então "a túnica de Cristo não tinha emendas". Um visitante bizantino que fora a Roma descreveu Inocêncio não apenas como o herdeiro de Pedro, mas como o sucessor de Constantino.

O LADO SOMBRIO

A vitória da palavra sobre a espada e do centro sobre partes da cristandade foi manchada pelo fracasso das Cruzadas e pelos horrores da Inquisição.

As Cruzadas convocadas pelo Papa Urbano II em 1098 significaram o esforço romântico das Europas Ocidental e Oriental em resgatar o Oriente Próximo do islamismo para o cristianismo, tanto no comércio quanto na fé. Fracassaram em ambos os objetivos, pois o Oriente Próximo permaneceu em mãos muçulmanas, e a riqueza, a ciência, a arte e a sabedoria dos mouros despertaram nos cruzados derrotados um ceticismo que logo afligiu a ortodoxia cristã com inúmeras heresias.

Inocêncio III, como qualquer governante, considerava a heresia uma traição, a secessão de uma parte em relação à ordem e à paz do todo. Ficou alarmado principalmente com uma nova fé que vinha dos Balcãs para a França e que formava minorias poderosas em Montpellier, Narbonne, Marselha, Toulouse, Orléans – até bem ao norte, em Soissons e Reims. Esses albigenses dividiam o universo entre Deus – representando o espírito e o bem – e Satã – representando a matéria e o mal. Afirmavam que toda carne era satânica e todas as relações sexuais impuras. Aceitavam o Sermão da Montanha como a sua ética e denunciavam a guerra e qualquer uso da força, até mesmo contra os infiéis. Rejeitavam o inferno e o purgatório e anunciavam que todos os homens seriam salvos.

Negavam que a Igreja fosse a Igreja de Cristo; diziam que São Pedro jamais fora a Roma, jamais fundara o papado; que os papas eram sucessores de imperadores, não dos Apóstolos. Cristo não tivera um lugar para apoiar a cabeça, mas o papa vivia num palácio. Esses arcebispos e bispos soberbos, esses sacerdotes mundanos e esses monges gordos eram os antigos fariseus que voltavam à vida. A Igreja Romana era a prostituta da Babilônia e o papa, o Anticristo.

Durante algum tempo, os albigenses foram amplamente tolerados como extremistas que refutavam a si mesmos pelo exagero. Em 1167, eles realizaram um concílio do seu clero, ao qual compareceram representantes de vários países; discutiram e regulamentaram a doutrina, a disciplina e a administração e não foram perturbados. Em Languedoc, parte da nobreza achava desejável enfraquecer a Igreja; esta era rica, os nobres relativamente pobres; uns poucos começaram a tomar os bens da Igreja.

Inocêncio III, ascendendo ao papado em 1198, viu nesses avanços uma ameaça tanto à Igreja quanto ao Estado. Reconheceu alguns motivos para a crítica à Igreja, mas percebeu que não poderia ficar parado enquanto a grande organização que chefiava – e que lhe parecia o principal baluarte contra a violência, o caos social e a real iniquidade – era atacada em suas próprias bases, espoliada de seus bens e ridicularizada com blasfêmias disfarçadas. Como construir uma ordem social duradoura baseada em princípios que proibiam a procriação e defendiam o suicídio? Seria possível salvar da desordem destruidora as relações entre os sexos e a educação dos filhos através de outra instituição que não fosse o casamento? Qual o sentido de uma cruzada contra infiéis na Palestina, quando os infiéis albigenses se multiplicavam no centro do cristianismo?

Dois meses depois da sua ascensão, Inocêncio escreveu ao arcebispo de Auch, na Gascônia:

> O pequeno barco de São Pedro está sendo atingido por muitas tempestades e balança no mar. Mas o que me atinge mais do que tudo é... que... agora surgem, mais desenfreados e prejudiciais do que nunca, ministros que cometem erros diabólicos e que estão seduzindo as almas dos simples. Com suas superstições e mentiras, pervertem o significado da Sagrada Escritura Católica e tentam destruir a unidade da Igreja Católica. Como... esse erro pernicioso está crescendo na

> Gascônia e nos territórios vizinhos, nós desejaríamos que vós e os bispos que vos seguem resistísseis a ele com toda a vossa energia [...] Nós vos damos ordens estritas para destruirdes todas essas heresias e repelirdes da vossa diocese todos os que estiverem contaminados por elas, empregando para isso todos os meios [...] Se necessário, podereis induzir os príncipes e o povo a eliminá-los com a espada.

Esse edito foi bem recebido pelos governantes ortodoxos e pelos prósperos eclesiásticos. Raimundo VI, de Toulouse, concordou em usar a persuasão contra os hereges, mas se recusou a aderir a uma guerra contra eles. Inocêncio excomungou-o; Raimundo prometeu obedecer, foi absolvido e mostrou-se mais uma vez negligente. "Como posso fazer isso?", perguntou a um cavaleiro emissário do papa para expulsar os albigenses das suas próprias terras. "Crescemos com esse povo, somos aparentados, e os vemos viver com honradez."

Depois de esperar seis anos, Inocêncio deu a Arnaud de Citeaux, chefe dos monges cistercienses, plenos poderes para estabelecer uma inquisição na França e oferecer indulgência plenária a reis e nobres que se unissem a ele nessa nova cruzada. Quando isso também lhe pareceu inadequado, o papa colocou sob decreto todas as terras pertencentes ao conde Raimundo e ofereceu-as a qualquer cristão que quisesse aceitá-las. Incitou os fiéis de toda a Europa a uma cruzada contra os albigenses e seus protetores; a todos os participantes ofereceu indulgência plenária, livrando-os das penas pelos pecados passados. Milhares de pessoas afluíram a essa guerra santa. Quando os cruzados se aproximaram de Béziers, propuseram poupar a cidade dos horrores da guerra se ela entregasse todos os hereges listados pelo bispado. Os líderes da cidade recusaram, dizendo que preferiam ficar sitiados mesmo que fossem obrigados a comer os próprios filhos. Os cruzados escalaram as muralhas, capturaram a cidade e mataram 20 mil homens, mulheres e crianças, num massacre indiscriminado.

O mais cruel dos cruzados foi Simon de Montfort. Como muitos homens desse período de fanfarronadas, ele era famoso pela castidade e servira com honras na Palestina. Com um pequeno exército de 4.500 homens e instado por um emissário papal, ele atacou cidade após cidade, derrubou qualquer resistência e fez a população escolher entre jurar fidelidade à fé romana ou morrer como herege. Milhares juraram, centenas preferiram morrer. Durante quatro anos, Simon continuou suas campanhas, devastando praticamente todo o território de Raimundo VI, exceto Toulouse. Em 1215, Toulouse se rendeu; um concílio de prelados em Montpellier depôs Raimundo; Simon assumiu a maioria das terras deste e o seu título. Em 1227, Raimundo VII, alegando eliminar uma heresia, assinou um tratado com o Papa Gregório IX, e as guerras albigenses chegaram ao fim. A ortodoxia triunfou, a tolerância desapareceu e a Inquisição espalhou o seu poder por toda a Europa.

A Inquisição não teve dificuldade em encontrar textos bíblicos que autorizassem a morte por heresia: Deuteronômio 13:1-9; Êxodo 22:18 e Evangelho de São João 15:6. Praticamente todos os cristãos professavam a crença de que a Igreja fora fundada pelo Filho de Deus. Nessa suposição, qualquer ataque à fé católica era uma ofensa contra o próprio Deus; o herege contumaz só poderia ser visto como agente de Satã, enviado para desfazer a obra de Cristo; qualquer homem ou governo que tolerasse a heresia estava servindo a Lúcifer. Percebendo-se como parte inseparável do governo moral e político da Europa, a Igreja considerava a heresia exatamente como o Estado considerava a traição: um ataque aos alicerces da ordem social. O mais rigoroso código de repressão foi estabelecido por Frederico II em 1220-1239. Os hereges condenados pela Igreja seriam entregues ao "braço secular" – autoridades locais – e queimados até morrer. Se abjurassem, seriam condenados à prisão perpétua. Todas as suas propriedades seriam confiscadas, os herdeiros, deserdados, os filhos, impedidos de ocupar qualquer cargo remunerado ou de receber honrarias, a menos que expiassem o pecado dos pais denunciando outros hereges. As casas dos hereges seriam destruídas e jamais reconstruídas. O santo rei Luís IX estabeleceu leis semelhantes nos estatutos da França. Em

1231, Gregório IX incorporou nas leis da Igreja a legislação de Frederico II, de 1224; daí em diante, Igreja e Estado concordavam que heresia sem arrependimento era traição e deveria ser punida com a morte.

Estado e Igreja uniram-se num ataque pavoroso contra heresias que, nas suas opiniões, corroeriam a complexa estrutura das leis e da moral, evitando que os homens voltassem à anarquia moral e política. Praticamente todos os governos desafiados aderiram à Inquisição e puniram as opiniões e condutas consideradas perigosas para o Estado.

A liberdade é um luxo da segurança.

A CANÇÃO MEDIEVAL

A Idade Média adornou o milênio com uma literatura frequentemente prazerosa e, às vezes, suprema. Os excelentes trovadores que floresceram na França no século XI e depois em terras germânicas e na Espanha vestiam-se como lordes, brandiam as espadas tão bem quanto as penas e sonhavam com delicados adultérios com nobres damas que – no máximo – permitiam que lhes beijassem a mão.

É provável que essa inacessibilidade tenha estimulado os versos; é difícil romantizar com o desejo satisfeito, ademais, onde não há impedimentos não há poesia. Os trovadores destacaram-se nas alvoradas, ou canções do amanhecer, e nas serenatas, ou canções noturnas; cortejaram a noite e deploraram o dia.

Na Alemanha, os trovadores eram os *Minnesingers* – "cantores do amor"; assim, Walther von der Vogelweide compôs a famosa balada *Unter den Linden*, sobre a função das árvores como abrigo para o romance. O final do século XII e o início do século XIII testemunharam a composição de romances cavalheirescos sobre a busca ao Santo Graal – o cálice sagrado em que Jesus bebera na Última Ceia e no qual José de Arimateia colhera gotas de sangue que pingavam do Cristo crucificado. Em torno dessa lenda nasceu a história de Parsifal, cuja versão mais famosa é a de Wolfram von Eschenbach. Gottfried von Strassburg forneceu outro libreto para Richard Wagner, ao compor a história de Tristão e Isolda em fluidos versos alemães. Enquanto isso, a Islândia e a Escandinávia desenrolavam intermináveis sagas da mitologia nórdica.

Mais interessantes para um sábio errante são os "Sábios Errantes", que viajavam de universidade em universidade cantando canções de revolta ou de folguedo. A seguir, a explicação levemente escandalosa dada por um amante sobre o motivo pelo qual ele está no céu:

Quando ela imprudentemente
Entregou-se toda ao Amor e a mim,
A beleza no céu distante
Riu da sua alegre estrela.
Um desejo grande demais me dominara;
O meu coração não é suficientemente grande
Para essa enorme alegria que me subjugara,
Quantas vezes o meu amor
Nos braços dela fez de mim outro homem,
E todo o mel colhido dos seus lábios
Consumiu-se num único beijo consentido.
Muitas e muitas vezes, sonho com a liberdade permitida
Por aquele peito macio;
E assim, sou outro deus chegando ao céu
Entre os demais;
Sim, e sereno eu dominaria deuses e homens
Se pudesse ver mais uma vez
A minha mão sobre o seu peito.

Por todo lugar aonde iam, os sábios errantes podiam ter certeza de que o mesmo idioma era ensinado: o latim. Contudo, um dos acontecimentos essenciais da Idade Média – que quase lhe assinalou o fim – foi o fato de Dante ter escolhido o italiano em vez do latim como veículo para sua viagem pelo inferno e pelo purgatório até o céu. Podemos acreditar que o italiano é a mais bela das línguas. Assim parece quando Dante narra a história de Francesca da Rimini, ou quando, no início do canto final, dirige-se a Maria:

Vergine Madre, figlia del tuo Figlio,
Umile ed alta più che creatura (Dante, Inferno, 5.121f)

Virgem Mãe, filha do teu Filho,
Mais humilde e exaltada do que qualquer outra criatura.

Mas onde encontrar verso mais forte do que aquele que o poeta pensou ter visto inscrito nas portas do inferno: "*Lasciate ogni speranza, voi ch'entrate!*" – "Abandonai toda a esperança, vós que aqui entrais!". A *Divina Comédia* de Dante é o mais estranho, o mais terrível e às vezes o mais belo poema de toda a literatura da cristandade.

ABELARDO E HELOÍSA

Heloísa era órfã. Não se sabe ao certo quem seriam seus pais; era sobrinha de Fulbert, um cônego ou clérigo da equipe da Catedral de Paris (ainda não era a Notre Dame, construída um século depois). O tio mandou-a para um internato, célebre pela escola e pela biblioteca. Quando soube que Heloísa sabia conversar em latim com a mesma facilidade que em francês e que estava estudando hebraico, Fulbert orgulhou-se da sobrinha e levou-a para morar em sua casa, perto da catedral. Para servir-lhe de tutor em filosofia e outros estudos avançados, Fulbert procurou o ídolo e modelo de todos os estudiosos de Paris.

Abelardo nascera na Bretanha por volta de 1079, primeiro filho de um próspero agricultor. Brilhante na escola, ficou entusiasmado quando ouviu falar de homens chamados filósofos, que propunham provar exclusivamente pela razão os artigos da fé religiosa. Abandonou o direito de herança e partiu para estudar filosofia onde pudesse encontrá-la.

Sua busca logo o levou para Paris e para a escola-catedral, onde Guilherme de Champeaux (segundo o relato do próprio Abelardo) ensinava o realismo – à época significava que palavras universais ou de classe (como "homem", "multidão", "pedra", "mulher", "livro") tinham uma existência objetiva e uma realidade além da realidade de qualquer membro individual da classe; assim, "homem" era tão real quanto "Sócrates"; a multidão era tão real quanto qualquer indivíduo que a compunha, e tinha a sua própria lógica e o seu próprio caráter. Não, disse Abelardo: fora das nossas mentes nada existe, exceto indivíduos específicos, coisas específicas; todas as ideias gerais são concepções formadas como ferramentas de classificação e de ideias.

Abelardo organizou sua própria escola, primeiro em Melun, depois em Mont Geneviève, nos arredores de Paris. Ali, sua eloquência, seu brilho e sua alegria intelectual atraíram mais alunos do que ele poderia abrigar. Intitulavam-se *moderni* e fundaram a *schola moderna.* A fama de Abelardo espalhara-se pela França quando Fulbert o convidou para ser tutor de Heloísa.

Era 1117, Abelardo estava com 38 anos e Heloísa com 17. Abelardo admite que o primeiro sentimento que teve por Heloísa foi atração física, mas isso logo se transformou, graças à delicadeza da jovem, naquilo que ele descreveu como "uma ternura que superava em suavidade o bálsamo mais perfumado". Ela parece ter-se entregue a ele com uma confiança quase infantil; logo engravidou.

Abelardo enviou-a para a casa da sua irmã, na Bretanha, e acalmou Fulbert oferecendo-se para se casar com Heloísa, desde que o cônego mantivesse a união em segredo. Durante muito tempo, Heloísa se recusou a casar-se com Abelardo, pois isso o impediria de ser sacerdote, a menos que ela desistisse do marido e do filho e entrasse para um convento. Se acreditarmos na autobiografia de Abelardo, *Historia Calamitatum,* Heloísa disse-lhe que "para ela seria muito mais doce ser chamada de 'minha amante' do que ser conhecida como 'minha esposa'; aliás, isso me honraria muito mais".

Finalmente, Heloísa consentiu e, junto com Abelardo e Fulbert, concordou em manter o casamento em segredo. Logo depois, Fulbert revelou a união legal, para abafar o escândalo. Heloísa negou; Fulbert bateu na sobrinha; Abelardo mandou-a para um convento e pediu-lhe que aceitasse as vestes, mas não os votos de freira.

Fulbert contratou rufiões para castrar Abelardo. A emasculação não o desgraçou imediatamente, embora o desqualificasse para o sacerdócio; toda a Paris, inclusive o clero, se solidarizou com ele; os estudantes acorreram para confortá-lo – mas Abelardo percebeu que estava arruinado. Pediu a Heloísa que tomasse o hábito e os votos. Ele próprio recebeu os votos de monge. Com permissão para ensinar novamente, ele e seus discípulos construíram perto de Troyes uma ermida para abrigo e um oratório para oração que denominou Paracleto – "Deus como Protetor" –, como se dissesse que o afeto leal dos discípulos surgira como uma espécie de conforto divino na sua vida em meio à solidão e ao desespero.

Aos poucos, recuperando a saúde e a coragem, Abelardo dedicou-se a escrever alguns dos mais importantes livros da filosofia medieval. Na sua imponente obra *Dialectica*, ele reformulou as regras do raciocínio, preparando-as para o renascimento da mente da Europa Ocidental. Em *Diálogo entre um filósofo, um judeu e um cristão*, permitiu que cada um desses três homens expusesse a fragilidade das doutrinas dos outros dois. Em *Sic et Non* (*Sim e Não*), Abelardo formulou 157 perguntas às quais apresentou um argumento para resposta afirmativa e outro para resposta negativa. No prólogo, argumentou que "a primeira chave para a sabedoria é o questionamento assíduo e frequente [...] Pois através da dúvida chega-se à verdade". Em *Theologia christiana*, rejeitou como irracional a alegação de que só um cristão poderia se salvar; argumentou que Deus dá amor a todas as pessoas. Os hereges deveriam ser reprimidos pela razão, não pela força.

Em 1140, São Bernardo, cioso da fé católica, persuadiu um concílio da Igreja em Sens a condenar várias opiniões de Abelardo. O filósofo, embora nessa época doente pela idade e pelas aflições, partiu para Roma para expor o seu caso ao papa. Chegou ao mosteiro de Cluny, na Borgonha, e foi bem recebido pelo abade, o piedoso Pedro, o Venerável. Ali ficou sabendo que Inocêncio II já confirmara o veredicto do Concílio de Sens e lhe impusera silêncio perpétuo e confinamento monástico.

Cansado até a exaustão física e espiritual, Abelardo escondeu-se na obscuridade das celas e dos rituais de Cluny. Edificou os companheiros monges com a sua piedade, o seu silêncio e as suas orações. Escreveu a Heloísa – a quem não voltou a ver – e reafirmou sua fé nos ensinamentos da Igreja. Compôs, talvez para os olhos de Heloísa, alguns dos mais belos hinos da literatura medieval.

Pouco depois adoeceu, e o bondoso abade enviou-o para o priorado de São Marcelo, perto de Châlons. Ali, em 21 de abril de 1142, Abelardo morreu aos 63 anos. Foi enterrado na capela do priorado, mas Heloísa, então abadessa do Paracleto, lembrou a Pedro, o Venerável, que Abelardo pedira para ser enterrado ali. O bom abade levou ele próprio o corpo até Heloísa, tentou consolá-la dizendo que ele era o Sócrates, o Platão e o Aristóteles da época, e deixou-lhe uma carta cheia de ternura cristã:

> Assim, cara e venerável irmã em Deus, aquele a quem, depois do vínculo da carne, vos unistes por um liame ainda melhor e mais forte, qual seja, o do amor divino... o Senhor agora o recebe em vosso lugar, ou como a vossa própria pessoa, e o aquece em Seu seio; e o conservará para devolvê-lo a vós, pela Sua graça, no dia da Sua vinda.

Heloísa uniu-se ao amado falecido em 1164, tendo vivido o mesmo número de anos e tido quase a mesma fama. Foi enterrada ao lado de Abelardo nos jardins do Paracleto. Esse oratório foi destruído na revolução, os túmulos violados e talvez confundidos. Em 1817, o que se julgava serem os restos mortais de Abelardo e Heloísa foi transferido para o Cemitério Père Lachaise, em Paris. Ali, ainda hoje, em domingos de verão, podem-se ver homens e mulheres adornando o túmulo com flores.

AS REALIZAÇÕES MEDIEVAIS

Em primeiro lugar, a Europa medieval – norte do Ródano, Reno e Danúbio – transformou-se, de uma floresta selvagem e de pântanos, em civilizações novas e duradouras, com bases mais terrestres. Homens e mulheres limparam estradas, abriram canais, cavaram poços e minas, construíram habitações, domesticaram a si mesmos e a animais úteis, organizaram aldeias e cidades, desenvolveram leis, tribunais, parlamentos e disciplinaram a juventude através da autoridade paterna, das escolas e da religião.

O homem medieval arriscava tudo na religião. Vira ou soubera a respeito de uma civilização romana que morrera com a morte dos seus deuses, ou com a decadência do temor humano daí decorrente; conhecia, desde jovem, o poder e a persistência de hábitos e desejos antissociais; na maturidade recebeu de bom grado as convicções teológicas, os mandamentos morais, as exortações sacerdotais e os terrores teológicos que, até certo ponto, poderiam refrear o orgulho e a insolência dos jovens, os crimes dos adultos e as guerras e os pecados dos Estados.

Recebeu de bom grado uma Igreja que ensinou os bárbaros a serem cidadãos, que encorajou a castidade e o cavalheirismo e que persuadiu alguns guerreiros a serem cavalheiros. Ressentia-se da preguiça dos monges, era grato à devoção das freiras e apreciava a organização eclesiástica da caridade. Envaidecia-se das catedrais: sorria para aquelas janelas brilhantes, divertia-se com as gárgulas e via nos botaréus pendentes jatos de fontes petrificados no fluxo. Orgulhava-se de pertencer a uma Igreja cujos papas podiam regular Estados e castigar reis.

O tempo fortaleceu a Igreja, aumentando-lhe a riqueza e a expansão; enfraqueceu-a ao promover a afluência secular, o individualismo demolidor, a chicana política e o ceticismo intelectual. A Igreja contribuíra vitalmente no desenvolvimento de universidades, que rivalizavam com as catedrais em esplendor e influência; forneceu e treinou a maioria dos professores e dignificou-os com roupagem religiosa; porém, cada vez mais esses homens perseguiam o conhecimento e os avanços seculares em vez da fé e das carreiras eclesiásticas. O clero e o laicato, que se uniram na pesquisa, na preservação e na edição de manuscritos clássicos, descobriram o encanto e a profundidade da literatura e da filosofia antigas e começaram a falar de Platão com maior entusiasmo do que de Cristo.

A alma medieval, como uma célula inchada, explodiu em dois organismos históricos: o Renascimento, pagão, clássico e epicurista, no sul; e a Reforma, patrística, estoica e puritana, no norte. Transformou-se em duas culturas poderosas e, através delas, cumpriu a sua tarefa histórica de salvar e transmitir a civilização.

Sua morte foi a sua realização.

CAPÍTULO 15

O RENASCIMENTO – PARTE I EM TORNO DE LEONARDO

PETRARCA E BOCCACCIO

A Idade Média passou a Renascimento quando, na Sexta-Feira Santa de 1327, numa igreja da Avignon papal, Francesco Petrarca viu Laura di Sade, cuja beleza delicada, duas vezes maior com a modéstia, o fez esquecer qualquer outra divindade.

Laura recebeu calmamente a adoração do poeta e deu a essa paixão todo o estímulo da negativa. Nos 26 anos seguintes, Petrarca escreveu 207 poemas – todos sobre Laura – na música mais refinada que a mais refinada das línguas jamais conhecera. Ouçamos:

In qual parte del ciel, in quale idea
Era l'essempio, onde Natura tolse
Quel bel viso leggiadro, in ch'ella volse
Mostrar qua giù quanto lassù potea?
Qual ninfa in fonti, in solve mai qual dea,
D'pro si fino a l'aura sciolse?
Quando un cor tante in sé vertuti accolse?
Benché la somma è di mia morte rea.
Per divina bellezza indarno mira
Chi gli occhi de costei già mai non vide
Come soavemente ella gli gira,
Non sa come Amor sana, a come ancide,

Chi non sa come dolce ella sospira,
*E come dolce parla, e dolce ride.**

Quem traduzirá essa melodia? Em italiano e em espanhol, a vogal triunfou sobre a consoante; em inglês e em alemão, a vogal é suplantada pelas consoantes.

Os poemas de Petrarca, a sua sensibilidade para com a beleza da mulher, da natureza, da literatura e da arte, deram voz à disposição de ânimo básica dos italianos; a busca apaixonada e a tradução dos manuscritos clássicos fizeram com que ele se tornasse querido por poetas e prelados de toda a Europa Ocidental.

Em Roma, no dia 8 de abril de 1341, um animado cortejo de jovens e senadores acompanhou Petrarca aos degraus do Capitólio e ali colocou-lhe na cabeça uma coroa de louros. A partir desse dia, reis e papas o recebiam alegremente em suas cortes, como príncipe reinante das letras europeias.

Boccaccio classificou-o entre "os ilustres antigos", e a Itália proclamou o renascimento de Virgilio.

Boccaccio, à epoca, tinha 28 anos de idade. Nascera em Paris, como resultado não premeditado de um pacto amistoso entre o seu pai, um mercador florentino, e uma francesa partidária de princípios libertários. Talvez esse nascimento imprevisto e essa origem semigaulesa tenham influenciado seu caráter e estilo.

Em 1331 – quatro anos depois de Petrarca ter se apaixonado por Laura – Boccaccio apaixonou-se enquanto rezava numa igreja napolitana. A dama era Maria d'Aquino, conhecida pela sua sedutora piedade e pelos seus cabelos louros. Ele chamou-a de *Fiametta* – Pequena Chama – e

* Em que belo reino, em que esfera de ideia radiosa / A Natureza achou o modelo de onde traçou / A imagem deslumbrante que nos mostra / Aqui na terra o que ela no céu forjou? / Que ninfa das fontes, que dríade ocultou / Nos bosques as tranças douradas que lançou / Aos ventos? Que coração essas virtudes conheceu? / Mas a sua principal virtude com a minha morte se fortaleceu / Busca em vão a beleza celeste, aquele / Que jamais contemplou os seus olhos perfeitos, / Olhos de um azul vívido, de um brilho ardente / Não sabe que o Amor cede e nega; / Só sabe quem sabe quão docemente / Ela fala e ri, e quão doces são os seus suspiros. (N.T.)

ansiava arder nesse fogo. Durante cinco anos, perseguiu-a com poesia e prosa. Ela o fez esperar até que outras bolsas secassem, aceitando-o então até secar-lhe a bolsa. Boccaccio deixou Nápoles e estabeleceu-se em Florença.

Ali, em 1348, aconteceu a Grande Praga da Peste Negra, que matou metade da população de 100 mil habitantes. O *Decameron* de Boccaccio começa com uma terrível descrição dessa mortandade. Quase todas as famílias de Florença foram condenadas a ver um membro após outro morrer; a assistir a pessoas infectadas deixarem suas casas e morrerem anônimas nas ruas. Boccaccio fez o plano do *Decameron* seguir a praga: sete jovens, aparentadas ou vizinhas, encontram-se na igreja e concordam em deixar Florença junto com os seus criados para ficarem em alguma aldeia do campo até o fim da praga. Como forma agradável de diminuir o tédio, convidam três amigos para acompanhá-las. Planejaram ficar numa espaçosa casa de campo passando as horas a contar cada um uma história por dia. Como ficaram juntos dez dias, contaram cem contos. Daí Boccaccio ter intitulado a sua coleção de *Decameron,* que em grego significa "dez dias" (*deka hemerai*). Algumas dessas histórias são cruas e sensuais, como a do viril Masetto, que cuidou de todo um convento; outras são histórias de amores virtuosos, como o da paciente Griselda; outras têm um significado filosófico, como a lenda dos três anéis igualmente preciosos que simbolizavam os credos judeu, cristão e maometano. Deduzimos que Boccaccio representava uma classe média que estava perdendo a fé num cristianismo literal e, até mesmo, no código moral cristão.

Assim, o Renascimento, desde o início, era favorável aos prazeres e desafios deste mundo terreno, em vez das delícias hipotéticas de um paraíso após a morte. O Renascimento restaurou não apenas a literatura da Antiguidade Clássica, mas também a busca de uma liberdade hedonística. Em parte foi uma liberação pagã dos sentidos, depois de milhares de anos de disciplina moral apoiada em convicções sobrenaturais.

FLORENÇA SOB O DOMÍNIO DOS MÉDICI: 1378-1492

A Base Econômica

Mas era preciso mais do que reviver a Antiguidade para fazer o Renascimento. Em primeiro lugar, era preciso dinheiro – dinheiro malcheiroso, burguês: lucros de administradores habilidosos e de mão de obra malpaga; de arriscadas viagens para o Oriente e de árduas travessias dos Alpes para comprar mercadorias baratas e vender caro; de cuidadosos cálculos, investimentos e empréstimos; de juros e dividendos acumulados até superávit suficiente para os prazeres da carne, para comprar senadores, *signori* e amantes, pagar um Michelangelo ou um Ticiano que transmutassem riqueza em beleza e perfumassem a fortuna com o sopro da arte.

O dinheiro é a raiz de toda a civilização. Os recursos de mercadores, banqueiros e da Igreja pagaram os manuscritos e reviveram a Antiguidade. Mas não foram exclusivamente esses manuscritos que libertaram a mente e os sentidos no Renascimento: foi o secularismo que surgiu com a ascensão da classe média; foi o crescimento das universidades, do conhecimento e da filosofia, o estímulo realista às mentes por meio do estudo da história e das leis, a ampliação das mentes em virtude de um conhecimento mais vasto do mundo. Ao duvidar dos dogmas do credo transmitido e ver o clero tão epicurista quanto o laicato, o italiano culto libertou-se das restrições éticas e intelectuais; seus sentidos liberados adquiriram um prazer ousado por rodas as personificações da beleza: na natureza, na mulher, no homem e na arte. Essa nova liberdade deixou-o criativo durante um século surpreendente (1434-1534) até ele se destruir com caos moral, individualismo desintegrador e sujeição nacional. O Renascimento foi o interlúdio entre essas duas disciplinas.

Por que o norte da Itália foi o primeiro local a experimentar esse despertar primaveril? Ali as velhas fontes romanas jamais haviam sido totalmente destruídas. As cidades mantiveram suas estruturas e memórias antigas, e agora renovavam a lei romana.

A arte clássica sobrevivera em Roma, Verona, Mântua, Pádua; o Panteão de Agripa ainda funcionava como lugar de culto, embora tivesse 1.400 anos; no Fórum, quase se podiam ouvir Cícero e César debatendo o destino de Catilina. O latim ainda era vivo, e o italiano era simplesmente uma variante melodiosa dele. Ritos, mitos e deuses pagãos sobreviviam na memória popular ou em formas cristãs. A Itália permaneceu transversal ao Mediterrâneo, comandando aquela clássica bacia de civilização e comércio.

O norte da Itália era mais urbano e industrial do que qualquer outra região da Europa, exceto Flandres. Jamais sofrera um feudalismo pleno, mas submetera os nobres às cidades e à classe dos mercadores. Era a avenida comercial entre o resto da Itália e a Europa Transalpina e entre a Europa Ocidental e o Levante; seu comércio e sua indústria fizeram dela a região mais rica da cristandade. Seus negociantes aventureiros estavam por toda parte, desde as feiras da França até os portos mais longínquos do Mar Negro. Acostumados a lidar com gregos, árabes, judeus, egípcios, persas, indianos e chineses, perderam o limite dos dogmas e trouxeram para as classes cultas da Itália a mesma indiferença pelos credos verificada – pela segunda vez – na Europa no século XIX, a partir da ampliação do contato com fés estrangeiras.

Assim, a Itália avançou em riqueza, arte e ideias, um século à frente do resto da Europa; foi só no século XVI, quando o Renascimento decaía na Itália, que ele foi florescer na França, Alemanha, Holanda, Inglaterra e Espanha. O Renascimento não foi um período no tempo, mas sim um modo de viver e pensar que se deslocou da Itália para o resto da Europa com o comércio, guerra e ideias.

O primeiro lar do Renascimento foi Florença, quase pelas mesmas razões por que nascera na Itália. Pela organização da sua indústria, pelo alcance do seu comércio e pela atuação dos seus financistas, Florença, a cidade das flores, no século XIV era a mais rica da península, excetuando-se Veneza. Enquanto os venezianos, nessa época, dedicavam suas energias quase inteiramente à busca do prazer e da riqueza, os florentinos, possivelmente sob o estímulo de uma semidemocracia turbulenta, desenvolveram uma tal sagacidade de mente e espírito e uma tal habilidade em todas as artes que tornaram a cidade, sem oposição, na capital cultural da Itália. As brigas entre facções elevavam a temperatura da vida e das ideias; famílias rivais competiam pelo patrocínio das artes, assim como por poder.

Acrescentou-se um estímulo feliz quando Cosimo de Médici ofereceu recursos da sua fortuna e de outras pessoas, bem como palácios, para abrigar e entreter os delegados do Concílio de Florença (1439). Os prelados e eruditos gregos que compareceram àquela assembleia para discutir a união dos cristianismos oriental e ocidental conheciam muito melhor a literatura grega do que qualquer florentino da época; alguns deram aulas em Florença, e a elite da cidade amontoou-se para ouvi-los. Quando Constantinopla caiu nas mãos dos turcos (1453), muitos gregos abandonaram-na para se estabelecer na cidade onde haviam encontrado hospitalidade catorze anos antes. Vários levaram manuscritos adicionais de textos antigos. Assim, com o concurso de vários fluxos de influência, o Renascimento adquiriu forma em Florença e transformou-a na Atenas da Itália.

Por trás da primazia cultural de Florença estavam a indústria, o comércio e as finanças. Cerca de um quarto da população trabalhava ou vivia da indústria. Já em 1300, Florença tinha duas fábricas têxteis, empregando cerca de 30 mil homens e mulheres. Alcançara o estágio de grandes investimentos, do fornecimento central de materiais e máquinas, de especialização sistemática de mão de obra e controle da produção pelos fornecedores de capital.

Para financiar essa revolução industrial, Florença dispunha de oitenta casas bancárias que realizavam praticamente todas as funções de um banco moderno, emitindo cartas de crédito, emprestando substanciais somas a indivíduos, atividades e governos – por exemplo, 1.365.000 florins a Eduardo III da Inglaterra; trocando cheques, convertendo as poupanças dos depositantes, estabilizando a paz, financiando a guerra. Do século XIII até o XV, Florença foi a capital financeira da Europa; ali eram fixadas as taxas de câmbio. Em 1345, o estado florentino emitiu títulos negociáveis rendendo juros de 5% e que, no vencimento, eram resgatáveis em ouro. Em 1400, a receita do governo de Florença excedeu o total da receita governamental da Inglaterra elisabetana.

Banqueiros, mercadores, fabricantes, profissionais e trabalhadores qualificados de Florença e dos seus domínios – e da Europa Ocidental em geral – organizaram-se em 21 associações chamadas, na Itália, de *arti*, isto é, "profissões"; a palavra "arte" era aplicada a qualquer trabalho qualificado e ainda não recebera conotação estética.

Todo eleitor precisava ser membro de alguma associação reconhecida. Abaixo das 21 associações havia 72 uniões de trabalhadores sem direito a voto; abaixo destes, milhares de diaristas proibidos de se organizar; ainda mais abaixo, uns poucos escravos. O governo formal de Florença era comandado pela *Signoria*, ou Conselho dos *Signori*, ou cavalheiros, escolhidos por sorteio entre os líderes das associações. Esse conselho era eventualmente fiscalizado por um *Consiglio del Popolo* (Conselho do Povo) escolhido entre os demais membros das associações. Mas, em geral, o verdadeiro governo era exercido por um banqueiro que podia organizar florins para sustentar uma influência mais sutil e mais forte do que o poder eleitoral. Na época áurea de Florença, essa figura foi Cosimo de Médici.

Cosimo de Médici

O nome é um enigma; não encontramos médicos na sua ancestralidade. Em 1428, aos 39 anos, Cosimo herdou a maior fortuna da Toscana, controlando um banco, enormes propriedades rurais, algumas fábricas de seda e lã e um comércio variado com a Rússia, a Síria, a Escócia e a Espanha. Mantinha relações cordiais com cardeais e sultões. Contribuía tão vultuosamente para obras públicas e filantropia que a população aceitava tranquilamente a sua ditadura indireta nos assuntos florentinos.

A história também lhe dá esse voto porque Cosimo arranjou dinheiro suficiente para financiar um grupo de estudiosos, artistas, poetas e filósofos. Gastou parte da sua fortuna reunindo textos clássicos. Quando Niccolò de Niccoli foi à ruína por comprar antigos manuscritos, Cosimo concedeu-lhe um crédito extra no banco Médici e o sustentou até o fim da vida.

Contratou 45 copistas para transcreverem os manuscritos que não pudessem ser comprados. Colocou as suas "gotas preciosas" (como Walt Whitman as descreveu) no mosteiro de São Marcos, ou numa abadia próxima, em Fiesole, ou na sua própria biblioteca, e abriu gratuitamente essas coleções a professores e estudantes.

Fundou, em Florença (1445), uma Academia Platônica para estudar Platão e possibilitou que Marsilio Ficino dedicasse metade da vida a traduzir e publicar as obras de Platão. Agora, depois de um reinado de quatrocentos anos, a escolástica perdera a soberania sobre a filosofia do Ocidente, e o estimulante espírito de Platão exerceu uma influência energética no nascente conjunto do pensamento europeu.

Não estamos tentando fazer aqui uma história do Renascimento, de todas as suas explorações intelectuais e esplendores artísticos, mas, de passagem, devemos notar que nesse apogeu florentino Filippo Brunelleschi ergueu sobre a Catedral de Santa Maria del Fiore uma cúpula precária que se eleva 44 metros acima das paredes de sustentação e que domina por léguas em volta o panorama de Florença, tendo telhados vermelhos aninhando-se como um canteiro de rosas no colo das colinas toscanas. Naquela mesma época, Lourenço Ghiberti desenhou e esculpiu em bronze as portas almofadadas que tornaram o Batistério de Florença uma das glórias mais duradouras do Renascimento.

Donatello, discípulo de Ghiberti, achou feminina demais a graciosidade das linhas dessas portas; o seu espírito era masculino e audaciosamente inovador. Em 1430, Donatello executou para Cosimo um "Davi" em bronze que deve ter estimulado Michelangelo a competir; neste caso, a figura, inteiramente nua, fez a sua estreia despudorada na escultura do Renascimento. Na Piazza San Antonio, em Pádua, o ambicioso escultor, depois de seis anos de trabalho, ergueu a primeira importante estátua equestre dos tempos modernos, representando o astuto general veneziano apelidado de Gattamelata – "gato melado". Cosimo chamou Donatello de volta a Florença e fez-lhe encomenda após encomenda.

Donatello não produziu apenas uma série de obras-primas: persuadiu Cosimo a comprar relíquias escolhidas de esculturas antigas e colocá-las nos jardins dos Médici para que jovens artistas as estudassem. Patrono e artista envelheceram juntos, e Cosimo cuidava tanto do escultor que Donatello raramente pensava em dinheiro. Mantinha seus recursos (diz Vasari) num cesto suspenso ao teto do seu estúdio e pedia aos auxiliares e amigos que tirassem dali o necessário para as suas necessidades, sem consultá-lo. Viveu na simplicidade e contente até os 80 anos de idade (1466). Todos os artistas – e praticamente todo o povo – de Florença participaram do funeral que o levou ao descanso, como ele pedira, até a cripta de São Lourenço, ao lado do túmulo do próprio Cosimo.

Lourenço

Cosimo falecera em 1464. Seu filho Piero herdara-lhe a riqueza, a autoridade e a gota, merecendo o apelido de *Il Gottoso*. Durante cinco anos, governou infeliz, morreu em 1469 e deixou o poder para o filho Lourenço, o futuro *Il Magnifico*.

Cosimo fizera o máximo para preparar o brilhante jovem à administração do dinheiro e dos homens. Lourenço recebera aulas de grego e filosofia e absorvera uma série de disciplinas ao ouvir a conversa de poetas, estadistas, artistas, humanistas e generais. Escreveu sonetos apaixonados para damas da aristocracia. Piero, achando que o casamento seria um bom remédio para tanto romance, persuadiu Lourenço a casar-se com Clarice Orsini, aliando assim os Médici a uma das mais poderosas famílias de Roma. Dessa união, nasceriam os papas Leão X e Clemente VII.

Dois dias depois da morte de Piero, uma delegação de importantes cidadãos foi até Lourenço e pediu-lhe que assumisse o controle do Estado. Foi convencido pelas circunstâncias. As finanças da firma Médici estavam tão emaranhadas com as da cidade que ele temeu a ruína, caso os seus inimigos ou os rivais da sua família tomassem o poder político. Para acalmar a crítica, fez concessões. Nomeou um conselho de cidadãos experientes para aconselhá-lo em todas as matérias de maior importância.

Consultou o conselho durante todo o período, mas logo demonstrou tamanho bom senso que esse conselho raramente questionou-lhe a liderança. Governou como Cosimo e Piero, permanecendo (até 1490) como um cidadão simples, porém recomendando políticas a uma *balia* (conselho) onde os defensores da casa Médici tinham segura maioria.

Os cidadãos concordavam porque a prosperidade prosseguia. Quando Galeazzo Maria Sforza, duque de Milão, visitou Florença em 1471, surpreendeu-se com os sinais de riqueza da cidade e, ainda mais, com a arte que Cosimo, Piero e Lourenço haviam reunido no palácio e nos jardins dos Médici, onde já havia um museu com estatuária, vasos, pedras preciosas, pinturas, manuscritos ilustrados, relíquias e modelos de arquitetura. Galeazzo declarou ter visto nessa coleção maior número de belas pinturas do que em todo o resto da Itália.

Em meio à prosperidade geral, as antigas facções mantinham a paz, o crime diminuiu, a ordem prosperou, embora a liberdade declinasse. Um contemporâneo escreveu: "Aqui não temos roubos, tumultos noturnos nem assassinatos. De dia ou de noite, todos podem realizar seus negócios em perfeita segurança". O criterioso historiador Guicciardini disse: "Se Florença tinha de ser governada por um déspota, não poderia ter encontrado um mais encantador". Os mercadores preferiam a prosperidade à liberdade; o proletariado estava controlado com obras públicas que garantiam o emprego; os torneios atraíam a elite; as corridas de cavalos excitavam a burguesia; e os desfiles divertiam o populacho.

Nos dias de carnaval, os florentinos costumavam desfilar pelas ruas com máscaras alegres ou apavorantes, cantando canções satíricas ou eróticas. Lourenço apreciava essa alegria, mas receava a tendência à desordem e, assim, decidiu controlá-la, concedendo-lhe a aprovação e a organização do governo; durante o seu período, os préstitos foram o traço mais popular da vida florentina. Lourenço contratou importantes artistas para desenharem e pintarem os carros, os estandartes e as roupas; com os amigos, compunha versos para serem cantados nos *carri;* essas canções refletiam o relaxamento da moral no carnaval.

De todos os préstitos de Lourenço, o mais famoso foi o "Triunfo de Baco", no qual uma procissão de carros levando lindas donzelas e um punhado de rapazes ricamente vestidos, montados em belos corcéis, atravessou a Ponte Vecchio até a espaçosa praça diante da catedral, enquanto vozes cantavam em harmonia polifônica, acompanhadas de címbalos e alaúdes, um poema composto pelo próprio Lourenço, impróprio para uma catedral:

1. Bela é a juventude e livre de tristeza,
Mas logo vai embora.
Rapazes e donzelas, desfrutai desta hora;
*Pois do amanhã não tendes certeza.**

2. Este é Baco e a bela Ariadne, verdadeiros amantes!
Que do tempo ignorantes
Juntos desfrutam de novos prazeres;

3. Eles, as suas ninfas e todo o seu séquito
Estão em festa agora.
Rapazes e donzelas, desfrutai desta hora;
Pois do amanhã não tendes certeza...

4. Jovens damas e alegres amantes!
Vida longa a Baco e ao Desejo!
Dançai e brincai, triunfantes,
Ao doce amor dai ensejo.

5. No futuro venha seja lá o que for,
Rapazes e donzelas, desfrutai desta hora;
Pois do amanhã não tendes certeza.

---

* Quanto e bella giovinezza, / Che si fuge tutta via! / Chi vuol esser lieto sia! / Di doman non c'e certezza. (Em italiano no original). (N.T.)

Estes poemas e préstitos emprestaram certo fundamento à acusação de que Lourenço corrompeu a juventude florentina. Provavelmente, ela seria "corrupta" sem ele; em Veneza, Ferrara e Milão, a moral não era melhor do que em Florença; foi melhor em Florença no período dos banqueiros Médici do que mais tarde, em Roma, com os papas Médici.

A sensibilidade estética de Lourenço era ardente demais para a sua moral. Devotava-se principalmente à poesia, e as suas composições rivalizavam com as melhores da época. Enquanto Poliziano, o único poeta que o superava, ainda hesitava entre o latim e o italiano, os versos de Lourenço devolveram ao vernáculo a primazia literária que Dante estabelecera e que os humanistas haviam derrubado. Ele preferia os sonetos de Petrarca à poesia amorosa dos clássicos latinos, embora lesse estes com facilidade no original; mais de uma vez, ele próprio compôs um soneto que poderia ter embelezado o *Canzoniere* de Petrarca. Mas Lourenço não levou demasiadamente a sério o amor poético. Escreveu com mais sinceridade a respeito da cena rural que lhe exercitava os membros e pacificava a mente; seus melhores poemas celebram bosques e córregos, árvores e flores, rebanhos e pastores do campo. Algumas vezes, escreveu peças humorísticas em *terza rima,* elevando o simples linguajar dos camponeses à condição de versos joviais; de outras vezes, compôs farsas satíricas ao estilo livre de Rabelais; e ainda, uma peça religiosa para seus filhos e alguns hinos que revelam aqui e ali uma nota de honesta piedade. Mas os seus poemas mais característicos foram os *Canti carnascialeschi* – cantos carnavalescos –, escritos para serem cantados na época e no espírito dessa festa, expressando a legitimidade do prazer e a descortesia do recato das donzelas. Nada poderia ilustrar melhor a moral e os costumes, a complexidade e a diversidade do Renascimento italiano do que a imagem de sua figura mais central dirigindo um Estado, gerindo uma fortuna, participando de competições de justa, escrevendo excelente poesia, sustentando artistas e autores com patrocínios diferenciados, misturando-se com facilidade a eruditos e filósofos, camponeses e bufões, desfilando nos préstitos, cantando canções obscenas, compondo hinos delicados, divertindo-se com amantes, gerando um papa e sendo homenageado por toda a Europa como o mais importante e mais nobre italiano da época.

A era de Poliziano

Encorajados pelo auxílio e pelo exemplo de Lourenço, os homens de letras florentinos passaram a escrever suas obras cada vez mais frequentemente em italiano. Aos poucos, formaram aquela Toscana literária que virou modelo e padrão para toda a península – "a mais doce, a mais rica e a mais culta não apenas de todas as línguas da Itália, mas de todas as línguas hoje conhecidas", disse o patriótico Varchi.

Mas, ao mesmo tempo em que reanimava a literatura italiana, Lourenço prosseguia com fervor a tarefa do avô, de reunir para uso dos estudiosos de Florença todos os clássicos da Grécia e de Roma. Enviou Poliziano e Janus Lascaris a várias cidades da Itália e do exterior para comprar manuscritos; de um mosteiro do monte Atos, Lascaris levou duzentos, dos quais oitenta ainda desconhecidos na Europa Ocidental. Segundo Poliziano, Lourenço desejava poder gastar toda a sua fortuna e até mesmo penhorar o mobiliário para comprar livros. Pagou escribas para lhe copiarem manuscritos que não podiam ser comprados e, em troca, permitiu que outros colecionadores, como o rei Matias Corvino da Hungria e o duque Federigo de Urbino, enviassem seus copistas para transcrever os manuscritos existentes na Biblioteca Médici. Depois da morte de Lourenço, essa coleção foi reunida à que Cosimo depositara no convento de São Marcos; juntas, em 1495, incluíam 1.039 volumes, dos quais 460 gregos. Mais tarde, Michelangelo projetou uma casa senhorial para esses livros à qual a posteridade atribuiu o nome de Lourenço: *Bibliotheca Laurentiana.* Quando Bernardo Cenini instalou uma prensa tipográfica em Florença (1471), Lourenço não torceu o nariz para essa nova arte, como fizeram seus amigos Poliziano e Federigo de Urbino; ele parece ter reconhecido de imediato as possibilidades revolucionárias do tipo móvel e contratou estudiosos para cotejarem diversos textos de modo que os clássicos pudessem ser impressos com a maior precisão possível à época. Assim encorajado, Bartolommeo di Libri imprimiu a *editio princeps* de Homero (1488), sob a cuidadosa consultoria erudita de Demetrius Chatcondyles; Janus Lascaris publicou as *editiones principes* de Eurípides (1494), da *Antologia grega* (1494) e de Luciano (1496); e Cristoforo Landino editou Horácio (1482), Virgílio, Plínio, o Velho, e Dante, cujas linguagens e alusões já requeriam elucidações. Captamos o espírito da época ao saber que Florença recompensou Cristoforo por essas obras de erudição, dando-lhe uma esplêndida casa.

Atraídos pela reputação dos Médici e de outros florentinos, de concederem generosos patrocínios, estudiosos afluíram a Florença e a transformaram na capital da cultura literária. Para desenvolver e transmitir o legado intelectual da raça, Lourenço restaurou e ampliou a velha Universidade de Pisa e a Academia Platônica de Florença. Esta última não era uma universidade formal, mas uma associação de pessoas interessadas em Platão, que se reuniam a intervalos irregulares no palácio de Lourenço na cidade ou na casa de Ficino em Careggi, jantavam, liam em voz alta partes ou todo um diálogo de Platão e discutiam a filosofia ali contida. O dia 7 de novembro, suposto aniversário de nascimento e morte de Platão, era comemorado na Academia com solenidade quase religiosa; um busto que se acreditava ser de Platão era coroado com flores, e uma lamparina era acesa diante dele como se iluminasse a imagem de uma divindade.

Entre os frequentadores das discussões da Academia Platônica estavam Poliziano, Pico della Mirandola, Michelangelo e Marsilio Ficino. Este último fora tão leal à encomenda de Cosimo que devotou quase toda a vida a traduzir Platão para o latim e a estudar, ensinar e escrever sobre o platonismo. Na juventude, Marsilio fora tão belo que as jovens de Florença o olhavam possessivamente, mas ele se importava menos com elas do que com os livros. Durante algum tempo, perdeu a fé religiosa; o platonismo pareceu-lhe superior; dirigia-se aos alunos como "amados em Platão" e não como "amados em Cristo"; "acendia velas diante do busto de Platão e o venerava como a um santo". Nesse estado de espírito, o cristianismo pareceu-lhe uma das muitas religiões que escondiam elementos da verdade sob dogmas alegóricos e ritos simbólicos. Os escritos de Santo Agostinho e a gratidão por ter se curado de uma doença grave trouxeram-no de volta à fé cristã. Aos quarenta anos, tornou-se sacerdote, mas continuou um platonista entusiasta. Argumentava que Sócrates e Platão haviam exposto um monoteísmo tão nobre como o dos Profetas e também haviam recebido, em menor grau, a revelação divina; o mesmo também acontecia com todos os homens governados pela razão. Sob a liderança de Marsilio, Lourenço e a maioria dos humanistas não tentaram substituir o cristianismo por outra fé, mas reinterpretá-lo em termos que pudessem ser aceitos por um filósofo. Durante uma geração ou duas (1447-1534), a Igreja sorriu, tolerante, a essa iniciativa.

Depois do próprio Lourenço, o conde Giovanni Pico della Mirandola foi a personalidade mais fascinante da Academia Platônica. Nascido numa cidade (perto de Modena) que ficou famosa quando adotou-lhe o nome, Pico della Mirandola estudou em Bolonha e Paris e foi recebido com honras praticamente em todas as cortes da Europa; finalmente, Lourenço persuadiu-o a fazer de Florença o seu lar. De espírito incansável, dedicou-se a um estudo após o outro – poesia, filosofia, arquitetura, música – e conseguiu em todos uma destacada excelência. Poliziano descreveu-o como o paradigma no qual a Natureza unira todos os seus dons: "alto e bem-feito de corpo, com algo de divino brilhando no rosto"; homem de olhar penetrante, zelo incansável, memória miraculosa e erudição ecumênica, eloquente em várias línguas, favorito de mulheres e filósofos, tinha um temperamento tão agradável como a sua beleza física e as suas notáveis qualidades intelectuais. Dotado de espírito atento a todas as filosofias e religiões, não conseguia rejeitar sistema algum nem homem algum; e, embora nos últimos anos de vida menosprezasse a astrologia, acolhera de bom grado o misticismo e a magia, tão prontamente como aceitara Platão e Cristo. Tinha sempre uma boa palavra para dizer em favor dos filósofos escolásticos, a quem muitos outros humanistas repudiavam como tendo expressado barbaramente coisas absurdas. Admirou muito o pensamento árabe e judeu e enumerou vários judeus entre seus professores e amigos distinguidos. Estudou a cabala hebraica, aceitou-lhe inocentemente a suposta antiguidade e anunciou que encontrara ali provas cabais da divindade de Cristo. Como um dos seus títulos feudais era conde da Concórdia, assumiu o sumo dever de reconciliar todas as grandes religiões do Ocidente – judaísmo, cristianismo e islamismo – e estas com Platão, e Platão com Aristóteles. Embora elogiado por todos, Mirandola manteve até o fim da sua vida breve uma encantadora modéstia, apenas prejudicada pela ingênua confiança na exatidão do seu saber e na força da razão humana.

Indo para Roma aos 24 anos (1486), Mirandola surpreendeu sacerdotes e sábios ao publicar uma lista de novecentas proposições abrangendo lógica, metafísica, teologia, ética, matemática, física, magia e cabala, tendo incluído a heresia liberal segundo a qual até o maior pecado mortal, desde que finito, não poderia merecer punição eterna. Pico della Mirandola proclamou a sua disposição de defender, contra qualquer pessoa, qualquer uma ou todas essas proposições em debate público, e ofereceu-se para pagar as despesas de viagem de algum desafiante de outro local. Como preâmbulo para essa proposta competição de filosofia, preparou uma famosa oração, mais tarde intitulada *De hominis dignitate* (Sobre a dignidade do homem), expressando com ardor juvenil a elevada opinião que os humanistas tinham da espécie humana – contradizendo a maioria das opiniões medievais.

> Nas escolas, é lugar-comum dizer-se que o homem é um pequeno mundo no qual podemos discernir um corpo onde se mesclam elementos terrenos, um espírito celestial, a alma vegetal das plantas, os sentidos dos animais inferiores, a razão, a mente dos anjos e a semelhança com Deus,

escreveu Pico della Mirandola. Depois atribuiu ao próprio Deus, como palavras proferidas a Adão, um testemunho divino da potencialidade ilimitada do homem: "Eu te criei não para seres celestial nem terreno... mas para que sejas livre na tua formação e no domínio de ti mesmo. Poderás te transformar num animal ou renascer à semelhança divina".

A isso Mirandola acrescentou, no elevado espírito dos primeiros tempos do Renascimento:

> Esta é a dádiva culminante de Deus, esta é a suprema e maravilhosa felicidade do homem... o fato de poder ser o que quiser. Os animais, desde o momento em que nascem, carregam do corpo das mães tudo aquilo que estão destinados a ter ou ser; os espíritos mais elevados [os anjos] são desde o início... o que serão para sempre. Mas Deus Pai concedeu ao homem, desde o nascimento, as sementes de todas as possibilidades e de toda a vida.

Ninguém se dignou em aceitar o desafio multifário de Pico della Mirandola, mas o Papa Inocêncio VIII condenou três dessas proposições como heréticas. Como constituíam minúscula porção do todo, Pico deve ter esperado clemência. Na verdade, Inocêncio não insistiu no assunto. Porém, Pico fez uma prudente retratação e partiu para Paris, cuja Universidade ofereceu-lhe proteção. Em 1493, Alexandre VI, com a sua costumeira genialidade, notificou Pico de que tudo fora perdoado. De volta a Florença, Pico tornou-se um devotado seguidor de Savonarola, abandonou a busca da onisciência, queimou os seus cinco volumes de poesia amorosa, doou a sua fortuna para oferecer como dotes matrimoniais a moças pobres e adotou uma vida meio monástica. Pensou em entrar para a ordem dos dominicanos, mas morreu antes de se decidir – ainda um jovem de 31 anos. Sua influência sobreviveu à breve carreira e inspirou Reuchlin a continuar na Alemanha os estudos hebraicos que eram uma das paixões da vida de Pico.

Algum tempo antes de morrer, Lourenço percebeu que ele, o pregador do evangelho da alegria, não teria muito tempo mais para viver.

A esposa morrera em 1488; embora ele lhe fosse infiel, lamentou sinceramente a perda e sentiu falta da sua ajuda. Ela lhe dera uma prole numerosa, da qual sobreviveram sete. Lourenço diligentemente supervisionara a educação dos filhos e, nos últimos anos, esforçara-se por orientá-los para casamentos que pudessem redundar na felicidade de Florença e deles próprios.

Lourenço retirou-se da participação ativa no governo de Florença, delegou cada vez mais as suas atividades públicas e privadas ao filho Piero e buscou conforto na paz do campo e na conversa com os amigos. Desculpou-se numa carta característica.

> Pode haver algo mais desejável para um espírito bem equilibrado do que desfrutar do lazer com dignidade? É o que todos os homens bons almejam, mas que só os notáveis conseguem. Em meio aos negócios públicos é lícito desejar um dia de descanso; porém, nenhum descanso nos desvia totalmente dos problemas da nossa terra. Não posso negar que o caminho que me coube trilhar tem sido árduo e áspero, cheio de perigos e cercado de traição; mas consola-me o fato de ter contribuído para o bem-estar da minha terra, cuja prosperidade hoje rivaliza com a de qualquer outro Estado, por mais florescente que seja. Também não fiquei desatento aos interesses e progressos da minha própria família, tendo sempre me proposto a imitar o exemplo do meu avô Cosimo, que dedicou igual desvelo às preocupações públicas e particulares. Agora, tendo conseguido o objeto dos meus cuidados, creio que posso me permitir desfrutar das doçuras do lazer, compartilhar da reputação dos meus concidadãos e exultar com a glória da minha terra natal.

Mas restou-lhe pouco tempo para desfrutar da paz à qual não estava acostumado. Mal se mudara para a sua casa em Careggi (a 21 de março de 1492), as dores de estômago atingiram intensidade alarmante. Médicos especialistas foram convocados e fizeram-no beber uma mistura de pedras preciosas. Ele piorou rapidamente e se purificou para morrer. Manifestou a Pico della Mirandola e a Poliziano a sua tristeza por não poder viver o suficiente para completar a coleção de manuscritos, para conforto deles e uso dos estudantes. Quando o fim se aproximava, mandou buscar um sacerdote e, num último esforço, insistiu em sair da cama para receber de joelhos o sacramento. Naquele momento, pensava no pregador intransigente que o denunciara como destruidor da liberdade e corruptor da juventude e ansiou receber o perdão daquele homem antes de morrer. Enviou um amigo para pedir a Savonarola que viesse até ali ouvir-lhe a confissão e dar-lhe a mais preciosa absolvição. Savonarola foi. Segundo Poliziano, ofereceu a absolvição sob três condições: que Lourenço confiasse vivamente na misericórdia de Deus, que prometesse mudar a vida se viesse a se recuperar e que enfrentasse a morte com firmeza; Lourenço concordou e foi absolvido. Segundo o primeiro biógrafo de Savonarola, G. F. Pico (não o humanista), a terceira condição era que Lourenço deveria prometer "restituir a liberdade a Florença"; G. F. Pico relata que Lourenço não respondeu a essa exigência e que o frade se retirou, deixando-o sem a absolvição. A 9 de abril de 1492, Lourenço morreu aos 43 anos.

Quando a notícia dessa morte prematura chegou a Florença, quase toda a cidade lamentou, e até os opositores de Lourenço se perguntavam como seria mantida a ordem social em Florença ou a paz na Itália, sem aquela mão orientadora. A Europa reconheceu-lhe a condição de estadista, possuidor das qualidades características da época; ele foi, em tudo, "o homem do Renascimento", menos na sua aversão à violência. A prudência na política, adquirida aos poucos, a eloquência nos debates, simples porém persuasiva, a firmeza e a coragem de ação, tudo isso fez quase todos os florentinos esquecerem a liberdade que a família Médici destruíra; e os muitos que não esqueceram lembravam-se disso como a liberdade dos clãs ricos em competir pela força e pela chicanice por alguma dominância na exploração de uma "democracia" onde apenas a trigésima parte da população podia votar. Lourenço usara o poder com moderação e pelo bem do Estado, até em prejuízo da sua fortuna particular. Fora acusado de lascívia e de dar mau exemplo para a juventude florentina. No entanto, dera um bom exemplo na literatura, restaurara a língua italiana a um patamar literário e competira na poesia com os seus protegidos. Financiara as artes com um gosto apurado, estabelecendo um padrão para a Europa. De todos os "déspotas", Lourenço foi o mais afável e o melhor. "Este homem viveu o suficiente para a sua glória, porém muito pouco para a Itália", disse o rei Fernando de Nápoles. Depois de Lourenço, Florença entrou em decadência, e a Itália não teve mais paz.

Leonardo da Vinci

A figura mais fascinante do Renascimento nasceu no dia 15 de abril de 1452 perto da aldeia de Vinci, a cerca de 96 quilômetros de Florença. Sua mãe era uma camponesa, Caterina, que não se incomodou em não se casar com o pai de Leonardo. O sedutor, Piero d'Antonio, era um advogado florentino de alguns recursos. No ano do nascimento de Leonardo, Piero casou-se com uma mulher do seu nível social. Caterina teve de se contentar com um marido camponês; cedeu o seu adorável bebê a Piero e à esposa deste; Leonardo cresceu num conforto semiaristocrático, mas sem o amor materno. Talvez, desse primeiro ambiente, ele tenha adquirido o gosto pelas roupas finas e a aversão às mulheres.

Leonardo foi para uma escola da vizinhança, dedicou-se profundamente à matemática, à música e ao desenho, e encantava o pai cantando e tocando alaúde. No entanto, na juventude era conhecido pela força, capaz de dobrar com as mãos uma ferradura; exímio esgrimista e hábil em cavalgar e treinar cavalos, considerado por ele o mais nobre e belo dos animais. Aparentemente, desenhava, pintava e escrevia com a mão esquerda; isso, mais do que o desejo de ser ilegível, fez com que escrevesse da direita para a esquerda.

Para desenhar bem, estudou todas as coisas da natureza com curiosidade, paciência e cuidado; a ciência e a arte, tão notavelmente unidas na sua mente, tiveram ali a mesma origem: a observação detalhada. Ao completar quinze anos, o pai levou-o ao estúdio de Verrocchio, em Florença, e persuadiu aquele versátil artista a aceitar o filho como aprendiz. Todo o mundo culto conhece a história contada por Vasari, segundo a qual Leonardo pintou o anjo situado à esquerda no "Batismo de Cristo", de Verrocchio. O mestre teria ficado tão surpreso com a beleza da figura que desistiu de pintar e devotou-se à escultura. Provavelmente, essa abdicação é uma lenda posterior de Verrocchio, pois este pintou vários quadros depois do "Batismo". Talvez, durante esses dias de aprendizado, Leonardo tenha pintado a "Anunciação", que está no Louvre, com o seu anjo desajeitado e a sua donzela assustada. Ele dificilmente teria aprendido a graciosidade com Verrocchio.

Em 1472, Leonardo foi admitido como membro da Companhia de São Lucas. Essa associação, composta principalmente de farmacêuticos, médicos e artistas, tinha quartel-general no hospital de Santa Maria Nuova. Presume-se que Leonardo encontrou ali oportunidades para estudar anatomia interna e externa. Uma semana antes de completar o 24º aniversário, Leonardo e três outros jovens foram intimados por um comitê da *Signoria* florentina a responderem à acusação de terem mantido relações homossexuais. Desconhece-se o resultado dessa intimação. Em 7 de junho de 1476, a acusação se repetiu; o comitê prendeu Leonardo e logo depois libertou-o e cancelou a acusação, por falta de provas. Inquestionavelmente, ele era homossexual. Assim que teve dinheiro suficiente para manter o próprio estúdio, reuniu à sua volta belos rapazes; levava alguns consigo, quando ia de uma cidade para outra; nos manuscritos, referia-se a um ou outro desses jovens como *amantíssimo* ou *caríssimo*. Não se sabe quais eram suas relações íntimas com esses rapazes; alguns trechos das suas anotações sugerem que não apreciava qualquer tipo de ato sexual. Podia-se muito bem duvidar, e com razão, por que ele e uns poucos outros haviam sido escolhidos para uma acusação pública, quando o homossexualismo era tão difundido na Itália, nessa época. Jamais perdoou Florença pela indignidade da sua prisão.

Aparentemente, Leonardo levou o assunto mais a sério do que a cidade. Um ano depois da acusação, foi convidado e concordou em aceitar um estúdio nos jardins dos Médici; e, em 1478, a *Signoria* pediu-lhe para pintar um retábulo de altar para a capela de São Bernardo, no Palazzo Vecchio. Por algum motivo, Leonardo não aceitou a incumbência; Ghirlandaio aceitou-a; Filippino Lippi completou-a. Contudo, a *Signoria* logo fez a Leonardo – e a Botticelli – outra encomenda: pintar retratos de corpo inteiro de dois homens enforcados por terem conspirado com os Pazzi contra Lourenço e Giuliano de Médici. Com o seu interesse quase mórbido pela deformação e pelo sofrimento humanos, Leonardo deve ter sentido certo fascínio por essa tarefa lúgubre.

Mas, na verdade, ele se interessava por tudo. Todas as posturas e movimentos do corpo humano, todas as expressões do rosto de jovens e velhos, todos os órgãos e movimentos de animais e plantas, desde o balançar do trigo no campo até o voo dos pássaros no ar, toda erosão cíclica e toda elevação de montanhas, todas as correntes e todos os redemoinhos da água e do vento, os caprichos do clima, os matizes da atmosfera e o inesgotável caleidoscópio do céu – tudo isso lhe parecia uma infindável maravilha; para ele, a repetição jamais empanou a maravilha e o mistério; preencheu milhares de páginas com observações referentes a isso tudo e fez desenhos dessas incontáveis formas. Quando os monges de San Scopeto pediram que ele fizesse uma pintura para a capela (1481), Leonardo fez tantos esboços para tantas feições e formas que se perdeu nos detalhes e jamais concluiu a "Adoração dos Magos".

Contudo, essa é uma das suas mais belas pinturas. O plano que elaborou para ela foi traçado em perspectiva estritamente geométrica, com o espaço total dividido em quadrados menores; o lado matemático de Leonardo sempre competiu – e, muitas vezes, cooperou – com o artista. Mas o artista já estava desenvolvido; a Virgem tinha a pose e as feições que manteria até as últimas obras de Leonardo; no que diz respeito ao caráter e à expressão, os Magos foram desenhados com uma compreensão admirável para um jovem; e o "Filósofo" à esquerda era literalmente um estudo em marrom sobre a meditação meio cética, como se o pintor de repente começasse a encarar a história cristã com um espírito incrédulo – como que forçado a isso e ainda assim com devoção. Em torno dessas figuras, reuniam-se meia centena de outras, como se homens e mulheres de toda espécie tivessem acorrido até aquele estábulo buscando, ansiosos, o significado da vida e a Luz do Mundo e encontrassem a resposta numa torrente de nascimentos.

Essa obra-prima inacabada, quase apagada pelo tempo, está na Galeria Uffizi em Florença, mas foi Filippino Lippi quem executou a pintura aceita pela Irmandade dos Scopetini. Iniciar, conceber com tanta riqueza de imaginação, perder-se experimentando detalhes; ver para além do tema uma perspectiva ilimitada de formas humanas, animais, plantas e arquitetura, rochas e montanhas, córregos, nuvens e árvores, numa luz mística *chiaroscura*; deixar-se absorver pela filosofia do quadro mais do que pela sua realização técnica, deixar para outros a tarefa menor de colorir as figuras desenhadas e dispostas para revelar-lhes o significado; desesperar-se, depois de um longo trabalho de mente e corpo, julgando a imperfeição com que a mão e os materiais deram forma ao sonho – tudo isso constituiria, até o fim e com poucas exceções, o caráter e o destino de Leonardo.

Talvez ele se entregasse a cada obra de arte com a perspectiva de resolver um problema técnico de composição, cor ou desenho, e perdesse o interesse pela obra uma vez encontrada a solução. Dizia que a arte reside em conceber e desenhar, e não exatamente na execução; esta seria tarefa para mentes menores. Ou, então, ele imaginava para si mesmo certa dose de sutileza, significado ou perfeição que a sua mão, paciente e depois impaciente, não conseguia realizar e, desesperado, abandonava o esforço. Passava depressa demais de uma tarefa ou de um assunto para outro; interessava-se por muitas coisas; faltava-lhe um propósito unificador, uma ideia dominante; esse "homem universal" era uma mistura de fragmentos brilhantes; tinha habilidades demais para subordiná-las a um objetivo.

Leonardo escreveu cinco mil páginas, porém jamais completou um livro. Quantitativamente, foi mais autor do que artista. Aspirava a ser um bom escritor; fez várias tentativas de ser eloquente, como ao fazer repetidas descrições de uma inundação; "escreveu vívidos relatos de uma tempestade e de uma batalha". Visivelmente, pretendia publicar alguns escritos e, muitas vezes, começou a ordenar suas notas com esse objetivo. Até onde se sabe, jamais publicou coisa alguma em vida; mas deve ter permitido que alguns dos seus amigos vissem manuscritos selecionados, pois há referências aos seus escritos em Flávio Biondo, Gerolamo Cardano e Cellini. Escreveu igualmente bem sobre ciência e arte e dividiu o tempo quase igualmente entre as duas. O mais substancial dos seus manuscritos é o *Trattato della pittura*, publicado pela primeira vez em 1651. Apesar da abnegada revisão moderna, esse tratado continua sendo um agregado frouxo de fragmentos mal-ordenados e, muitas vezes, repetitivos. Leonardo antecipa-se aos que argumentam que só se aprende pintura pintando; acha que um profundo conhecimento de teoria ajuda; menospreza os críticos, dizendo que se parecem com "aqueles de quem Demétrio declarou que as palavras que pronunciavam valiam tanto quanto o ar que expeliam pelas partes inferiores". O seu preceito básico é que o estudante de arte deveria estudar a natureza, e não copiar as obras de outros artistas.

> Não te esqueças, ó pintor: quando fores para os campos presta atenção aos vários objetos, olhando cuidadosamente primeiro para um e depois para outro, fazendo um apanhado de coisas diferentes, selecionadas entre as de menor valor.

Naturalmente, o pintor deveria estudar anatomia, perspectiva e modelagem por meio de luz e sombras; os limites precisamente definidos fazem uma pintura parecer grosseira.

"Faz sempre a figura de modo que os seios não estejam voltados para a mesma direção que a cabeça"; eis um dos segredos da graça das composições de Leonardo. Finalmente, ele insiste: "Faz corpos com bastante movimento, para demonstrar o que as figuras têm em mente". Será que esqueceu de fazer isso com a "Mona Lisa", ou exagerou a nossa capacidade de ler a alma nos olhos e nos lábios?

Leonardo fez retratos de Ludovico, regente de Milão, de sua bela noiva, Beatrice d'Este, dos filhos do casal, das amantes de Ludovico (Cecília Gallerani e Lucrezia Crivelli); essas pinturas se perderam, menos "*La Belle Ferronnière*", que retrata Lucrezia e está no Louvre. Vasari fala dos retratos de família como sendo "maravilhosos", e o retrato de Lucrezia inspirou um poeta a fazer um tórrido elogio à beleza da dama e à habilidade do artista.

Cecilia talvez tenha sido o modelo de Leonardo para a "Virgem dos Rochedos". Essa pintura foi contratada (em 1483) pela Irmandade da Conceição para ser a parte central de um altar da igreja de São Francisco. Mais tarde, o original foi comprado por Francisco I e encontra-se no Louvre. Observando-a, notamos a expressão suave e maternal que Leonardo usaria muitas vezes em trabalhos posteriores; um anjo que faz lembra o do "Batismo de Cristo" de Verrocchio; duas crianças lindamente desenhadas; e um cenário de rochas salientes, que só Leonardo poderia ter imaginado como a morada de Maria. As cores escureceram com o tempo, mas possivelmente o artista pretendia criar um efeito sombrio e lançou em seus quadros uma atmosfera enevoada, que na Itália se denomina *sfumato* – "esfumaçado". A "Virgem dos Rochedos" é uma das mais belas pinturas de Leonardo, suplantada apenas pela "Última Ceia", a "Mona Lisa" e "A Virgem, o Menino e Sant'Ana".

A "Última Ceia" e "Mona Lisa" são as mais célebres pinturas do mundo. Hora após hora, dia após dia, ano após ano, peregrinos entram no refeitório onde está situada a mais ambiciosa obra de Leonardo. Naquela construção retangular, os frades dominicanos ligados à igreja favorita de Ludovico

– Santa Maria delle Grazie – faziam suas refeições. Pouco depois de o artista chegar a Milão, Ludovico pediu-lhe que representasse a última ceia na parede do fundo do refeitório. Durante três anos (1495-1498), Leonardo entregou-se à tarefa intermitentemente e atrasou tanto que o duque e os frades se aborreceram. O prior (a acreditar em Vasari) queixou-se a Ludovico da aparente preguiça de Leonardo, sem saber por que, às vezes, o pintor sentava-se diante de uma parede horas a fio, sem dar uma só pincelada. Leonardo não teve problemas em explicar ao duque – que, por sua vez, teve problemas para explicar ao prior – que a obra mais importante de um artista reside na concepção e não na execução, e que (segundo Vasari) "os homens de gênio produzem mais quando trabalham menos". Neste caso, disse Leonardo a Ludovico, havia duas dificuldades especiais: conceber feições dignas do Filho de Deus e retratar um homem tão impiedoso quanto Judas; talvez, sugeriu astutamente, ele pudesse usar como modelo para Iscariotes o rosto do prior, que via com tanta frequência. Leonardo percorreu toda a Milão procurando cabeças e rostos que lhe servissem de modelos para representar os Apóstolos. De uma centena dessas fontes de informação, ele escolheu as feições que foram reunidas na realização da obra, apresentando assim cabeças extraordinariamente individualizadas que constituem a maravilha daquela obra-prima que está desaparecendo. Às vezes, ele corria das ruas ou do estúdio até o refeitório, acrescentava uma ou duas pinceladas à pintura e ia embora.

O motivo era grandioso, porém eivado de riscos, sob o ponto de vista de um pintor. Era preciso limitar-se a figuras masculinas diante de uma mesa modesta, num aposento simples; só poderia haver uma paisagem, ou uma vista, bem difusa; nada da graça feminina para compensar a força masculina; nenhuma ação intensa que pudesse dar movimento às figuras ou transmitir sensação de vida. Leonardo permitiu um vislumbre da paisagem através das três janelas por trás do Cristo. Para substituir a ação, desenhou a reunião no momento tenso em que Cristo profetiza que um dos Apóstolos o trairia e quando cada um, temeroso, horrorizado ou surpreso, pergunta: "Serei eu?". Poderia ter sido escolhida a instituição da Eucaristia. Isso, porém, teria congelado os treze rostos numa solenidade imóvel e estereotipada. Ao contrário, neste caso há mais do que uma ação física violenta: há um desejo de que algo se revele; jamais um artista revelou em um quadro tantas almas, e de modo tão profundo. Leonardo fez inúmeros esboços preliminares para os Apóstolos; alguns – Tiago Maior, Filipe, Judas – são desenhos de sutileza e força comparáveis apenas aos de Rembrandt e Michelangelo. Quando tentou conceber os traços do Cristo, Leonardo descobriu que os Apóstolos haviam esgotado a sua inspiração. Segundo Lomazzo (que escreveu em 1557), Zenale, o velho amigo de Leonardo, aconselhou-o a deixar inacabado o rosto do Cristo, dizendo:

> Na verdade, seria impossível imaginar rostos mais doces ou mais delicados do que os de Tiago Maior ou Tiago Menor. Portanto, aceita a tua desdita e deixa o Cristo inacabado; pois, caso contrário, quando comparado aos Apóstolos, Ele não seria o Salvador nem o Mestre.

Leonardo aceitou o conselho. Ele ou um discípulo fez o famoso esboço (hoje na Galeria Brera) da cabeça do Cristo, mas esse desenho retratava uma tristeza e uma resignação efeminadas, e não a decisão heroica do homem que calmamente entrou no Getsêmani. Talvez faltasse a Leonardo a piedosa reverência que, se somada à sua sensibilidade, profundeza e habilidade, faria o quadro se aproximar da perfeição.

Por ser um pensador e também artista, Leonardo evitava pintar afrescos, achando-os inimigos do pensamento; essa pintura feita em estuque úmido e recém-colocada precisava ser rápida, antes que o estuque secasse. Leonardo preferia pintar em parede seca, com têmpera, tintas misturadas a uma substância gelatinosa, pois esse método lhe permitia meditar e experimentar. Porém, essas tintas não aderiam com firmeza à superfície; ainda na época de Leonardo – com a costumeira umidade do refeitório e as goteiras ocasionais durante as chuvas pesadas –, a pintura começou a descarnar e cair; quando Vasari viu essa pintura (em 1536), já estava manchada; quando Lomazzo a viu, sessenta anos depois de terminada, já estava tão arruinada a ponto de ser impossível restaurá-la. Mais tarde, os frades ajudaram a estragar mais, abrindo uma porta para a cozinha entre as pernas dos Apóstolos (em 1656). A gravura segundo a qual a pintura foi reproduzida mundo afora não foi tirada do original estragado, mas sim de uma cópia imperfeita, executada por um discípulo de Leonardo, Marco d'Oggiono. Hoje só se pode estudar a composição e as linhas gerais, não os matizes e sutilezas do quadro. Mas quaisquer que fossem os defeitos da obra quando Leonardo a deixou, muitas pessoas perceberam de imediato que se tratava da mais bela pintura produzida pela arte do Renascimento.

Intermitentemente, durante os anos 1503-1506, Leonardo pintou o retrato da Mona Lisa, ou seja, *Madonna* Elisabetta, terceira esposa de Francesco del Giocondo, que em 1512 seria membro da *Signoria.*

Presumivelmente, um filho de Francesco enterrado em 1499 era um dos filhos de Elisabetta e essa perda pode ter ajudado a moldar a expressão séria que se percebe por trás do sorriso de "*La Gioconda*". Que Leonardo a fizesse ir ao estúdio tantas vezes durante aqueles três anos, gastando no retrato todos os segredos e nuances da sua arte, modelando-a suavemente em luz e sombra, enquadrando-a num cenário fantástico de árvores e águas, montanhas do céu, vestindo-a com uma roupa pregueada de veludo e cetim cujas dobras são verdadeiras obras-primas, estudando com cuidado apaixonado os músculos sutis que formam e movem a boca, trazendo músicos para tocarem para ela, evocando assim em suas feições a ternura desiludida da mãe lembrando o filho morto – tudo isso são ideias sobre o espírito com que ele se entregou àquela combinação cativante de pintura e filosofia. Milhares de interrupções, centenas de interesses perturbadores, a luta simultânea com o desenho da "Batalha de Anghiari", tudo isso deixou intacta a unidade da concepção e a invulgar tenacidade do zelo de Leonardo.

Esse, então, foi o rosto que desencadeou um mar de tinta sobre milhares de resmas de papel. Não se trata de um rosto extraordinariamente belo; um nariz mais curto teria produzido mais resmas; e comparada com muitas donzelas pintadas a óleo ou esculpidas em mármore – como as de Correggio –, a beleza da Mona Lisa seria apenas mediana. Foi o sorriso que lhe angariou o sucesso através dos séculos – um leve piscar que se vislumbra nos olhos, um divertido e refreado movimento dos lábios.

De que ela sorri? Será dos esforços dos músicos para distraí-la? Da tranquila diligência de um artista que a pinta por mais de mil dias e nunca termina? Ou que não é apenas Mona Lisa sorrindo, mas sim a mulher, todas as mulheres, dizendo a todos os homens:

> Pobres amantes apaixonados! Uma Natureza que ordena a continuidade da vida queima os vossos nervos tornando-vos famintos da nossa carne, suaviza vossos cérebros com uma idealização quase irracional dos nossos encantos, exalta-vos a compor versos que depois arrefecem com a consumação do ato e tudo isso pode vos precipitar na paternidade! Pode haver algo mais ridículo? Mas nós também caímos na armadilha; nós, mulheres, pagamos um preço mais pesado do que vós pela vossa paixão. E, no entanto, queridos tolos, é agradável ser desejada, e a vida vale a pena quando somos amadas.

Ou será apenas o sorriso do próprio Leonardo que Lisa exibe – do espírito invertido que mal conseguia se lembrar da terna carícia da mão de uma mulher e que não conseguia acreditar em outro destino para o amor ou para o gênio que não fosse uma decomposição obscena ou uma pequena chama que aos poucos desaparece no esquecimento humano?

Quando afinal as sessões de pose terminaram, Leonardo manteve o quadro alegando que o mais acabado de todos os retratos ainda estava incompleto. Talvez o marido não tivesse gostado de ver na parede da sua casa a esposa retorcendo os lábios para ele e para os seus convidados, horas a fio. Muitos anos depois, Francisco I comprou o quadro por 4 mil coroas e colocou-o numa moldura, no seu palácio em Fontainebleau. Hoje, depois que o tempo e as restaurações apagaram as suas sutilezas, o quadro está pendurado no majestoso Salon Carré do Louvre, intrigando diariamente milhares de adoradores e esperando que o tempo apague ou confirme o sorriso da Mona Lisa.

O inventor

É difícil entendermos que, para Ludovico, assim como para César Borgia, Leonardo fosse, em primeiro lugar, um engenheiro. Até os préstitos que ele planejou para o duque de Milão incluíam engenhosos autômatos.

> Todos os dias, ele fazia modelos e desenhos de aparelhos para remover montanhas com facilidade e para perfurá-las, abrindo passagem de um lugar para outro; e, por meio de alavancas, gruas e guinchos, erguer e puxar massas pesadas; desenvolveu métodos para desobstruir portos e extrair água de grandes profundidades,

diz Vasari. Desenvolveu uma máquina de rosquear parafusos; esboçou um plano correto para construir uma roda-d'água; planejou uma cinta para freio com rolamentos sem fricção. Desenhou a primeira metralhadora e morteiros com engrenagem dentada para ampliar-lhes o alcance; uma correia múltipla de propulsão; uma caixa de transmissão com três velocidades; uma chave inglesa ajustável; uma máquina para enrolar metal; um suporte móvel para máquina impressora; uma engrenagem helicoidal de fecho automático para erguer escadas de mão. Tinha um projeto de navegação submarina, mas recusou-se a explicá-lo. Reavivou a ideia de Heron de Alexandria para a máquina a vapor e demonstrou que a pressão do vapor podia lançar uma bala de ferro de canhão a 1.200 jardas de distância. Inventou um dispositivo para enrolar e distribuir por igual os fios num eixo giratório e tesouras que abririam e fechariam com um único movimento da mão. Muitas vezes, deixava-se embriagar pela fantasia, como quando sugeriu esquis infláveis para caminhar sobre a água, ou um moinho d'água que tocaria simultaneamente vários instrumentos musicais. Descreveu um paraquedas: "Se um homem mandar fazer uma tenda de linho de doze côvados de largura por doze de profundidade e fechar-lhe todas as aberturas, conseguirá projetar-se de grandes alturas sem se machucar".

Durante metade da vida, Leonardo meditou sobre o problema do voo humano. Como Tolstói, invejava os pássaros, considerando-os uma espécie em muitos aspectos superior ao homem. Estudou-lhes detalhadamente o funcionamento de asas e caudas, a mecânica do alçar voo, deslizar, girar e descer. Seu olhar aguçado acompanhava esses movimentos com curiosidade apaixonada, e o seu lápis rápido desenhava-os e registrava-os. Observou que os pássaros evitam as correntes e pressões do ar. Fez vários desenhos de um mecanismo em espiral com o qual o homem, movimentando os pés, poderia fazer as asas baterem rápido o suficiente para elevá-lo ao ar. Num breve ensaio, *Sul volo* (Sobre o voo), descreveu uma máquina voadora feita por ele com linho fortemente engomado, ligaduras de couro e tiras de seda crua. Denominou-a "o pássaro" e escreveu detalhadas instruções de voo.

Será que, de fato, Leonardo tentou voar? Uma anotação no *Codice Atlantico* diz: "Amanhã de manhã, segundo dia de janeiro de 1496, eu farei a correia e a tentativa"; não sabemos o que isso significa. Fazio Cardano, pai do físico Gerolamo Cardano (1501-1576), contou ao filho que o próprio Leonardo ensaiara o voo. Alguns devem ter pensado que, quando Antônio, um dos auxiliares de Leonardo, quebrou a perna em 1510, foi numa tentativa de voar com uma das máquinas de Leonardo. Não se sabe.

Leonardo estava no caminho errado: o voo humano não aconteceria através da imitação dos pássaros, exceto no deslizar, mas acoplando-se uma máquina de combustão interna a um propulsor que empurraria o ar não para baixo, mas para trás; a velocidade para a frente possibilitava alçar voo. Porém, a mais nobre característica do homem era a sua paixão pelo saber. Chocados pelas guerras e pelos crimes da humanidade, desanimados pelo egoísmo dos capazes e pela perpetuidade da pobreza, entristecidos pela superstição e a credulidade com que nações e gerações douram a brevidade e a indignidade da vida, sentimos a nossa raça em parte redimida quando vemos que ela pode manter nas mentes e nos corações um sonho sublime durante três mil anos, desde as lendas de Dédalo e Ícaro, passando pela frustrada tentativa de Leonardo e de milhares de outros até a vitória gloriosa e trágica dos nossos tempos.

O cientista

Lado a lado com os seus desenhos, às vezes na mesma página, às vezes rabiscados junto ao esboço de um homem ou de uma mulher, de paisagem ou máquina, estão as notas através das quais esse espírito insaciável decifrava as leis e o funcionamento da Natureza. Talvez o cientista tenha se originado do artista: a pintura de Leonardo forçou-o a estudar anatomia, as leis da proporção e da perspectiva, da composição e do reflexo da luz, a química dos pigmentos e das tintas a óleo; a partir dessas pesquisas, ele foi levado a uma investigação mais íntima sobre a estrutura e a função de plantas e animais; a partir dessa investigação, chegou a uma conceituação filosófica da lei natural universal e invariável. Muitas vezes, o artista rivalizava com o cientista; o desenho científico podia ser algo de belo ou terminar num gracioso arabesco. Experimentou quase todas as ciências. Dedicou-se entusiasmado à matemática como a forma mais pura de raciocínio; percebeu certa beleza nas figuras geométricas e desenhou algumas na mesma página em que fez o estudo para a "Última Ceia". Expressou com vigor um dos princípios fundamentais da ciência: "Não existe certeza à qual não se possa aplicar qualquer das ciências matemáticas, nem ciência alguma que não se baseie nelas". Com orgulho, imitava Platão: "Não se permita que homem algum que não seja matemático leia os elementos da minha obra".

Com base no importante texto de Teofrasto sobre as plantas, voltou o seu espírito sagaz para a "história natural".

Examinou o sistema pelo qual as folhas se dispõem nos talos e formulou-lhes as leis. Observou que os anéis que aparecem num corte transversal de um tronco de árvore registram o número de anos dessa árvore e que a largura de cada anel indica a umidade daquele ano. Parece ter compartilhado de várias ilusões da época a respeito do poder atribuído à presença ou ao contato de certos animais na cura de algumas doenças humanas. Compensou este lapso característico da superstição da época investigando a anatomia do cavalo com uma profundidade sem precedentes no registro da história. Preparou um tratado especial sobre o assunto, que se perdeu durante a ocupação de Milão pelos franceses. Quase iniciou a moderna anatomia comparada, ao estudar em justaposição os membros de homens e animais. Pôs de lado a autoridade antiquada de Galeno e trabalhou com corpos reais. Descreveu a anatomia humana não apenas em palavras, mas em desenhos que superavam qualquer coisa já feita nesse campo. Planejou um livro sobre esse assunto, para o qual deixou centenas de ilustrações e notas. Alegou "ter dissecado mais de trinta cadáveres humanos" e seus inúmeros desenhos de fetos, corações, pulmões, esqueletos, músculos, vísceras, olhos, crânios, cérebros e principais órgãos femininos confirmam essa alegação. Foi o primeiro a fazer – em desenhos e anotações memoráveis – uma representação científica do útero e descreveu, com precisão, as três membranas que envolvem o feto. Foi o primeiro a delinear a cavidade do osso que sustenta a face, hoje conhecida como seio de Highmore. Derramou cera nas válvulas do coração de um touro morto para obter uma impressão exata dos ventrículos. Foi o primeiro a caracterizar a faixa reguladora (*catena*) do ventrículo direito. Ficou fascinado com a estrutura dos vasos sanguíneos; adivinhou a circulação do sangue, mas não captou o mecanismo. Escreveu: "O coração é muito mais forte do que os outros músculos [...] O sangue que retorna quando o coração se abre não é o mesmo que fecha as válvulas". Desenhou os vasos sanguíneos, os nervos e músculos do corpo com razoável precisão. Atribuiu a velhice à arteriosclerose, e esta à falta de exercício. Iniciou um volume, *De figure umana*, sobre as proporções da figura humana para auxiliar os artistas, e algumas das suas ideias foram incorporadas ao livro *De divina proportione,* do seu amigo Pacioli. Analisou a vida física do homem, desde o nascimento até a decomposição, e planejou investigar a vida mental. "Que Deus tenha a bondade de me permitir expor a psicologia dos hábitos dos homens, assim como lhes descrevo o corpo!"

A partir dos seus estudos em tantos campos, Leonardo por vezes chegou à filosofia. "Ó, necessidade maravilhosa! Tu, com suprema razão, forças todos os efeitos a serem o resultado direto das suas causas, e por uma lei suprema e irrevogável toda ação natural te obedece pelo processo mais curto possível." Esta frase contém toda a orgulhosa marca da ciência do século XIX e sugere que Leonardo lançou alguma teologia. Na primeira edição da biografia do artista, Vasari escreveu que Leonardo pertencia "a uma casta de espíritos tão hereges que não aceitava religião alguma, preferindo ser filósofo a ser cristão" – porém omitiu este trecho nas edições posteriores. Como muitos cristãos da época, Leonardo de vez em quando lançava indiretas ao clero; chamou-os de fariseus, acusou-os de enganarem as pessoas simples com falsos milagres e caçoou da "moeda falsa" das notas promissórias celestes que eles trocavam por moedas deste mundo. Numa Sexta-feira Santa, escreveu: "Hoje o mundo inteiro está de luto porque certo homem morreu no Oriente". Parece ter pensado que os santos mortos eram incapazes de ouvir as orações a eles dirigidas. "Eu desejaria ter um poder de linguagem que me permitisse censurar os que exaltam a veneração dos homens acima da do Sol [...] Aqueles que desejaram venerar homens como se fossem deuses cometeram um erro muito grave." Usava de mais liberdade na iconografia cristã do que qualquer outro artista do Renascimento: eliminou auréolas, pintou a Virgem sentada no colo da mãe e o Menino Jesus tentando montar no cordeiro simbólico. Via espírito na matéria e acreditava numa alma espiritual, mas aparentemente achava que a alma só poderia agir através da matéria e apenas em harmonia com leis invariáveis. Em algumas passagens, dirigiu-se à Divindade com humildade e fervor; mas em outras ocasiões identificou Deus com a Natureza, com a lei natural e com a "Necessidade". Até os seus últimos dias, a sua religião foi um panteísmo místico.

Provavelmente, Leonardo pintou pouco depois de 1517, pois nesse ano sofreu um ataque de paralisia que lhe imobilizou o lado direito; pintava com a mão esquerda, mas precisava de ambas as mãos para um trabalho mais cuidadoso. Agora ele era uma ruína enrugada daquele jovem, cuja reputação pela beleza de corpo e rosto, atravessando meio século, chegou até Vasari. A sua outrora orgulhosa autoconfiança desaparecera, sua serenidade de espírito cedera ao sofrimento da velhice e o seu amor à vida deu lugar à esperança religiosa. Fez um testamento simples, mas pediu todos os serviços da Igreja no seu funeral. Certa vez escrevera: "Assim como um dia bem aproveitado torna doce o sono, uma vida bem vivida torna doce o morrer". Vasari relata a comovente história da morte de Leonardo nos braços do rei Francisco I, no dia 2 de maio de 1519 (ele chegara à França em 1516, contratado por Francisco como "pintor, engenheiro e arquiteto do rei e como perito em mecânica do Estado"); mas, aparentemente, à época, Francisco estava em outro lugar. O corpo foi enterrado no claustro da igreja do Colégio São Florentino, em Amboise.

Como devemos classificá-lo – quem de nós domina a diversidade de conhecimentos e habilidades necessárias para julgar um homem tão múltiplo? O fascínio dessa mente polimorfa nos induz tanto ao exagero quanto ao verdadeiro vulto de Leonardo, pois ele era mais fértil em conceber do que em executar. Não foi o maior cientista, engenheiro, pintor, escultor ou pensador do seu tempo; foi simplesmente um homem que era tudo isso e em cada um desses setores rivalizava com o melhor. Nas escolas de medicina, deve ter havido homens que conheciam mais anatomia do que ele; as obras mais notáveis de engenharia, realizadas no território de Milão, foram concluídas antes da chegada de Leonardo; Rafael e Ticiano deixaram um total mais impressionante de belas pinturas do que as que sobreviveram do pincel de Leonardo; Michelangelo foi um escultor mais importante; Maquiavel e Guicciardini tinham inteligências mais profundas. E, no entanto, os estudos que Leonardo fez do cavalo foram provavelmente a melhor obra de anatomia daquele período; Ludovico e César Borgia escolheram-no como engenheiro entre todos os da Itália; nas pinturas de Rafael, Ticiano ou Michelangelo, nada se compara à "Última Ceia"; nenhum pintor chegou a igualar-se a Leonardo na sutileza de nuances, nem na delicada reprodução de sentimentos, ideias e ternura pensativa; nenhuma estátua daquele período foi tão exaltada quanto "Sforza", o gesso de Leonardo; nenhum desenho jamais suplantou "A Virgem, o Menino e Sant'Ana"; e na filosofia do Renascimento, nada ultrapassou a concepção de Leonardo sobre as leis naturais.

Ele não foi "o homem do Renascimento", pois era demasiado gentil, introvertido e refinado para tipificar uma era tão violenta e vigorosa na ação e na palavra. Não foi exatamente "o homem universal", uma vez que as qualidades de estadista ou administrador não encontraram guarida na multiplicidade do seu espírito. Mas, apesar de todas as limitações e lacunas, ele foi *o homem mais completo* do Renascimento e talvez de todos os tempos. Quando contemplamos as suas realizações, nos maravilhamos com a distância que esse homem percorreu desde as suas origens e renovamos a nossa fé nas possibilidades da humanidade.

CAPÍTULO 16

O RENASCIMENTO – PARTE II
ROMA

O PAPADO ITINERANTE (1309-1417)

Em 1309, o papado abandonara a ingovernável Roma e se estabelecera em Avignon, onde tornou-se prisioneiro dos reis da França, para angústia da maioria dos cristãos.

Depois de 1377, o papado se dividiu em campos hostis, com papas rivais em Roma e em Avignon, enquanto, do outro lado do Mediterrâneo, na África e na Ásia, um islamismo viril e guerreiro espalhou-se e multiplicou-se, ameaçando a existência do cristianismo. Esse Cisma Papal continuou até 1414, quando prelados, príncipes e estudiosos reuniram-se em Constança e, depois de três anos de debates e negociações, escolheram como papa o cardeal Odonne Colonna, que adotou o nome de Martinho V, restaurou a supremacia do papado sobre os concílios e rapidamente reabasteceu o tesouro papal, para grande desconforto dos católicos do norte dos Alpes. Em 1430, um enviado alemão a Roma fez soar o toque de alarme da Reforma de 1517:

> A ganância reina suprema na corte romana, e a cada dia encontra novos expedientes... para extorquir dinheiro da Alemanha sob pretexto de taxas eclesiásticas [...] Daí tantos clamores... e ressentimentos; sob pena de se renunciar inteiramente à obediência, surgirão também muitas questões com relação ao papado para se escapar das ultrajantes extorsões dos italianos; esta última alternativa, como percebo, seria aceitável para muitos países.

Daí emergiu uma guerra meio oculta entre a Reforma nascente e o Renascimento maduro, com vistas a controlar a renda e a mente da Igreja romana. O próprio Martinho nomeara para secretário papal um destacado humanista, Poggio Bracciolini. O sucessor de Martinho, Eugênio IV (pontífice de 1431-1447), já era favorável ao Renascimento e ajudou esse movimento por toda parte aonde levou seu pontificado envolvido em combates. Expulso de Roma por um levante popular organizado pelos partidários de Colonna, Eugênio fugiu com os seus sacerdotes para Ferrara e convocou um novo concílio de bispos e cardeais.

Um memorável acontecimento na história militar colaborou com as opiniões de Eugênio. Com os turcos chegando perto de Constantinopla e levando consigo o islamismo, os líderes da Igreja Oriental fugiram das antigas capitais para a Itália e se ofereceram para conferenciar com os prelados ocidentais para unir as igrejas grega e latina. Eugênio recebeu-os de bom grado em Ferrara e convocou um concílio da Igreja Católica romana para conferenciar com eles. Ali, durante oito meses, os teólogos debateram os pontos básicos das respectivas crenças. Quando a praga irrompeu em Ferrara, Cosimo de Médici convidou os teólogos para transferirem seus debates para Florença; eles concordaram, e Eugênio os acompanhou; Cosimo e seus amigos os homenagearam, alimentaram e compraram-lhes seus textos clássicos. Eugênio acrescentou ao seu secretariado Flávio Biondo, Leonardo Bruni e outros humanistas italianos que pudessem negociar com os gregos em grego. Deslocados das suas terras, os teólogos concordaram em unir as igrejas e os credos gregos e romanos. Mas os sacerdotes e os praticantes do Cristianismo Oriental repudiaram o acordo; os turcos tomaram Constantinopla; o grande cisma entre o Cristianismo Oriental e o Ocidental continuou; mas o Papa Eugênio, fortalecido pelos especialistas clássicos, levou o Renascimento para Roma.

OS PAPAS ERUDITOS

Entre os fervorosos estudantes que Eugênio admirara em Florença estava Tommaso Parentucelli, um jovem sacerdote que gastava todo o seu dinheiro em livros, fazia empréstimos para comprar mais e aspirava reunir em uma única biblioteca todos os livros importantes do mundo.

Em 1443, Eugênio fez de Tommaso arcebispo e, em 1446, cardeal; em 1447, o conclave elegeu-o papa. “Quem haveria de imaginar que o pobre sineiro de um sacerdote seria papa, para confundir os orgulhosos?”, exclamou ele. Um dos traços democráticos do catolicismo era reiterar que qualquer jovem comum poderia chegar ao papado. Os humanistas da Itália se rejubilaram, e um deles proclamou que a visão de Platão se concretizara: um filósofo tornara-se rei.

Nicolau V, como ele agora se chamava, tinha três objetivos: ser um bom papa, reconstruir Roma e restaurar a literatura, a sabedoria e a arte clássicas. Favorecido por toda a riqueza do papado, enviou agentes a Atenas, Constantinopla, Alemanha e Inglaterra para procurar e comprar – ou copiar – manuscritos gregos ou latinos, pagãos ou cristãos; instalou no Vaticano um grande grupo de copistas e editores; chamou a Roma quase todos os humanistas de destaque na Itália; pagava os sábios com uma liberalidade que alarmava os financistas e afligia as províncias; críticos corajosos denunciaram que as contribuições dos fiéis eram gastas em vaidades da literatura paga e em luxos de cardeais céticos.

Quando Nicolau pediu que um décimo de toda a receita da Europa Ocidental fosse destinado a uma cruzada para recuperar Constantinopla dos turcos (1453), a Europa praticamente não deu atenção. Nicolau curvou-se à realidade e desinteressou-se pela vida. Morreu em 1455, aos 58 anos. Fora extravagante na sua generosidade, mas restaurara a paz na Igreja e trouxera de volta a Roma a ordem e o esplendor; fundara a Biblioteca do Vaticano e unira os mundos católico e clássico, a Igreja e o Renascimento.

Esse casamento pareceu se completar com Pio II. Nascido em Siena em 1405, da proeminente família Piccolomini, fora batizado como Enea Silvio, mas assinava a maioria dos seus escritos (praticamente todos em latim) como *Aeneas Silvius,* em homenagem ao Enéas da *Eneida*, de Virgílio; até no seu nome papal ecoava o adjetivo favorito de Virgílio para seu herói – *pius* –, que significava alguém "reverente" e fiel para com a própria terra natal ou para com a terra natal dos seus pais. Essa palavra se adequava melhor ao papa do que ao homem, pois nos seus 53 anos antes de ser papa, Enea Silvio permitira-se toda a complacência moral da época. Experimentou inúmeras mulheres e escreveu para alguém das suas relações de amizade uma carta de amor destinada a derreter a obstinação de uma jovem que preferia o casamento ao sexo. Em meio às suas peregrinações, permaneceu fiel apenas à literatura, amando os antigos clássicos e escrevendo o melhor latim da época. Como esta era a língua da diplomacia, ele cedo arranjou diversos empregadores, de amantes a reis.

Em 1445, Frederico III, chefe secular do Sacro Império Romano, enviou-o como mensageiro a Eugênio IV. Silvio, que atacara Eugênio em inúmeros tratados, pediu desculpas com tanta eloquência que o pontífice humanista prontamente o perdoou. Daí em diante, o erudito peregrino passou a pertencer ao papado. Tornou-se sacerdote (1446) e, aos 41 anos, devotou-se à castidade, passando a levar uma vida exemplar. Em 1449, foi bispo de Siena; em 1456, passou a se chamar Cardeal Piccolomini; em 1458, foi eleito papa.

Tinha então 53 anos e sua vida aventureira gastara-lhe tanto as forças que parecia já um velho. Não tentou esconder os erros e amores da juventude; ao contrário, publicou uma "Bula de Retratação", pedindo perdão a Deus e à Igreja. Virara humanista em Florença e agora incluía no seu secretariado os sábios Platina e Biondo; mas não lhes pagava salários animadores. Questões maiores o absorviam: os turcos que traziam uma religião rival e avançavam em direção a Viena, à Sérvia e à Bósnia; logo poderiam chegar ao Adriático; o que os impediria de atravessar aquele mar e entrar na Itália dividida e em luta?

Pio II conclamou outra cruzada; pediu às Potências do Norte que enviassem esquadras para se juntarem à sua – só Veneza aquiesceu. Pio conduziu uma esquadra em torno da Itália, chegou a Ancona e esperou ansiosamente pelos venezianos. Sucumbiu à exaustão exatamente quando estes chegaram. Mereceu um imponente funeral em Roma, mas a Cruzada morreu com ele.

Vou omitir o Papa Sisto IV, que governou a Igreja de 1471 a 1484 e que quase a levou à bancarrota com o nepotismo e a guerra; construiu a Capela Sistina que leva o seu nome, reconstruiu a Biblioteca do Vaticano, acrescentou 1.100 manuscritos clássicos aos 2.527 já existentes e indicou Torquemada para dirigir a Inquisição na Espanha. Eu gostaria de dizer uma palavra bondosa em favor do Papa Alexandre VI e até em relação ao seu filho inescrupuloso, César Borgia; mas me apresso em chegar ao Papa Júlio II e ao auge do Renascimento romano.

JÚLIO II

Júlio era um general capaz e intrépido, que chefiava ou designava um exército após o outro para reconquistar os Estados Papais para o papado, a fim de servirem de para-choques contra os principados das cercanias, ansiosos para controlar a Igreja. Foi um eficiente administrador de negócios e homens. Ainda podemos sentir-lhe a sagacidade e a força de caráter, a partir do denso retrato de autoria de Rafael, hoje no Palácio Pitti, em Florença. Na época de Júlio, Rafael e Michelangelo chegaram à plena realização.

Rafael

Rafael nasceu em 1483, filho de Giovanni Santi, o pintor mais importante de Urbino. Recebeu esse nome em homenagem ao mais belo dos arcanjos e cresceu num ambiente de arte. Depois dessa juventude feliz, foi para Perugia, onde durante três anos aprendeu a pintar piedosas Madonas, sob a direção de Perugino. Depois, Pinturicchio atraiu-o para Siena e ensinou-lhe que uma mulher poderia ser uma deusa da beleza sem ser a Mãe de Deus. O lado pagão de Rafael – que mais tarde alegraria o banheiro de um cardeal com nus rosados – desenvolveu-se no afável artista, juntamente com uma piedade que produziria a "Madona Sistina".

Em 1508, Rafael recebeu em Florença um chamado de Júlio II convidando-o para ir trabalhar para ele em Roma. Ficou contente, pois à época o centro de excitação e estímulo do Renascimento era Roma, e não Florença. Júlio encontrara no Vaticano alguns aposentos administrativos cujas paredes pareciam pedir nova decoração. Consultados teólogos e eruditos, traçou-se um plano para ilustrar a união, na civilização do Renascimento, entre religião e filosofia, entre cultura clássica e cristianismo, entre Igreja e Estado.

Rafael trabalhou no projeto quatro anos e meio, com cuidado e dedicação quase religiosos. Em uma parede, desenhou as figuras da Trindade Cristã, com Maria por perto; numa nuvem em volta, pintou Adão, Abraão, Moisés, Davi, Pedro e Paulo, além de outros heróis dos Testamentos, unindo as duas religiões numa continuidade inspiradora. Querubins e serafins avançavam no espaço, como se nas asas de uma canção; abaixo deles, teólogos e filósofos debatiam a doutrina da Eucaristia; e figuras humanas, individualizadas de modo a tornar cada figura uma biografia. Toda essa "Discussão do Santíssimo Sacramento" foi realizada por um jovem de 28 anos.

Mas como foi que esse feliz mestre dos pincéis conseguiu representar com igual força e grandeza o papel da ciência e da filosofia entre os homens? Não temos provas de que Rafael tenha lido muito; ele falava com o pincel e escutava com os olhos; vivia num mundo de formas e cores onde as palavras eram coisas triviais, a menos que representassem ações significativas de homens e mulheres. Deve ter se preparado por um estudo apressado, mergulhando em Platão, Diógenes Laércio e Marsilio Ficino, e em conversas humildes com sábios, até chegar à sua suprema concepção: a "Escola de Atenas" – meia centena de figuras resumindo ricos séculos do pensamento grego, todas reunidas num momento imortal, sob o arco ornamentado de um imponente pórtico pagão.

Ali, na parede diretamente oposta à apoteose da teologia na "Discussão", está a glorificação da filosofia: Platão, de sobrancelhas parecidas com as de Júpiter, olhos profundos, esvoaçantes cabelos e barbas brancos, apontando um dedo para o alto, indicando a sua ideia da perfeição de um Estado; Aristóteles caminhando tranquilo ao seu lado, trinta anos mais jovem, belo e alegre, segurando-lhe a mão com a palma voltada para baixo, como para trazer de volta à terra e ao possível o idealismo sublime do mestre; Sócrates, contando nos dedos os seus argumentos, afetuosamente escutado pelo armado Alcibíades; Pitágoras tentando aprisionar em tabelas harmônicas a música das esferas; uma bela dama que poderia ser Aspásia; Heráclito escrevendo os enigmas efésios; Diógenes deitado com roupas desleixadas nos degraus de mármore; Arquimedes fazendo desenhos geométricos numa lousa, para quatro jovens absortos; Ptolomeu e Zoroastro atirando globos de um lado para outro; à esquerda, um menino correndo, ansioso, carregando livros, com certeza buscando um autógrafo; um rapaz atento, sentado a um canto, tomando notas; à esquerda, espreitava o pequeno Frederico de Mântua, favorito de Júlio; novamente Bramante; e escondendo-se modestamente, quase sem ser visto, o próprio Rafael, agora com um bigode nascente. Há muitos mais, cujas identidades deixaremos para os ociosos sábios debaterem; em resumo, esse parlamento de sabedoria jamais fora pintado, e talvez jamais fora concebido antes. E nenhuma palavra sobre heresia, nenhum filósofo queimado em poste; aqui, sob a proteção de um papa, importante demais para se aborrecer com ninharias a respeito da diferença entre um erro e outro, o jovem cristão de repente reunira todos aqueles pagãos, pintara-os com o seu próprio caráter e com notável compreensão e simpatia, e os colocara onde os teólogos pudessem vê-los e discorrer sobre falibilidade, e onde o papa, entre um documento e outro, pudesse contemplar o processo cooperativo e a criação do pensamento humano.

Essa pintura e a "Discussão" são o ideal do Renascimento – a antiguidade pagã e a fé cristã convivendo em harmonia num mesmo aposento. Esses painéis rivais, no seu conjunto de concepção, composição e harmonia, só seriam superados por Michelangelo, Tintoretto e Veronese, e ninguém os igualou na representação do casamento entre a Grécia de Péricles e a

Roma de Leão. Quase à mesma época (1508-1512) das obras de Rafael para Júlio II (1505-1512), a figura culminante do Renascimento pintou o teto da Capela Sistina com o mesmo apoio papal.

Michelangelo

Assim como Rafael, Michelangelo recebeu o nome de um arcanjo e nasceu em 1475, segundo filho de Lodovico Buonarotti Simone, prefeito da pequena cidade de Caprese, na estrada de Florença para Arezzo.

Michelangelo orgulhava-se de ter algumas gotas de sangue nobre; a pesquisa provou que ele estava equivocado, mas talvez tenha definido mal as suas conclusões. Recebeu certa instrução em Florença, mas não aprendeu latim e jamais sentiu a hipnose calmante do ambiente clássico; era hebraico, não clássico, mais protestante do que católico, embora tenha desenhado a irresistível cidadela da Igreja.

Preferia o desenho à escrita, que é uma corruptela do desenho. Preferia a escultura à pintura e logo conseguiu ser admitido nos jardins em que os Médici exibiam suas coleções de estatuária e arquitetura antigas. Encantado com o entusiasmo e com a produção do jovem, Lourenço levou-o para casa, tratou-o como filho e sentou-se regularmente com ele à mesa, junto com Poliziano, Ficino e Pico della Mirandola. Ali, Michelangelo ouviu as conversas mais instrutivas sobre governo, literatura, filosofia e arte.

Mas aquele círculo aristocrático perdera a ética cristã, bem como o credo cristão, e achava o jardim de Epicuro mais agradável do que o Getsêmani. Naqueles anos, Savonarola pregava o seu impetuoso evangelho da reforma puritana, quase ascética; Michelangelo muitas vezes ia ouvi-lo e jamais o esqueceu. Quando Savonarola morreu (1498), algo do seu espírito pairou sobre o artista melancólico – um desprezo pela decadência moral das capitais italianas, uma feroz mágoa em relação ao despotismo, um sombrio pressentimento da destruição. Quando pintou o "Juízo Final", despertou a ira dos frades por séculos.

Em 1496, aceitou o convite de um cardeal para visitar Roma. Ali, em contato com um embaixador francês, esculpiu a "Pietà", que ainda nos surpreende na Basílica de São Pedro: a Virgem Mãe segurando ao colo o filho crucificado. Michelangelo tinha apenas 23 anos, e esse trabalho mostra defeitos que a juventude poderia desculpar: o excessivo drapeado, a Mãe com a mão pequena demais para o corpo, a mão esquerda inexplicavelmente suspensa no ar, o rosto de uma mulher mais jovem do que o filho. Mas a figura inerte do Cristo, quase reduzido a ossos, o fluido drapeado da pedra, o pequeno conjunto contendo a essência da história humana como raça, entre a maternidade e a morte, tudo isso, assim como as *stanze* (salas) de Rafael, revela a rapidez com que um artista precisava amadurecer no calor e na competição do Renascimento.

O chamado de parentes empobrecidos reconduziu de volta a Florença o então famoso escultor. Ali, em 1501, o Conselho de Obras da catedral desafiou-o a esculpir uma figura humana num só bloco de mármore de 4,5 metros de altura e de formato tão irregular que permanecera sem uso durante um século. Michelangelo labutou sobre aquele material refratário durante dois anos e meio, usando cada centímctro, e extraiu dali o orgulhoso e viril "Davi" que, durante séculos, permaneceu como um desafio da cidade aos seus inimigos. Giorgio Vasari, célebre historiador de arte, achava que esse rapaz orgulhosamente nu "superava todas as outras estátuas antigas ou modernas, latinas ou gregas".

Enquanto isso, o Papa Júlio II desejava ansiosamente um túmulo cujo tamanho e beleza lembrassem até a posteridade distante os seus triunfos na política e na guerra. Chamou Michelangelo, que atendeu apesar do medo de poder ser desagradável a Júlio: eles eram muito parecidos. Michelangelo propôs um monumento colossal, de cerca de nove metros de comprimento por seis de largura, com quarenta estátuas cercando o caixão de Júlio, que dominava apesar de morto. O papa deu ao artista 2 mil ducados, enviou-o a Carrara para escolher os melhores veios de mármore e dedicou-se à conquista de Perugia e Bolonha. A guerra foi cara e não deixou ducados para a arte; Michelangelo, que buscava uma audiência e os ducados, não obteve permissão para ver o papa. Saiu de Roma, deixando para Júlio este bilhete: "Santíssimo Padre, por vossa ordem fui expulso do Palácio; portanto, comunico que de hoje em diante, se desejardes a minha presença, procurai-me em outro lugar e não em Roma".

Dois anos depois (1508), a raiva esfriara, e o bolso emagrecera. Então, Michelangelo atendeu aos apelos de Júlio e voltou a Roma, esperando concluir o túmulo. Ficou alarmado ao saber que o papa queria que ele pintasse o teto da Capela Sistina; protestou, dizendo que era escultor e não pintor, e recomendou Rafael como a melhor pessoa para esta tarefa.

Júlio insistiu e lhe ofereceu um pagamento de 3 mil ducados. Michelangelo cedeu e, em maio de 1508, deu início à labuta de quatro anos e meio da pintura suprema do Renascimento.

Imagine-se o velho papa subindo aqueles frágeis andaimes ajudado pelo artista e perguntando, impaciente: "Quando ficará pronta?". A resposta, segundo o relato de Vasari, foi uma lição de integridade: "Quando eu tiver concluído tudo, creio que a arte ficará satisfeita". Quando Michelangelo desceu pela última vez do andaime, estava exausto, emagrecido e prematuramente velho. Tinha apenas 37 anos e ainda viveria outros 51. Júlio morreu quatro meses depois, em 21 de fevereiro de 1513.

Michelangelo lamentou a morte do grande papa e se perguntava se o próximo pontífice teria pela grande arte um instinto tão convicto quanto o de Júlio. Retirou-se para os seus humildes alojamentos e aguardou.

LEÃO X

O papa que deu nome a um dos períodos mais brilhantes e imorais da história deveu a sua carreira eclesiástica à estratégia política do pai. Lourenço de Médici quase fora destruído por Sisto IV; esperava que o poder da família Médici e a segurança da sua descendência em Florença fossem ajudados se houvesse um Médici no colégio dos cardeais. Destinou à função eclesiástica o segundo filho, Giovanni, quase desde a infância deste.

Aos sete anos, o menino recebeu a tonsura; aos oito, foi nomeado protonotário apostólico; aos catorze, tornou-se cardeal. (Era possível ser cardeal sem ser sacerdote; à época, os cardeais eram escolhidos pela habilidade política e pelos vínculos de família, e não pelo zelo religioso.) Todos os que conheciam o Cardeal de Médici gostavam dele. Era afável, modesto e generoso sem ostentação. Nem a sua vasta renda bastava para a ajuda que dava a poetas, artistas, músicos e estudiosos. Apreciava todas as artes e os encantos da vida; até o historiador Guicciardini, que não apreciava papas, descreveu-o como "tendo a reputação de pessoa casta e de costumes impecáveis"; Aldo Maúcio elogiou-lhe a "vida piedosa e irrepreensível".

Em 1513, Giovanni foi chamado a Roma para participar da escolha do sucessor de Júlio. Tinha apenas 37 anos e dificilmente esperaria ser escolhido papa. Entrou no conclave numa liteira, pois sofria de uma fístula anal. Depois de uma semana de debates, e aparentemente sem compra de votos, Giovanni de Médici foi eleito papa (11 de março de 1513), adotando o nome de Leão X.

Leão X ainda não era sacerdote, mas esse erro foi remediado no dia 15 de março. Todos ficaram surpresos e satisfeitos. Depois das sombrias intrigas de Alexandre e César Borgia, das guerras e da turbulência de Júlio, era um alívio saber que a Igreja seria liderada, presumivelmente no rumo da paz, por um rapaz que já se destacava pela boa índole. Poetas, escultores, pintores e ourives se rejubilaram; os humanistas previram um renascimento do período de Augusto.

A corte de Leão foi o centro da intelectualidade e do saber de Roma, local onde estudiosos, poetas, artistas e músicos eram bem recebidos, pagos e, em muitos casos, abrigados. Sem dúvida, foi a corte mais refinada e endinheirada do mundo na época.

Roma prosperou e se expandiu à medida que os tributos arrecadados pela piedade da Europa fluíam para as suas artérias econômicas e culturais. Prelados e poetas, alcoviteiros e parasitas, mensageiros e cortesãs acorreram a Roma para se beneficiar daquela chuva de ouro. Alguns cardeais tinham um rendimento anual de 30 mil ducados. Viviam em palácios majestosos, equipados com trezentos serviçais e adornados com todo tipo de arte e luxo conhecido à época. Não pensavam em si mesmos como eclesiásticos; eram estadistas, diplomatas, administradores; eram o Senado Romano da Igreja Romana e se propunham a viver como senadores. Riam dos estrangeiros que esperavam deles o comedimento e a piedade de sacerdotes. O Império Romano fora restaurado.

Lutero veio, viu e ficou chocado; Erasmo veio, viu e ficou encantado. Michelangelo concordou com Lutero: preferia o homem comum ao barão, o sem instrução ao intelectual, a labuta do trabalhador ao luxo do rico. Dava boa parte dos seus ganhos para manter parentes ineptos.

Era um homem forte – curvado, porém vigoroso, cabelos e barba grisalhos, olhos pequenos e vivos, nariz achatado, orelhas protuberantes; não se sentia à vontade na corte, preferia ficar sozinho com suas ferramentas e imagens da força viril, tanto ao vivo quanto emoldurada. Apreciava pouco as mulheres; pintava-as, mas sempre na maturidade materna, e não no encanto da juventude. Viveu de modo precário, quase na penúria, muitas vezes comendo apenas uma côdea de pão ou dormindo com roupas de trabalho, "como se não quisesse se despir para se vestir de novo", diz Vasari.

Leão, acostumado com toda a cortesia do falar e do vestir, aprendeu a evitar Michelangelo e a deixá-lo executar seu trabalho no túmulo de Júlio, uns "Escravos" musculosos e um "Moisés" sentado, de barba, chifre e cenho franzido, apresentando, sinistro, as Tábuas da Lei. Naturalmente, o papa feliz preferiu Rafael, que combinava com ele em temperamento e gosto. Ambos eram epicuristas amáveis, consideravam o cristianismo um prazer e assumiam que o céu era na terra; mas ambos trabalhavam e se divertiam com igual afinco.

Leão encheu de tarefas o artista feliz: completar as *stanze*, desenhar moldes (esboços de desenhos para futuras pinturas ou tapeçarias), participar da construção da Basílica de São Pedro, providenciar a preservação da arte clássica. Rafael aceitou esses encargos com bom ânimo e disposição e ainda encontrou tempo para produzir um conjunto de quadros religiosos, várias séries de afrescos pagãos e meia centena de Madonas ou retratos de quem quer que lhe garantisse riqueza e fama. Em 1515, pintou a "Madona Sistina" para o convento de São Sisto, em Piacenza. Como tantas vezes na história cristã, nas obras de Rafael, a Virgem perdeu a batalha para jovens mulheres de beleza fácil, como "*La Fornarina*" que está na Galeria Borghese. No fim da vida, Rafael dedicou a maior parte do tempo e do vigor a esses encantos e morreu aos 37 anos (1520). Todos os artistas de Roma acompanharam-lhe o cortejo até o túmulo. Seu amigo papa sobreviveu um ano mais. Leão adoeceu em agosto de 1521, com os primeiros estágios da malária, com uma dor persistente na fístula e com as crescentes preocupações com a guerra. Assim como Júlio II, ele se afastara cada vez mais do gosto pela arte para perseguir o poder marcial. Em 1º de dezembro, alegrou-se ao saber que Piacenza e Parma haviam sido tomadas pelas forças papais; certa vez declarara que daria de bom grado a vida se essas cidades pudessem ser somadas aos estados da igreja. Na noite de 1º para 2 de dezembro de 1521 veio a falecer, dez dias antes de completar 45 anos.

Foi um bom homem, arruinado pelo amor à beleza e pelo hábito de ser rico. Educado num palácio, aprendera o luxo tanto quanto a arte; quando as receitas do papado lhe foram confiadas, deixou-as se esvaírem por entre os dedos descuidados, enquanto se alegrava com a felicidade dos beneficiários ou com os triunfos de guerras dispendiosas. Fortaleceu mais do que nunca os Estados Papais, mas, com suas cobranças e extravagâncias, perdeu a Alemanha. Para a Igreja, ele foi uma glória e uma infelicidade.

A DEBACLE

A Revolta dos Intelectuais

Exaltaríamos o Renascimento na Itália além dos limites se não observássemos que ali, como em outros lugares, a civilização era da minoria, pela minoria e para a minoria.

O homem simples e comum lavrava a terra, puxava carroças ou carregava fardos, labutava do amanhecer ao pôr do sol e, à noite, não tinha mais forças para pensar; deixava os outros pensarem por ele, assim como os outros o faziam trabalhar. Recebia suas opiniões, religião e respostas aos enigmas da vida do próprio ambiente em que vivia ou herdava-as juntamente com a morada dos ancestrais. Aceitava não somente as fascinantes, confortadoras, inspiradoras e terríveis maravilhas da teologia tradicional, que diariamente lhe eram inculcadas no espírito pelo contágio ou pelas artes, mas acrescentava-lhes demonologia, feitiçaria, presságios, magia, adivinhação e astrologia, compondo a metafísica popular que a Igreja condenava como sendo mais perturbadora do que a heresia. Maquiavel, embora cético em religião, sugeriu a possibilidade de que "o ar esteja povoado de espíritos" e declarou-se convicto de que os grandes acontecimentos são anunciados por sortilégios, profecias, revelações e "sinais no céu".

Entre o povo era particularmente difundida a noção de que Satã e certo número de demônios menores pairavam no ar e podiam usar poderes sobrenaturais para ajudar os seus fiéis devotos. Certa classe de mulheres declarava ter acesso a esses demônios e através deles a conhecimentos e poderes sobrenaturais. Em 1484, uma bula do Papa Inocêncio VIII proibiu que se recorresse a tais feiticeiras e solicitou à Inquisição que ficasse alerta a essas práticas. O papa não especificou qualquer punição em particular, mas a Inquisição, seguindo o mandamento do Antigo Testamento – "não permitirás que uma feiticeira viva" –, fez da feitiçaria um crime capital; em 1485, só em Como 41 mulheres queimadas por feitiçaria. Essas execuções se multiplicaram: 140 em Brescia, em 1486; outras trezentas em Como em 1514, no pontificado do refinado e gentil Leão X.

Nesse ambiente, a ciência marcou passo; na verdade, ficou abaixo do nível que alcançara com Alberto Magno no século XIII. Não pôde desfrutar, como a arte, do apoio unido do laicato e da Igreja. A única ciência próspera foi a medicina, pois pela saúde os homens sacrificariam qualquer coisa menos o apetite. Os médicos foram condenados pelos elevados honorários e invejados pela sua alta posição social e pelas espalhafatosas roupas escarlates. Destruíram a hostilidade medieval em relação à dissecação de cadáveres; às vezes, eclesiásticos os ajudavam. Em 1319, estudantes de medicina em Bolonha roubaram um cadáver do cemitério e levaram-no a um professor da universidade, que o dissecou para instruí-los; foram processados, porém declarados inocentes; daí em diante, as autoridades civis fizeram vista grossa ao uso "em anatomia" de criminosos executados e não reivindicados. Logo a dissecação era praticada em todas as escolas médicas da Itália, inclusive nas escolas papais de Roma. Ainda assim, por volta de 1500, a anatomia só alcançara o conhecimento que Hipócrates e Galeno tinham na Antiguidade grega e romana.

A cirurgia ficou famosa rapidamente quando o seu repertório de operações e instrumentos aproximou-se da variedade e da competência das antigas práticas egípcias. Por volta de 1500, muitos médicos europeus assimilaram o ideal hipocrático de aliar filosofia à medicina; com facilidade, passavam de um assunto a outro, no estudo e no ensino; alguns, por serem também cavalheiros, formaram a nata da época.

A FILOSOFIA NO RENASCIMENTO

À primeira vista, o Renascimento não oferece à filosofia qualquer nome memorável; nenhum comparável aos luminares robustos que Rafael retratou como sendo a "Escola de Atenas", nem mesmo ao apogeu da escolástica de Abelardo até Aquino. Entretanto, tem sido por demais esquecida a figura de Pietro Pomponazzi, tão diminuto que os seus familiares o chamavam de Peretto – "Pedrinho"; como ele encobria as suas heresias imputando-lhes o geralmente aceito Aristóteles, parecia uma formiga explorando um elefante. Professor de filosofia da Universidade de Pádua, de 1495 a 1509, depois da Universidade de Bolonha, de 1512 até a sua morte em 1525, escapou da Inquisição porque tinha amigos intocáveis.

Na sua obra mais importante, *Tractatus de immortalitate animae* (de 1516), Pomponazzi interpretou Aristóteles como se este ensinasse que a alma do indivíduo está intrinsecamente ligada ao corpo e morre com ele; a única alma ou mente indestrutível é a do universo. Pomponazzi concluiu que, como filósofo, concordava com Aristóteles, mas como cristão, aceitava o ensinamento da Igreja. Todos os sábios riram dessa escapatória respeitável; como a opinião de Aristóteles acabara de ser condenada pelo Quinto Concílio de Latrão (1513) sob a presidência do próprio Leão X, muitos amigos de Pomponazzi temeram que ele fosse preso pela Inquisição. Mas os humanistas Bembo e Bibbiena, à época desfrutando de posição elevada nos concílios de Leão, intercederam junto ao pontífice cordial, que se contentou em ordenar que o filósofo escrevesse uma confirmação de sua submissão à Igreja. Em *Apologiae libri tres* (de 1518), Pomponazzi confirmou ao mundo que, como bom cristão, aceitava todos os ensinamentos da Igreja.

Em duas obras menores, sabiamente póstumas, Pomponazzi rejeitou muitas superstições, encantamentos mágicos e curas misteriosas; anunciou que todos os eventos mundanos têm causas naturais. Milagres são manifestações de forças naturais apenas parcialmente conhecidas. Reconheceu bastante a astrologia: a vida dos homens e a história dos estados – até das religiões – são afetadas pela ação dos corpos celestes. Defendeu o livre-arbítrio, não só porque parecemos conscientes dessa liberdade, mas também porque sem ela não poderia haver responsabilidade moral, ademais toda ordem social repousaria precariamente no medo da polícia ou da punição divina. Concluiu que os grandes legisladores haviam ensinado a crer num futuro estado de recompensa ou de sofrimento como indispensável substituto ao governo. "Tais coisas não devem ser comunicadas às pessoas comuns, pois elas são incapazes de receber esses segredos", disse ele das próprias especulações.

Apesar dos filósofos, as classes inferiores mantinham a sua amada fé. Os milhares que ouviram Savonarola deviam ter a sua fé, e o exemplo de Vittoria Colonna demonstra que a piedade pode sobreviver à educação. Porém, a alma do grande credo fora atingida pelas flechas da dúvida, e o esplendor gótico do mito medieval ficara maculado pelo ouro acumulado.

Maquiavel

Resta um homem difícil de classificar ou situar: diplomata, historiador, dramaturgo, filósofo; o mais cínico pensador do seu tempo e, no entanto, um patriota incendiado por um ideal; um homem que fracassou em quase tudo o que tentou, mas deixou na história uma marca mais profunda do que praticamente qualquer outra figura da sua época.

Nicolau Maquiavel era filho de um advogado florentino – homem de recursos modestos, que ocupava um cargo menor no governo e tinha uma pequena propriedade rural em San Cassiano, a dezesseis quilômetros de Florença. O menino recebeu a educação literária comum, aprendendo prontamente a ler em latim, mas não em grego. Encantou-se com a história romana, enamorou-se de Lívio e descobriu na história de Roma um análogo esclarecedor para praticamente todas as instituições e todos os acontecimentos políticos do seu tempo.

Iniciou o estudo do direito, mas parece não ter concluído. Deu pouca importância à arte do Renascimento e não manifestou interesse algum pelo descobrimento da América; talvez julgasse que, com isso, o teatro da política aumentara e que, no entanto, o drama e os atores permaneciam inalterados. O único interesse que o absorvia era a política, a técnica da influência, o jogo de xadrez do poder. Em 1498, aos 29 anos, foi nomeado secretário dos *Dieci della Guerra* – Conselho dos Dez da Guerra –, cargo que ocupou durante catorze anos.

Em 1500, acompanhou – e logo liderou – uma missão até Luís XII da França. Seguiu a corte francesa de castelo em castelo e enviou à *Signoria* de Florença "informes" tão atentos e análises tão acuradas que, ao retornar, os amigos o aclamaram como a um diplomata graduado.

O momento decisivo na carreira de Maquiavel foi a missão junto a César Borgia (1502). Em Senigallia, ele notou a felicidade de Borgia por ter apanhado em armadilha, e depois estrangulado ou enjaulado, os aventureiros que haviam conspirado contra ele. Tais acontecimentos abalaram toda a Itália; para Maquiavel, foram lições de filosofia. Ali estava um homem seis anos mais novo do que ele, que em dois anos derrubara muitos tiranos, pusera ordem em muitas cidades e se tornara o próprio meteoro do seu tempo; como as palavras pareciam fracas diante daquele jovem que as empregava com economia senhoril! Daquele momento em diante, César Borgia virou o herói do pensamento de Maquiavel, assim como Bismarck seria o de Nietzsche; naquela corporificação da "vontade de poder" havia uma moralidade além do bem e do mal, um modelo para super-homens.

Em 1512, Júlio II derrubou a república florentina e restaurou o poder dos Médici. Maquiavel perdeu o posto diplomático, foi acusado de conspirar para restaurar o governo, preso, torturado, libertado. Retirou-se com a mulher e os quatro filhos para a propriedade em San Cassiano. Ali, passou o resto da vida escrevendo *Comentários sobre os primeiros dez livros de Tito Lívio* e um resumo das suas conclusões, intitulado *O Príncipe*, que circulou em manuscrito e só foi publicado cinco anos após a morte do autor. Daí em diante, esse livro passou a ser um dos volumes mais frequentemente reimpressos da história da filosofia.

É o mais honesto e o mais imoral dos livros. Expõe de modo claro e franco a doutrina segundo a qual o Estado não precisa nem deve praticar o código moral que recomenda aos seus cidadãos. É legítimo o Estado punir perjúrio, fraude, roubo, crueldade e assassinato, mas se considerar necessário para se proteger, pode praticar justificadamente qualquer um desses atos. Maquiavel interpreta a velha lei romana *salus populi suprema lex* para significar que a segurança do Estado – ou seja, do povo organizado – é a suprema lei. Além disso (prossegue Maquiavel), o ideal cristão de paz pode enfraquecer os cidadãos; uma guerra ocasional é um tônico nacional, restaurando a disciplina, a unidade e a força. Na República Romana, a virtude não era humildade nem gentileza, mas sim masculinidade, virilidade e coragem, armadas com energia e inteligência. Uma guerra que fortalece uma nação é boa. Quando o Estado deixa de se expandir, começa a morrer.

Em *Comentários*, Maquiavel estendeu seu argumento a partir da ética de governo para aquilo que lhe parecia a infeliz fragmentação da Itália em estados insignificantes que guerreavam entre si com exércitos compráveis, alérgicos ao combate, dirigidos por *condottieri* abertos a qualquer oferta liberal do inimigo. Sabia que os governantes do norte cobiçavam as terras férteis e a arte brilhante da Itália. Divertiu-se um pouco com a esperança de que César Borgia, habitualmente tão vitorioso, se tornasse senhor de toda a Itália e depois liderasse um exército patriótico para defender a península. Mas César Borgia morreu em 1507, e Maquiavel, cansado da política, cansado do seu retiro rural, cansado até dos amigos de taberna, desistiu de viver em 1527. Naquele ano, um exército predominantemente alemão conquistou e devastou Roma e pôs fim ao Renascimento romano.

Adriano VI

A população da capital, dos príncipes ao populacho, ficou chocada ao saber, no dia 2 de janeiro de 1522, que o conclave de cardeais elegera ao papado um não italiano (o primeiro desde 1378) – e, pior ainda, um teutão (o primeiro desde 1161) – exatamente quando Martinho Lutero liderava na Alemanha uma revolta aberta contra a Igreja de Roma.

Adrian Dedel era holandês e nasceu de uma família modesta de Utrecht em 1459; foi educado em Louvain; tornou-se chanceler daquela universidade aos 34 anos; aos 47, foi nomeado tutor do obstinado e decidido jovem que seria Carlos V, imperador do Sacro Império Romano. Em 1515, Adrian foi enviado em missão à Espanha, e a sua habilidade administrativa impressionou tanto o rei Fernando que este o fez bispo de Tortosa. Com todos esses progressos, Adrian continuava modesto em tudo, menos em teologia, e perseguiu as heresias com um zelo que o tornou querido pelo povo da Espanha. Num conclave de cardeais predominantemente italianos, a influência de Carlos V talvez o tenha feito papa.

Adriano VI sentiu-se perdido no Vaticano e declarou-se melhor talhado para o cargo de imperador do que para o de sucessor do pescador Pedro. Despediu todos os cavalariços que Leão mantinha para cuidar do estábulo, menos quatro; reduziu a dois os criados pessoais – ambos holandeses – e ordenou-lhes que diminuíssem para um ducado ao dia as despesas de manutenção da casa. Horrorizou-se com a liberalidade do sexo, da linguagem e da pena em Roma e concordou com Lourenço e Lutero que a capital do cristianismo era um poço de iniquidade.

Não deu valor à arte antiga que os cardeais lhe mostraram; denunciou a estatuária como relíquia da idolatria e murou o Palácio Belvedere, que continha a primeira coleção de escultura clássica da Europa. Também pretendia murar os humanistas e os poetas, que para ele pareciam viver e escrever como os pagãos que haviam banido Cristo.

Fazer a Igreja voltar de Leão para Cristo passou a ser a piedosa paixão do pontificado de Adriano. Entregou-se com cega tenacidade a reformar os abusos eclesiásticos que estivessem ao seu alcance. Eliminou cargos supérfluos com um vigor, às vezes, irrefletido e indiscriminado. Cancelou os contratos, assinados por Leão, para pagar anuidades àqueles que compraram cargos da Igreja; 2.550 pessoas que haviam comprado tais cargos como investimento perderam, por assim dizer, tanto o principal quanto os juros; Roma ressoava com os gritos de que haviam sido enganados, e uma das vítimas tentou matar o papa. Parentes de Adriano, que o procuraram em busca de sinecuras, foram aconselhados a voltar e a ganhar um sustento honesto.

Adriano acabou com a simonia e o nepotismo, reprimiu a venalidade da Cúria, decretou severas penas para suborno e peculato e puniu os cardeais culpados com tratamento igual ao dispensado ao funcionário mais humilde. Solicitou que bispos e cardeais retornassem às suas sedes e leu para eles as lições de moral que deveriam observar. A má reputação de Roma, dizia ele, era o falatório da Europa. Não acusaria de vício os cardeais, mas acusou-os de permitirem que o vício não fosse punido em seus palácios. Pôs fim aos luxos e fez com que se contentassem com uma renda anual máxima de

6 mil ducados. Toda a Roma eclesiástica "está aterrorizada, vendo o que o papa fez no espaço de oito dias", escreveu o embaixador veneziano.

Mas os oito dias não foram suficientes, nem os breves treze meses do ativo pontificado de Adriano. O vício escondeu a sua face por algum tempo, mas sobreviveu; as reformas molestaram milhares de funcionários e enfrentaram uma sombria resistência; havia a esperança de que Adriano tivesse morte prematura. O papa lamentava perceber que um homem pode fazer muito pouco para melhorar os outros – "A eficiência de um homem depende muito da época em que ele lança a sua obra!", dizia muitas vezes – e observava, tristonho, para o seu velho amigo Heeze: "Dietrich, como éramos mais felizes quando vivíamos tranquilos em Louvain!".

Depois de apenas treze meses em Roma, Adriano, abatido de corpo e alma, adoeceu e morreu (14 de setembro de 1523). Deixou todos os seus bens para os pobres e insistiu num funeral tranquilo e modesto. Foi pena que o puritano teutão Adriano não tenha entendido o Renascimento italiano pagão nem tenha conseguido construir uma ponte entre a Alemanha que pagava e a Itália que gastava o dinheiro de Pedro. Mas foi um crime e uma loucura Roma não ter conseguido suportar um papa cristão.

O saque de Roma (1527)

O sucessor de Adriano, que adotou o nome de Clemente VII, era Giulio de Médici, filho ilegítimo de Giuliano, irmão de Lourenço. Quando Giuliano foi assassinado, Lourenço levou Giulio para sua família e o educou junto com seus próprios filhos. Estes incluíam Leão que, quando papa, dispensou Giulio dos impedimentos canônicos pelo fato de ser bastardo e o fez arcebispo, depois cardeal e depois o principal administrador do pontificado. Giulio era alto e belo, rico e culto, tinha boas maneiras e levava uma vida moral, sendo admirador e patrono da literatura, da música e da arte.

Roma saudou sua elevação ao papado como sinal do retorno da época áurea de Leão. Giulio distribuiu entre os cardeais todos os benefícios de que desfrutava. Conquistou os corações e a dedicação de eruditos e escribas, levando-os para o seu serviço e sustentando-os com presentes. Dispensou legitimamente a justiça, deu audiências livremente, concedeu caridade com uma generosidade menor do que a de Leão, porém com mais sabedoria, e encantava a todos com a sua cortesia sem distinguir classes. Jamais um papa começou tão bem e terminou tão mal.

A tarefa de conduzir uma trajetória segura entre Francisco I e Carlos V numa guerra quase mortal – enquanto os turcos dominavam a Hungria e um terço da Europa estava em plena revolta contra a Igreja – mostrou-se demasiada para as habilidades de Clemente, assim como fora para as de Leão. O magnífico retrato de Clemente no início do pontificado, feito por Sebastiano del Piombo, é enganador: nas suas ações ele não demonstrava a resolução firme que parecia delineada no seu rosto; já naquele quadro uma leve fadiga transparecia nas pálpebras cansadas, caídas sobre olhos taciturnos.

Clemente fez da indecisão uma política. Pensava demais e equivocou-se, transformando isso em substituto, em vez de guia da ação. Conseguia encontrar uma centena de razões em favor de uma decisão e outra centena contra; era como se o "asno de Buridan" estivesse sentado no trono papal. (Devo explicar que Jean Buridan foi um filósofo escolástico que explicava a psicologia da hesitação descrevendo um burro filosófico que, desesperado de fome, e estando equidistante entre dois montes de feno, foi incapaz de encontrar um motivo para se dirigir a um deles e não ao outro, morrendo de fome.)

Os "montes de feno" de Clemente eram Francisco, rei da França, e Carlos I, rei da Espanha (1516-1556), que também foi Carlos V, imperador do Sacro Império Romano (1519-1556). Quando esses dois lutaram pelo controle da Itália, Clemente oscilou entre o francês e o espanhol, até Carlos enviar agentes para conquistá-lo ou depô-lo.

Enquanto isso, os turcos, liderados por Suleiman, o Magnífico, capturaram Budapeste (10 de setembro de 1526), Belgrado e Algiers. Clemente temeu que a Europa ficasse não apenas protestante, mas maometana. Carlos permaneceu na Espanha, movimentou através de controle remoto seus personagens dramáticos e incumbiu seus agentes de reunirem um novo exército. Esses prometeram ao aventureiro tirolês Georg von Frundsberg liberdade para saquear se ele conduzisse seus mercenários alemães até a Itália e depusesse Clemente VII. Frundsberg ainda era nominalmente católico, mas simpatizava com Lutero e odiava Clemente como traidor do chefe do Sacro Império Romano. Arranjou 38 mil florins e reuniu 10 mil mercenários ansiosos por aventuras e saques e não avessos a enforcar um papa. Conduziu-os através do rio Pó e permitiu que devastassem a Lombardia.

Enquanto isso, outro Carlos, Duque de Bourbon, tendo motivos pessoais para se opor a Francisco I, liderou um exército a partir de Milão para se somar às forças de Frundsberg perto de Piacenza. A horda, então constituída de 22 mil homens, avançou em direção a Roma, roubando livremente por onde passava.

Quando Clemente percebeu que nem Carlos V nem Francisco I o auxiliariam, juntou 60 mil ducados com os quais seus emissários persuadiram tanto Frundsberg quanto Bourbon a manterem seus homens fora dos Estados Papais. Mas as tropas se recusaram a honrar o acordo. Durante quatro meses, haviam suportado incontáveis agruras com a única esperança de saquear Roma; agora, a maioria estava maltrapilha, muitos descalços, todos famintos e nenhum recebera pagamento; recusaram-se a se deixar comprar por míseros 60 mil ducados, dos quais sabiam que apenas uma pequena parte escorreria até eles. Temendo que Bourbon assinasse a trégua, os soldados sitiaram-lhe a tenda, gritando: "Paga! Paga!". Bourbon escondeu-se em outro lugar, e os homens saquearam-lhe a tenda. Frundsberg tentou acalmá-los, mas sofreu um ataque de apoplexia enquanto apelava; não mais participou da campanha e morreu um ano depois. Bourbon assumiu o comando, mas apenas concordando em marchar contra Roma. Em 29 de março, enviou mensagens a Carlos de Lannoy, vice-rei de Nápoles, e a Clemente, dizendo que não estava conseguindo segurar os comandados e que forçosamente a trégua chegava ao fim.

Então, finalmente Roma percebeu que era a presa pretendida e indefesa. Na Quinta-feira Santa (9 de abril), quando Clemente dava a bênção para uma multidão de 10 mil pessoas diante da Basílica de São Pedro, um fanático vestindo apenas um avental de couro subiu na estátua de São Paulo e gritou para o papa: "Bastardo de Sodoma! Pelos teus pecados, Roma será destruída! Arrepende-te e recua! Se não acreditares em mim, dentro de catorze dias verás!" Na vigília pascal, esse selvagem eremita – Bartolommeo Carosi, chamado Brandano – correu pelas ruas gritando: "Roma, faz penitência! Eles farão contigo o que Deus fez com Sodoma e Gomorra!"

Bourbon, na esperança de satisfazer as tropas com uma quantia maior, exigiu de Clemente 240 mil ducados; Clemente respondeu que não poderia obter tamanha quantia. Agora dispunha de 4 mil soldados para enfrentar o ataque de 20 mil homens famintos.

Em 6 de maio, a multidão de Bourbon aproximou-se das muralhas, acobertada por um nevoeiro. Foi repelida por uma fuzilaria; o próprio Bourbon foi atingido e morreu quase instantaneamente. Mas os invasores não podiam ser detidos com ataques repetidos; a alternativa era capturar Roma ou morrer de fome. Encontraram uma posição fracamente defendida; romperam-na e invadiram a cidade. Clemente, a maioria dos cardeais residentes e centenas de funcionários fugiram para o Castelo de Sant'Angelo.

À medida que os invasores ocupavam as ruas, iam matando indiscriminadamente. Entraram no hospital e no orfanato Espírito Santo e mataram praticamente todos os pacientes. A Basílica de São Pedro e o Vaticano foram despojados de alto a baixo, e seus cavalos foram amarrados nas *stanze* de Rafael. Todos os palácios pagaram resgate para serem protegidos, mas acabavam enfrentando novos ataques de outros grupos e pagando novos resgates. Crianças eram lançadas de janelas altas, para que os pais revelassem o esconderijo das suas economias. Um cardeal foi baixado a uma sepultura e informado que seria enterrado vivo, a menos que providenciasse o pagamento de um resgate.

Impossível calcular o número de mortes. O saque durou oito dias, enquanto Clemente observava das torres do Castelo de Sant'Angelo, como o torturado Jó. Carlos, ainda na Espanha, ficou satisfeito ao saber que Roma fora tomada, mas ficou chocado ao saber da selvageria do saque; eximiu-se de responsabilidade pelos excessos, mas aproveitou-se plenamente do desamparo do papa. A 6 de junho, os seus representantes, possivelmente sem o seu conhecimento, obrigaram Clemente a assinar um tratado de paz humilhante. Todos os que estavam em Sant'Angelo tiveram permissão para sair, menos Clemente e os treze cardeais que o acompanhavam. Todo o edifício do papado, material e espiritual, parecia cair numa ruína trágica que despertou a piedade até de quem achava que alguma punição era merecida pela infidelidade de Clemente, pelos pecados do papado, pela ambição e corrupção da Cúria e pela iniquidade de Roma. Erasmo lamentou o fim dos dias serenos da cidade:

> Roma não era apenas o santuário da fé, o berço de almas nobres e o lar de grandes homens, mas a mãe das nações. Para muitos, ela foi mais querida, mais doce e mais preciosa do que a própria terra natal!... Na verdade, isto não é a ruína de uma cidade, mas de todo o mundo.

Temendo uma liga entre a Inglaterra e a França, e amansado por 112 mil ducados obtidos das receitas contínuas da Igreja, Carlos libertou o papa preso (27 de dezembro de 1527). E então Clemente VII, disfarçado de criado, saiu de Roma para Orvieto e daí para Viterbo. Depois de nove meses de humilhação e pobrezas, o papa teve permissão de retornar a Roma. Necessitando de um aliado, Carlos fez as pazes com o pontífice, declarou-se um humilde servo de Cristo e beijou os pés do papa, reconhecendo que o Estado em expansão, por ele dirigido, precisava da ajuda da atormentada Igreja. Nos dias 22-24 de fevereiro de 1530, Clemente coroou Carlos com a coroa de ferro da Lombardia e com a coroa do Sacro Império Romano.

Clemente morreu quatro anos mais tarde (25 de setembro de 1534), depois do pontificado mais desastroso da história da Igreja Romana. Quando Clemente ascendeu ao pontificado, Henrique VIII ainda era seu *defensor fidei* contra Lutero, e a revolta protestante ainda não propusera mudanças vitais na doutrina; quando Clemente morreu, Inglaterra, Dinamarca, Suécia, metade da Alemanha e parte da Suíça tinham rompido definitivamente com a Igreja, e a Itália se submetera ao domínio espanhol, fatal para as ideias e para a vida que, por bem ou por mal, marcara o Renascimento. Todos se regozijaram com a ascensão de Clemente; praticamente todos se regozijaram com sua morte; e a plebe de Roma profanou-lhe o túmulo várias vezes.

Porém, na outra extremidade da Itália, Veneza, no ocaso da glória, dava ao Renascimento outra vida brilhante.

CAPÍTULO 17

O Renascimento – Parte III
O declínio de Veneza

VENEZA E SEUS DOMÍNIOS

Em 1378, Veneza estava no nadir. O comércio do Adriático era represado pela vitoriosa esquadra genovesa, as comunicações com os que lhe pagavam tributos bloqueadas por forças hostis, o povo morrendo de fome e o governo aguardando uma humilhante submissão.

Meio século mais tarde, Veneza governava Pádua, Vicenza, Verona, Brescia, Bérgamo, os dois lados ao norte do Adriático, além de Lepanto, Patras e Corinto. Segura em sua cidadela de muitos fossos, parecia imune às vicissitudes políticas do continente; sua riqueza e seu poder cresceram até ela se sentar como uma rainha coroada para comandar a Itália. A renda anual do governo – 800 mil ducados em 1455 – excedia a de qualquer outro Estado italiano e equivalia à de toda a Espanha cristã. Os orgulhosos palácios e a avenida fluida do Grande Canal levaram Philippe de Comines a declarar que era "a rua mais bela do mundo".

A fortuna de Veneza provinha de centenas de indústrias – construção naval, ferro, vidro, couro, fibras têxteis, pedras preciosas – e de uma frota comercial que levava os produtos venezianos das suas dependências para a Grécia, para o Egito e para a Ásia e voltava com sedas, especiarias, tapetes, drogas e escravos; a média anual das exportações era calculada em 10 milhões de ducados; nenhuma cidade da Europa igualou esse comércio.

Na cultura veneziana (e na italiana), a licenciosidade terrena e a profanação sentavam-se ao lado da crença ortodoxa e da piedade semanal. Aos domingos e dias santos, a população se apinhava na praça de São Marcos e absorvia doses de terror e esperança dos mosaicos e das estátuas, dos ícones e dos sermões. Até as prostitutas iam até ali depois de uma noite cansativa, para se purificarem dos homens. A grande basílica não era um bom símbolo da civilização nem da arte venezianas. Construída na sua forma atual, em 1073, apesar de todas as reformas, permaneceu profundamente bizantina nos seus ornamentos externos e no seu interior sombrio; rituais, sermões e mosaicos representavam mitos e terrores medievais e não a alegria vigorosa nem a crença descuidada do Renascimento italiano.

Ao lado desse templo esparramado, o Palácio dos Doges reunia colunas clássicas, arcos romanescos e pináculos góticos, envolvendo luxuosas câmaras para senadores senhoriais ou encobrindo prisões subterrâneas para inimigos desatentos. De frente para a praça de São Marcos ou para o Grande Canal, todos os anos erguiam-se palácios externamente modestos e internamente adornados com toda a riqueza e o calor da arte e do luxo venezianos. Ali, Byron se divertiu, e Wagner morreu. Ali, como no Palácio dos Doges ou num grupo de igrejas modestas e também magníficas, ou nas *scuoli* (escolas) de frades, surgiriam numa sucessão estonteante as pinturas de Gentile e Giovanni Bellini, Carpaccio, Giorgione, Ticiano, Tintoretto e Veronese. Roma acharia difícil competir com essa dinastia.

Até os inimigos admiravam o governo de Veneza e mandavam agentes para estudar-lhe a estrutura e o funcionamento. Era controlado por uma oligarquia fechada de velhas famílias listadas num *Libro d'oro*, que escolhia um Conselho Maior, que escolhia sessenta homens para servirem num senado legislativo, que escolhia um doge (líder) como executivo e que, com seis conselheiros particulares, constituía a *Signoria.* Para se defender de conspirações internas ou externas, o Conselho Maior elegia anualmente um Conselho de Dez como comitê de segurança pública. Através de espiões e de procedimentos rápidos, sessões e julgamentos secretos, esse *Consiglio dei Dieci* tornou-se durante certo tempo a mais poderosa arma do governo.

Muitas lendas surgiram em torno desse conselho, em geral exagerando-lhe o caráter secreto e a severidade. Em resumo, era uma constituição eficiente que mantinha o Estado numa estabilidade próspera, capaz de antecipadamente produzir políticas que poderiam ser difíceis de manter num governo sujeito às flutuações frequentes da opinião pública.

A vida veneziana era mais atraente no cenário do que no espírito. A autocracia era competente e demonstrava grande coragem na adversidade; mas, às vezes, era brutal e sempre egoísta; assim como os vizinhos, jamais se considerou parte da Itália e pouco se importava com a tragédia política que pudesse recair sobre aquela terra dividida. Deu origem a personalidades poderosas – autoconfiantes, astutas, ambiciosas, valentes, orgulhosas; conhecemos centenas dessas pessoas refinadas, através de retratos feitos por artistas por elas patrocinados. Era uma cultura que, comparada à de Florença, carecia de sutileza e profundidade; comparada à de Milão à época de Ludovico, carecia de finura e graça. Mas foi a civilização mais colorida, suntuosa e sensualmente fascinante que a história conheceu.

A ARTE VENEZIANA

Antes de Ticiano

A cor sensual é a essência da arte veneziana e até mesmo da sua arquitetura. Muitas igrejas e casas venezianas, assim como algumas construções comerciais, tinham mosaicos ou afrescos na parede frontal.

A fachada da Basílica de São Marcos brilhava com o dourado e os ornamentos dispostos ao acaso; praticamente todas as décadas acrescentaram-lhe novos produtos de pilhagens e novas formas, até que a aparência da grande igreja tornou-se uma mistura bizarra de arquitetura, escultura e mosaicos onde a decoração sufocou a estrutura e as partes esqueceram o todo. Para admirar essa fachada, é preciso ficar a 190 metros de distância, na extremidade da praça de São Marcos; assim percebe-se, num exotismo fantasmagórico, num sonho mágico de Aladim, o brilhante conglomerado formado por um portal romanesco, golas góticas, colunas clássicas, parapeitos renascentistas e cúpulas bizantinas.

Entre a Basílica de São Marcos e o Grande Canal, o Palácio dos Doges representa a face orgulhosa do poder civil do Estado. Tendo a maior parte de sua estrutura reconstruída entre 1309 e 1443, com a fachada sul voltada para a água e a fachada oeste em frente à clássica *Libreria Vecchia* – a Biblioteca Velha, construída por Jacopo Sansovino em 1536 para acrescentar esplendor à praça –, o palácio, com os seus graciosos balcões e arcadas em estilo gótico e seus capitéis com soberbas esculturas, consegue prender olhos e mentes durante horas. Ruskin considerava um desses capitéis o mais belo da Europa. No adro, Bartolomeu Buon, o Jovem, e Antônio Rizzo ergueram um arco floreado, adornado com duas estátuas estranhas: Adão parece protestar a sedução que sofreu, e Eva possivelmente se pergunta por que a sabedoria seria considerada um pecado. Desse adro, a famosa *Scala dei Giganti*, ou Escadaria dos Gigantes, conduzia por imponentes degraus aos escritórios e salas de reunião do Conselho Maior, do Senado e dos Dez.

Foi uma vanglória e, ainda assim, uma glória que os venezianos quisessem quadros: de indivíduos, para perpetuarem suas excelências – daí tantas obras-primas de Ticiano; do governo, para impressionar os súditos com poder e dignidade – daí alguns dos mais belos murais da história; da Igreja, para contar a história cristã a um povo do qual apenas poucos conseguiam ler – daí tantas Anunciações, Natividades, Visitações, Massacres dos Inocentes, Fugas para o Egito, Transfigurações, Últimas Ceias, Crucificações, Sepultamentos, Ressurreições, Ascensões, Martírios. Nem mesmo os gregos tiveram tanto sucesso em perpetuar seus credos.

Alguns estímulos externos ajudaram a criar uma escola veneziana de pintura. Dois artistas de outras cidades substituíram os rostos escuros e solenes da tradição bizantina e as figuras sem vida dos santos de Giotto. Em viagem de negócios a Flandres, Antonello de Messina observou o acabamento mais brilhante e a maior permanência das pinturas a óleo e suas gradações de cor mais puras em comparação com a têmpera (mistura de tinta com uma substância gelatinosa), ainda em uso na Itália. Estabelecendo-se em Veneza porque "era muito adepto das mulheres e do prazer", ele começou a pintar a óleo e impressionou tanto os pintores que utilizavam a têmpera que uma revolução nos métodos provocou o primeiro florescimento da arte pictórica veneziana.

Dois meio-irmãos – Gentile e Giovanni Bellini – lideraram esse desfile colorido. Em 1474, a *Signoria* atribuiu-lhes a tarefa de repintar catorze painéis desbotados na sala do Conselho Maior. Os resultados situam-se entre as primeiras pinturas venezianas a óleo. O sucesso deve ter encorajado Maomé II, conquistador da Constantinopla cristã (1453), a pedir ao governo veneziano um competente pintor de retratos. Mandaram-lhe Gentile Bellini, que animou o idoso sultão com quadros eróticos. Depois (1474), pintou-o como uma poderosa personalidade acostumada à vitória.

Em 1480, Gentile retornou a Veneza; Maomé morreu no ano seguinte; o seu sucessor, obedecendo à proibição formal muçulmana de se retratar a figura humana, condenou ao esquecimento todas as pinturas turcas de Gentile, menos duas. Gentile continuou produzindo grandes quadros até morrer (1507).

O outro irmão Bellini, Giovanni (afetuosamente chamado Gian), era um ano mais novo, sobreviveu nove anos a Gentile e elevou a arte da pintura a óleo ao seu primeiro apogeu veneziano. Conseguiu esplendor de cores, graça e precisão de linhas, delicadeza de sentimentos e profundidade de interpretação que – mesmo à época em que o irmão era vivo – tornaram-no o mais aclamado e procurado pintor de Veneza. Igrejas, associações e patronos particulares pareciam jamais se cansar das Madonas e dos Cristos de Giovanni; o ilustre doge Loredano encontrou tempo para posar para um dos mais belos retratos da arte veneziana. Entre os labores dos Bellini e os triunfos de Ticiano, interpôs-se um pintor especialmente fascinante, ainda hoje conhecido apenas pelo seu nome de família: Giorgione da Castelfranco. Seus pais são desconhecidos, mas percebe-se a sua linhagem quando se sabe que aos treze anos ele foi enviado a Veneza para servir de aprendiz de Gian Bellini. Desenvolveu-se rapidamente, conquistou encomendas animadoras, comprou uma casa, pintou afrescos na fachada e encheu-a de música e animação, pois tocava alaúde de modo cativante e preferia alegres mulheres ao vivo às mais belas congeladas na tela ou na parede. Acrescente-se um toque da tranquilidade de um bosque e tem-se a sua primeira obra-prima, "A Cigana e o Soldado": uma mulher distraída e nua, exceto por um xale à volta dos ombros, senta-se sobre o vestido desprezado, na margem de um córrego ondulado, amamentando o filho, enquanto ali perto um belo rapaz parece tão contente com aquela visão que ignora um relâmpago anunciador de uma tempestade.

Na "Vênus adormecida" de Giorgione completa-se a passagem dos temas e sentimentos cristãos para os pagãos; o cristianismo é esquecido para se recapturar o ambiente da Roma de Ovídio. Em outra obra – "Cena Campestre", que está no Louvre – duas mulheres nuas, sem demonstrar vergonha, e dois homens vestidos, calmos e triunfantes celebram a união da beleza feminina com o encanto do bosque. Somente no seu quadro mais belo e sutil – "Concerto Campestre" – Giorgione transcende o desejo, conseguindo sensibilidade e realização estéticas. Um monge está sentado diante de um clavicórdio, com as mãos lindamente descansadas sobre as teclas, o rosto voltado para um clérigo calvo à direita; o clérigo pousa uma das mãos no ombro do monge e com a outra segura um violoncelo apoiado ao chão. Será que a música terminou, ou ainda não começou? Não importa: o que nos impressiona é a profundidade silenciosa do sentimento estampada na expressão do monge, requintada e enobrecida pela música, como quem ouve muito depois de todos os instrumentos terem emudecido. Aquele rosto, não idealizado, mas sim profundamente realizado, é um dos milagres da pintura do Renascimento. Giorgione teve vida curta, mas aparentemente feliz. Parece ter tido muitas mulheres e ter curado cada romance rompido com novos amores. Vasari relata que a última amante de Giorgione transmitiu-lhe a peste; tudo o que se sabe é que ele morreu na epidemia de 1511, aos 34 anos. Deixou dois discípulos que agitariam o mundo: Sebastiano del Piombo, que se mudou para Roma, e Ticiano Vecelli, o maior de todos os pintores venezianos.

Ticiano

Nasceu em Pieve, nos Dolomitas (1477) e, embora tenha se mudado para Veneza aos dez anos, aquelas montanhas, como entidades sobrenaturais pairando sobre os absurdos humanos, permaneceram na sua lembrança e nas suas paisagens. Estudou sob a orientação de Bellini e trabalhou com Giorgione, que o influenciou profundamente.

Desenvolveu-se lentamente, como se desse tempo para todos os seus dons amadurecerem. Em 1515, atingiu a mestria com três quadros sérios. O primeiro é "As Três Idades do Homem": crianças dormindo em inocente nudez debaixo de uma árvore, enquanto Cupido as inocula com o desejo; um jovem casal na primavera do amor; e um octogenário barbado contemplando um crânio. O segundo, "Amor Sagrado e Amor Profano", onde o nu é realizado com tão profunda perfeição que pode ter desencadeado em Rubens uma longa viagem de belezas livres; aqui parece completar-se a passagem no Renascimento, da Virgem para Vênus. Mas, nesse mesmo ano, 1515, Ticiano pintou para a igreja dos Frari aquela que parece ser a sua obra-prima, "A Assunção da Virgem" da terra para o paraíso; até hoje a visão dessa obra-prima é um acontecimento inesquecível para qualquer sensível apreciador da vida. Diante dessa poderosa evocação, o cético, relutante, lamenta suas dúvidas e reconhece o poder e a beleza do mito.

O amigo favorito do maior pintor veneziano foi o mais obsceno, imoral, desavergonhado e brilhante escritor do seu tempo, patrono de prostitutas e amigo dileto do imperador Carlos V. Filho de um sapateiro obscuro e de mãe desconhecida, gostava de ser chamado Aretino, em homenagem à sua cidade natal, Arezzo. Não se importava de ser bastardo, uma vez que encontrou distintos companheiros nessa categoria.

Passou por várias formas de pobreza até acumular muitos ducados com a sua vivacidade e a sua pena; as pessoas importantes pagavam para que ele as poupasse de suas sátiras, e milhares liam os seus livros para se divertir vendo os milionários serem malhados e os notáveis expostos ao ridículo. Mudando-se para Veneza em 1521, o "flagelo dos príncipes" alugou aposentos confortáveis no Grande Canal e apreciou passar sob a sua janela a procissão de negócios e prazeres que, na prática, fazia mais barulho do que os pregões dos gondoleiros e o bater dos remos.

Agora vestido como um lorde, distribuía caridade aos pobres, sustentava uma série de amantes e entretinha um grupo de amigos. Ticiano teve a sorte de desfrutar da hospitalidade de Aretino e lucrou com as suas recomendações a notáveis dotados de títulos ou dinheiro. Em 1530, Aretino apresentou-o a Carlos V.

Depois de conquistar a maior parte da Itália, o imperador do Sacro Império Romano dedicou-se a reorganizá-la e aborreceu-se, impaciente, com um retrato que, na sua opinião, valia apenas um ducado. O marquês Frederico de Mântua calmamente deu a Ticiano mais 150 ducados e garantiu a Carlos que ele posara para "o melhor pintor da época". Por volta de 1532, o imperador convenceu-se disso e, durante os dezesseis anos seguintes, posou para Ticiano tantas vezes que o artista deve ter ansiado por se ver livre.

Deve ter sido um alívio passar a pintar o papa. Paulo III também era "imperial" – homem de caráter viril, habilidade sutil, um rosto que registrava duas gerações da história; ali estava uma oportunidade melhor para Ticiano do que a que tivera com um imperador nada comunicativo. Em 1543, em Bolonha, Paulo enfrentou o franco realismo do retrato feito por Ticiano. Aos 75 anos, cansado, porém indômito, vestiu as roupas papais, a cabeça comprida e a barba longa curvadas sobre um corpo outrora poderoso, o anel do cargo visível na mão aristocrática. Esse quadro e o retrato de Júlio II, de autoria de Rafael, disputam a honra de ser o mais belo e profundo retrato do Renascimento italiano.

Em 1552, Ticiano encerrou suas viagens e voltou para Veneza. Estivera ocupado demais para ter tempo de morrer, mas agora, aos 75 anos, deve ter pressentido a morte e alguns apelos para abandonar as divindades gregas e retornar à fé da juventude. Pintou outra série de quadros cristãos. Sua vitalidade persistente, entretanto, levou-o várias vezes de volta aos temas pagãos. Muitas Dianas e Afrodites ainda brotaram dos seus pincéis.

Mais belos e profundos do que esses nus mitológicos foram os retratos que Ticiano produzia então em tamanha abundância que a sua arte parecia uma segunda natureza. É surpreendente a representação que fez de Aretino – a evocação de um fascinante patife, feita por um amigo fiel. Quase tão revelador é o seu autorretrato aos 89 anos: um rosto enrugado e ainda assim purificado pelo fluir de tantos dias, os olhos azuis um tanto sombrios vendo a morte, mas a mão agarrando um pincel – a paixão artística ainda viva.

Ticiano morreu em 1576, aos 99 anos. Ainda houve alguns gigantes depois dele, como Tintoretto e Veronese, que, com suas artes, glorificaram os salões do governo. Nós os deixaremos para obras mais extensas. As artes e as letras venezianas cantavam a glória de Veneza, mesmo quando a economia afundava em ruína, num Mediterrâneo dominado numa extremidade pelos turcos e abandonado, na outra, por uma Europa que buscava o ouro americano.

Nem as vicissitudes dos negócios e da guerra puderam extinguir a orgulhosa memória de um século maravilhoso – 1480-1580 –, durante o qual os Mocenigi, Priuli e Loredani fizeram e salvaram a Veneza imperial, os Lombardi e Leopardi a adornaram com estatuária, os Sansovino e Paladio coroaram-lhe as águas com igrejas e palácios, os Bellini, Giorgione, Ticiano, Tintoretto e Veronese elevaram-lhe a arte à liderança da Itália, Aldo Manúcio despejou em excelente forma impressa a herança literária da Grécia e de Roma para quem se interessasse, e o irrefreável mefistofélico "flagelo dos príncipes", sentado no seu trono no Grande Canal, julgava e explorava a humanidade.

Ainda na Itália

Não fizemos justiça a Tintoretto, Veronese e outros que embelezaram os magistrais salões do Palácio dos Doges; negligenciamos Correggio, Cellini e outras almas dedicadas que durante certo tempo fizeram da Itália a "Luz do Mundo"; esquecemos a última década e as obras de Michelangelo, que sepultou os Médici falecidos entre esculturas imortais e coroou a Basílica de São Pedro com uma cúpula que ainda é, numa era de dúvidas, o apogeu da civilização ocidental.

Homenageamos Michelangelo porque mesmo sua vida longa e torturada não o impediu de criar e produzir continuamente obras-primas em todos os principais campos da arte. Vemos essas obras arrancadas, por assim dizer, da carne, do sangue, da mente e do coração de Michelangelo, a ponto de deixá-lo temporariamente enfraquecido. Vemo-las criando forma através de infinitos golpes de martelo e cinzel, lápis e pincel; uma após outra, as obras dele parecem uma população imortal, assumem o seu lugar entre as formas eternas de beleza e significado.

Não sabemos o que é Deus nem compreendemos um universo tão visivelmente misturado de bem e de mal, de sofrimento e enlevo, destruição e sublimidade; mas na presença de uma mãe cuidando do filho – ou de um sábio dando ordem ao caos, significado à matéria e nobreza à forma ou ao pensamento – sentimo-nos tão perto quanto nos é possível da vida e da lei que constituem a ininteligível inteligência do mundo.

CAPÍTULO 18

A REFORMA – PARTE I
WYCLIF E ERASMO

PRELÚDIO (DE 30 A 1307 D.C.)

A Igreja Católica Romana é uma das organizações mais notáveis da história. Um estudo objetivo das suas origens, propósitos, métodos, vicissitudes, falhas e realizações lançaria mais luzes sobre a natureza e as possibilidades do homem e dos governos do que o estudo de praticamente quaisquer outros assuntos ou instituições abertos à investigação humana.

Quando a declinante crença nas divindades pagãs romanas não pôde mais dar apoio moral a uma nação desorganizada e em perigo na tarefa de controlar o individualismo nativo de homens e grupos, uma nova fé num Deus severo e, no entanto, clemente, e no seu Filho que redime e inspira propiciou a uma minoria em expansão um credo que tanto alimentou quanto acalmou o espanto e o temor humanos e desenvolveu um código moral e uma ordem social que possibilitaram uma nova civilização.

O velho latim masculino dos soldados romanos foi suavizado para se adequar aos hinos e ao cavalheirismo; a literatura brincou ao experimentar centenas de formas; a arte acrescentou a alegria e a animação dos ornamentos e espirais góticos à nobreza calma das colunatas e dos domos clássicos. A Igreja Católica Romana angariou tantos adeptos e devotos que, por meio da força da palavra venerada, conseguiu conter o egoísmo natural de homens e nações.

Por volta de 1300, essa estrutura majestosa fora corroída pela natureza do homem. Alguns administradores da Igreja mostraram-se humanos, venais, tendenciosos, opressores ou extorsionários; alguns reis – fortalecidos com a ordem social e o desenvolvimento da economia – rejeitavam as reivindicações papais ao poder secular e lamentavam a remessa do dinheiro do seu povo para um potentado estrangeiro.

Em 1303, Filipe IV da França desafiou com êxito a autoridade do Papa Bonifácio VIII sobre as propriedades e atividades da Igreja Católica na França. Prendeu Bonifácio por três dias em Anagni, na parte central da Itália; o pontífice morreu logo depois. Em 1305, Filipe conseguiu que um francês fosse eleito papa, com o nome de Clemente V; e em 1309 persuadiu-o a deslocar a sede papal de Roma para Avignon, às margens do Ródano. Ali, até 1377, o papado foi, até certo ponto, um feudo do rei francês e era considerado assim pelos outros governantes, que cada vez mais lamentavam a exportação das poupanças do seu povo para um papado estrangeiro.

Para proclamar a sua vassalagem, os pontífices de Avignon, num total de 134 indicações para o colégio dos cardeais, nomearam 113 franceses. Os eleitores do Sacro Império Romano repudiaram qualquer outra interferência dos papas na eleição de reis ou imperadores. Em algumas cidades alemãs, os coletores de impostos do papa foram perseguidos, presos, mutilados ou estrangulados. Em 1372, os cleros de Bonn, Colônia e Mainz se reuniram e recusaram o pagamento do dízimo papal.

Na Itália, os principais estados papais, Ferrara, Bolonha, Ravena, Rímini e Urbino foram tomados por déspotas aventureiros que prestavam ao papa, agora distante, uma obediência formal, mas retinham as receitas. O governo inglês enfureceu-se com os empréstimos feitos pelos papas de Avignon ao rei da França durante a Guerra dos Cem Anos. Atormentados por todos os lados, os papas de Avignon consideraram impossível enfrentar o custo da administração e as demandas dos cardeais e dos favoritos pelos confortos e prazeres a que estavam acostumados. "Os lobos estão no controle da Igreja e alimentaram-se do sangue do rebanho cristão", vociferou o prelado espanhol Álvaro Pelayo. Em

1311, Guilherme Durand, bispo de Mende (sul da França), disse ao Concílio de Viena:

> A Igreja toda poderia ser reformada se a Igreja de Roma começasse removendo do seu seio os maus exemplos... com os quais os homens estão escandalizados e todo o povo, por assim dizer, infectado... Pois em todas as regiões... a Igreja de Roma tem má reputação e todos clamam e espalham no exterior que dentro dela todos os homens, do mais importante ao menos importante, dedicam seus corações à cobiça... É claro e notório que todo o povo cristão recebe do clero exemplos perniciosos de glutonaria, uma vez que as festas do clero são mais luxuosas do que as de príncipes e reis.

Na Inglaterra, reis e o Parlamento favoreceram um sacerdote que antecipou Lutero e Henrique VIII em quase dois séculos, atacando a teologia e as reivindicações políticas da Igreja Católica.

JOHN WYCLIF

John Wyclif nasceu em 1320, perto de Yorkshire, na aldeia que lhe deu o nome. Estudou em Oxford, virou sacerdote, serviu por um ano como mestre no Balliol College, aceitou vários benefícios papais e publicou diversos volumes cujo latim desgracioso e obscuro escondeu por muito tempo uma impiedosa teologia da predestinação. Pelo consenso geral cristão, Deus é onipotente e onisciente; não existe ato, acontecimento, pensamento ou volição, por mais "livre" que seja, passado, presente ou futuro, que Ele desconheça; portanto, nada ocorre sem o Seu consentimento implícito. Daí se supor que os inúmeros pecadores que não fizeram as pazes com Deus e não obtiveram o perdão antes da morte já foram condenados pelo Todo-Poderoso a um inferno perene antes de nascer. Boas obras não conquistam a salvação, mas indicam que quem as executa recebeu a graça divina e é um dos eleitos, escolhido em toda a eternidade para receber a bênção eterna.

Do comunismo e da inspiração divina atribuída aos Apóstolos pelo Novo Testamento, Wyclif concluiu que os sucessores e delegados por eles ordenados não deveriam ter bens. A reforma mais necessária na Igreja e no clero seria a completa renúncia aos bens materiais. O Parlamento gostou, recusou-se a pagar ao papado o esperado tributo e indicou Wyclif para defender a recusa. John of Gaunt propôs que o governo inglês confiscasse parte das propriedades da Igreja na Inglaterra; convidou Wyclif para defender essa proposta fazendo uma série de sermões; Wyclif aceitou, apoiado pela comitiva armada de John of Gaunt; o clero não ousou protestar.

O Papa Gregório XI promulgou bulas condenando dezoito propostas encontradas nos escritos de Wyclif; a menos que ele as retirasse, os bispos o prenderiam e o manteriam preso. Mas o Parlamento que se reuniu em outubro de 1377 era tão fortemente anticlerical que os conselheiros do rei pediram a Wyclif que preparasse um parecer sobre a seguinte questão:

> O reino da Inglaterra pode legitimamente – quando é iminente a necessidade de repelir uma invasão – reter o tesouro do reino para que não seja enviado ao estrangeiro, embora o papa exija, sob pena de censura e em virtude da obediência que lhe é devida?

Wyclif respondeu: "O papa não pode exigir esse tesouro, exceto como esmolas". Contra a alegação de que a Igreja inglesa fazia parte da Igreja Católica, ou universal, e deveria obedecê-la, Wyclif recomendou a independência eclesiástica da Inglaterra: "O reino da Inglaterra, nas palavras da Escritura, deveria ser um corpo só, e o clero, os lordes e os comuns, membros desse corpo". Em 1377, essa antecipação da declaração de independência eclesiástica de Henrique VIII pareceu tão audaciosa que os conselheiros do rei mandaram Wyclif não fazer mais qualquer declaração sobre o assunto.

Contudo, em março de 1378, Wyclif apresentou-se diante da assembleia dos bispos em Lambeth para defender seus pontos de vista. A mãe do rei Ricardo II enviou ao arcebispo uma carta, protestando contra qualquer condenação final de Wyclif, e no meio do processo uma multidão se aglomerou nas ruas e declarou que o povo inglês não toleraria a Inquisição na Inglaterra. Os bispos protelaram a decisão, e Wyclif voltou para casa triunfante.

Wyclif multiplicou suas heresias, redobrando as denúncias em livros ou tratados. Descrevia alguns mosteiros como "covis de ladrões, ninhos de serpentes e moradas de demônios vivos". "Os prelados enganam os homens com indulgências e perdões falsos e roubam-lhes o dinheiro [...] Os homens serão grandes tolos se comprarem essas bulas... tão caras." Se o papa tem o poder de arrebatar almas do purgatório, por que não as liberta de vez? Wyclif alegava que "muitos sacerdotes... violavam esposas, donzelas, viúvas e freiras". Denunciava violentamente prelados que caçavam, falcoavam, apostavam em jogos de azar e relatavam falsos milagres; que rezavam apenas para exibição e cobravam taxas por todos os serviços religiosos que executavam; que cavalgavam gordos cavalos com arreios de prata e ouro; "são ladrões... raposas maliciosas... lobos vorazes... glutões... demônios... macacos" – aqui se antevê até a vigorosa vituperação de Lutero. Talvez o papa seja o Anticristo profetizado pelo Apóstolo João, a Besta do Apocalipse anunciando a Segunda Vinda do Cristo, sugeriu Wyclif.

Para curar essas fraquezas, Wyclif propôs que a Igreja fosse privada de todos os bens e poderes materiais e que os sacerdotes vivessem numa pobreza apostólica. Os monges deveriam retornar à plena observância das respectivas regras. Se o clero se recusasse a entregar os bens materiais, o Estado deveria confiscar todas as propriedades eclesiásticas e "os sacerdotes seriam forçados a manter a pobreza que Cristo ordenara". Os reis deveriam comandar isso tudo e obrigar à obediência, uma vez que são responsáveis apenas perante Deus, de quem recebem o reino e a autoridade. Os sacerdotes deveriam ser ordenados pelo rei.

Muitos notáveis do governo inglês ficaram escandalizados com as denúncias de Wyclif; alguns dos seus partidários até se alarmaram. Ele reafirmou os seus pontos de vista em *Confessio*, de 10 de maio de 1381. Um mês depois, irrompeu uma revolução social na Inglaterra que amedrontou os donos de propriedades; então Wyclif perdeu a maior parte do apoio parlamentar. O rei Ricardo II, que escapou de ser destronado pela insurreição, ordenou à Universidade de Oxford que expulsasse Wyclif e todos os seus seguidores. Wyclif retirou-se para a sua casa em Lutterworth, afastou-se dos rebeldes, continuou a panfletar contra a Igreja, organizou um grupo de "padres pregadores pobres" (mais tarde chamados de lolardos), reuniu eruditos para traduzirem a Bíblia a partir da versão latina de São Jerônimo. Aparentemente, ele próprio traduziu o Novo Testamento. Esse produto coletivo não foi um modelo da prosa inglesa, mas um acontecimento vital na história inglesa.

Em 1384, o Papa Urbano VI convocou Wyclif para se apresentar a ele em Roma. Intimação mais enérgica foi a de um ataque de paralisia, em 28 de dezembro de 1384, quando Wyclif assistia à missa. Morreu três dias depois. Foi enterrado em Lutterworth, mas por um decreto do Concílio de Constança (4 de maio de 1415) seus ossos foram desenterrados e lançados num riacho próximo.

O CISMA PAPAL (1378-1417)

Alemanha e Itália concordaram com a Inglaterra em repudiar o papado de Avignon. Em 1372, os abades de Colônia concordaram publicamente que "o mar apostólico mergulhara em tamanho desprezo que naqueles lugares o credo católico se expunha a um sério perigo". Em 1362, quando Urbano V enviou a Milão dois legados para excomungar os recalcitrantes Visconti, Bernabo obrigou-os a comer as bulas – pergaminho, cordões de seda e selos de chumbo. Em 1376, em luta com o Papa Gregório XI, Florença demoliu os prédios da Inquisição, prendeu ou enforcou os sacerdotes resistentes e conclamou a Itália a acabar com todo o poder temporal da Igreja. Ficou claro que os papas de Avignon, com a sua fidelidade à França, estavam perdendo a Europa. Em 1377, Gregório XI reconduziu o papado para Roma.

Contudo, um papa rival estabeleceu-se em Avignon, e a Europa católica romana dividiu-se num "Cisma Papal", que durou 39 anos e chegou a testemunhar três papas rivais reclamando para si a autoridade religiosa universal e todas as receitas papais. O resultado foi uma tripla campanha financeira que escandalizou o mundo cristão com os seus estratagemas e a sua persistência. Reproduzo a seguir mensagem encaminhada em 1430 ao príncipe alemão, por um enviado daquele país a Roma:

> A ambição reina suprema na corte romana e dia a dia encontra novos estratagemas... para extorquir dinheiro da Alemanha. [...] Daí muito clamor e descontentamento [...] Surgirão muitas questões a respeito do papado, ou então a obediência afinal será inteiramente repudiada, para se fugir a essas ultrajantes extorsões por parte dos italianos; percebo que este último caminho seria aceitável para muitos países.

O fluxo das receitas eclesiásticas para Roma teria sido tolerado se esses recursos se transformassem numa competente administração da Igreja, mas o Norte achava que eles eram consumidos, em demasia, numa vida de luxo. Devemos lembrar o apelo de Pio II aos seus cardeais, em 1643:

> As pessoas dizem que vivemos para o prazer, acumulamos riquezas, mostramo-nos arrogantes, cavalgamos mulas gordas e belos cavalos... que criamos cães de caça, gastamos muito com atores e parasitas e nada em defesa da fé. E há certa verdade nessas palavras: de fato, dentre os cardeais e outros oficiais da nossa corte, muitos levam esse tipo de vida. Para falar a verdade, o luxo e a pompa da nossa corte são demasiados. E é por isso que somos tão detestados pelo povo, que não quer nos escutar mesmo quando dizemos o que é justo e razoável.

Talvez o historiador católico Ludwig von Pastor pinte um quadro negro demais:

> Uma corrupção profundamente arraigada se apossara de praticamente todos os funcionários da Cúria. [...] O número excessivo de gratificações e extorsões ultrapassou todos os limites. Além do mais, por toda parte documentos eram desonestamente manipulados e até falsificados. Não admira que tenham surgido de todas as partes da cristandade as mais veementes queixas contra a corrupção e as extorsões financeiras dos funcionários papais.

E o mesmo historiador estende indiscriminadamente o seu veredicto:

> Não admira que, se as classes mais elevadas do clero estavam em tal estado, o vício e as irregularidades de todo tipo se tornassem cada vez mais comuns entre as ordens regulares e os padres seculares. O sal da terra perdera o sabor [...] Mas é um erro supor que a corrupção do clero era pior em Roma do que em qualquer outro lugar; existem provas documentais da imoralidade dos sacerdotes em praticamente todas as cidades da península italiana [...] Não admira, como tristemente testemunham escritores contemporâneos, que a influência do clero tenha declinado e, em muitos lugares, não seja demonstrado respeito praticamente algum pelo sacerdócio. A imoralidade era tão grosseira que começaram a ser ouvidas sugestões a favor de se permitir o casamento de sacerdotes.

Devemos sugerir duas modificações a essa acusação. Os párocos parecem ter sido amados e homenageados praticamente por toda parte; estavam ocupados demais servindo à comunidade ou compartilhando do trabalho para lhes sobrar tempo ao pecado. E, embora seja correto acusar de aventuras sexuais tanto o clero secular quanto as ordens monásticas, o concubinato secreto ou às claras, muitas vezes, fazia parte de uma revolta contra a detestável lei canônica de 1074, que proibia o casamento dos sacerdotes. As Igrejas Ortodoxas grega e russa continuaram permitindo essas uniões; o clero católico romano ansiava pelo mesmo direito e, ao lhe ser negado, entregou-se mais ou menos abertamente ao concubinato. O bispo Hardouin, de Angers, relatou em 1428 que o clero da sua diocese não considerava o concubinato um pecado nem tentava esconder essa prática.

Esse triunfo recorrente de Madalena sobre a Virgem na história da religião e uma série de outros desdobramentos estavam corroendo a estrutura moral e doutrinária que a Igreja medieval construíra sobre a maleável figura do Cristo. A expansão da educação e da aprendizagem, a exumação da cultura clássica, a independência e a secularização crescentes das universidades, o fomento secreto à dúvida cristã com o triunfo do islamismo sobre as Cruzadas, a involuntária liberação da razão através dos filósofos escolásticos, o ceticismo corajoso de Duns Scotus e Guilherme de Occam (ou Ockham), a liberação da sensualidade em todas as classes, a mundanidade de cardeais e monges, a passagem da agricultura piedosa para a apatia religiosa dos trabalhadores urbanos, dos viajados mercadores, dos financistas realistas que amavam os juros, a riqueza em ascensão e o crescente exército de reis e estados, a substituição de clérigos por funcionários seculares no governo e a fragmentação do papado naquele momento, tudo isso e outros desdobramentos prenunciaram o colapso do majestoso edifício – doutrinário, administrativo e moral – da outrora orgulhosa Igreja Católica ou "Universal".

Em 1381, Heinrich von Langenstein, teólogo alemão da Universidade de Paris, argumentou no tratado *Concilium pacis* que surgira uma crise. Só um poder externo aos papas rivais conseguiria resgatar a Igreja e restaurar a ordem moral na cristandade desnorteada. Em 1411, Sigismundo, rei da Hungria e chefe do Sacro Império Romano, obrigou João XXIII, então um dos três pretendentes ao papado, a convocar um concílio geral em Constança, no sudoeste da Alemanha. Em novembro de 1414, o mais longo concílio da história cristã começou a se reunir – 3 patriarcas, 29 arcebispos, 150 bispos, 14 delegados de universidades, 26 príncipes, 140 nobres e quatro mil padres. Em 6 de abril de 1415, o concílio promulgou um decreto que um historiador denominou "o mais revolucionário documento oficial da história do mundo":

> Este sínodo sagrado de Constança, sendo um concílio geral e legalmente reunido no Espírito Santo para a glória de Deus e o encerramento do atual cisma, e para a união e a reforma da cabeça e dos membros da Igreja de Deus... ordena, declara e decreta o seguinte: primeiro, declara que este sínodo... representa a Igreja Militante e recebe sua autoridade diretamente de Cristo; que todos, independentemente de nível ou cargo, inclusive o papa, estão obrigados a obedecer a este concílio nas coisas relativas à fé, para encerrar este cisma e para uma grande reforma da Igreja, em sua cabeça e seus membros. Declara também que, se qualquer pessoa de qualquer nível, condição ou cargo, inclusive o papa, se recusar a obedecer aos comandos, estatutos, decretos ou ordens deste concílio sagrado, ou de qualquer outro concílio sagrado devidamente reunido, com respeito ao término do cisma ou à reforma da Igreja, estará sujeita à punição adequada... e, se necessário, se recorrerá a outros meios judiciais.

A 6 de julho de 1415, o concílio condenou os escritos do falecido Wyclif e ordenou a morte de Jan Hus. A 30 de maio de 1416, ordenou a morte de Jerônimo de Praga. A 17 de novembro de 1417, escolheu como Papa Oddone Colonna, que adotou o nome de Martinho V e encerrou o Cisma Papal. A 22 de abril de 1418, o concílio se declarou dissolvido.

JAN HUS

O segundo prelúdio à Reforma adquiriu forma na Boêmia. Aquele território romântico fora povoado pelos eslavos no século V, adquirira importância no século XII como parte do Sacro Império Romano e tivera a época áurea no século XIV com Carlos I (que reinou de 1342 a 1378). Este último fez de Praga uma das cidades mais belas da Europa. No 27º ano daquele reinado, 1369, nasceu Jan Hus na aldeia de Husinetz, cuja primeira sílaba se tornou o seu nome.

Em 1390, Hus foi para Praga como estudante pobre, ganhou a vida trabalhando nas igrejas, preparou-se para o sacerdócio e aderiu às maneiras da juventude universitária, que em Paris seriam denominadas "boêmias". Em 1401, ordenou-se sacerdote e reformou a vida adotando uma profunda austeridade. Como chefe da "Capela de Belém", tornou-se o mais famoso pregador de Praga.

Seu destino foi selado quando lhe caíram às mãos alguns livros de Wyclif. Encantou-se tanto com as heresias do autor, que disse: "Acredito que Wyclif será salvo; mas, mesmo que achasse que ele poderia ser condenado, gostaria que a minha alma também o fosse". O capítulo administrativo da Catedral de Praga propôs que os ensinamentos de Wyclif fossem banidos da universidade; Hus continuou a defendê-los. Em 1409, o arcebispo Zbynek excomungou-o e vários dos seus adeptos. Hus apelou ao Papa João XXIII; este o convocou a se apresentar perante a corte papal; Hus recusou-se a ir. Quando o papa enviou agentes a Praga para vender indulgências para uma cruzada contra o rei de Nápoles, Hus e o seu principal discípulo, conhecido apenas como Jerônimo de Praga, pregaram contra o fato de a Igreja coletar dinheiro para derramar sangue cristão. Hus desprezou a cautela e chamou o papa de avarento, Anticristo. O papa excomungou-o e lançou uma interdição a qualquer cidade que o abrigasse. Durante dois anos, Hus escondeu-se em retiros rurais.

Principalmente nesses anos, escreveu seus livros mais importantes, alguns em latim, outros em tcheco, quase todos adotando as heresias de Wyclif. Rejeitava a veneração às imagens, a confissão auricular, a infalibilidade do papa. Ademais, acompanhava Wyclif quanto à predestinação. Aceitava a lenda segundo a qual um suposto Papa João VIII revelara-se do sexo feminino ao dar à luz uma criança não premeditada.

Em 1414, Sigismundo, rei da Hungria e chefe do Sacro Império Romano, ansioso para restaurar a unidade e o vigor do seu reino contra o avanço dos turcos e do islamismo, aconselhou Hus a ir ao Concílio de Constança buscar reconciliação com a Igreja. Deu a Hus um salvo-conduto imperial para ir a Constança, prometeu-lhe que seria ouvido pelo concílio e garantiu um retorno a salvo à Boêmia. Hus partiu em outubro, acompanhado de nobres e amigos tchecos.

Ao chegar, foi tratado cortesmente pelo concílio e pela Igreja e viveu em liberdade. Mas alguns ortodoxos boêmios leram o texto do conjunto das heresias de Hus e o intimaram a se defender. Chocados com as respostas, prenderam-no. Hus adoeceu e, por certo tempo, esteve perto da morte; o Papa João XXIII mandou médicos papais para tratá-lo. Enquanto isso, o seu discípulo e companheiro de heresia, Jerônimo de Praga, partiu para Constança e pregou nos portões da cidade, nas portas das igrejas e nas casas dos cardeais um apelo para que o concílio concedesse a Hus uma audiência pública e o deixasse voltar a salvo para sua pátria. O próprio Jerônimo tentou retornar à Boêmia, mas parou no caminho para pregar contra o concílio. Foi capturado, levado de volta a Constança e preso.

Sigismundo protestou que o concílio violara o salvo-conduto que ele dera a Hus; responderam-lhe que a sua autoridade não se estendia a assuntos espirituais. Ele apelou a Hus para que oferecesse alguma retratação das suas heresias; Hus propôs retirar todas as suas opiniões que pudessem ser refutadas pela Bíblia. A 6 de julho de 1415, o Concílio condenou Wyclif e Hus e entregou-os aos seculares. Depois de rejeitar um apelo final que o salvaria por meio de uma retratação, Hus foi conduzido para fora da cidade e queimado até a morte enquanto cantava hinos.

A 30 de maio de 1416, depois de quase um ano preso e depois de abjurar uma abjuração, Jerônimo de Praga foi conduzido ao mesmo local e ao mesmo destino.

A IGREJA NO RENASCIMENTO (1418-1517)

A Reforma aconteceu quando o papado vivia um dos seus períodos mais brilhantes. O Concílio de Constança reduzira o número de papas de três para um; Martinho V restaurou a administração e as finanças centralizadas da Igreja, enquanto Eugênio IV trouxe um grupo de estudiosos clássicos de Ferrara, Florença e até da Grécia para revitalizar uma Roma adormecida, caoticamente clerical, rebeldemente feudal ou violentamente populista.

Quando Nicolau V ascendeu ao papado, em 1447, o fluxo de moedas para a Basílica de São Pedro, provenientes da Europa Transalpina, mais uma vez fertilizava a Itália, ajudando a gerar o Renascimento ao sul dos Alpes e a Reforma ao norte destes. Nicolau V quase levou o papado à bancarrota com o seu apoio entusiástico a estudiosos que recuperavam, traduziam ou editavam manuscritos clássicos, até a capital católica se tornar quase uma continuação da Atenas de Platão ou da Roma de Sêneca.

César Borgia espalhou aos ventos a ética cristã e aplicou os princípios do *Príncipe*, de Maquiavel, para reconquistar para o papado os estados perdidos e suas receitas, enquanto o seu pai, o Papa Alexandre VI (1492-1503) enriquecia a arquitetura romana e os próprios filhos com o fluxo do ouro. Júlio II (1503-1513) completou a reconquista da Itália central para os papas e, apesar da repetida sangria ao tesouro, reuniu recursos suficientes para pagar Rafael e Michelangelo para decorarem o palácio papal e a Capela Sistina. Leão X (1513-1521), filho do banqueiro Lourenço de Médici, espalhou ouro entre poetas, artistas, estudiosos e favoritos e enviou fornecedores de indulgências para levantarem dinheiro à conclusão da Basílica de São Pedro.

Porém, os recursos arrecadados financiaram a corrupção política, a lassidão moral e a licenciosidade sexual entre o clero, bem como no laicato, enquanto o próprio papa continuava razoavelmente virtuoso e decididamente feliz. Ao visitar Roma em 1510, Lutero admirou-se com o esplendor, mas não fez qualquer crítica à moral de que se tenha registro; além disso, ganhou tantas indulgências que quase desejou que seus pais estivessem mortos para que ele pudesse enviá-los do purgatório para o céu; contudo, numa retrospectiva posterior, ele descreveu a Roma de 1510 como "uma abominação", os papas como piores do que imperadores pagãos e a corte papal sendo servida à ceia por "doze meninas nuas".

Ao visitar Roma em 1509, Erasmo ficou encantado com a vida fácil, os bons modos e o refinamento intelectual dos cardeais; divertiu-se com os temas pagãos que apareciam na literatura e na conversa da capital; mas chocou-se com as dispendiosas campanhas militares do Papa Júlio II. Vamos, por ora, deter-nos em Erasmo, considerado o escritor mais brilhante da época.

DESIDÉRIO ERASMO

Não se sabe como ele recebeu esses nomes, que significam "o amado desejado". Nasceu em Roterdã, ou perto dali, em 1466 ou 1469, segundo filho, e filho natural, de um clérigo de ordens menores com a filha viúva de um médico.

Foi enviado para estudar na Irmandade da Vida Comum, em Deventer, onde o latim era a *pièce de resistance;* alguns clássicos pagãos eram utilizados como textos. Tornou-se mestre em latim, leu mais clássicos e encontrou neles um prazer revelador.

Por volta de 1484, seus pais morreram. O pai deixou para os dois filhos um patrimônio modesto; os tutores consumiram a maior parte e encaminharam os jovens para a carreira monástica, que não exigia patrimônio algum. Os jovens protestaram, querendo ir para a universidade, mas cederam; Desidério virou monge, sacerdote em 1492 e, logo depois, secretário de Henrique, bispo de Cambrai.

Serviu bem ao mestre durante vários anos e, como recompensa, foi enviado para a Universidade de Paris. Ali, ouviu impaciente as conferências, mas preferia explorar a antiga literatura e encantos jovens. Aprendeu grego sozinho; à época, a Atenas de Platão e Aristóteles, de Sófocles e Eurípides, de Zenão e Epicuro era tão familiar para ele como a Roma de César e Cícero, de Augusto e Horácio, de Nero e Sêneca. Essas amizades arruinaram a ortodoxia do jovem sacerdote e deixaram-lhe uma admiração menos cristã e mais herética pela ética de Cristo.

Sua ligação com os livros era dispendiosa como um vício. Para aumentar os seus estipêndios, servia de tutor para discípulos que lhe admiravam a familiaridade com antigas doutrinas e línguas. Um deles, Mountjoy, levou-o à Inglaterra e às casas aristocráticas. O entusiasmado sacerdote escreveu a um amigo, com arrebatamento:

> Aqui há ninfas de traços divinos, muito amáveis e bondosas [...] Por toda parte se é recebido com beijos nas mãos; na despedida também se recebem beijos [...] Ó, Fausto, se algum dia experimentasse a maciez e o perfume desses lábios, gostarias de ficar... a vida inteira na Inglaterra.

Na casa de Mountjoy em Greenwich, Erasmo conheceu Thomas More, então com 22 anos e, no entanto, suficientemente famoso para conseguir para o literato uma apresentação ao futuro Henrique VIII. Em Oxford, Erasmo ficou encantado com o companheirismo informal dos estudantes e dos professores da faculdade. Impressionou-se com o progresso do humanismo na Inglaterra, que lhe influenciou profundamente o aprimoramento. De um jovem vazio e volúvel, embriagado com o vinho dos clássicos e a ambrosia das mulheres, Erasmo transformou-se num sábio sério e cuidadoso, ansioso por alguma realização duradoura e benéfica. Ao partir da Inglaterra (em janeiro de 1500), tomara a decisão de estudar e editar o texto grego do Novo Testamento, considerando-o a essência do verdadeiro cristianismo, que, na opinião de reformadores e humanistas, fora encoberto por dogmas e acréscimos seculares.

Estabeleceu-se em Paris, onde preparou e publicou *Adagia* – 818 citações, principalmente de autores clássicos. Encantado com a receptividade, fez edição após edição, aumentando-as sempre até chegar a 3.260 registros. Esse livro praticamente o sustentava, mas ele aceitou alegremente (em 1506) o convite de um médico inglês para servir aos dois filhos deste como "guia geral e supervisor" durante uma viagem à Itália. Os cardeais romanos acolheram Erasmo como a um erudito de renome europeu.

Em 1509, o então rei Henrique VIII, amigo dos humanistas ingleses, convidou Erasmo para ir à Inglaterra. Ele foi, recebeu os rendimentos de uma paróquia em Kent e foi nomeado professor de grego em Cambridge. Em 1511, hóspede de

Thomas More, escreveu em sete dias o seu livro mais famoso: *Encomium moriae* (*Elogio da loucura*). Durante a sua vida, foram publicadas quarenta edições e, mais tarde em 1632, Milton encontrou esse livro "nas mãos de todos" em Cambridge.

Para começar, dizia o pequeno livro, a raça humana deve a sua existência à loucura. Pois que homem em pleno juízo pagaria um momento de prazer com uma vida inteira de monogamia? Que mulher sensata pagaria por um êxtase transitório com as dores do parto e as atribulações da maternidade? Alguém poderia ser feliz se enfrentasse os fatos da vida ou se conhecesse o futuro? Se homens e mulheres parassem para pensar, tudo estaria perdido. Contudo, a ciência e a filosofia são ignoradas pelas pessoas e causam pouco dano à ignorância vital da raça humana.

O pequeno livro prosseguia caçoando das crenças e práticas dos cristãos: a criação do mundo a partir do nada, o inocente pecado de Eva, a punição impiedosa de geração após geração, o parto virginal de Maria, a transubstanciação; e "que dizer daqueles que gritam e mantêm o logro de perdões e indulgências? Que por meio destas computam o tempo da permanência de cada alma no purgatório e lhe atribuem uma permanência mais longa ou mais curta, conforme o vivo tenha comprado mais ou menos vis perdões de mascates pontifícios?" (Tudo isso seis anos antes dos desafios de Lutero em Wittenberg.) A sátira transcorre às custas de monges, inquisidores, cardeais e papas; todas as categorias e variedades do clero concordam em perseguir até a morte o dinheiro e os feiticeiros.

Segundo o satirista, os papas perderam qualquer semelhança com os Apóstolos devido a suas "riquezas, honrarias, concessões, licenciosidade, indulgências e dízimos", a suas políticas mundanas e guerras sangrentas. Como essa instituição poderia existir se não graças à loucura e à simplicidade crédula da humanidade?

Provavelmente, o ambiente intelectual de Erasmo em Cambridge e no círculo de Henrique VIII propiciava um público simpático à sátira à Igreja Católica. A sua produção seguinte foi irracionalmente impiedosa, de modo que Erasmo fez todos os esforços para esconder a autoria, mas Thomas More listou *Iulius exclusus* (Júlio excluído) (1514) entre as obras do amigo. O Papa Júlio II morreu em 1513, depois de um pontificado que se distinguiu pelos seus feitos como general e por financiar as importantes pinturas de Rafael e Michelangelo. Erasmo imaginou um diálogo que retratava Pedro barrando a entrada de Júlio no céu:

> PEDRO: Deixa-me olhar de perto [...] Batina de padre, mas por baixo uma armadura ensanguentada; olhos selvagens, boca insolente, testa impenetrável, corpo cheio de cicatrizes de pecado, hálito carregado de vinho e a saúde esgotada pelo adultério. Ah, ameaça como quiseres, eu te direi quem és [...] Tu és Júlio, o imperador que voltou do inferno...
> JÚLIO: Então, não vais abrir as portas?
> PEDRO: Antes para qualquer outro do que para ti.

Em resumo, como percebemos nos escritos de Erasmo antes de 1517, não podemos culpar Lutero e outros reformadores por censurarem Erasmo por ele ter dado o toque de alarme da revolta e depois corrido para se esconder quando foi chamado à ação.

Em julho de 1514, Erasmo voltou da Inglaterra para o continente. Ao saber disso, o prior do seu esquecido mosteiro enviou-lhe um lembrete de que a sua licença há muito expirara e que o viajante deveria retornar aos seus votos e a sua cela. Horrorizado com a perspectiva, Erasmo suplicou aos amigos ingleses que intercedessem por ele junto ao Papa Leão X. Com certo atraso, o amável pontífice enviou a Londres documentos que liberavam Erasmo não apenas das suas obrigações monásticas, mas também das limitações legalmente vinculadas à bastardia. Leão acrescentou a essas páginas um bilhete pessoal:

> Amado filho, a saúde e a bênção apostólica. O bom aspecto da tua vida e do teu caráter, a tua erudição rara e os teus elevados méritos, testemunhados não só pelos monumentos dos teus estudos, que são celebrados por toda parte, mas também pela

> opinião geral dos sábios e finalmente a nós recomendados pelas cartas de dois príncipes dos mais ilustres, o rei da Inglaterra e o rei católico [da França], nos dão razão para te distinguir com um favor especial e singular. Portanto, de bom grado te concedemos o teu pedido; estamos prontos a declarar mais abundantemente o nosso afeto por ti quando tu nos propiciares a ocasião ou o acaso a fornecer, considerando correta a tua sagrada atividade, assiduamente exercida em proveito público, e que deve ser encorajada a maiores esforços por meio de recompensas adequadas.

Talvez fosse uma sensata sedução ao bom comportamento, talvez um gesto sincero de uma corte tolerante e humanista; em todo caso, Erasmo jamais esqueceu essa cortesia papal e acharia sempre difícil romper com uma igreja que tão pacientemente suportara as aguilhoadas da sua crítica.

A ALEMANHA ÀS VÉSPERAS DE LUTERO (1300-1517)

A Economia

No final do século antes de Lutero, todas as classes prosperavam na Alemanha, menos o campesinato mais pobre; provavelmente esta condição de crescente precariedade da vida de um número cada vez maior de camponeses aguçou o ressentimento contra as dificuldades não superadas.

A grande maioria era constituída de arrendatários que pagavam aluguel a um senhor feudal, em produtos, serviços ou dinheiro. Reclamavam dos doze dias – em certos casos, sessenta – de trabalho gratuito que o costume lhes exigia anualmente; da retirada de seu direito às terras dos *Allgemeine*, ou "comuns", nas quais a tradição lhes permitia pescar, cortar madeira e pastorear seus rebanhos; dos danos causados à plantação pelos caçadores e cães do proprietário; da administração tendenciosa da justiça nos tribunais locais, controlados pelos senhores de terras; e do imposto por morte aplicado à família arrendatária quando o falecimento do chefe interrompia o trato da terra. Todas as classes de agricultores pagavam de má vontade o dízimo recebido pela Igreja sobre colheitas e produtos.

Revoltas agrárias irromperam esporadicamente durante o século XV na Alemanha. Em 1431, os camponeses dos arredores de Worms se sublevaram, numa rebelião inútil. Em 1476, um vaqueiro, Hans Bohm, anunciou que a Mãe de Deus lhe revelara que o Reino dos Céus na terra se aproximava; que não haveria mais imperadores, papas, príncipes nem senhores feudais; todos os homens seriam irmãos, todas as mulheres irmãs, todos compartilhariam igualmente dos frutos da terra; terras, bosques, pastos e águas seriam comuns e livres. Milhares de camponeses acorreram para ouvir Hans; um sacerdote juntou-se a ele; o bispo de Würzburg sorriu, tolerante. Mas quando Hans disse aos seus seguidores que no encontro seguinte trouxessem todas as armas que conseguissem reunir, o bispo mandou prendê-lo; os soldados do bispo atiraram na multidão que tentava salvá-lo; o movimento fracassou.

Em 1493, os arrendatários feudais do bispo de Estrasburgo exigiam o fim dos débitos feudais e do dízimo eclesiástico, a abolição de todas as dívidas e a morte de todos os judeus. Planejaram tomar a cidade de Schlettstadt e dali espalhar o seu domínio através da Alsácia. As autoridades farejaram a conspiração, prenderam, torturaram e enforcaram os líderes e amedrontaram os restantes, forçando-os a uma submissão temporária. Em 1502, os camponeses do bispado de Speyer formaram um grupo revolucionário de 7 mil homens empenhados em acabar com o feudalismo, "caçar e matar todos os sacerdotes e monges" e restaurar aquilo que acreditavam ter sido o comunismo dos seus antepassados. Um camponês revelou o plano no confessionário; eclesiásticos e nobres uniram-se para impedir; os principais conspiradores foram torturados e enforcados. Levantes semelhantes foram organizados na Alemanha, até culminarem na Guerra dos Camponeses, que ameaçou toda a Alemanha em 1525 e aterrorizou Lutero, jogando-o nos braços dos príncipes.

Revolução mais real acontecia na indústria e no comércio da Alemanha. A maior parte da indústria ainda era artesanal, cada vez mais controlada por empresários que forneciam matéria-prima e capital, compravam e vendiam o produto acabado. A mineração florescia, e grandes lucros eram obtidos com a produção de cálices e ostensórios de ouro para os altares das igrejas e de cadeiras e mesas de prata maciça; moedas confiáveis de ouro e prata facilitavam a passagem para uma economia monetária; em 1458, Eneas Silvius ficou maravilhado ao ver tudo na Alemanha adornado com ouro: mulheres, freios, capacetes, armaduras.

Os financistas haviam se tornado um importante poder político. Os agiotas judeus foram substituídos por firmas de famílias cristãs, como Welser, Hochstetter e Fugger, todas de Augsburg, que no final do século XV era a capital financeira da cristandade. Os Fugger elevaram a sua firma à supremacia adiantando dinheiro aos príncipes da Alemanha, Áustria e Hungria em troca das receitas de minas, terras e cidades. Devido a esses investimentos especulativos, os Fugger tornaram-se a família mais rica da Europa por volta de 1500.

A partir de Jakob Fugger II (1459-1525), pode se datar a era capitalista na Alemanha, a ascendência dos homens de negócios que controlavam o dinheiro sobre os senhores feudais donos de terras. Por volta do fim do século XV, a mineração e os produtos têxteis alemães já eram organizados em moldes capitalistas, isto é, controlados por fornecedores de capital. Alguns mercadores capitalistas de Augsburg ou Nuremberg valiam 5 milhões de francos. Muitos compraram a sua entrada na aristocracia agrária e exibiam brasões. Joachim Hochstetter e Franz Baumgartner gastaram 5 mil florins num único banquete e apostaram 10 mil florins em um jogo. As residências luxuosamente mobiliadas e artisticamente decoradas dos ricos homens de negócios aguçavam igualmente o ressentimento da nobreza, do clero e do proletariado. Geiler von Kaiserberg exigiu que eles "fossem expulsos como lobos, uma vez que não temiam nem a Deus nem ao homem e promoviam a fome, a sede e a pobreza". Em 1512, o parlamento de Colônia apelou a todas as autoridades civis para que agissem "com diligência e rigor... contra empresas usurárias, sonegadoras e capitalistas". Esses decretos foram repetidos em outras assembleias políticas, mas sem qualquer efeito. Alguns legisladores tinham investimentos nas grandes firmas mercantes; agentes da lei eram pacificados com cotas de ações, e muitas cidades prosperaram dando liberdade às finanças e ao comércio.

Estrasburgo, Colmar, Metz, Augsburg, Nuremberg, Ulm, Ratisbona (Regensburg), Mainz, Speyer, Trier, Worms, Colônia, Bremen, Hamburgo, Magdeburg, Lübeck e Breslau eram florescentes eixos da indústria, do comércio, das letras e das artes. Essas e outras 77 eram "cidades livres" – faziam suas próprias leis e só deviam fidelidade política ao imperador, em geral endividado demais em auxílios militares e financeiros para lhes atacar a liberdade. Embora tais cidades fossem governadas por associações dominadas por homens de negócios, praticamente todas tinham um "bem-estar social" paternalista, na medida em que regulavam a produção, a distribuição, os salários, o preço e a qualidade das mercadorias com uma perspectiva de proteger os fracos contra os fortes e garantir a todos as necessidades básicas da vida.

Nuremberg era o centro das artes e do artesanato, mais do que da indústria ou das finanças em larga escala. Suas ruas ainda eram tortuosas como na Idade Média e sombreadas por andares e sacadas salientes; telhados de telhas vermelhas, beirais pontiagudos e balcões envidraçados formavam uma confusão pitoresca sobre o fundo rural e a torrente do rio. A população não era tão numerosa como em Augsburg, mas era alegre e descontraída e gostava de se divertir em festividades como o carnaval anual, com máscaras, fantasias e danças. Ali, Hans Sachs e os Mestres Cantores entoaram suas árias sensuais; ali, Albrecht Dürer elevou ao zênite a pintura e a gravura alemãs; ali, os melhores ourives e prateiros do norte dos Alpes produziram vasos caros, cálices de igreja, estatuetas; ali, os trabalhadores em metal produziram milhares de formas vegetais, animais e humanas em bronze ou fundiram ferro em belos gradis, portões ou biombos; ali, os lenhadores se divertiram com as formas engraçadas da madeira. As igrejas das cidades tornaram-se repositórios e museus de arte, pois toda associação, corporação ou família próspera encomendava alguma bela obra piedosa para o templo de um santo padroeiro. Era característico de Nuremberg que o mais famoso dos seus mercadores, Willibald Pirkheimer, também fosse um entusiasta do humanismo, patrono das artes e devotado amigo de Dürer.

As viagens de Colombo e Vasco da Gama, o controle turco do Mar Egeu e as guerras entre Maximiliano e Veneza perturbaram o comércio entre a Alemanha e a Itália. Cada vez mais as importações e as exportações alemãs se deslocaram pelos grandes rios até o Báltico, o Mar do Norte e o Atlântico; a riqueza e o poder passaram de Augsburg e Nuremberg para Colônia, Bremen, Hamburgo e Antuérpia. Os Fugger e os Welser favoreceram essa tendência, fazendo de Antuérpia o principal centro das suas operações. O movimento do comércio e do dinheiro alemães rumo ao norte divorciou o norte da Alemanha da economia italiana e deixou-a suficientemente forte para proteger Lutero do imperador e do papa. Em parte por motivos opostos, o sul da Alemanha continuou católico.

A religião

De um modo geral, o catolicismo floresceu na Alemanha no século XV. A surpreendente maioria das pessoas era estritamente ortodoxa e – entre seus pecados e seus copos – rigorosamente piedosa. A família alemã era quase uma igreja, onde a mãe servia de catequista, e o pai, de sacerdote; a oração era pontual, e livros de devoção familiar estavam presentes em todos os lares. Várias ordens monásticas haviam retornado à observância das regras e executavam muitas obras práticas filantrópicas. As queixas contra o clero alemão eram principalmente contra os prelados, devido à sua riqueza e mundanidade. Alguns bispos e abades precisaram organizar a administração e a economia de grandes áreas que haviam se tornado possessões da Igreja; embora de mitra e tonsura, eles eram, na prática, senhores feudais; comportavam-se como homens mundanos e alegava-se que alguns iam a assembleias provinciais ou federais com suas concubinas na comitiva. Johannes Janssen, um culto prelado e historiador católico, resumiu, talvez com excessivo rigor, os abusos da Igreja alemã às vésperas da Reforma:

> O contraste entre o amor devoto e a ambição terrena, entre a renúncia piedosa e o egoísmo ímpio era evidente nas fileiras do clero e em outras classes da sociedade. A pregação da religião e o cuidado com as almas foram inteiramente negligenciados por muitos entre os ministros de Deus. A avareza – o pecado habitual da época – disseminou-se entre o clero de todas as ordens e condições no afã em aumentar ao máximo todos os aluguéis e rendas, impostos e gratificações clericais.

A Igreja alemã era a mais rica da cristandade. Sabia-se que quase um terço de todas as propriedades rurais do país estava nas mãos da Igreja – o que tornava ainda mais censurável o fato de as autoridades eclesiásticas estarem sempre buscando aumentar os seus bens. Em muitas cidades, as construções e instituições da Igreja abrangiam a maior parte da comunidade.

Em 1457, Martin Meyer, conselheiro do arcebispo Dietrich, de Mainz, enviou ao cardeal Piccolomini um resumo aborrecido das injustiças que os alemães achavam ter sofrido da Cúria romana:

> A eleição de prelados é frequentemente adiada sem motivo, e benefícios e honrarias de todo tipo são reservados aos cardeais e secretários papais; o próprio cardeal Piccolomini recebeu uma custódia geral de modo incomum e desconhecido em três províncias alemãs. Conferem-se incontáveis expectações, recolhem-se anatas e outros impostos com rigor, não se concede prazo e também é sabido que são cobradas quantias maiores do que as devidas. Os bispados são concedidos não aos mais dignos, mas a quem pagou mais. Com o intuito de acumular dinheiro, anunciam-se diariamente novas indulgências e impõem-se mais dízimos de guerra,

> sem consultar os prelados alemães. Processos judiciais que deveriam ter sido tratados no país foram apressadamente transferidos para o Tribunal Apostólico. Os alemães têm sido tratados como se fossem bárbaros ricos e estúpidos e despojados do seu dinheiro por mil expedientes astuciosos [...] Durante muitos anos, a Alemanha ficou no pó, chorando a sua pobreza e o seu triste destino. *Mas agora os seus nobres despertaram do sono; agora decidiram livrar-se do jugo e reconquistar a antiga liberdade.*

Entre o povo, o anticlericalismo caminhava lado a lado com a piedade. "Um espírito revolucionário de ódio à Igreja e ao clero apossou-se das massas em várias partes da Alemanha [...] O grito de 'Morte aos sacerdotes!', há muito sussurrado em segredo, passou a ser a senha do dia", escreveu o honesto Pastor.

Essa hostilidade popular era tão aguda que a Inquisição, então crescente na Espanha, não ousou condenar ninguém na Alemanha. Panfletos violentos despejavam ataques não tanto contra a Igreja alemã, mas sim contra a Sé romana. Alguns monges e sacerdotes aderiram ao ataque e atiçaram suas congregações contra o luxo do alto clero. Peregrinos que retornavam do jubileu de 1500 trouxeram para a Alemanha histórias sombrias – às vezes exageradas – de papas imorais, envenenamentos papais, farras de cardeais, paganismo e venalidade gerais. Muitos alemães juravam que, assim como seus antepassados haviam dobrado o poder de Roma em 476, eles ou seus filhos esmagariam novamente aquela tirania; outros relembravam a humilhação do imperador Henrique IV pelo Papa Gregório VII em Canossa e achavam que chegara a hora da vingança. Em 1521, o núncio papal Aleandro, advertindo Leão X de uma iminente sublevação contra a Igreja, disse que cinco anos antes ouvira de muitos alemães que só esperavam que "algum louco" abrisse a boca contra Roma.

Depois de séculos de obstrução e supressão, mil fatores e influências – eclesiásticos, intelectuais, emocionais, econômicos, políticos e morais – reuniram-se para lançar a Europa na maior sublevação desde a conquista de Roma pelos bárbaros. O enfraquecimento do papado, causado pelo exílio em Avignon e pelo Cisma Papal; o colapso da disciplina monástica e do celibato clerical; o luxo dos prelados, a corrupção da Cúria e as atividades mundanas dos papas; a moral de Alexandre VI, as guerras de Júlio II, a alegria descuidada de Leão X; o comércio de relíquias e indulgências; o triunfo do islamismo sobre o cristianismo nas Cruzadas e nas guerras turcas; a familiaridade crescente com credos não cristãos; o influxo da ciência e da filosofia árabes; a decadência da escolástica, substituída pelo irracionalismo de Scotus e pelo ceticismo de Occam; o fracasso do movimento conciliar em efetuar reformas; a descoberta da Antiguidade pagã e da América; a invenção da imprensa; a difusão da alfabetização e da educação; a tradução e a leitura da Bíblia; o contraste recentemente percebido entre a pobreza e a simplicidade dos Apóstolos e a opulência das cerimônias da Igreja; a riqueza e a independência crescentes na economia da Alemanha e da Inglaterra; a expansão de uma classe média ressentida com relação às restrições e pretensões eclesiásticas; o protesto contra o fluxo de dinheiro para Roma; a secularização do direito e do governo; a intensificação do nacionalismo e o fortalecimento das monarquias; a influência nacionalista das línguas e literaturas vernáculas; os legados agitadores de valdenses, Wyclif e Hus; a necessidade mística de uma religião menos ritualista, mais pessoal, interior e direta – tudo isso acabou se reunindo numa torrente de forças que romperia a crosta dos costumes medievais, afrouxaria todos os padrões e vínculos, repartiria a Europa em nações e seitas, varreria cada vez mais os apoios e os confortos dos credos tradicionais – e que talvez marque o princípio do fim do domínio do cristianismo sobre a vida mental e moral do homem da Europa Ocidental.

CAPÍTULO 19

A Reforma – Parte II Lutero e os comunistas (1517-1555)

TETZEL

Em 15 de março de 1517, o Papa Leão X promulgou a mais famosa de todas as ofertas de indulgência. Os católicos, então, aceitaram a doutrina que Cristo dera a Pedro – e que Pedro transmitira a todos os papas que o sucederam: o poder de absolver um penitente que se confessasse das culpas dos seus pecados, mas não das penitências a eles vinculadas; se alguma dessas penitências não fosse paga até a morte, precisaria ser paga por um sofrimento no purgatório, que um Deus misericordioso estabelecera como inferno temporário e do qual era possível escapar.

Enquanto isso, os santos, pelos seus sofrimentos, e Cristo, pela sua morte, haviam conquistado um tesouro de méritos ao qual o papa poderia recorrer para cancelar parte do período de tortura no purgatório devido pelo pecador, se na terra o penitente cumprisse penitências, fizesse boas obras ou contribuísse com doações prescritas pela Igreja. A substituição da pena por multa em dinheiro foi prontamente aceita pelos fiéis porque, durante muito tempo, esse fora um costume estabelecido nas cortes medievais.

A indulgência oferecida por Leão X destinava-se a contribuir para as despesas com a conclusão da grande basílica iniciada pelo Papa Júlio II e quase esquecida em razão do arrebatamento da guerra. Leão nomeou Albrecht de Brandenberg, o jovem arcebispo de Mainz, para administrar a distribuição dessa indulgência em Magdeburg, Halberstadt e Mainz. Albrecht escolheu como principal mensageiro Johann Tetzel, um frade dominicano célebre pela habilidade em conseguir dinheiro. Tetzel expunha e oferecia a seguinte indulgência, em geral com a aprovação do clero local:

> Que Nosso Senhor Jesus Cristo tenha piedade de ti e te absolva pelos méritos de Sua Santíssima Paixão. E eu, por Sua autoridade e a dos benditos Apóstolos Pedro e Paulo e do Santíssimo Papa, a mim conferida e transmitida, te absolvo, primeiro de todas as censuras eclesiásticas ...e depois, de todos os teus pecados, transgressões e excessos, por graves que sejam, até aqueles que são reservados ao julgamento da Santa Sé; e até onde se estenderem as chaves da Santa Igreja, eu te redimo de toda punição que por isso mereças no purgatório, e te reintegro aos santos sacramentos da Igreja [...] e à inocência e à pureza que possuías no batismo; de modo que, quando morreres, os portões do castigo estarão fechados e os portões do paraíso do prazer estarão abertos; e se não morreres agora, esta graça permanecerá em pleno vigor quando chegar a hora da tua morte. Em nome do Pai, do Filho e do Espírito Santo.

O historiador católico Pastor referiu-se a isso com as seguintes palavras:

> Não há dúvida de que Tetzel, segundo o que considerava suas instruções autorizadas, proclamou uma doutrina cristã na qual não se exigia nada a não ser uma oferta em dinheiro para se obter a indulgência para os mortos, sem que houvesse necessidade de contrição ou confissão. Ele também ensinou, de acordo com a opinião vigente à época, que uma indulgência podia ser aplicada a qualquer alma, com efeito infalível. Partindo deste princípio, não há dúvida de que a sua doutrina era virtualmente a do drástico provérbio: "Quando o dinheiro soa, a alma do fogo do purgatório voa". A bula papal de indulgência não fazia qualquer sanção a essa afirmativa. Era uma vaga opinião escolástica..., não uma doutrina da Igreja.

Tetzel poderia ter escapado à história se não tivesse se aproximado demais das terras de Frederico, o Sábio, príncipe da Saxônia. Movido pela relutância em deixar que o dinheiro da Saxônia emigrasse, e talvez pelos relatos acerca de Tetzel, Frederico proibiu a pregação da indulgência de 1517 no seu território. Mas Tetzel chegou tão perto da fronteira que o povo de Wittenberg atravessou-a para obter a indulgência. Vários compradores levaram as "cartas papais" a Martinho Lutero, um professor de teologia da Universidade de Wittenberg, e pediram-lhe para atestar-lhes a eficácia. Ele recusou. A recusa chegou aos ouvidos de Tetzel; este denunciou Lutero e tornou-se imortal.

A FORMAÇÃO DE LUTERO (1483-1517)

O homem que influenciaria a história subsequente mais do que qualquer outro além de Copérnico e Colombo nasceu em Eisleben, Alemanha, filho de um camponês – depois mineiro – chamado Hans Luther e de sua esposa, Margarethe. Amedrontados por uma teologia de terrores e castigos, educaram os filhos com tamanho rigor de palavras e açoites que Lutero lembrava: "A vida severa e dura que vivi com eles foi o motivo pelo qual mais tarde me refugiei num claustro e me tornei monge". Pais e filhos acreditavam em anjos, feiticeiras e demônios perambulando pelo ar e num Deus que condenava a maior parte das criaturas humanas a um inferno perene. Martinho enfrentou suas tribulações com um vigor de corpo e de vontade que lhe moldou os traços ríspidos e o manteve firme até a morte.

Na escola de Mansfeld, houve mais açoites e catecismo. Martinho foi chicoteado (dizem) quinze vezes num só dia porque declinou errado um substantivo. Aos catorze anos, foi transferido para a Escola de São Jorge, em Eisenach, onde passou três anos relativamente felizes na confortável casa de *Frau* Cotta. Jamais esqueceu a observação dessa senhora de que não havia na terra nada mais precioso do que o amor de uma boa mulher. Nessa atmosfera, ele desenvolveu os encantos naturais da juventude: saúde, alegria, sociabilidade, franqueza. Cantava bem e tocava alaúde.

Em 1501, o pai, que estava prosperando, enviou-o à Universidade de Erfurt. Ali, ele aprendeu um pouco de grego e menos de hebraico e leu os clássicos latinos mais famosos. Achou a escolástica tão desagradável que cumprimentou um amigo "por não precisar aprender o lixo" que era oferecido como filosofia. Em 1505, recebeu o grau de mestre. O pai, como presente de formatura, enviou-lhe uma edição cara do *Corpus iuris civilis* e alegrou-se quando o filho começou a estudar direito. Porém, dois meses depois, Martinho punha de lado os livros de direito, uma vez que não esclareciam as dúvidas que o assaltavam.

Vigoroso até o limite da sensualidade, visivelmente constituído para uma vida de instintos normais e, no entanto, tendo sido sugestionado em casa e na escola pela convicção de que o homem é pecador por natureza e de que o pecado ofende a um Deus onipotente e punitivo, Martinho jamais conseguiu conciliar os seus impulsos naturais com as crenças adquiridas. O Deus que lhe foi ensinado inspirava mais terror do que amor; e Jesus não era apenas "o Jesus gentil, humilde e terno" das bem-aventuranças, mas também o Cristo do Juízo Final, ameaçando os pecadores com o fogo eterno. Certo dia, apanhado por uma tempestade de trovões e relâmpagos e procurando ansiosamente um abrigo, Martinho prometeu a Sant'Anna que se sobrevivesse se tornaria monge.

Sobreviveu e pediu para ser aceito como noviço nos agostinianos eremitas, o mais fechado dos vinte claustros de Erfurt. Acolhido, executava as tarefas mais inferiores com orgulhosa humildade. Congelava num cubículo sem aquecimento, recitava orações numa repetição hipnótica, jejuava e se flagelava, na esperança de exorcizar os demônios que pareciam habitar-lhe o corpo. Em 1506, fez os votos perpétuos e, em 1507, ordenou-se sacerdote.

Seus colegas frades, temendo pela sua sanidade, deram-lhe uma Bíblia latina e insistiram para que lesse sem questionar. Mas na Epístola de São Paulo aos Romanos (1:17) Martinho deparou-se com uma passagem que lhe aumentou o assombro: "O justo viverá da fé". Em Santo Agostinho, ele descobriu o pensamento perturbador de que Deus, antes da criação, escolhera algumas almas para a salvação e para o paraíso, outras para a condenação eterna, e que os eleitos conseguiriam a salvação através dos méritos conquistados pelos sofrimentos de Cristo. Essas ideias – ser eleito por Deus para a salvação, e a salvação obtida não pelas boas obras pessoais mas pela fé nos méritos que Cristo conquistou para o homem – tornaram-se os princípios básicos da teologia de Lutero e da dos seus seguidores.

Em 1505, Lutero foi transferido para um mosteiro em Wittenberg, recebeu o cargo de instrutor de lógica e física na universidade e, depois, a cátedra de filosofia e teologia. Quando lhe chegaram relatos sobre as indulgências de Tetzel, achou que chegara a hora de denunciar o mercantilismo da religião. Rapidamente, compôs em latim 95 teses, que intitulou *Discussão para o esclarecimento da virtude das indulgências*. Em 11 de outubro de 1517, afixou uma cópia dessas teses na porta principal da igreja do castelo de Wittenberg. A prática de anunciar teses – e de propor defendê-las contra os contestadores – há muito fora estabelecida nas universidades medievais. A porta que Lutero escolheu fora regularmente empregada como quadro de avisos acadêmicos. Ele prefaciou essas teses com um amável convite:

> Pelo amor à fé e pelo desejo de trazê-la à luz, as seguintes proposições serão discutidas em Wittenberg, exatamente neste local, sob a presidência do Reverendo Padre Martinho Lutero, Mestre em Artes e Teologia Sagrada, e Conferencista do Ordinário. Portanto, ele pede que quem não puder comparecer para debater oralmente, faça-o por escrito.

Com a audácia característica, Lutero enviou uma cópia das teses para o arcebispo Albrecht, de Mainz; para se assegurar de que fossem amplamente lidas, mandou circular entre o povo uma tradução alemã. Cautelosamente, e talvez sem querer, ele iniciara a Reforma.

A REFORMA COMO REVOLUÇÃO

Na Alemanha culta, essas teses ocuparam as conversas reservadas. O anticlericalismo, sufocado havia várias gerações, encontrara uma voz. A venda de indulgências diminuiu. Mas houve fortes denúncias contra Lutero: uma do vice-chanceler da Universidade de Ingolstadt, outra de Jakob van Hoogstraten, de Colônia, que sugeriu que Lutero deveria ser queimado na fogueira. Lutero defendeu suas opiniões numa brochura em latim intitulada *Resolutiones* (abril de 1518), da qual enviou exemplares para o bispo local e para o papa. Mas para Leão X, em particular, Lutero demonstrou humildade invulgar:

> Mui Santo Padre, ofereço-me, prostrado aos pés de Vossa Santidade, com tudo o que sou e tenho. Apressai, matai, chamai, revogai, aprovai, reprovai como vos parecer melhor. Reconhecerei a vossa voz como a voz de Cristo vivendo e falando por vosso intermédio. Se eu merecer a morte, não me recusarei a morrer.

Mas os conselheiros de Leão advertiram-no de que as *Resolutiones* afirmavam a superioridade de um concílio ecumênico (de todos os bispos) sobre o papa; falavam ligeiramente de relíquias e peregrinações e rejeitavam todos os acréscimos feitos pelos papas nos últimos três séculos à teoria e à prática das indulgências. Era perigoso, para a disciplina eclesiástica e para as receitas do papado, permitir que essas opiniões se espalhassem. Leão, que a princípio repelira as ideias de Lutero como um fermento transitório entre os teóricos, passou a levar a sério o assunto e convocou o monge a Roma (7 de julho de 1518).

Temendo ser mantido como refém ou prisioneiro em Roma, Lutero escreveu para Georg Spalatin, capelão de Frederico, príncipe da Saxônia, sugerindo que os príncipes alemães protegessem seus cidadãos contra a extradição para a Itália. Frederico concordou, e o imperador Maximiliano aconselhou-o a "cuidar bem daquele monge". Leão se comprometeu, ordenando a Lutero que se apresentasse em Augsburg diante do cardeal Cagetan para responder às acusações de indisciplina e heresia.

Lutero compareceu (12 de outubro de 1518), mas não encontrou um teólogo com quem discutir, e sim um rígido literalista: o cardeal informou ao rebelde que em matéria de ordem eclesiástica a Igreja não podia permitir que um monge violasse os votos de obediência inquestionável publicando opiniões há muito condenadas pela própria Igreja. Cagetan pediu que Lutero se retratasse publicamente das suas heresias e garantisse que jamais perturbaria a paz do cristianismo. Lutero se recusou e voltou para a sua cela em Wittenberg.

Cagetan pediu a Frederico que mandasse o rebelde a Roma; o príncipe recusou. A 9 de novembro, Leão promulgou uma bula repudiando muitas das afirmativas extremas a respeito das indulgências. A 18 de novembro, Lutero apelou do julgamento do papa, pedindo para ser julgado por um concílio geral. Leão enviou um jovem nobre saxão sacerdote de ordens menores para fazer outra tentativa de conseguir a submissão de Lutero. Quando eles se encontraram (3 de janeiro de 1519), Lutero ficou tão encantado com o jovem que escreveu uma carta amável a Tetzel (que morreria pouco depois); a 3 de março, enviou a Leão uma carta de completa submissão. O papa respondeu amavelmente (19 de março), convidou-o para ir a Roma e ofereceu-lhe dinheiro para a viagem. Mas a 17 de março Lutero escreveu para Spalatin, bem-humorado: "Estou em dúvida se o papa é um Anticristo ou o seu apóstolo". Permaneceu na Alemanha.

A opinião pública cada vez mais o aplaudia. Muitos estudantes universitários eram seus calorosos defensores. Homens importantes que Lutero mal conhecia, como Dürer, o artista, e Pirkheimer, o respeitado comerciante, ambos de Nuremberg, declararam-lhe o seu apoio. O poeta rebelde Ulrich von Hutten elogiou-o e sugeriu a Frederico e a outros governantes alemães que se apropriassem de toda a riqueza monástica e colocassem para uso dos alemães o dinheiro que em geral era mandado para Roma.

Assim encorajado, Lutero publicou, na primavera de 1520, um epítome atacando furiosamente os ortodoxos do dogma:

> Se Roma assim acredita e ensina, com o conhecimento de papas e cardeais (que espero não seja o caso), então nestes

> escritos declaro livremente que o verdadeiro Anticristo está sentado no templo de Deus e reinando em Roma – aquela Babilônia vestida de púrpura – e que a Cúria romana é a Sinagoga de Satã [...] Se a fúria dos romanistas continuar assim não haverá remédio, a menos que imperadores, reis e príncipes, cingidos de forças armadas, ataquem essas pestes do mundo e não mais resolvam o assunto com palavras, mas sim com a espada [...] Se abatemos os ladrões com a forca, os salteadores com a espada, os hereges com o fogo, por que não atacar com armas esses mestres da perdição – esses cardeais, esses papas, e toda essa escória da Sodoma romana que vem corrompendo interminavelmente a Igreja de Deus – e por que não lavar as nossas mãos no seu sangue?

Com uma bula de 15 de junho de 1520, Leão X condenou 41 declarações de Lutero, ordenou a queima pública dos escritos que as contivessem e exortou Lutero a ir a Roma retratar-se publicamente. Depois de sessenta dias de recusa, Lutero seria eliminado da cristandade através da excomunhão, evitado como herege por todos os fiéis, e todas as autoridades seculares deveriam bani-lo dos seus domínios ou entregá-lo a Roma. Lutero considerou isso uma declaração quase sem precedentes na história. Encontrou alguém que publicasse, não em latim mas em alemão, certa *Carta aberta à nobreza cristã da nação alemã sobre a reforma do Estado cristão.* Ainda não havia uma nação alemã, havia apenas principados independentes, cada qual com seus próprios costumes, leis, exércitos, e com um orgulho que os amparava; Lutero passou por cima desses limites e falou a todos os alemães, ainda que através de governantes que, na sua opinião, estavam deixando receitas preciosas escorrerem pelas fronteiras rumo à Itália hostil.

> Alguns calculam que a cada ano mais de 300 mil florins saem da Alemanha para a Itália [...] Chegamos ao âmago da questão [...] Por que nós, alemães, temos de suportar tamanho roubo e tamanha extorsão das nossas propriedades pelas mãos do papa? Se com justiça enforcamos os ladrões e decapitamos os assaltantes, por que devemos deixar livre a cobiça romana?

Pois ela é a maior ladra e a maior assaltante que já veio ou poderá vir a este mundo, e tudo pelos santos nomes de Cristo e de São Pedro! Quem poderá suportar isto ou guardar silêncio por mais tempo?

Lutero prosseguiu detalhando o seu programa religioso. O clero alemão deveria fundar uma igreja nacional sob a liderança do arcebispo de Mainz; as ordens mendicantes deveriam ser reduzidas; os sacerdotes deveriam se casar; peregrinações, missas pelos mortos e dias santos (exceto o domingo) deveriam ser abolidos. Toda lei canônica (que divorciava as ofensas clericais da legislação secular) deveria ser rejeitada. A Igreja alemã deveria reconciliar-se com os hussitas da Boêmia. "Venceremos os hereges com livros, não com o fogo." "O papa é o verdadeiro Anticristo", e "Tu, ó papa, não és o mais santo dos homens, mas sim o mais pecador. Oh, que Deus do céu venha logo destruir o teu trono e afundá-lo no abismo do inferno!"

Os alemães cautelosos consideraram a *Carta aberta* precipitada e destemperada; muitos a saudaram como o feito mais heroico da história. As máquinas de impressão de Wittenberg ficaram ocupadas para atender às demandas de novas edições da *Carta aberta.* A Alemanha, assim como a Inglaterra, estava madura para um apelo ao nacionalismo; no mapa ainda não havia uma Alemanha, mas havia alemães recentemente conscientes de que eram um povo. Assim como Hus enfatizara o seu patriotismo boêmio, como Henrique VIII rejeitaria não a doutrina católica, mas o poder papal sobre a Inglaterra, agora Lutero plantava o seu estandarte de revolta não em desertos teológicos, mas sim no rico solo do espírito nacional germânico. Sempre que o protestantismo venceu, o nacionalismo carregou a bandeira.

Apesar do intransigente desafio de Lutero, um agente papal procurou-o e persuadiu-o a enviar a Leão uma carta desmentindo qualquer intenção de atacá-lo pessoalmente e apresentando, com moderação, a questão da reforma. Lutero manifestou o seu respeito pelo papa como indivíduo, mas condenou sem transigência a corrupção do papado no passado e da Cúria papal no presente:

> A vossa reputação e a vossa fama de levar uma vida inatacável... são conhecidas demais e elevadas demais para serem criticadas [...] Mas a vossa Sé, que é chamada de Cúria Romana, nem vós nem homem algum pode negar que é mais corrupta do que foram Babilônia ou Sodoma – ...essa Sé eu verdadeiramente desprezo [...] A Igreja romana tornou-se o mais licencioso antro de ladrões, o mais desavergonhado de todos os bordéis, o reino do pecado, da morte e do inferno [...] Sempre lamentei, Excelentíssimo Leão, que vós fôsseis papa nestes tempos, pois merecerieis dias melhores...
>
> Portanto, prezado Leão, não dai ouvidos às sereias que vos fazem não um simples homem, mas um semideus [...] Sois um servo dos servos [...] Erram os que vos exaltam acima da Igreja universal. Erram os que vos atribuem o direito de interpretar a Escritura, pois, sob a proteção do vosso nome, procuram estabelecer na Igreja a sua própria maldade; infelizmente, por meio deles, Satã já ganhou muito terreno com os vossos antecessores. Em resumo, não acreditai naqueles que vos exaltam, acreditai naqueles que vos humilham.

Enquanto isso, os agentes papais divulgavam em toda a Alemanha a bula de Leão excomungando Lutero. Em algumas cidades, conseguiram a queima pública dos seus livros. Como retaliação, Lutero liderou alguns alunos da Universidade de Wittenberg para queimarem uma cópia da bula, junto com decretos canônicos e volumes de teologia católica. Os estudantes reuniram alegremente outros livros e, com eles, mantiveram o fogo ardendo até o final da tarde. A 11 de dezembro, Lutero declarou que ninguém seria salvo a menos que renunciasse ao domínio papal. O monge excomungara o papa.

A DIETA DE WORMS (1521)

Leão passou a buscar ajuda secular para a Igreja desafiada, pedindo a Carlos V – que em 1519, aos 19 anos de idade, tornara-se chefe do Sacro Império Romano – que convocasse uma assembleia de príncipes e prelados alemães para examinar a conduta e as publicações de Lutero enquanto ameaça não apenas à Igreja católica, mas também à ordem social fundamental da civilização europeia.

A situação, que agora confrontava o papa, os príncipes alemães e o jovem imperador, envolvia alguns problemas básicos do governo e da história: até que ponto um governo depende de fatores psicológicos, e até que ponto os fatores psicológicos dependem de condições econômicas e do poder político? A autoridade e a eficiência de um governante dependem da ajuda da religião para a manutenção da ordem social, da obediência pública e do prestígio governamental? E um governo poderia adquirir ou preservar o poder garantindo um controle firme das instituições e das receitas religiosas? Os príncipes alemães que protegiam Lutero contra a Igreja católica apostavam na própria habilidade de organizar e usar as crenças religiosas dos seus povos independentemente do papado romano; Leão apostava que seria improvável aos governantes alemães aproveitarem essa oportunidade para se livrarem do poder papal sobre a Igreja alemã e suas crescentes receitas.

Naturalmente, para Lutero era um jogo de vida e morte. Ele desafiara a instituição mais poderosa da Europa – uma Igreja fraca de armas físicas, mas forte porque representava os fundamentos religiosos da civilização da Europa Ocidental. Atacara quase todos os aspectos da Igreja católica e não tinha nada para protegê-lo, exceto uns poucos príncipes alemães cujos poderes e apoios eram incertos. Só a plebe o apoiava, e com um ardor inebriante. Um representante papal relatou:

> Toda a Alemanha está em armas contra Roma. Todo mundo está clamando por um concílio que se reunirá em solo alemão. As bulas papais de excomunhão são ridicularizadas. Inúmeras pessoas deixaram de receber o sacramento da penitência [...] Martinho é representado com um halo sobre a cabeça. O povo beija esses quadros. Vendeu-se tamanha quantidade que não consegui obter um [...] Não posso sair às ruas sem que os alemães ponham as mãos nas espadas e ranjam os dentes para mim. Se algo me acontecer, espero que o papa me dê indulgência plenária e cuide dos meus irmãos e irmãs.

A Dieta de Worms reuniu-se a 27 de janeiro de 1521: os principais nobres e o clero da Alemanha, os representantes das cidades livres e os agentes do imperador e do papa. Carlos enviou a Lutero um convite para comparecer e testemunhar as acusações contra ele, ofereceu-lhe um salvo-conduto para que ele se deslocasse entre Wittenberg e Worms e acrescentou: "Não precisais temer violência nem importunação". Os amigos de Lutero aconselharam-no a não ir, lembrando-lhe o destino de Hus em Constança. Lutero foi, dizendo: "Embora em Worms haja tantos demônios quanto telhas nos telhados, eu irei". As ruas de Worms encheram-se para ver o famoso herege. Duas mil pessoas se aglomeraram em volta da carruagem; até o imperador foi eclipsado.

A 17 de abril, em trajes monásticos, Lutero apresentou--se diante da Dieta e do imperador que a presidia. Foi apresentado a uma coleção das suas obras, e lhe perguntaram se rejeitaria todas as heresias ali contidas. Por um instante a coragem lhe falhou; pediu tempo para pensar; Carlos concedeu-lhe um dia. A 18 de abril, Lutero enfrentou novamente a corte e concordou em retirar dos seus livros qualquer trecho que se mostrasse contrário às Escrituras. Johann Eck, representando o arcebispo de Trier, desafiou-o em latim:

> Martinho, o teu argumento de ouvir as Escrituras é o que os hereges sempre fazem. Apenas repetes os erros de Wyclif e Hus [...] Como podes afirmar que és o único a compreender o sentido das Escrituras? Colocarias o teu julgamento acima de tantos homens famosos e alegarias saber mais do que todos eles? Não tens o direito de questionar a fé mais sagrada e ortodoxa, instituída por Cristo, o perfeito Legislador, proclamada pelo mundo através dos Apóstolos, selada pelo sangue vermelho dos mártires, confirmada pelos concílios sagrados e definida pela Igreja, ...a qual nós somos proibidos de discutir, pelo papa e pelo imperador. Caso contrário, o debate não terminaria. Eu te pergunto, Martinho – responde honestamente e sem rodeios: – Repudias ou não os teus livros e os erros que contêm?

Lutero deu a sua histórica resposta em alemão:

> Como Vossa Majestade e Vossas Excelências desejam uma resposta simples, eu responderei sem rodeios [...] A menos que seja convencido pelo testemunho da Sagrada Escritura ou pela razão evidente (não aceito a autoridade de papas ou concílios, pois se contradizem mutuamente), a minha consciência é prisioneira da palavra de Deus. Não posso retratar coisa alguma, nem o farei, pois não é certo nem seguro ir contra a minha consciência. Que Deus me ajude. Amém.*

Eck respondeu que não seria possível provar erro algum nos decretos doutrinários dos concílios. Lutero replicou que estava preparado para provar tais erros, mas o imperador interveio, peremptório: "Basta! Uma vez que ele negou os concílios, não queremos ouvir mais nada". Lutero retornou ao seu alojamento.

A 19 de abril, depois de esperar dois dias pelo arrependimento de Lutero, Carlos convocou à sua presença os principais príncipes e leu-lhes uma declaração de intenções:

> Um único frade que vai contra todo o cristianismo de mil anos deve estar errado [...] Não tenho nada mais a fazer com Lutero. Ele pode voltar com o seu salvo-conduto, mas sem pregar nem fazer qualquer tumulto. Eu o tratarei como a um notório herege e confio que vós vos declarareis como me prometestes.

Quatro príncipes eleitores concordaram; Frederico da Saxônia e Ludwig do Palatinado se abstiveram. A 26 de abril, Lutero iniciou o retorno a Wittenberg. Leão X deu ordens para que o salvo-conduto fosse respeitado. Contudo, o eleitor Frederico, temendo que a polícia imperial prendesse Lutero depois que o salvo-conduto expirasse em 6 de maio, conseguiu, com o consentimento de Lutero, que este vivesse por um tempo num tranquilo e seguro retiro rural no distante castelo de Wartburg, no topo de uma montanha a cerca de

* Não podemos autenticar totalmente as célebres palavras gravadas no majestoso Denkmal (Memorial) de Worms: Hier stehe ich, ich kann nicht anders – "Aqui me detenho; não posso fazer mais nada". Essas palavras não constam da transcrição da resposta de Lutero que está na ata da Dieta; apareceram pela primeira vez na antiga versão impressa do seu discurso. (N.A.)

um quilômetro e meio de Eisenach. Carlos não fez qualquer esforço para prender Lutero, e, a 19 de fevereiro de 1522, este retornou à Universidade de Wittenberg, onde continuou expondo uma teologia que na essência ainda é, em todo lugar, o credo da igreja luterana. Enquanto isso, Lutero viu-se diante de uma revolução diferente, mas tão básica como a sua própria.

A REVOLUÇÃO SOCIAL (1522-1536)

A guerra dos camponeses

O aparente êxito da rebelião de Lutero contra a Igreja romana encorajou levantes de monges e sacerdotes contra o celibato, a pobreza e a submissão a um poder estrangeiro e autoritário. As dificuldades que haviam incitado algumas insurreições rurais ainda agitavam a mente dos camponeses com renovada intensidade, uma vez que Lutero desafiara a Igreja, censurara os príncipes, rompera as represas da disciplina e do respeito, fizera de todo homem um sacerdote e proclamara a liberdade dos cristãos. A crescente circulação do Novo Testamento foi um golpe contra a autoridade tanto política quanto religiosa: expunha o caráter terreno do clero, o comunismo dos Apóstolos, a simpatia de Cristo pelos pobres e oprimidos. Nesses aspectos, representou para os radicais da época um verdadeiro *Manifesto Comunista.*

Em 1521, um panfleto de Johannes Eberlin exigia sufrágio universal masculino, subordinação de qualquer governante e funcionário a conselhos eleitos pelo povo, abolição de todas as organizações capitalistas, retorno à fixação medieval do preço do pão e do vinho, educação de todas as crianças em latim, grego, hebraico, astronomia e medicina.

Em 1522, um panfleto intitulado *As necessidades da nação alemã* pedia a abolição de "tributos, impostos, peagens e multas", a limitação em 10 mil florins do capital das organizações comerciais, o fim da participação do clero no governo civil, o confisco da riqueza monástica e a distribuição da renda entre os pobres. Os pregadores misturavam o evangelismo protestante com aspirações utópicas. Um deles revelou que o céu estava aberto para os camponeses, mas fechado para os nobres e para o clero; outro aconselhou os camponeses a não darem mais dinheiro a sacerdotes ou monges; Münzer, Carlstadt e Hubmaier advertiram seus ouvintes de que "agricultores, mineiros e moleiros compreendiam melhor o Evangelho e poderiam ensiná-lo melhor do que toda uma aldeia de... abades e sacerdotes... ou doutores da teologia"; Carlstadt acrescentou: "e melhor do que Lutero".

A carreira de Thomas Münzer captou toda a excitação da época. Ele convidou os príncipes a liderarem o povo numa revolta comunista contra o clero e os capitalistas. Se os príncipes não aceitavam a oportunidade, ele convocava o povo para derrubá-los e também "estabelecer uma sociedade refinada como a imaginada por Platão". Münzer escreveu:

> Todas as coisas são comuns e devem ser distribuídas quando a ocasião exigir, segundo as várias necessidades de todos [...] Qualquer príncipe, conde ou barão que, depois de ser veementemente lembrado dessa verdade, não quiser aceitá-la, deve ser decapitado ou enforcado.

Münzer organizou um exílio de trabalhadores e camponeses e mandou fundir num mosteiro uma pesada artilharia para esse exército. "Avante!" era o seu grito; "avante enquanto o fogo ainda está quente! Que as vossas espadas fiquem ainda mais quentes com o sangue!" A 24 de agosto de 1524, Hans Müller, agindo por sugestão de Münzer, reuniu alguns camponeses de Stühlingen e os conduziu numa "irmandade evangélica" para emancipar os agricultores de toda a Alemanha. No final de 1524, havia cerca de 30 mil camponeses armados no sul da Alemanha, recusando-se a pagar impostos, dízimos da Igreja ou tributos feudais. Prometiam solenemente a emancipação ou a morte. Em Menningen (março de 1525), seus delegados elaboraram os "Doze Artigos" que incendiaram metade da Alemanha:

> Ao leitor cristão, a paz e a graça de Deus através do Cristo [...] Tem sido costume até agora os homens nos manterem como sua propriedade e isso é lamentável, pois Cristo nos redimiu e nos comprou a todos com o precioso derramamento do seu sangue [...] Aos nossos governantes, escolhidos ou indicados (indicados a nós por Deus), obedeceremos de boa vontade em assuntos justos e cristãos; não temos dúvida de que, como cristãos verdadeiros e legítimos, eles alegremente nos libertarão da servidão ou nos mostrarão no Evangelho que somos servos...
> Temos uma queixa séria contra os serviços que aumentam a cada dia...
> Estamos magoados porque alguns se apropriaram dos prados comuns, que antes pertenciam à comunidade...
> Se um ou mais artigos aqui estabelecidos puderem ser comprovados como impróprios segundo a palavra de Deus, nós desistiremos deles se nos explicarem com argumentos da Escritura...

Os líderes camponeses, encorajados pelos pronunciamentos semirrevolucionários de Lutero, enviaram-lhe uma cópia dos "Artigos" e pediram-lhe apoio. Ele respondeu com um panfleto impresso em abril de 1525, intitulado *Ermahnung zum Frieden* (*Exortação à paz*). Aplaudia o oferecimento dos camponeses de se submeterem à correção através das Escrituras. Registrava as acusações já em curso de que seus discursos e escritos haviam estimulado a revolta; negava a sua responsabilidade e referia-se ao fato de ter inculcado a obediência civil, mas não retirou a crítica em relação à classe dominante:

> Não temos ninguém na terra a quem agradecer essa rebelião maligna exceto a vós, príncipes e senhores, e especialmente a vós, bispos cegos e sacerdotes e monges loucos, cujos corações se endureceram contra o Sagrado Evangelho, embora saibais que é verdade [...] No vosso governo temporal, não fazeis outra coisa senão espoliar os vossos súditos para levardes uma vida de esplendor e orgulho; o pobre povo comum não consegue suportar mais [...] Como vós sois a causa da ira de Deus, ela recairá sobre vós se não corrigirdes a tempo os vossos modos

> [...] Os camponeses estão unidos e isso pode resultar em ruína, destruição e desolação da Alemanha por meio de cruéis assassinatos e derramamentos de sangue, a menos que Deus, comovido pelo vosso arrependimento, impeça isso.

Lutero aconselhava príncipes e senhores a reconhecerem a justiça de muitos dos artigos e insistia numa política de consideração benevolente. Dirigiu-se aos camponeses, reconhecendo francamente os erros cometidos contra eles, mas apelou para que evitassem a violência e a vingança; previu que o recurso à violência os deixaria em situação pior do que antes. Antecipou que uma revolta violenta traria descrédito ao movimento em prol da reforma religiosa, e que ele seria culpado de tudo. Aconselhou os camponeses a obedecerem às autoridades e, num momento de imprudência, pediu-lhes que interpretassem "a liberdade do cristão" como sendo uma liberdade espiritual, compatível com a servidão e até com a escravidão:

> Abraão, outros patriarcas e profetas não tinham escravos? Lede o que São Paulo ensina sobre os servos, que àquela época eram todos escravos. Portanto o vosso terceiro artigo é inútil diante do Evangelho [...] Esse artigo tornaria iguais todos os homens... e isso é impossível. Pois um reino deste mundo não pode sobreviver a menos que exista uma desigualdade entre os homens, de modo que alguns sejam livres, alguns prisioneiros, alguns súditos.

Os líderes camponeses lamentaram Lutero, considerando-o traidor, e avançaram com a revolta. Alguns assumiram literalmente o sonho da igualdade; os nobres deveriam desmantelar os seus castelos e viver como camponeses ou burgueses; não deveriam mais andar a cavalo, pois isso os elevava acima dos demais. Os pastores deveriam ser servos, e não senhores das suas congregações, seriam expulsos se não seguissem estrita e exclusivamente as Escrituras. Os trabalhadores urbanos denunciaram o monopólio dos cargos públicos pelos ricos, a malversação de recursos públicos por funcionários corruptos, a repetida elevação de preços enquanto os salários ficavam para trás. Líderes da revolta propuseram o confisco de todas as propriedades da Igreja em favor de necessidades seculares, a extinção de todos os impostos e tarifas de transporte, e que houvesse em todo o império uma cunhagem e um único sistema de pesos e medidas.

Na primavera de 1525, a revolta eclodiu em algumas localidades dispersas. Em Heilbronn, Rothenburg e Würzburg, a comuna de representantes dos trabalhadores apossou-se da administração municipal. Em Frankfurt-am-Main, a comuna vitoriosa anunciou que daí em diante haveria um conselho, um burgomestre, um papa e um imperador numa só pessoa. Em Rothenburg, os sacerdotes foram expulsos da catedral, as imagens arrasadas, uma capela destruída e as adegas do clero esvaziadas com alegria triunfante. Praticamente todo o ducado da Francônia aderiu à insurreição. Muitos senhores e bispos, despreparados para resistir, juraram aceitar as reformas que lhes eram impostas; de imediato, vários libertaram seus servos.

Muitos membros do baixo clero, hostis à hierarquia, defendiam a revolta. Em Leipheim, no Danúbio, cerca de 3 mil camponeses, liderados por um sacerdote, se apossaram da cidade, beberam todo o vinho que conseguiram encontrar, pilharam a igreja cujo órgão destruíram, fizeram perneiras com as vestes sacerdotais e prestaram uma homenagem de caçoada a um membro do grupo vestido como sacerdote e sentado no altar. Um exército de mercenários contratado pela Liga Suábia e liderado pelo general Georg Von Truchsess sitiou a cidade e atemorizou os rebeldes indisciplinados para que se rendessem. Cinco líderes foram decapitados; o resto foi poupado, mas as tropas da liga queimaram muitas casas de camponeses.

Na Sexta-Feira Santa, 15 de abril de 1525, três contingentes rebeldes, sob o comando de Metzler, Geyer e Rohrbach, sitiaram Weinsberg (perto de Heilbronn), governada pelo conde Ludwig von Helfenstein, especialmente odiado pela sua crueldade. Uma delegação de camponeses aproximou-se das muralhas da cidade e solicitou uma conferência; o conde e seus cavaleiros saíram repentinamente e massacraram a delegação. No Domingo de Páscoa, os atacantes romperam os muros e mataram os quarenta homens armados que resistiram. O conde, sua esposa (filha do falecido imperador Maximiliano) e dezesseis cavaleiros foram presos. Rohrbach ordenou que os dezessete homens caminhassem entre fileiras de camponeses armados de lanças. O conde ofereceu como resgate toda a sua fortuna; isso foi recusado como manobra contemporizadora. A condessa, prostrada e nervosa, apelou pela vida do marido. Rohrbach mandou dois homens erguerem-na para que ela pudesse testemunhar a orgia de vingança. À medida que o conde caminhava para a morte em meio a uma saraivada de punhais e lanças, os camponeses lembravam-lhe a própria brutalidade. "Tu atiraste o meu irmão na masmorra porque ele não tirou o chapéu à tua passagem", berrou um, "Tu nos puseste arreios, como se fôssemos bois encangados", gritaram outros. "Mandaste cortar as mãos do meu pai porque ele matou uma lebre no seu próprio campo." "Os teus cavalos, os teus cães e os teus caçadores arrasaram a minha plantação." "Tu nos arrancaste o último tostão." Durante a meia hora seguinte, os dezesseis cavaleiros foram igualmente enviados ao descanso eterno. A condessa teve permissão para se recolher a um convento.

Em praticamente todas as partes da Alemanha, grupos de camponeses se amotinavam. Mosteiros eram saqueados ou forçados a pagar altos resgates. Em Mainz, o arcebispo Albrecht fugiu antes da tempestade, mas o seu representante salvou a sede episcopal, concordando com os "Doze Artigos" e pagando um resgate de 15 mil florins. A 11 de abril, o povo de Bamberg repudiou a soberania do bispo, saqueou e queimou-lhe o castelo e pilhou as casas dos ortodoxos. Na Alsácia, a revolta se espalhou com tamanha rapidez que, no fim de abril, todos os proprietários de terras, ricos ou ortodoxos, temiam pela própria vida. A 28 de abril, um exército de 10 mil camponeses atacou Zabern, sede do bispado de Estrasburgo, saqueou o mosteiro, tomou a cidade e forçou um em cada quatro homens a aderir, repudiou todos os pagamentos de dízimos e exigiu que daí em diante todos os funcionários, menos o imperador, fossem eleitos por sufrágio popular e sujeitos à demissão. Em Freiburg-im-Breisgau, os camponeses saquearam castelos e mosteiros e forçaram a cidade a aderir à "irmandade evangélica". Naquele mesmo mês de maio, um bando de camponeses expulsou o bispo de Wüzburg do seu palácio e banqueteou-se com as suas provisões. Em Neustadt, no Palatinado, o eleitor Ludwig, cercado por 8 mil camponeses armados, convidou os líderes para jantar e alegremente aquiesceu às exigências. "Ali, viam-se vilões e senhor sentados, comendo e bebendo juntos. Pareciam todos perfeitamente à vontade", disse um contemporâneo.

Em maio de 1525, em meio a essa torrente de acontecimentos, Lutero publicou na imprensa de Wittenberg o panfleto *Contra as hordas de camponeses salteadores e assassinos*, cuja veemência surpreendeu príncipes, camponeses, prelados e humanistas. Chocado com os excessos dos rebeldes enfurecidos, temendo uma possível subversão de toda a lei e de todo o governo da Alemanha e ferido pelas acusações de que os seus próprios ensinamentos tinham provocado esse dilúvio, Lutero passou a se colocar sem reservas ao lado da lei e da ordem:

> Qualquer homem cuja insurreição possa ser comprovada está fora da lei de Deus e do império, de modo que a primeira pessoa que conseguir matá-lo estará agindo corretamente e bem [...] Pois a rebelião traz consigo uma terra cheia de assassinatos e derramamentos de sangue, faz viúvas e órfãos e vira tudo de cabeça para baixo [...] Portanto, lembrando que não há nada mais venenoso, prejudicial e diabólico do que um rebelde, deixemos que quem puder o golpeie, apunhale e mate, em segredo ou abertamente. É justo matar um cão louco.

E rejeitou a suposta garantia das Escrituras para o comunismo:

> O Evangelho não torna comuns os bens, exceto no caso daqueles que fazem por sua livre e espontânea vontade aquilo

> que os Apóstolos e os discípulos fizeram em Atos 4. Eles não exigiram, como fazem os nossos camponeses insanos, que os bens dos outros – de um Pilatos ou de um Herodes – fossem comuns, mas apenas os seus próprios bens. No entanto, os nossos camponeses queriam ter em comum os bens alheios e manter para si os próprios bens. Bonito! Acho que não restou um só demônio no inferno; todos se transformaram em camponeses.

Aos governantes católicos, Lutero ofereceu o seu perdão se eles condenassem os rebeldes sem submetê-los a julgamento. Aos governantes protestantes, recomendou oração, contrição e negociação, mas, se os camponeses continuassem obstinados, então que pegassem rapidamente a espada. Pois um príncipe ou um senhor deve lembrar que neste caso é ministro de Deus e servo da Divina ira (Romanos 13), a quem a espada é confiada para usar contra tais indivíduos:

> Se ele puder punir e não o fizer – mesmo que a punição consista em tirar a vida e derramar sangue – então será culpado de todos os assassinatos e males que esses indivíduos cometerem [...] Então os governantes devem prosseguir despreocupados e agir com bom senso enquanto os seus corações ainda baterem [...] Se alguém achar que isso é difícil demais, lembre-se que a rebelião é intolerável e que a destruição do mundo é esperada a qualquer momento.

Para infelicidade de Lutero, esse apelo à guerra alcançou os leitores exatamente quando as classes proprietárias começavam a subjugar a revolta; e o reformador foi responsabilizado indevidamente pelo terrorismo da repressão. O eleitor Frederico morreu a 5 de maio de 1525, deixando para os sucessores conselhos de moderação. Mas o eleitor João achou que o irmão fora imprudentemente tolerante. Uniu suas forças às do duque Henrique de Brunswick e às de Filipe I, príncipe de Hess, e juntos investiram contra o acampamento de Münzer, perto de Mülhausen. Os exércitos inimigos equivaliam apenas em número – cada qual teve 8 mil homens; mas as tropas ducais eram constituídas principalmente de soldados treinados, enquanto os camponeses estavam apenas armados. O primeiro tiro de canhão do príncipe matou centenas, e os rebeldes, apavorados, fugiram para a cidade de Frankenhausen (15 de maio). O vitorioso perseguiu-os e massacrou 5 mil. Trezentos camponeses foram condenados à morte; as esposas pediram clemência para eles; foi concedida, desde que estourassem os miolos de dois sacerdotes que haviam encorajado a revolta; isso foi feito na presença dos duques vitoriosos. Münzer foi preso, torturado para confessar os seus erros e decapitado.

Enquanto isso, Georg von Truchsess, liderando outro exército do príncipe, tomou a cidade de Böblingen. Das muralhas desta bombardeou um acampamento rebelde nos arredores (11 de maio). Os camponeses que sobreviveram ao ataque dos canhões foram massacrados pela cavalaria. Voltando-se a seguir para Weinsberg, Truchsess arrasou-a totalmente e assou lentamente Jacklein Rohrbach, que chefiara o "Massacre de Weinsberg". Truchsess continuou reconquistando Würzburg e decapitou 81 rebeldes escolhidos como advertência aos demais. Um dos sobreviventes foi o cavaleiro rebelde Götz von Berlichingen, cuja lenda inspirou a Goethe uma das suas primeiras obras.

Na Alsácia, a revolta foi esmagada com a morte de mil a 6 mil camponeses em Lipstein e Zabern. Por volta de 27 de maio, 20 mil camponeses haviam morrido só na Alsácia; o ar de algumas cidades estava fétido de cadáveres. Dos camponeses que se renderam, o margrave Casimiro mandou decapitar alguns e enforcar outros; nos casos mais brandos, mandou cortar as mãos ou arrancar os olhos. Príncipes mais sensatos intervieram para reduzir a ferocidade da retaliação. "Se todos os rebeldes forem mortos, onde conseguiremos camponeses para trabalhar para nós?", advertiu um nobre.

As perdas de vidas e de propriedades alemãs na Guerra dos Camponeses só seriam suplantadas pela Guerra dos Trinta Anos. Dos camponeses, cerca de 130 mil morreram em batalha ou na prisão. O carrasco contratado por Truchsess gabava-se de ter matado 1.200 condenados com as próprias mãos. Os camponeses destruíram centenas de castelos e mosteiros. Centenas de aldeias e cidades estavam despovoadas, arruinadas ou empobrecidas por enormes indenizações. Mais de 50 mil camponeses sem teto vagueavam pelas estradas ou se escondiam nos bosques. Havia legiões de viúvas e órfãos, mas não havia vontade nem dinheiro para fazer caridade. Foram feitas concessões a camponeses na Áustria, em Baden e Hess; em outros lugares, a servidão foi fortalecida, e a leste do Elba continuaria até 1800. O desenvolvimento intelectual foi interrompido, a censura às publicações aumentou, sob as ordens das autoridades tanto católicas quanto protestantes. O humanismo definhou nas fogueiras. A alegria renascentista na vida, na literatura e na arte cedeu lugar à teologia, à carolice e às meditações sobre a morte.

Os camponeses jamais perdoaram Lutero. Achavam que a nova religião santificara-lhes a causa, despertara-lhes a esperança e a ação e, na hora decisiva, os abandonara. Alguns, na raiva e no desespero, tornaram-se ateus cínicos. Muitos, ou seus filhos, retornaram ao rebanho católico. Alguns seguiram os radicais que Lutero denunciara e viram no Novo Testamento uma convocação ao comunismo.

O comunismo anabatista

Das novas seitas, a mais radical adotou o nome de anabatismo (*Wiedertaufer*, "aqueles que batizam de novo"), pelo fato de insistir em que o batismo recebido na infância deveria ser repetido na maturidade, ou melhor, deveria ser adiado, como diz João Batista, até que o recebedor professasse consciente e voluntariamente a fé crista.

Os anabatistas condenavam todo uso da força, especialmente por parte dos governos. Rejeitavam o serviço militar, baseados no fato de que é sempre pecado tirar a vida humana. Recusavam-se a fazer juramentos, inclusive os juramentos de fidelidade ao príncipe ou ao imperador. A sua saudação usual era "A paz do Senhor esteja contigo" – um eco da saudação judaica e muçulmana, e um precursor da moda quacre.

Enquanto Lutero, Zwinglio, Calvino e Knox concordavam com os papas quanto à necessária uniformidade religiosa, os anabatistas praticavam a tolerância religiosa e um deles, Balthasar Hubmaier, escreveu a primeira defesa nítida dessa tolerância de que se tem notícia (1524). Esquivavam-se de cargos públicos e de todos os recursos ao litígio. Eram anarquistas tolstoianos, três séculos antes de Tolstói. Alguns defendiam uma comunidade de bens; alguns, se dermos crédito a cronistas possivelmente hostis, propunham uma comunidade de esposas. Contudo, em geral a seita rejeitava qualquer compartilhamento compulsório de bens e se consolava com a esperança de que, com o advento do Reino dos Céus, o comunismo seria automático e universal. Viviam numa expectativa confiante na Segunda Vinda de Cristo, que estabeleceria na terra o Reino dos Céus, onde os eleitos viveriam num paraíso terrestre, sem leis nem casamentos e com abundância de coisas boas para todos.

Os anabatistas apareceram pela primeira vez na Suíça por volta de 1521, mas Zwinglio, que dominava Zurique, tornou-lhes a vida tão desconfortável que eles migraram para a Alemanha, onde Lutero parecia ter-lhes preparado o caminho, rompendo as barreiras do costume e da disciplina, tornando "todo homem um sacerdote" e proclamando a liberdade do cristão. Em Augsburg, expandiram-se rapidamente entre os trabalhadores da indústria têxtil; no Tirol, muitos mineiros, contrastando a sua pobreza com a riqueza dos Fugger e Hochstetter, proprietários das minas, adotaram o anabatismo quando a Guerra dos Camponeses declinou; em Estrasburgo, a seita cresceu livre durante algum tempo porque a belicosidade foi absorvida no conflito entre protestantes e católicos. Mas um panfleto de 1528 advertia as autoridades de que "aquele que ensina que todas as coisas devem ser comuns" só tem em mente instigar os pobres contra os ricos, os súditos contra os governantes escolhidos por Deus. Naquele ano, Carlos V publicou um edito tornando o rebatismo um crime capital.

A Dieta de Speyer (1529) ratificou o edito do imperador e ordenou que por toda parte os anabatistas fossem mortos como animais selvagens assim que fossem presos, sem juiz nem tribunal. Por volta de 1530, aproximadamente 2 mil anabatistas haviam sido mortos, relata o contemporâneo Sebastian Franck.

Apesar dessa matança, a seita cresceu e se deslocou de um lugar para outro na Alemanha. Na Prússia e em Württemberg, alguns nobres os acolheram como agricultores pacíficos e laboriosos. Na Saxônia, o vale do rio Werra estava cheio deles, e em Erfurt alegavam ter enviado trezentos missionários para converter o mundo decadente, diz um dos primeiros historiadores luteranos.

Em Austerlitz, Hans Hut e seus seguidores estabeleceram um centro comunista e o mantiveram por quase um século. Os nobres proprietários de terras os protegeram porque eles enriqueciam a propriedade com o seu trabalho consciencioso. A lavoura era comunitária: materiais para a agricultura ou as artes manuais eram comprados e repartidos entre funcionários da comunidade; parte da produção era entregue ao proprietário, como aluguel, e o resto distribuído de acordo com as necessidades. A unidade social não era a família, mas sim o *Haushabe*, ou lar, que englobava de quatrocentas a 2 mil pessoas, com uma cozinha comum, uma lavanderia comum, uma escola, um hospital e uma cervejaria. Os filhos, depois do período de aleitamento, eram educados em comum, mas a monogamia continuava. Essa sociedade comunista foi eliminada por um edito imperial de 1622, durante a Guerra dos Trinta Anos; seus membros aceitaram o catolicismo, ou foram banidos.

Nos Países Baixos, Melchior Hofmann, um curador de couro suábio, pregou o evangelho anabatista com algum sucesso. Em Leyden, o seu discípulo Jan Matthys concluiu que o advento de uma nova Jerusalém não poderia mais ser esperado com paciência, mas sim conseguido de imediato e, se necessário, à força. Espalhou pela Holanda doze apóstolos para anunciarem a boa nova. O mais hábil de todos foi um jovem alfaiate, Jan Beuckelszoon, conhecido na história como

João de Leyden e na Ópera de Meyerbeer como "O profeta". Sem educação formal, tinha espírito vivo, imaginação fértil, bela presença, resposta pronta e vontade resoluta. Em 1533, aos 24 anos, aceitou um convite para auxiliar os anabatistas que tinham assumido o controle de Münster, capital rica e populosa da Vestfália.

Ao chegar ali, a 3 de janeiro de 1534, encontrou a cidade sitiada por uma força católica chefiada pelo bispo Franz von Waldeck. João de Leyden aderiu à resistência e logo chegou à liderança quase absoluta da Comissão de Segurança Pública (5 de abril de 1534). Realizaram-se novas eleições; os anabatistas conseguiram o controle da comissão e estabeleceram o comunismo como economia de guerra. Inspirados na fé religiosa e na eloquência de João, os cidadãos aceitaram uma "teocracia socialista", na esperança de estarem realizando a Nova Jerusalém prevista no Apocalipse. Talvez para conferir alguma dignidade útil ao governo precário, João e seus auxiliares vestiam-se com as roupas esplêndidas deixadas pelos ricos exilados. Segundo uma testemunha hostil, eles decretaram que "todos os bens deveriam ser comuns", mas aparentemente poucos obedeceram. Nomearam três "diáconos" para suprir as necessidades dos pobres; e para garantir essa benemerência, os ricos que permaneceram foram persuadidos ou obrigados a ceder o que tinham de supérfluo. A terra disponível para cultivo na cidade foi atribuída a cada lar conforme o tamanho. Um decreto confirmou a tradicional dominação do marido sobre a esposa.

A moral pública era regulada por leis rígidas. Danças, jogos e peças religiosas eram estimulados sob supervisão, porém a embriaguez e os jogos de azar eram severamente punidos. A prostituição foi banida; a fornicação e o adultério tornaram-se crimes capitais. Um excesso de mulheres, causado pela fuga de muitos homens, fez com que os líderes decretassem, com base em precedentes bíblicos, que as mulheres descomprometidas deveriam se tornar "companheiras das esposas" – na verdade, concubinas. O próprio João teve várias. Embora muitos anabatistas na Alemanha e na Holanda repudiassem o recurso à força adotado pelos seus irmãos de Münster, muitos aplaudiram a revolução. Colônia, Trier, Amsterdã e Leyden murmuraram com os anabatistas orações pela vitória. A 28 de março, repetindo o levante de Münster, um grupo de anabatistas tomou e fortificou um mosteiro nas Frísias Ocidentais. Confrontadas com a expansão da revolta, as forças conservadoras do império, protestantes e católicas, mobilizaram-se para eliminar totalmente o anabatismo. Lutero, que em 1528 recomendara benevolência para com os hereges, em 1530 aconselhou "o uso da espada" contra eles, acusando-os de "blasfemadores" e revolucionários. Muitas cidades enviaram para o bispo von Waldeck dinheiro ou homens para as suas tropas, e a Dieta de Worms (4 de abril de 1535) ordenou um imposto a toda a Alemanha para financiar o ataque a Münster. O bispo pôde, então, cercar a cidade e cortar-lhe todos os suprimentos.

Enfrentando a fome e com o ânimo deteriorado, João anunciou que quem quisesse podia abandonar a cidade. Muitas mulheres e crianças e alguns homens aproveitaram a oportunidade; os homens foram presos ou mortos pelos soldados do bispo; as mulheres, poupadas para serviços diversos. Um dos que saíram da cidade salvou a própria vida concordando em mostrar aos sitiantes um trecho indefeso das muralhas da cidade. Com essa orientação, uma tropa escalou os muros e abriu um portão (24 de junho); várias tropas logo invadiram a cidade. A fome já fizera o seu trabalho, e apenas oitocentos sitiados ainda conseguiam pegar em armas. Protegeram-se com barricadas na praça do mercado; depois renderam-se ante a promessa de um salvo-conduto para deixarem Münster; quando entregaram as armas, foram massacrados. As casas foram revistadas, e quatrocentos sobreviventes que estavam escondidos foram mortos. João de Leyden e dois auxiliares foram amarrados a estacas; todas as partes dos seus corpos foram pregadas com tenazes quentes até que "praticamente todos os que estavam na praça do mercado ficaram enjoados com o mau cheiro". Finalmente, cravaram-lhes punhais nos corações.

O bispo reconquistou a cidade e aumentou o seu antigo poder; daí em diante, todos os atos das autoridades civis estariam sujeitos ao veto episcopal. O catolicismo foi restaurado triunfalmente. Em todo o império, os anabatistas, temendo por suas vidas, repudiaram a todos os membros culpados de usar força; contudo, muitos hereges pacifistas foram executados. Lutero e Melanchthon aconselharam Filipe de Hess a condenar à morte todos os adeptos de seitas. Os anabatistas aceitaram a lição, adiaram o comunismo para o milênio e se resignaram a uma vida sóbria, piedosa e pacífica, tolerável pelo estado.

Menno Simons, um sacerdote católico convertido ao anabatismo, propiciou aos seus seguidores holandeses e alemães uma orientação tão hábil que os menonitas sobreviveram a todas as atribulações e formaram comunidades agrícolas bem-sucedidas na Holanda, na Rússia e na América. Não há parentesco definido entre os anabatistas do continente e os quacres ingleses ou os batistas americanos, mas a rejeição dos quacres à guerra e aos juramentos e a insistência dos batistas por um batismo adulto provavelmente se originam das mesmas tradições de credo e conduta que na Suíça, na Alemanha e na Holanda adquiriram formas anabatistas. Em 1719, um ramo dos anabatistas migrou da Alemanha para a Pensilvânia e se estabeleceu em Germantown, ou perto dali. No leste da Pensilvânia, os menonitas "amish" (assim denominados em homenagem ao líder do século XVII Jakob Amman) ainda rejeitam oficialmente navalhas de barba, botões, estradas de ferro, automóveis, filmes cinematográficos, jornais e tratores; mas as suas fazendas estão entre as mais bem-cuidadas e prósperas da América. A teologia que sustentou os anabatistas através das dificuldades, da pobreza e do martírio dificilmente concorda com as nossas filosofias transitórias, mas eles também, com sinceridade, devoção e cordialidade, enriqueceram a nossa herança e redimiram a nossa humanidade maculada.

Se a Reforma teve sucesso na Alemanha, provavelmente foi porque o imperador Carlos V e os papas Leão X, Adriano VI e Clemente VII estavam absorvidos numa competição pela supremacia da cristandade e porque os príncipes alemães achavam que as receitas da piedade alemã poderiam ter melhor destino do que serem enviadas a Roma. Enquanto a Itália e a França se ocupavam com a guerra, os alemães livravam-se das dispendiosas exigências da Igreja e, um a um, os eleitores concordaram com a soberania.

Erasmo observava surpreso e aflito enquanto a Europa se dilacerava com a teologia e a guerra. Ele defendera as primeiras fases da rebelião de Lutero, mas afastou-se quando ela ameaçou quebrar a Igreja Católica enquanto pilar da ordem social da Europa. Reconheceu a sua participação em abrir caminho para Lutero; naquele momento, o *Elogio da loucura* circulava aos milhares por toda a Europa, caçoando de monges e teólogos e reforçando os grosseiros ataques de Lutero.

Quando os católicos o acusaram de ter posto o ovo que Lutero chocara, ele admitiu: "Sim, mas o ovo que eu pus virou uma galinha, ao passo que Lutero chocou um galo de briga". Temia que a divisão do cristianismo em campos hostis atrasasse a Europa em um século (como aconteceria na Alemanha no século seguinte). Quando Lutero apelou para que Erasmo mantivesse a amizade (18 de março de 1519), este respondeu advertindo-o a não deixar soltos os cães de guerra; enquanto isso, escreveu ao eleitor Frederico pedindo-lhe que protegesse o rebelde. E como qualquer outro erudito pobre, lembrou-se das suas pensões papais e sinecuras inglesas e ficou quieto.

Em todo caso, a retirada dos principados alemães da comunidade romana prosseguiu em ritmo crescente. Em 1546, Lutero morreu aos 63 anos, depois de muitas enfermidades e muito sofrimento. O seu evangelho foi propagado tranquilamente por Melanchthon e protegido por eleitores cujo poder crescia, ao mesmo tempo em que o do imperador católico era reduzido anualmente por guerras dispendiosas, crescentes preocupações e doenças de senilidade. Em 1555, na Dieta de Augsburg, Carlos V cedeu à maioria das exigências dos eleitores germânicos, que ficaram livres para escolher a própria religião e torná-la obrigatória entre os seus súditos. Não havia pretensão de tolerância religiosa; o direito de livre escolha, que a Reforma sustentara no êxtase da revolta, fora abandonado não só porque provocara tamanha diversidade de credos antagônicos como também porque ameaçara a mente da Europa. No entanto, o rebelde descontente tinha liberdade de migrar para um principado cujo culto oficial melhor se adequasse ao seu próprio.

Ou esse cidadão poderia romper todas as barreiras nacionais e buscar na Suíça o seu preferido entre os credos da Reforma – entre Zwinglio em Zurique e Calvino em Genebra; ou atravessar o mar e venerar o calvinismo escocês de John Knox ou o catolicismo anglicano de Henrique VIII.

Em meio ao absolutismo do dogma, a liberdade mental sobreviveu apenas nas heresias secretas de uns poucos humanistas da Alemanha ou no ceticismo tranquilo de uns poucos italianos e ingleses.

CAPÍTULO 20

A REFORMA CATÓLICA (1517-1563)

OS REFORMADORES CATÓLICOS

Muitos italianos lamentavam a deterioração da Igreja na liderança moral e na reforma doutrinária. Em Veneza, o centro do comércio da Itália, crescia o ceticismo e a crítica ao clero popularizara-se com os estados não cristãos; o cardeal Caraffa relatou ao Papa Clemente VII (1532) que poucos venezianos se confessavam; e o próprio Clemente descreveu a "heresia luterana" como amplamente divulgada tanto no clero quanto no laicato da Itália. Renée, filha de Luís XII e esposa de Ercole d'Este, governante de Ferrara, era protestante convicta e recebeu Calvino naquela cidade. Em Modena, Lucca e Roma, as academias eruditas incluíam muitos hereges, alguns mais céticos do que Lutero.

Mas naturalmente era impossível a Itália se tornar protestante. O povo, embora anticlerical, era religioso mesmo quando não ia à igreja. Amava as cerimônias consagradas pelo tempo, a ajuda ou o consolo dos santos, o credo raramente questionado que o tirava da pobreza do lar para a sublimidade do maior drama já concebido – a redenção dos pecadores através da morte do seu Deus.

A riqueza do papado era uma herança italiana revestida de interesse; qualquer italiano que se propusesse a acabar com aquela organização de recebimento de tributos pareceria, à maioria dos italianos, estar à beira da loucura. As classes mais altas disputavam com o papado o poder político na

Itália central, mas acalentavam o catolicismo como ajuda vital à ordem social e ao governo pacífico. Percebiam que a glória da arte italiana estivera vinculada à Igreja através da inspiração das suas lendas e do seu auxílio em ouro. O próprio catolicismo virara uma arte; seus elementos sensíveis escondiam os ascéticos e teológicos: vitrais, incenso, música, arquitetura, escultura, pintura e até o drama – havia de tudo isso na Igreja, formando um conjunto maravilhoso e aparentemente inseparável. Os artistas e os eruditos da Itália não precisavam se converter ao catolicismo, pois haviam convertido o catolicismo à erudição e à arte.

Centenas, milhares de eruditos e artistas foram sustentados por bispos, cardeais e papas; muitos humanistas, alguns céticos instruídos, alcançaram cargos elevados na Igreja. A Itália amava demais a beleza alcançável para desperdiçá-la com verdades inalcançáveis. E será que aqueles teutões fanáticos, ou aquele papazinho azedo de Genebra, ou aquele grosseiro dono do trono da Inglaterra haviam encontrado a verdade? Que insensatez deprimente, gritavam aqueles reformadores, justo quando as classes intelectuais da Itália tinham quase esquecido o inferno e a condenação eterna!

Consequentemente, a argumentação italiana era a favor da reforma dentro da Igreja. E, na verdade, durante séculos os clérigos leais admitiram – e proclamaram – a necessidade de uma reforma eclesiástica. A deflagração e o progresso da Reforma deram nova urgência a essa necessidade e a essa demanda. "Uma vasta torrente de acusações em centenas de milhares de panfletos e caricaturas desaguou sobre o clero." O saque de Roma tocou a consciência e a renda e aterrorizou os cardeais e o povo; centenas de sacerdotes classificavam a calamidade como uma advertência de Deus. Em 1528, o bispo Stafileo, pregando perante a Rota (um ramo jurídico da Cúria), explicou em termos quase protestantes por que Deus atingira a capital da cristandade: "Porque toda a carne tornou-se corrupta; não somos cidadãos da cidade sagrada de Roma, mas sim da Babilônia, a cidade da corrupção". Exatamente como dissera Lutero. No início do pontificado de Paulo III, o famoso jurista Giovan Battista Caccia apresentou-lhe um tratado sobre a reforma da Igreja. No preâmbulo dizia: "Vejo que a nossa Santa Madre Igreja mudou tanto que não tem mais sinais do seu caráter evangélico; não mais se encontram seus traços de humildade, temperança, continência e força apostólica". Paulo mostrou disposição ao aceitar o oferecimento desse trabalho. A 20 de novembro de 1534, indicou os cardeais Piccolomini, Sanseverino e Cesi para elaborarem um programa de renovação moral da Igreja; a 15 de janeiro de 1535, determinou o rígido cumprimento das bulas de reforma de Leão X, de 1513. Enredado na política papal e imperial, amedrontado pelo avanço dos turcos e sem querer, nessas crises, perturbar a estrutura ou o funcionamento da Cúria com mudanças radicais, Paulo protelou uma reforma efetiva; porém, os homens que ele elevou ao cardinalato eram quase todos conhecidos pela integridade e devoção.

O movimento de reforma interna triunfou quando o seu líder, Caraffa, tornou-se Paulo IV (1555). Os monges ausentes dos mosteiros sem permissão oficial e sem necessidade clara receberam ordens para voltar imediatamente. Na noite de 22 de agosto de 1558, o papa determinou o fechamento de todos os portões de Roma e a prisão de todos os monges encontrados perambulando; seguiram-se procedimentos semelhantes em todos os Estados Papais e alguns infratores foram condenados a trabalhos forçados. Os mosteiros não precisaram mais sustentar com suas rendas funcionários faltosos. Bispos e abades que não estivessem efetivamente a serviço da Cúria em determinado cargo foram obrigados a retornar aos seus postos ou perderam os proventos. Proibiu-se a manutenção de mais de um benefício. Todos os departamentos da Cúria foram obrigados a eliminar qualquer suspeita de simonia na nomeação para cargos clericais. Roma assumiu um ar destoante de piedade e moralidade exterior. Na Itália – e menos nitidamente fora das suas fronteiras –, a Igreja reformara o clero e a moral, enquanto deliberadamente deixava as doutrinas intactas.

SANTA TERESA

Teresa, nascida em Ávila, na Espanha, foi uma reformadora monástica singular. Seu pai era um cavaleiro castelhano de Ávila que se orgulhava da própria retidão moral e de ser leal à Igreja; todas as noites, lia para a família trechos das vidas dos santos; a mãe de Teresa era inválida e mitigava a dor com romances de cavalaria.

Na infância, a imaginação de Teresa vacilava entre o amor romântico e o martírio dos santos. Quando a sua beleza desabrochou, surgiram admiradores; ela se apaixonou por um deles; o pai mandou-a para um convento; ali, ela desenvolveu uma forma de epilepsia cujos repetidos ataques deixavam-na fisicamente exausta. O pai tirou-a do convento e enviou-a a morar no campo com uma meia-irmã. No trajeto, um tio entregou-lhe um livro de São Jerônimo cujas cartas descreviam vivamente os terrores do inferno e representavam o namoro entre os sexos como um caminho para a condenação eterna. Teresa leu ansiosamente. Em 1534, voltou a Ávila e entrou para o Convento Carmelita da Encarnação.

Durante algum tempo, Teresa foi feliz naquela rotina tépida de repetidas missas, orações coletivas e confissões purificadoras. Seus devaneios românticos transformaram-se em êxtases religiosos; quando recebia a comunhão, sentia a hóstia consagrada como o verdadeiro Cristo na sua língua e depois no seu sangue.

Com a crescente intensificação dos seus sentimentos religiosos, Teresa sentiu-se cada vez mais perturbada com a frouxa disciplina do convento. As freiras não viviam em celas, mas sim em quartos confortáveis; comiam bem, apesar dos jejuns semanais; enfeitavam-se com colares, pulseiras e anéis; recebiam visitas no parlatório e desfrutavam de longas férias fora dos muros do convento.

Os ataques que Teresa sofria continuaram piorando, chegando a uma paralisia breve, porém dolorosa, que a confinou ao leito. Ela decidiu recusar qualquer tratamento médico e confiar inteiramente na oração. Durante três anos, sofreu e rezou. Então, numa certa manhã de 1540, ao despertar, descobriu que não estava mais paralítica. Ergueu-se, caminhou e começou a participar mais ativamente do regime do convento. A sua recuperação foi aclamada como milagre, e ela também acreditava nisso. Suas visões continuaram, mas adquiriram a forma de êxtases religiosos. Em um deles pareceu-lhe que um "anjo extremamente belo enterrava várias vezes uma lança de ouro", com a ponta em fogo,

> no meu coração até atingir as minhas entranhas. A dor era tão real que fui forçada a gemer em voz alta, no entanto essa dor era tão doce e insuperável que eu não queria me livrar dela. Nenhum prazer na vida pode proporcionar maior satisfação. Quando o anjo retirou a lança, deixou-me ardendo com o grande amor de Deus.

Estes e outros trechos dos escritos de Santa Teresa permitem interpretações psicanalíticas, mas ninguém duvida da grande sinceridade da santa. Ela estava convencida de que via Deus e que os problemas mais recônditos se esclareciam nessas visões.

Assim fortalecida, aos 58 anos, Teresa decidiu reformar a ordem das carmelitas. Organizou um novo convento para onde levou freiras e noviças que aceitassem um regime de pobreza absoluta. As primitivas carmelitas usavam ásperos hábitos de aniagem, andavam sempre descalças, comiam frugalmente e jejuavam com frequência. Teresa exigiu que as Carmelitas Descalças se aproximassem dessas regras não como um fim em si mesmo, mas como símbolo de humildade e rejeição a este mundo de tentações. Ergueram-se milhares de obstáculos; os habitantes de Ávila denunciaram o plano dizendo que ameaçava acabar com toda a comunicação entre as freiras e seus parentes.

A provincial da ordem negou permissão para a experiência. Teresa apelou ao Papa Pio V, que autorizou. Quatro freiras a acompanharam e, em 1562, numa rua estreita de Ávila, o novo convento foi consagrado a São José. As irmãs usavam sandálias de corda, dormiam sobre a palha, não comiam carne e permaneciam estritamente em casa.

O modo de Teresa dirigir era afetuoso, alegre e firme. O convento era fechado ao mundo leigo. As janelas eram cobertas com panos; o chão de lajotas servia de cama, mesa e cadeira. No muro, foi construído um disco giratório: toda comida ali colocada por pessoas que as freiras não viam era aceita com gratidão, mas elas não tinham permissão para esmolar. Completavam o sustento fiando e fazendo trabalhos de agulha; os produtos eram colocados do lado de fora do portão do convento; qualquer comprador poderia levar o que apreciasse e deixar em troca o que quisesse. Apesar dessa austeridade houve novas adesões, inclusive da mulher mais bela e cortejada de Ávila.

O geral das carmelitas ficou tão impressionado que pediu a Teresa que fundasse casas semelhantes em outros lugares da Espanha. Em 1567, levando consigo algumas freiras, Teresa viajou numa carroça tosca por mais de 110 quilômetros, em estradas acidentadas para fundar o Convento das Carmelitas Descalças em Medina del Campo. Só havia uma casa disponível, uma construção abandonada e dilapidada, com paredes esburacadas e um telhado cheio de goteiras; mas quando o povo da cidade viu as freiras tentando morar ali, apareceram carpinteiros e pedreiros que, espontânea e gratuitamente, fizeram os reparos e um mobiliário simples.

Em meio às viagens e atribulações, Teresa escreveu os famosos manuais de devoção mística. Num deles, revelou que os sofrimentos físicos haviam voltado. "Parece que muitos rios caudalosos correm no interior do meu cérebro em direção a um precipício; depois, quase sufocadas pelo ruído da água, surgem vozes de pássaros cantando e piando. Eu canso o meu cérebro e a minha dor de cabeça piora." Os ataques voltaram, e o estômago dificilmente retinha a comida. Ainda assim, ela passava dolorosamente de um convento a outro dos que fundara, examinando, melhorando e inspirando. Em Málaga, foi acometida de um ataque de paralisia; recuperou-se, viajou para Toledo e sofreu outro; mais uma vez se recuperou e prosseguiu para Segóvia, Valadolid, Burgos e Alba de Tormes. Ali, uma hemorragia pulmonar forçou-a a parar. Teresa aceitou a morte alegremente, confiando que deixava um mundo de dores e males pela amizade permanente com Cristo.

Enquanto isso, surgira na Espanha um santo mais célebre que reformaria a Igreja e mudaria o mundo.

INÁCIO DE LOIOLA

Nasceu no castelo de Loiola, na província basca de Guipúscoa, em 1491. Foi educado para ser soldado e não demonstrou interesse pela religião. Suas leituras resumiam-se a romances de cavalaria. Apaixonou-se pela nova rainha da Espanha, Germaine de Foix; escolheu-a como a sua "dama de copas" e sonhou receber dela um lenço de renda depois de vencer um torneio.

Na sua autobiografia, confessou que se dedicara a amores menos elevados, consolo usual da vida de soldado. Quando os franceses atacaram Pamplona, lutou bravamente para defendê-la; sofreu um ferimento sério na perna direita e uma cirurgia malfeita deixou essa perna permanentemente mais curta do que a outra. Durante uma longa convalescença no castelo da família, pediu livros; os únicos disponíveis eram *Vida de Cristo* e *Flos sanctorum*, que contava e enfeitava os sofrimentos dos santos. Inácio decidiu igualá-los em bravura; assim que a perna sarasse, conduziria um exército cristão contra o islamismo. Nele, como em São Domingos, a intensidade da fé espanhola não fez da religião uma devoção tranquila, mas sim uma dedicação total à guerra sagrada.

Inácio lera que o Santo Graal fora escondido certa vez no castelo de Montserrat, na província de Barcelona. Ali – contava o mais famoso de todos os romances –, Amadis passara uma noite inteira em vigília diante da imagem da Virgem, preparando-se para ser cavaleiro. Assim que Inácio pôde viajar, montou numa mula e partiu para o santuário distante. Chegando a Montserrat, purificou a alma com três dias de confissão e penitência; deu a um mendigo as suas roupas caras e vestiu uma de peregrino, feita de tecido grosseiro.

Passou a noite de 24-25 de março de 1522 sozinho na capela de um mosteiro beneditino, ajoelhado ou de pé diante do altar da Mãe de Deus. Comprometeu-se a observar castidade e pobreza perpétuas. Na manhã seguinte, recebeu a Eucaristia, deu a mula aos monges e partiu mancando para Jerusalém.

Tomou um navio em Barcelona, em fevereiro de 1523. Ficou duas semanas em Roma fugindo do espírito pagão da cidade antes que este o desviasse da santidade. A 14 de julho, tomou um navio de Veneza para Jafa. Antes de chegar à Palestina, enfrentou uma série de calamidades, mas as suas visões o sustentaram. A própria Jerusalém foi uma atribulação: os turcos que a controlavam permitiam visitantes cristãos, mas sem proselitismo. Quando ele propôs converter os muçulmanos, o provincial franciscano encarregado pelo papa de manter a paz, pediu ao santo que retornasse à Europa. Em março de 1524, Inácio estava de volta em Barcelona.

Talvez tenha percebido que, embora senhor do próprio corpo, era escravo da imaginação. Resolveu purificar a mente pela educação. Apesar de ter 33 anos, juntou-se a alunos para estudar latim. Mas a atração pelo ensino era mais forte do que a vontade de aprender. Logo, Inácio, seu nome escolástico, começou a pregar para um grupo de mulheres piedosas, porém bonitas, cujos amados acusaram-no de ser desmancha-prazeres e surraram-no brutalmente.

Desapontado com a Espanha, Inácio partiu para Paris, sempre a pé, com roupas de peregrino, mas agora levando consigo um jumento carregado de livros. Em Paris, morou num asilo e mendigava nas ruas para conseguir comida e pagar seus estudos. Entrou para o Collège de Montaigu, onde o seu rosto magro e pálido, o corpo faminto, a barba por fazer e as roupas gastas tornaram-no um foco de olhares hostis; mas ele perseguia os seus objetivos com tamanha intensidade que alguns estudantes começaram a reverenciá-lo como santo. Sob a sua liderança, eles se engajaram em exercícios espirituais de oração, penitência e contemplação. Em 1529, Inácio transferiu-se para o Collège de Sainte Barbe e ali também reuniu discípulos. Seus dois companheiros de quarto, por diferentes trajetórias, passaram a acreditar que Inácio era santo. Pierre Favre – Petrus Faber – sofrera de fortes superstições, reais ou imaginárias, e por isso fez votos de castidade perpétua. O outro companheiro de quarto, Francisco Xavier, provinha de Pamplona, onde Inácio servira como soldado. Francisco tinha uma longa lista de ancestrais famosos; era belo, rico, orgulhoso, jovial espadachim e conhecia todas as tabernas e mulheres de Paris. Talentoso nos estudos, já tinha o grau de mestre e pretendia o doutorado. Uma vez viu um homem com o rosto cheio de pústulas de sífilis e isso lhe fez hesitar. Certa vez, quando expunha a sua ambição de brilhar no mundo, Inácio citou-lhe o Evangelho: "De que vale um homem rico, se ele ganhar o mundo e perder a própria alma?". Xavier não conseguiu esquecer essa frase. Começou a se reunir a Loiola e Favre nos exercícios espirituais.

Eles se flagelavam, jejuavam, dormiam com camisas finas no chão de um quarto sem aquecimento, andavam descalços e quase despidos na neve para endurecer e subjugar o corpo. Inácio copiou esses exercícios de uma velha fórmula beneditina, mas inseriu no modelo um fervor de sentimentos e imaginação que fez do seu pequeno livro uma força viva da história moderna.

Esse apelo a uma vida de devoção angariou nove alunos em Paris dispostos a aceitá-la. Inácio propôs que no devido tempo fossem juntos para a Palestina e levassem ali uma vida o mais próximo possível da de Cristo. A 15 de agosto de 1534, Loiola, Favre, Xavier e mais sete outros, numa pequena capela de Montmartre, fizeram votos de castidade e pobreza e se comprometeram a ir viver na Terra Santa depois de mais dois anos de estudos. No inverno de 1536-1537, cruzaram a França pelos Alpes e atravessaram a Itália até Veneza, onde esperavam conseguir passagem para Jafa. Mas Veneza estava em guerra contra os turcos; a viagem era impossível. Loiola e seus discípulos concordaram que, se depois de um ano de espera a Palestina ainda estivesse fechada para eles, se ofereceriam ao papa para fazer qualquer serviço que este lhes atribuísse. Favre conseguiu permissão para que todos fossem ordenados sacerdotes. No outono de 1537, Loiola, Favre e Laynez partiram de Veneza para Roma para pedir aprovação papal para os seus planos. Fizeram toda a viagem a pé, mendigando comida e vivendo principalmente de pão e água. Mas no trajeto entoavam canções felizes, como se soubessem que o seu pequeno número se transformaria numa organização poderosa e brilhante.

Foram bem recebidos pelo Papa Paulo III, dissuadidos de ir à Palestina e reorganizaram-se na Companhia de Jesus, como soldados alistados por toda a vida numa guerra contra a descrença e contra todas as outras forças que contribuíam para a dissolução da Igreja. À medida que novos candidatos eram recebidos, foi preciso definir-lhe os princípios e a regra. Ao voto de obediência acrescentaram os da castidade e da pobreza; o "geral" escolhido por eles deveria ser obedecido, situando-se abaixo apenas do papa.

Adotou-se um quarto voto: "servir ao pontífice romano enquanto vigário de Deus na terra" e em qualquer parte do mundo "executar imediatamente sem hesitação nem desculpa tudo o que o pontífice reinante ou seus sucessores lhes ordenasse para o bem das almas ou para a propagação da fé". Em 1539, Loiola pediu ao cardeal Contarini que submetesse esses artigos da organização ao Papa Paulo III. Este superou todas as objeções e, através de uma bula de 27 de setembro de 1540, fundou formalmente aquela que a bula denominou de *Societas Jesu.*

A 17 de abril de 1541, Inácio foi eleito geral da nova ordem. A partir daí e durante alguns dias, lavou pratos e se encarregou das tarefas mais humildes. Entre 1547 e 1552, elaborou as *Constituições*, que, com pequenas mudanças, são as regras dos jesuítas até hoje. Do seu quarto pequeno e despojado guiava com autoridade severa e grande habilidade os movimentos do pequeno exército em todos os quadrantes da Europa e em outras partes do globo. A tarefa de governar a Companhia de Jesus em sua expansão e de fundar e administrar dois colégios e várias fundações de caridade mostrou-se demasiada para as suas forças à medida que Inácio envelhecia; e, embora bondoso para com os fracos, tornou-se cruel e áspero para com os subordinados mais próximos. Era mais severo consigo mesmo. A maioria das suas refeições era um punhado de nozes, um pedaço de pão e um copo d'água. Quando morreu (1556), muitos romanos sentiram que um vento forte deixara de soprar, e alguns dos seus seguidores sentiram um misto de alívio e sofrimento. Os homens não conseguiram entender com rapidez que aquele espanhol indomável seria um dos homens mais influentes da história moderna.

À época da morte de Inácio, havia uma centena de colégios jesuítas. Graças à educação, à diplomacia e à devoção, graças ao fervor dirigido pela disciplina, graças à coordenação de fins e de alcances, graças a uma habilidosa variedade de meios, em 1536 os jesuítas repeliram a maré protestante e reconquistaram para a Igreja grande parte da Alemanha, a maior parte da Hungria e da Boêmia e toda a Polônia cristã. Raramente um grupo tão pequeno conseguiu tanto com tamanha rapidez. Ano após ano, o prestígio e a influência da Companhia de Jesus cresciam, até que, decorridos vinte anos da sua fundação formal, foi reconhecida como o produto mais brilhante da Reforma Católica.

E afinal, quando a Igreja ousou convocar um concílio geral para acalmar as lutas teológicas e curar as feridas, foi a um punhado de jesuítas – à sua sabedoria, lealdade, discrição, engenho e eloquência – que os papas confiaram a defesa da autoridade desafiada e a preservação incólume da antiga fé.

O CONCÍLIO DE TRENTO (1545-1563)

Muito antes de Lutero, milhares de vozes haviam clamado por um concílio que reformasse a Igreja. Lutero apelou ao papa por um concílio livre e geral; Carlos V insistiu nesse concílio, na esperança de afastar de suas mãos o problema protestante e talvez disciplinar Clemente VII. Este papa, perseguido, encontraria centenas de razões para adiar, até que o concílio não mais o alcançasse. Paulo III teve todos os temores de Clemente, porém mais coragem.

Em 1536, convocou um concílio geral a se reunir em Mântua no dia 23 de maio de 1537, e convidou os protestantes. Assumiu que todos os participantes aceitariam as conclusões da conferência; mas os protestantes, que seriam minoria, não aceitaram essa obrigação. Lutero aconselhou-os a não comparecer, e o congresso dos protestantes, em Schmalkalden, devolveu o convite do papa sem abri-lo. Depois de muitas negociações e atrasos, Paulo concordou que o concílio se reunisse em Trento, no sopé dos Alpes, no dia 1º de novembro de 1542. Carlos V, esperando persuadir os protestantes a comparecerem, pediu um adiamento e, só no dia 13 de dezembro de 1545, o "Décimo Nono Concílio Ecumênico da Igreja Cristã" iniciou suas efetivas sessões.

Quatro cardeais, quatro arcebispos, vinte bispos, cinco gerais de ordens monásticas, alguns abades e uns poucos teólogos constituíam a assembleia. Enquanto nos Concílios de Constança e da Basileia sacerdotes, príncipes, alguns leigos e prelados podiam votar, no de Trento só os cardeais, bispos, gerais e abades votariam, e o voto era individual; portanto, os bispos italianos – a maioria em dívida com o papado – dominaram a assembleia com a sua maioria numérica. "Congregações", estabelecidas em Roma sob a supervisão do papa, prepararam as únicas matérias que poderiam ser submetidas a debate. Como o concílio alegava ser guiado pelo Espírito Santo, um delegado francês observou que a terceira pessoa da Trindade vinha regularmente a Trento na mala postal de Roma.

Em maio de 1546, Paulo enviou dois jesuítas, Laynez e Salmeron, para ajudarem os seus legados em assuntos de teologia e de defesa papal; mais tarde, a eles se juntaram Pedro Canísio e Claude Le Jay. A erudição inigualável dos jesuítas propiciou-lhes uma influência suprema nos debates, e a sua ortodoxia firme orientou o concílio a declarar guerra contra as ideias da Reforma, em vez de buscar a conciliação e a unidade. Aparentemente, a maioria achava que as concessões aos protestantes não sanariam o cisma; que os protestantes já eram tão numerosos e diversificados que qualquer compromisso satisfaria a uns e ofenderia a outros; que qualquer alteração substancial nos dogmas tradicionais enfraqueceria toda a estrutura doutrinária e a estabilidade do catolicismo; que a concessão de poderes sacerdotais ao laicato solaparia a autoridade moral do sacerdócio e da Igreja; que autoridade era indispensável à ordem social; e que uma teologia francamente baseada na fé seria neutralizada ao submeter-se aos caprichos do raciocínio individual.

Consequentemente, a quarta sessão do concílio (abril de 1546) reafirmou todos os itens do Credo de Niceia, reivindicou autoridade igual para a tradição da Igreja e para as Escrituras, concedeu à Igreja o direito exclusivo de interpretar e expor a Bíblia e declarou a vulgata latina de Jerônimo como a tradução e o texto definitivos. Tomás de Aquino foi nomeado autoridade máxima da teologia ortodoxa, e o seu livro *Summa theologica* colocado no altar, apenas abaixo da Bíblia e das Decretais. Na prática, o catolicismo como religião de autoridade infalível data do Concílio de Trento e assumiu essa forma como resposta inflexível ao desafio do protestantismo, do racionalismo e das opiniões individuais. Chegara ao fim o "acordo de cavalheiros" entre e a Igreja do Renascimento e as classes intelectuais.

A décima terceira sessão do concílio (outubro de 1551) reafirmou a doutrina católica da transubstanciação: ao consagrar o pão e o vinho na Eucaristia, o sacerdote de fato muda ambos no corpo e no sangue de Cristo. Portanto, era inútil ouvir os protestantes, mas Carlos insistiu. O duque de Württenberg, o eleitor Maurício da Saxônia e outras cidades do sul da Alemanha escolheram seus membros para uma delegação protestante, e Melanchthon elaborou uma declaração da doutrina luterana a ser submetida ao concílio. A 24 de janeiro de 1552, os delegados protestantes falaram à assembleia. Propuseram a confirmação dos decretos dos Concílios de Constança e da Basileia quanto à autoridade superior dos concílios sobre a dos papas; que os membros do grupo ali presente fossem liberados dos votos de fidelidade ao papa (à época, Júlio III); que todas as decisões tomadas até então pelo concílio fossem anuladas; e que houvesse uma nova discussão do assunto por um sínodo ampliado, no qual os protestantes fossem adequadamente representados. Júlio III proibiu que essas propostas fossem consideradas.

Problemas militares se sobrepuseram aos teológicos. Em janeiro de 1552, o rei da França assinou uma aliança com os protestantes alemães; em março, Maurício da Saxônia chefiou um exército protestante contra Innsbruck; Carlos V fugiu, e força alguma poderia impedir Maurício, se ele quisesse, de tomar Trento e liquidar o concílio. Os bispos desapareceram um a um, e, no dia 28 de abril, o Concílio de Trento foi totalmente suspenso. Pelo Tratado de Passau (de 2 de agosto), o rei Fernando da Alemanha concedeu liberdade religiosa aos protestantes militarmente vitoriosos. Eles não se interessaram mais pelo concílio.

Depois de diversos atrasos, a 17ª sessão do concílio reuniu-se a 18 de janeiro de 1562. A pedido de Fernando, foi oferecido um salvo-conduto a qualquer delegado protestante que quisesse comparecer; nenhum foi. No fim, a autoridade papal não saiu diminuída, mas aumentada, e todos os bispos foram obrigados a jurar total obediência ao papa. Com essa questão básica resolvida, o concílio logo tratou dos assuntos remanescentes. Os padres foram proibidos de casar e decretaram-se severas penalidades contra o concubinato sacerdotal. Promulgaram-se muitas reformas menores para melhorar a moral e a disciplina do clero. Os poderes da Cúria foram reprimidos. Estabeleceram-se regras para reformar a música e a arte nas igrejas; as imagens nuas deveriam ser suficientemente cobertas, para evitar o estímulo à imaginação sensual. O purgatório, as indulgências e a invocação aos santos foram defendidos e redefinidos.

O concílio reconheceu abertamente os abusos que haviam inflamado a rebelião de Lutero; num decreto lia-se: "Ao conceder indulgências... o concílio decreta que qualquer lucro criminoso assim obtido será totalmente abolido, como fonte de abuso grave entre o povo cristão". Afinal, o papa e o imperador, tendo concordado que o concílio cumprira os seus objetivos, dissolveram-no no dia 4 de dezembro de 1563, em meio às aclamações felizes dos delegados exaustos. A trajetória da Igreja fora estabelecida por muitos séculos.

A Reforma Católica, ou "Contra-Reforma", obteve êxito em seus propósitos mais importantes. Em países católicos e protestantes, os homens continuaram mentindo e roubando, seduzindo donzelas e vendendo cargos, matando e guerreando. Mas a moral do clero melhorou, e a liberdade selvagem da Itália do Renascimento foi atenuada e adequou-se decentemente às pretensões da humanidade.

A prostituição, que fora uma indústria importante em Roma e em Veneza no Renascimento, agora recuava, e a castidade virou moda. O alegre temperamento da Itália renascentista declinou; as italianas perderam parte do encanto e da jovialidade que se originara na liberdade anterior à Reforma; uma moralidade consciente produziu um período quase puritano na Itália. O monasticismo renasceu.

As reformas eclesiásticas foram substanciais e duradouras. Embora a monarquia papal fosse exaltada em detrimento da aristocracia episcopal dos concílios, isso estava de acordo com o espírito da época, quando, por toda parte, menos na Alemanha, as aristocracias perdiam o poder para os reis. Os papas agora eram moralmente superiores aos bispos, e a disciplina exigida para a reforma eclesiástica poderia ser mais bem aplicada por uma autoridade mais centralizada do que dividida. Os papas acabaram com o nepotismo e livraram a Cúria das dispendiosas procrastinações e da flagrante venalidade.

A administração da Igreja, segundo alguns não católicos estudiosos do assunto, tornou-se um modelo de eficiência e integridade. Introduziu-se o confessionário escuro (em 1547), que passou a ser obrigatório (em 1614); o sacerdote não ficaria mais tentado pela eventual beleza de penitentes. Desapareceram os vendedores ambulantes de indulgências. Em vez de recuar ante o avanço do protestantismo e do livre-pensamento, a Igreja católica partiu para reconquistar o espírito dos jovens e o compromisso de fidelidade ao poder.

O espírito dos jesuítas – confiante, positivo, enérgico e disciplinado – transformou-se no espírito da Igreja militante.

CAPÍTULO 21

SHAKESPEARE E BACON

PANORAMA

A era de Elisabete I na Inglaterra foi o Renascimento (Shakespeare), a Reforma (Elisabete) e o Iluminismo (Bacon), unidos numa concentração explosiva de genialidade e história.

Inúmeros fatores contribuíram para esse resultado complexo: o fim do controle externo sobre a vida religiosa e intelectual da Inglaterra; quarenta e cinco anos de estabilidade e desenvolvimento na política, sob o comando de uma rainha criteriosa e de seus conselheiros discretos; a apropriação da riqueza eclesiástica para a vida educacional, política e econômica da Inglaterra; o crescimento da agricultura, da indústria, da navegação, do comércio e das finanças de uma nação que explodia com inventividade e energia liberadas; a derrota da armada espanhola em 1588; o consequente domínio do Atlântico Norte; o acesso mais fácil à América do Norte, convidando a investimentos e iniciativas; a difusão da educação, a multiplicação de escolas e colégios, a ampliação do conhecimento de homens e mulheres ingleses da civilização, da literatura e da arte italiana, francesa e espanhola.

Estes e outros progressos elevaram a alturas até então sem rival a mente e o espírito de um povo vigoroso, estoico e empreendedor.

Esta fortaleza que a natureza construiu para si
Contra as doenças e as garras da guerra,
Esta raça de homens felizes, este mundo pequeno,

Esta pedra preciosa engastada no mar de prata...
Este torrão abençoado, esta terra, este reino, esta Inglaterra.

Assim cantou o filho mais famoso da Inglaterra (*Ricardo II*, 3.2).

Um problema a Inglaterra ainda não resolvera: como restaurar a paz de espírito e o culto depois de uma revolução religiosa que a deixara dividida em dezenas de credos ou sem qualquer convicção religiosa, convidando ao caos moral que acompanha o abandono daqueles deuses antes temidos e venerados e que serviam de guardiães da ordem e da paz. Católicos e protestantes, puritanos e epicuristas, agnósticos e ateus competiam numa arena maior do que nunca desde a chegada do cristianismo à ilha.

Raleigh e Marlowe fizeram poucos esforços para esconder o seu ateísmo; Raleigh foi decapitado depois de repetidos perdões e ofensas; Marlowe morreu numa briga de taverna. Muitos londrinos, especialmente da corte, eram agnósticos, porém mantinham isso em segredo, exceto nos círculos íntimos. Shakespeare lamentava a perda da fé, uma vez que reduzia a vida humana a uma sucessão imperdoável de dores e sofrimentos que culminava com a transformação da mais virtuosa das almas num sonho frustrado. O ressentimento de Shakespeare em relação a essa derrota da teologia pela biologia entristeceu algumas das suas maiores peças, transformando-as na mais amarga acusação da vida humana na literatura inglesa.

O PESSIMISMO DE SHAKESPEARE

Em 1582, aos 18 anos, Shakespeare submeteu-se a um casamento "forçado" com Anne Hathaway, de 25 anos, ambos de Stratford-on-Avon. Seis meses depois, ela lhe deu uma filha, Susanna, e, em 1585, os gêmeos Hamnet e Judith. Provavelmente no fim daquele ano ele abandonou a mulher e os filhos; depois disso, nada se sabe a seu respeito até que, aos 28 anos, ele é encontrado em Londres fazendo sucesso como ator e já escrevendo peças; *Ricardo III* (1593) surpreendeu

Marlowe e outros antecessores pela profundidade de análise, pela intensidade de sentimentos e pelos lampejos brilhantes de frases felizes; os robustos rapazes da capital gritavam: "Um cavalo! Um cavalo! Meu reino por um cavalo!". Contudo, foi nesse ambiente febril e decepcionante que Shakespeare – talvez para conseguir uma doação de algum homenageado ilustre – escreveu os seus poemas narrativos *Vênus e Adônis* e *A violação de Lucrécia*, além de 154 sonetos ao estilo de Petrarca, pairando entre o amor homossexual e heterossexual.

Todos os iluminados do mundo que fala inglês conhecem, em parte ou no todo, os temas e os prazeres das 37 peças que Shakespeare escreveu, mas talvez poucos se perguntem por que ele expressou um cinismo quase brutal que, às vezes, sobressai numa peça após outra. Em meio ao esplendor feliz do estilo aparece uma nota quase cínica de angústia, até nas comédias mais leves; assim, em *Como gostais* (1600), o melancólico Jacques lembra-nos que a única certeza da vida é a morte:

E assim de hora em hora vamos amadurecendo,
E depois, de hora em hora vamos apodrecendo
E assim a história termina. (2.7)

Em *Hamlet* (1601), um crime brutal acirra o altamente refinado filho da vítima a achar uma sepultura que sirva de fim para toda a grandeza: "A que vis costumes precisamos voltar, Horácio! Porque não procurar com a imaginação as nobres cinzas de Alexandre até encontrá-las servindo para tapar a boca de um tonel?" (5.1). Na opinião de Hamlet, o mundo "é um jardim abandonado onde só cresce erva daninha; cheio apenas de coisas rudes e grosseiras" (1.2). Em *Otelo* (1604), Iago representa o mal, a falsidade e a traição, e sobrevive triunfante; Desdêmona é boa, honesta e fiel, e é assassinada.

Em *Macbeth,* o assassino julga a vida impiedosa:

Fora! Apaga-te, vela fugaz!
A vida não passa de uma sombra ambulante, um pobre ator
Que se pavoneia e se agita por uma hora no palco,

E depois ninguém mais o ouve; é uma história
Contada por um idiota, cheia de som e de fúria,
Que nada significa. (5.5)

Haverá opinião mais amarga do que esta a respeito da vida? Sim. Analisemos *Tímon de Atenas,* outrora um milionário ateniense cercado de amigos que o bajulavam e acolhiam. Quando ele perde o dinheiro, vê os amigos desaparecerem da noite para o dia; sacode dos pés a poeira da civilização e retira-se para a solidão de um bosque, onde espera "encontrar nos animais selvagens mais ternura do que na humanidade". Queria que Alcibíades fosse um cachorro "para que eu pudesse amar algo em ti". Alimenta-se de raízes; cava e encontra ouro. Os amigos reaparecem. Ele os expulsa com grande escárnio; mas quando as prostitutas chegam, dá-lhes ouro, com a condição de que elas infectem, com doenças venéreas, o maior número possível de homens:

Semeai a destruição
Nos ossos ocos dos homens; atacai-lhes as pernas impetuosas,
E enfraquecei-lhes o vigor do esporão [casamento]. Enrouquecei a voz do
Advogado,
Para que ele nunca mais defenda causas injustas
Nem grite seus sofismas em tom estridente; empestai o flâmine [sacerdote]
Que perora contra a carne,
E não acredita no que diz; fazei cair o nariz,
E cair de uma vez; removei a ponte [...]
E que os fanfarrões da guerra
Sejam feridos por vós; contaminai a todos
Para que a vossa atividade destrua e seque
A fonte de toda ereção. Tomai aqui mais ouro;
Destruí outros mais, e que isto vos destrua.
(Tímon de Atenas 4.3)

Num êxtase de ódio, Tímon pede que a natureza cesse de alimentar os homens e espera que os animais selvagens possam se multiplicar para eliminar a raça humana. Os excessos dessa misantropia fazem a peça parecer irreal; não se pode acreditar que Shakespeare sentisse essa ridícula superioridade em relação aos pecadores, essa incapacidade covarde de suportar a vida. Essa *reductio ad nauseam* sugere que a doença estava se purgando, e que logo Shakespeare voltaria a sorrir.

Nas últimas peças, há um reconhecimento hesitante de que, em meio aos males deste mundo, existem bênçãos e prazeres, em meio aos vilões, muitos heróis e alguns santos – para cada Iago uma Desdêmona, para cada Goneril uma Cordélia, para cada Edmundo um Edgar ou um Kent; até em *Hamlet* sopra um vento novo na fidelidade de Horácio e na terna sabedoria de Ofélia. Depois que o cansado ator e dramaturgo troca o caos devorador e a solidão apinhada de Londres pelos campos verdes e pelo amor da família no seu lar em Stratford, recupera o forte amor do homem pela vida.

A RECONCILIAÇÃO

"Ele tem o hábito de ir à sua terra natal uma vez por ano", disse John Aubrey (1626-1697). Em 1597, Shakespeare comprou por sessenta libras "Newplace", a segunda maior casa de Stratford, mas continuou vivendo em Londres. Em 1601, seu pai morreu, deixando-lhe duas casas em Stratford. Um ano depois, o próspero dramaturgo comprou 127 acres de terra perto de Stratford. Em 1605, adquiriu por 440 libras uma cota dos dízimos eclesiásticos de Stratford e de três outras comunidades. Enquanto escrevia suas peças mais importantes, ficou conhecido em Stratford como um bem-sucedido homem de negócios, frequentemente envolvido em litígios devido aos seus investimentos.

O filho Hamnet morrera em 1596. Em 1607, a filha Susanna casou-se com um destacado médico de Stratford e, um ano depois, deu um neto ao poeta. Agora, ele tinha novos vínculos para voltar para casa. Por volta de 1610, deixou Londres e os palcos e mudou-se para Newplace. Aparentemente, ali compôs *Cymbeline* (1609), *Conto de inverno* (1610) e *A tempestade* (1611); esta última mostra-o ainda senhor das suas habilidades dramáticas e da sua veia poética. Nessa peça, aparece Miranda, que de início revela a sua natureza quando, ao ver da praia um naufrágio, grita: "Oh, como sofri com aqueles que vi sofrer!", e aparece Próspero, o velho mágico bondoso que renuncia ao cetro da sua arte e dá um satisfeito adeus àquele mundo etéreo. No adeus de Próspero à sua arte, ouvimos Shakespeare dizer:

Eis que a nossa festa acabou, estes nossos atores,
Como eu vos disse, eram todos espíritos,
E dissolveram-se no ar, no ar impalpável,
E à semelhança do edifício sem base dessa visão,
As altas torres envoltas em nuvens, os suntuosos palácios,
Os templos solenes e o próprio globo imenso,
Sim, e tudo que lhe pertence se dissolverá,
Este apagado cortejo etéreo, desaparecerá
Sem deixar sinal. Somos da matéria
De que são feitos os sonhos, e a nossa vida breve
Se completa com o sono

Mas não era este o ânimo predominante; ao contrário, a peça apresenta Shakespeare relaxado, falando de riachos e flores, cantando canções como "Full fathom five"* e "Where the bees sucks there suck I"**. E, apesar de todas as objeções cautelosas, é o poeta envelhecendo quem fala por meio do adeus de Próspero:

...A uma ordem minha, túmulos
Despertavam os seus mortos e abriam-se para deixá-los passar
Graças à minha arte poderosa. Mas a essa negra magia
Eu aqui renuncio [...] vou quebrar a minha vara mágica,
E enterrá-la a metros de profundidade,
E, depois, mais fundo ainda onde nenhum eco de sonda possa chegar,
Afogarei o meu livro.

---

* "A trinta pés repousa teu pai" (canção de Ariel, *A tempestade*, I, 2). (N.T.)

** "Onde sugam as abelhas, sugo também" (canção de Ariel, *A tempestade*, V, 1). (N.T.)

E talvez seja Shakespeare novamente, alegre pela filha e pelo bebê, quem exclama através de Miranda:

Oh, maravilha!
Quantas lindas criaturas temos aqui!
Como é bela a humanidade! Oh, admirável mundo novo
Onde vivem pessoas assim!

Mas, agora, tendo aprendido a amar a vida, ele precisava se preparar para morrer. Em *Rei Lear,* Edgar disse a Gloucester:

Os homens devem deixar este mundo
Assim como entram;
A maturidade é tudo.

O nosso objetivo deve ser a maturidade, e não a eternidade. A 25 de março de 1616, Shakespeare fez o seu testamento. Em abril, segundo John Wall, vigário da igreja de Stratford (1661-1681), "Shakespeare, Drayton e Ben Jonson deram uma alegre festa e parece que beberam muito, pois Shakespeare morreu da febre ali contraída". A morte aconteceu a 23 de abril de 1616. O corpo foi enterrado sob a capela-mor da igreja de Stratford. Bem perto dali, no chão, gravado numa pedra sem nome algum, lê-se um epitáfio que a tradição local atribui a Shakespeare:

Bons amigos, pelo amor de Jesus, evitai
Escavar o pó aqui depositado.
Abençoado seja o homem que poupar estas pedras
E amaldiçoado aquele que mexer nos meus ossos.

BACON, ESSEX E ELISABETE

Francis Bacon era muito diferente de Shakespeare – a emoção subordinava-se ao intelecto, a derrota era superada pela esperança, as vicissitudes da vida submergiam na visão maior de triunfo vindouro da mente humana. Será que tamanho otimismo sobreviveu a uma derrota tão devastadora?

Bacon teve todas as vantagens e aparentemente nenhuma decepção mortal. Nasceu (1561) no centro da corte – em York House, residência oficial do lorde guardião do Grande Selo, que era seu pai, sir Nicholas Bacon. A rainha Elisabete chamava o menino de "jovem lorde guardião". A frágil constituição de Francis afastou-o dos esportes para o estudo; a sua mente ágil era sedenta de conhecimento; logo a sua erudição figurou entre as maravilhas daqueles "grandes tempos". Depois de três anos em Cambridge, foi mandado para a França com o embaixador inglês para aprender os caminhos da diplomacia. Enquanto estava ali, o pai morreu antes de comprar a propriedade que pretendia deixar como amparo para Francis, seu filho mais novo; e o jovem, de repente reduzido a parcos recursos, retornou a Londres para estudar direito em Gray's Inn.

Como sobrinho de William Cecil, tesoureiro do reino, Francis apelou para que o tio lhe conseguisse um cargo político; depois de esperar quatro anos, enviou-lhe um esdrúxulo lembrete, dizendo que "a demora em atender à minha solicitação fará desaparecer as objeções quanto a minha idade" – ele deveria saber que a inteligência impede o avanço político. Contudo, naquele ano de 1584, ainda aos 23 anos, Francis foi eleito para o parlamento.

O conde de Essex apreciava a perspicácia da mente de Bacon e pediu-lhe conselhos. O jovem sábio aconselhou o jovem nobre a parecer modesto, ainda que não conseguisse *ser*, a moderar os gastos e a considerar a popularidade junto ao povo como uma barreira junto à rainha. O próprio Bacon era pouco modesto, como testemunha um apelo posterior que fez a Cecil (1591):

> Estou ficando velho; 31 anos é muita areia na ampulheta [...] A insignificância dos meus bens de certo modo me perturba... confesso ter objetivos contemplativos tão amplos como objetivos civis moderados; pois adotei como campo de ação todo o conhecimento [...] Isso, seja curiosidade, vanglória ou natureza..., está tão fixado na minha mente que não pode ser removido.

Edward Coke, tecnicamente mais adequado para o cargo – procurador-geral –, foi escolhido em vez de Bacon.

Apesar dos conselhos de Bacon, Essex aderiu ao partido da guerra e planejou chefiar um exército. Sua arrojada bravura em Cádiz tornou-o popular demais para o gosto do Conselho Privado; o fracasso nos Açores, o orgulho irredutível, a extravagância e a língua ferina indispuseram-no com a corte e irritaram a rainha. Quando esta rejeitou categoricamente as recomendações de Essex para nomear sir George Carew para um cargo na Irlanda, ele lhe deu as costas com um gesto de desprezo. Furiosa, Elisabete deu-lhe um tabefe e gritou: "Vá pro inferno!". Essex pegou a espada e bradou: "Este ultraje eu não posso tolerar. Não toleraria nem das mãos do vosso pai". Correu, furioso, pelo aposento, e toda a corte esperou que ele fosse banido para a Torre (1598). Em vez disso – talvez para se livrar dele –, a rainha nomeou-o lorde representante na Irlanda.

Bacon advertiu-o a evitar aquela tarefa ingrata de combater uma fé com um exército, mas Essex queria o exército. A 27 de março de 1599, partiu para Dublin em meio à aclamação popular, às apreensões dos amigos e à satisfação dos inimigos. Seis meses depois, tendo falhado na missão, correu de volta para a Inglaterra sem permissão do governo, precipitou-se sem se fazer anunciar no quarto de vestir da rainha e tentou explicar-lhe o fracasso. Ela o escutou, furiosa, e mandou-o ao lorde guardião (pai de Bacon) em York House, até que pudessem ser ouvidas as acusações contra ele.

O povo de Londres murmurava, pois lhe ignorava os fracassos e se lembrava das vitórias. O Conselho Privado ordenou um julgamento semipúblico e indicou Bacon – advogado encarregado de defender a rainha – para elaborar uma lista das acusações contra Essex. Bacon pediu para ser dispensado; em vão. Bacon preparou a acusação mais moderada possível.

Essex reconheceu a verdade e ofereceu total submissão. Foi suspenso de todas as funções e recebeu ordens para permanecer em casa até que a rainha quisesse libertá-lo (5 de junho de 1600). Bacon intercedeu por ele, e a 26 de agosto Essex recuperou a liberdade.

Na sua própria casa, Essex continuou sua luta pelo poder. Um dos seus amigos íntimos era o patrono de Shakespeare, Henry Wriothesley, conde de Southampton. Essex mandou-o à Irlanda propor a Mountjoy, então lorde representante ali, que ele voltasse à Inglaterra com um exército inglês e ajudasse Essex a reconquistar o governo. Mountjoy se recusou. No início de 1601, Essex escreveu para Jaime VI da Escócia pedindo ajuda e prometendo apoiá-lo como sucessor de Elisabete; Jaime enviou-lhe uma carta de moderado encorajamento. Espalharam-se boatos veementes na capital excitada: que Robert Cecil planejava fazer da infanta espanhola rainha da Inglaterra; que Essex seria encarcerado na Torre; que Raleigh prometera matá-lo. Talvez para forçar Essex a revelar suas verdadeiras intenções, o Essex mais jovem convenceu a rainha a mandar Essex comparecer a uma reunião do Conselho Privado. Os amigos advertiram-no de que se tratava de um estratagema para prendê-lo. Um amigo, sir Gilly Merric, contratou a Chamberlain's Company para, naquela mesma noite, encenar em Southwark *Ricardo II*, de Shakespeare, que mostrava a justa deposição de um soberano.

Na manhã seguinte (7 de fevereiro de 1601), cerca de trezentos partidários de Essex, ardorosos e armados, reuniram-se no pátio da casa. Quando o lorde guardião e três outros dignitários indagaram o motivo daquela assembleia ilegal, a multidão prendeu-os e arrastou o hesitante conde para Londres e para a revolução. Ele esperava que o povo aderisse à sua causa, mas os pregadores pediram que as pessoas permanecessem em casa, e elas obedeceram. As forças do governo dispersaram os rebeldes. Essex foi preso e encerrado na Torre.

Rapidamente, foi submetido a julgamento acusado de traição. O conselho pediu a Bacon que ajudasse Coke a preparar e apresentar a defesa do governo. A recusa lhe arruinaria a carreira política; o consentimento lhe arruinaria a reputação póstuma. Quando Coke vacilou ao apresentar a acusação,

Bacon levantou-se e expôs o caso com clareza convincente. Essex confessou a culpa e nomeou os cúmplices. Cinco foram presos e decapitados.

Diz a lenda que Essex enviou à rainha um anel que certa vez ela lhe dera com a promessa de auxiliá-lo se algum dia ele o devolvesse numa hora de necessidade. Se é que foi enviado, parece que o anel não chegou à destinatária. A 25 de fevereiro de 1601, aos 35 anos, Essex enfrentou galantemente o destino determinado pelo seu caráter. Durante um ano, a Torre exibiu sua cabeça decepada e em decomposição.

DESAPARECE A MAGIA (1601-1603)

A visão daquela cabeça ou o fato de saber que ela a espreitava noite e dia deve ter contribuído para o ânimo sombrio de Elisabete nos últimos anos. Ficava sentada sozinha horas e horas numa melancolia pensativa. Mantinha as diversões da corte e, às vezes, fingia alegria, mas perdera a saúde e o coração estava morto. A Inglaterra deixara de amá-la; parecia que ela durava mais do que o necessário e que deveria ceder lugar para os mais jovens da realeza. O último dos seus parlamentos rebelou-se com mais vigor do que qualquer dos anteriores contra as violações da liberdade parlamentar cometidas pela rainha, a perseguição aos puritanos, a concessão de monopólios aos seus favoritos. Para surpresa geral, a rainha cedeu nesse último ponto e prometeu pôr fim aos abusos. Todos os membros da Câmara dos Comuns agradeceram-lhe e, quando se ajoelharam, ela pronunciou aquele que viria a ser o seu último discurso, o melancólico "Discurso de Ouro" (de 30 de novembro de 1601):

> Não há joia por mais valiosa que eu prefira... ao vosso amor. Pois, para mim, ele tem mais valor do que qualquer tesouro [...] E, ainda que Deus nos tenha erguido a grandes alturas, ainda assim eu considero a glória da minha coroa ter reinado com o vosso amor.

Mandou que se levantassem e continuou:

> Ser rei e usar uma coroa é mais glorioso para quem a contempla do que agradável para quem a ostenta [...] De minha parte, não fosse pela consciência de desempenhar o dever que Deus me impôs, e de sustentar a sua glória e manter-vos em segurança, por minha própria vontade gostaria de entregar a qualquer outra pessoa o cargo que ocupo, e ficaria satisfeita de me libertar da glória desses trabalhos; pois não é meu desejo viver ou reinar indefinidamente, e o reinado deve ser realizado para o vosso bem. E embora vós tenhais tido e possais ter príncipes mais poderosos e mais sábios ocupando este trono, jamais tivestes nem tereis alguém que vos tenha amado mais.

Circularam rumores por toda a Europa de que ela estava morrendo de câncer. Mas ela estava morrendo de ter vivido demais. Sua estrutura não aguentava mais as alegrias e as tristezas, os golpes e os fardos de anos implacáveis. Em março de 1603, tendo se exposto demasiado ao frio do inverno, apanhou uma febre que a consumiu em três semanas. Passou a maior parte do tempo numa cadeira ou reclinada em almofadas. Não quis receber médicos, mas pedia música. Afinal, foi persuadida a ir para a cama.

O arcebispo John Whitgift manifestou esperança de que ela vivesse mais, porém ela o censurou. Ele se ajoelhou ao lado da cama e rezou. Quando achou que rezara o suficiente, tentou levantar-se, mas a rainha ordenou-lhe que continuasse; e novamente, quando "os joelhos daquele velho estavam cansados", ela fez sinal para que orasse um pouco mais. Ele só foi liberado quando a rainha adormeceu, tarde da noite. Ela jamais acordou.

Elisabete não era santa nem sábia, mas uma mulher impulsiva e passional, intensamente apaixonada pela vida. Nem todos os seus súditos puderam "comer com segurança o que plantavam à sombra dos seus próprios vinhedos e cantar as alegres canções de paz", como pensava Shakespeare; os puritanos e um número considerável de católicos enfrentaram alguma perseguição e limitação. A sabedoria do reinado de Elisabete era em parte a dos seus assistentes. As vacilações da mente da rainha muitas vezes se mostraram auspiciosas, talvez pela chance de mudança; às vezes provocaram tamanha fragilidade política que os problemas internos dos inimigos reais ajudaram-na a sobreviver. Mas ela sobreviveu e prosperou por meios lícitos e desonestos.

Elisabete encontrou a Inglaterra falida e desprezada e deixou-a rica e poderosa; os sustentáculos da sabedoria e da literatura se fortaleceram com a liberalidade da compreensão da rainha e com a riqueza do povo. Ela continuou o despotismo do pai, mas moderou-o com humanidade e encanto.

Sem marido nem filhos, serviu de mãe para a Inglaterra, amou-a devotadamente e consumiu-se servindo-a. Sábia ao escolher conselheiros e ajudada pelos conselhos destes, Elisabete foi a maior governante que a Inglaterra já viu.

ASCENSÃO E QUEDA DE FRANCIS BACON (1603-1621)

Por ocasião da ascensão pacífica de Jaime VI da Escócia para ser Jaime I da Inglaterra, Francis Bacon, numa carta de adulação à moda da época, ofereceu-se ao rei como adequado e merecedor de um posto governamental.

Já servira no parlamento durante dezenove anos, conseguindo reputação de vasta sabedoria, pensamento construtivo e discurso claro e decisivo.

Periodicamente, enviava ao rei eloquentes "lembretes" com conselhos prudentes: como melhorar a compreensão mútua entre os Comuns e os Lordes; como unir os parlamentos da Inglaterra e da Escócia; como acabar com a perseguição por diversidade religiosa; como pacificar a Irlanda conciliando os católicos; como dar maior liberdade aos católicos da Inglaterra sem abrir as portas às pretensões papais; e como estabelecer um compromisso entre anglicanos e puritanos. Na opinião de um historiador que estudou mais profundamente a política desse período, "levar a cabo tal programa teria conseguido evitar os males dos cinquenta anos seguintes". Jaime pôs de lado essas propostas, considerando-as avanços demasiados da opinião pública, e contentou-se em incluir

Bacon entre os trezentos títulos de cavaleiros que distribuiu em 1603. Sir Francis foi obrigado a esperar.

Contudo, a sua habilidade como advogado aumentou-lhe gradualmente a riqueza. Por volta de 1607, ele estimava os seus bens em 24.155 libras. Na luxuosa propriedade em Gorhambury, servido por um grupo de criados seletos e caros e por secretários atentos como Thomas Hobbes, Bacon podia desfrutar da beleza e do conforto que tanto amava. Cuidava da saúde fazendo jardinagem e construiu no meio dos jardins um abrigo luxuoso para os seus estudos solitários. Escreveu como filósofo e viveu como príncipe. Não via motivo para os inteligentes serem pobres, nem para que Salomão não fosse rei.

Bacon não demorou a alcançar o objetivo. Em 1607, Jaime, finalmente reconhecendo-lhe o valor, nomeou-o assistente do procurador-geral da Coroa; em 1613, procurador-geral; em 1616, membro do Conselho Privado; em 1617, lorde guardião do Grande Selo; em 1618, chanceler. Novos títulos foram acrescidos para aumentar-lhe o poder: em 1618, criou-se para ele o cargo de Primeiro Barão de Verulam; em janeiro de 1621, o de Visconde de St. Albans. Quando Jaime viajou para a Escócia, deixou o chanceler governando a Inglaterra. Bacon "concedia audiências em grande estilo aos embaixadores" e vivia em tamanho esplendor em Gorhambury que "parecia que a corte era ali, e não em Whitehall ou St. James".

Tudo foi conquistado, menos a honra. Na busca de posições, Bacon, muitas vezes, sacrificou princípios. Como procurador-geral, usou da influência para conseguir veredictos judiciais desejados pelo rei. Como lorde guardião do Grande Selo, defendeu e protegeu os mais opressivos monopólios. Como juiz, aceitou presentes caros de pessoas que tinham processos no seu tribunal. Tudo isso fazia parte dos costumes da época: os funcionários públicos eram malpagos e compensavam isso com "presentes" recebidos daqueles a quem ajudavam. Jaime confessou: "Se eu fosse... punir quem aceita suborno, logo não teria mais um único súdito"; e o próprio Jaime aceitava suborno.

O parlamento que se reuniu em janeiro de 1621 estava numa revolta furiosa contra o rei. Odiava Bacon como o melhor advogado de Jaime, que havia decretado que os monopólios eram legais. Se o parlamento ainda não podia depor o rei, poderia impugnar o ministro. Em fevereiro, o parlamento nomeou uma comissão para investigar os tribunais de justiça. Em março, essa comissão relatou que encontrara muitas irregularidades, especialmente na conduta do lorde chanceler. Bacon foi acusado de 23 casos específicos de corrupção. Apelou ao rei para que o salvasse, prevendo que "aqueles que hoje atacam o chanceler logo atacarão a Coroa". Jaime aconselhou-o a reconhecer as acusações e, assim, estabelecer um exemplo da repressão à venalidade nos cargos públicos. A 22 de abril, Bacon enviou a sua confissão à Câmara dos Lordes. Admitiu receber presentes de litigantes, assim como outros juízes; negou que as suas decisões fossem influenciadas por isso – em vários casos decidira contra quem o presenteou.

Os lordes o condenaram a pagar uma multa de 40 mil libras; a ser preso na Torre por um prazo a critério do rei; a ficar permanentemente impossibilitado de ocupar qualquer função pública na Comunidade Britânica de Nações; a jamais ocupar uma cadeira no Parlamento, nem se aproximar dos recintos da corte. Foi levado para a Torre em 31 de maio, mas libertado quatro dias depois por ordem do rei, que também comutou a ruinosa multa. Assim punido, o chanceler retirou-se para Gorhambury e tentou viver mais simplesmente. Em escrita cifrada, num documento deixado por Bacon por ocasião da sua morte, o seu primeiro biógrafo, Rawley, encontrou a famosa declaração: "Fui o juiz mais justo que existiu na Inglaterra nestes cinquenta anos. Mas esta foi a censura mais justa que o parlamento aplicou nestes duzentos anos".

Os efeitos dessa condenação foram bons: diminuíram a corrupção no poder e estabeleceram um precedente para responsabilizar os ministros do rei perante o parlamento. Afastaram Francis Bacon da política, onde ele fora liberal em teoria e reacionário na prática, e o levaram a buscar uma alternativa na ciência e na filosofia, onde ele "faria soar os sinos que reuniriam todas as inteligências" e proclamaria, numa prosa imponente, a revolução e a esperança da razão.

A GRANDE RENOVAÇÃO

A filosofia há muito servia de refúgio para Bacon, era o seu amor secreto e a sua aptidão mais bem-sucedida. Em 1605, ele já publicara *O avanço do conhecimento*, mas agora essa obra lhe parecia mais um projeto do que uma realização. Em 1609, escrevera ao bispo de Ely: "Se Deus me deixasse escrever um volume justo e perfeito de filosofia...", e, em 1610, a Isaac Casaubon: "Tudo o que almejo é sistematizar melhor a vida humana... com o auxílio de reflexões justas e verdadeiras".

Durante aqueles atribulados anos em que exerceu funções públicas, Bacon concebera – presumindo precipitadamente dias de abundância – um plano magistral para renovar a ciência e a filosofia. Sete meses antes de cair em desgraça, anunciou esse plano numa obra em latim dirigida a toda a Europa e audaciosamente intitulada *Instauratio magna* (*A grande renovação*). A página de rosto já era um desafio: mostrava um veleiro passando a todo pano pelas Colunas de Hércules em direção ao Atlântico; um lema medieval fora colocado entre essas colunas, advertindo *Ne plus ultra* (não ultrapassar), Bacon escreveu: "*Multi pertransibunt, et algebitur scientia*" ("Muitos passarão e o conhecimento será aumentado").

Achando que "o que foi feito até agora em matéria de ciência é apenas uma tentativa, uma agitação perpétua que termina onde começa", Bacon concluiu: "Restava apenas um caminho a seguir: ...tentar tudo de novo com um plano melhor e iniciar uma total reconstrução das ciências, das artes [práticas] e de todo o conhecimento humano, erguendo-o sobre fundamentos adequados".

Dedicou todo o projeto a Jaime I, pedindo desculpas por "ter roubado das atividades o tempo exigido para aquela obra", mas esperando que o resultado "contribuísse para a memória do vosso nome e para a honra da vossa era" – o que efetivamente aconteceu. Jaime era um homem de considerável cultura e boa vontade; se Bacon conseguisse persuadi-lo a financiar o projeto, que progresso poderia acontecer!

Assim como em 1268, quando Roger Bacon enviara ao Papa Clemente IV a sua obra *Opus majus* buscando ajuda para uma proposta de expansão do conhecimento, agora o seu homônimo apelava ao soberano para realizar como "obra real" a organização da pesquisa científica e a unificação filosófica dos resultados, em benefício moral e material da humanidade. Lembrava a Jaime os "reis filósofos" – Nerva, Trajano, Adriano, Antonino Pio e Marco Aurélio – que haviam governado bem o império romano durante um século (96-180 d.C.).

No pomposo prospecto *Distributio operis,* Bacon apresentava o projeto do empreendimento. Primeiro, tentaria fazer uma nova classificação das ciências existentes ou desejáveis e as dividiria segundo os problemas e as áreas de pesquisa; conseguiu isso em *O avanço do conhecimento,* que traduziu e ampliou em *De augmentis scientiarum* (1623) para atingir um público internacional. Em segundo lugar, examinaria as falhas da lógica contemporânea e procuraria "um uso mais perfeito da razão humana" do que aquele que Aristóteles formulara nos seus tratados lógicos, coletivamente conhecidos como *Organon*; isso Bacon fez em *Novum organum* (1620). Em terceiro lugar, iniciaria uma "história natural dos fenômenos do universo": astronomia, física e biologia. Em quarto, listaria numa "Escala do Entendimento" exemplos de investigação científica segundo o seu novo método. Em quinto, como "Pródromos", descreveria "as coisas que eu mesmo descobri".

Em sexto lugar, Bacon começaria a explicar que a filosofia se desenvolveria e se confirmaria a partir das ciências assim pesquisadas. "Contudo, a conclusão desta última etapa está... acima das minhas forças e além das minhas esperanças." Para nós, que hoje tropeçamos e sufocamos num oceano de conhecimentos e especialidades, o programa de Bacon parece majestoso e inútil; mas, à época, o conhecimento não era tão imenso nem tão minucioso, e o brilho das partes executadas perdoa a presunção do todo. Quando ele disse a Cecil: "Adotei como esfera de ação todo o conhecimento", não quis dizer com isso que podia abraçar todos os pormenores do conhecimento, mas sim que propunha investigar as ciências "como quem olha de longe", pretendendo coordená-las e incentivá-las. William Harvey declarou que Bacon "escreveu filosofia como um lorde chanceler"; sim, e planejou-a como um general.

Percebemos o alcance e a acuidade da mente de Bacon quando o acompanhamos em *O avanço do conhecimento.* Ele apresenta suas ideias com invulgar modéstia, "não muito melhor do que o ruído... que os músicos fazem quando estão afinando seus instrumentos". Solicita que se multipliquem e se apoiem colégios, bibliotecas, laboratórios, reservas biológicas, museus de ciência e indústria; pede melhores salários para professores e pesquisadores, recursos mais amplos para financiar experiências científicas e melhorar o intercâmbio, a cooperação e a divisão de trabalho entre as universidades da Europa. Não perde a perspectiva do culto à ciência; defende uma educação geral e liberal que inclua literatura e filosofia, que promoveria um sábio julgamento dos fins e acompanharia o progresso científico dos meios.

Muitas dessas exigências foram atendidas pelas ciências – melhores registros clínicos, prolongamento da vida através do desenvolvimento da medicina preventiva, exame cuidadoso dos "fenômenos psíquicos" e desenvolvimento da psicologia social. Bacon chegou a antecipar os estudos contemporâneos sobre a técnica do sucesso.

A segunda e mais audaciosa parte da Grande Renovação foi uma tentativa de formular um novo método para a ciência. Aristóteles reconhecera e ocasionalmente praticara a indução, mas o modo predominante da sua lógica era a dedução, e o silogismo, o seu ideal. Mas Bacon percebeu que o velho *Organon* mantivera a ciência estagnada porque enfatizava o pensamento teórico e não a observação prática. O *Novum organum* propunha um novo método e um novo sistema de procedimento científico: o estudo indutivo da própria natureza, através da experiência e da experimentação. Embora esse livro também tenha ficado incompleto, e apesar de todas as suas imperfeições, é o produto mais brilhante da filosofia inglesa, o primeiro apelo claro por uma Idade da Razão. Foi escrito em latim, mas com frases tão lúcidas e vigorosas que metade dele brilha como epigramas. As primeiras linhas resumem a filosofia, anunciando a revolução indutiva, prenunciando a Revolução Industrial e o empirismo de Hobbes, Locke e John Stuart Mill:

> O homem, sendo o servo e o intérprete da Natureza, pode fazer e compreender tanto e apenas quanto tenha observado, de fato ou em pensamento, o curso da Natureza; além disso, nada sabe e nada pode fazer... o conhecimento e o poder humanos fundem-se aí, pois onde esse curso é desconhecido, o efeito não pode ser produzido. A Natureza, para ser comandada, deve ser obedecida.

E, assim como Descartes, dezessete anos depois, no seu *Discurso sobre o método*, proporia começar a filosofia duvidando de tudo, Bacon exige "uma depuração do intelecto" como a primeira etapa da grande renovação:

> O conhecimento humano, como existe, é uma simples massa confusa e mal-digerida, constituída de muitas crendices e acidentes, e também de noções infantis assimiladas desde o início.

Portanto, de início, devemos eliminar das nossas mentes tudo o que seja ideia preconcebida, preconceito, suposição e teoria. Devemos nos afastar até mesmo de Platão e Aristóteles; devemos varrer do nosso pensamento os "ídolos", ou ilusões e falácias do tempo, nascidas das nossas naturais idiossincrasias de julgamento ou das convicções e dogmas tradicionais do nosso grupo; devemos banir todos os truques lógicos do pensamento eivado de desejo, todos os absurdos verbais do pensamento obscuro. Devemos abandonar todos esses grandiosos sistemas dedutivos que propunham traçar milhares de verdades eternas a partir de uns poucos axiomas e princípios.

Em ciência, não existe cartola mágica; tudo o que se tira da cartola deve ser comprovado por observação ou experiência. Não pela mera observação casual, não pela "simples enumeração" de dados, mas através da "experiência... através da experimentação". Assim, Bacon, tantas vezes menosprezado por ignorar o verdadeiro método da ciência, passa a descrever o verdadeiro método da ciência moderna:

> O verdadeiro método experimental primeiro acende a vela (pela hipótese), e depois, por meio da vela, mostra o caminho, começando como se faz com a experiência devidamente ordenada, ...e, a partir daí, extrai axiomas ("primeiros frutos", conclusões provisórias); a partir dos axiomas estabelecidos, fazem-se novas experiências [...] As próprias experiências servirão de julgamento.

Contudo, Bacon era cauteloso em relação às hipóteses; estas eram, muitas vezes, sugeridas pela tradição, pelos preconceitos ou desejos – isto é, pelos "ídolos"; ele duvidava de qualquer procedimento em que a hipótese, conscientemente ou não, selecionasse dados confirmados pela experiência e encobrisse ou se mostrasse cega a evidências contrárias.

O objetivo final, na opinião de Bacon, deveria ser a aplicação do método da ciência à rigorosa análise e à decidida remodelação do caráter humano. Ele aconselha o estudo dos instintos e das emoções, que se relacionam com a mente humana assim como os ventos com o mar. Neste aspecto, a falha não está na busca do conhecimento, mas sim na sua transmissão. Seria possível refazer o homem por meio de uma educação esclarecida, se estivéssemos dispostos a atrair para a pedagogia intelectuais brilhantes, dando-lhes remuneração e honrarias compatíveis. Bacon admira os jesuítas como educadores. O confiante chanceler conclui: "Nesta corrida, aposto tudo na vitória do saber sobre a Natureza".

Percebe-se aqui um espírito poderoso – um homem, o único no século, igualmente à vontade tanto em filosofia como em política. Seria interessante saber o que o filósofo pensava de política e o que o político pensava de filosofia.

Não que ele tenha deixado qualquer sistema de filosofia ou exposição metódica do seu pensamento, exceto em lógica. Devemos reunir as suas opiniões a partir de observações incidentais e fragmentos literários, inclusive os *Ensaios* (1597, 1612, 1625). Ao dedicá-los a Buckingham com a vaidade inerente ao autor, Bacon escreveu: "Imagino... que este volume dure tanto quanto duram os livros" – e de fato durou. Nas suas cartas formais, o estilo é elaborado e complexo, tanto que a esposa confessou: "Eu não entendo a sua escrita enigmática e rebuscada"; nos *Ensaios* ele dissimulou ainda mais o trabalho intenso, disciplinou a pena à clareza e conseguiu uma força de expressão tão compacta que poucas páginas da prosa inglesa se comparam em assuntos importantes, comprimidos com perfeição em exemplos brilhantes. É como se Tácito se dedicasse à filosofia e se dignasse a ser claro.

A sabedoria de Bacon é terrena. Ele deixa a metafísica para os místicos ou para os imprudentes; até a sua ambição desmedida raramente salta do fragmento para o todo. Entretanto, às vezes, ele parece mergulhar num materialismo determinista: "Na natureza nada existe realmente, além dos corpos indivisíveis que agem... segundo uma lei determinada"; e "as investigações na natureza produzem melhores resultados quando começam pela física e terminam na matemática"; mas aqui, "natureza" deve significar apenas o mundo exterior.

Bacon preferia os céticos filósofos pré-socráticos a Platão e Aristóteles, e elogiava o materialista Demócrito. Mas aceitava uma nítida distinção entre corpo e alma e antecipou-se a Bergson ao censurar o intelecto como "materialista constitucional": "A compreensão humana está infectada pela visão do que acontece nas artes mecânicas... e assim imagina que algo semelhante ocorre na natureza universal das coisas".

Rejeitou antecipadamente a biologia mecanicista de Descartes. Com cuidadosa ambivalência, "tempera" a sua filosofia com religião, "como se fosse sal. Prefiro acreditar em todas as fábulas da Lenda [Dourada], do Talmude e do Alcorão a acreditar que esta estrutura universal não tenha espírito".

Bacon coloca o ateísmo no devido lugar, num famoso trecho repetido duas vezes. Analisa as causas do ateísmo como sendo

> divisões na religião, se forem muitas; pois uma divisão importante acrescentaria fervor a ambos os lados, mas muitas divisões provocam o ateísmo. Outra [causa] é o escândalo dos sacerdotes. E finalmente os tempos eruditos, em especial os de paz e prosperidade, pois dificuldades e adversidades fazem as mentes dos homens curvarem-se à religião.

Estabelece como regra que "todo o conhecimento deve ser limitado pela religião". Segundo o capelão Rawley, "quando a saúde lhe permitia [Bacon] ia frequentemente assistir aos ofícios religiosos... e morreu na verdadeira fé estabelecida pela Igreja da Inglaterra". Entretanto, assim como o seu grande antecessor Guilherme de Occam, Bacon utilizou a distinção entre verdade teológica e filosófica: a fé deve se ater às convicções para as quais a ciência e a filosofia não conseguem encontrar evidências, mas a filosofia deve depender apenas da razão, e a ciência deve procurar explicações puramente seculares, em termos de causa e efeito físicos.

Apesar do seu entusiasmo pelo conhecimento, Bacon o subordina à moral; não haveria ganho para a humanidade se a extensão do conhecimento não trouxesse ganhos à benevolência. "De todas as virtudes e honrarias da mente, a maior é a bondade". No entanto, o seu habitual entusiasmo diminui quando ele fala das virtudes cristãs. A virtude deveria ser praticada com moderação, pois os maus poderiam tirar vantagem da imprudência dos bons. Uma pequena dissimulação é necessária ao sucesso e, até mesmo, à civilização. O amor é uma loucura, e o casamento, uma cilada. "Aquele que tem esposa e filhos tornou-se refém da sorte, pois eles são empecilhos às grandes iniciativas." Concordava com os papas sobre o celibato clerical: "Uma vida solitária é apropriada aos clérigos, pois as esmolas quase nem chegam a molhar o terreno, quanto mais a encher um poço". A amizade é melhor do que o amor, e os homens casados são amigos inconstantes.

A filosofia política de Bacon orientava-se mais pelas circunstâncias do que pelas teorias. Defendeu Maquiavel e aceitou francamente o princípio segundo o qual os estados não se subordinam ao código moral que ensinam aos seus cidadãos. Assim como Nietzsche, Bacon achava que uma boa guerra santificava qualquer causa. Em todo caso, "uma guerra justa e honrosa constitui verdadeiro exercício" para manter uma nação em boas condições. "Para a grandeza do império, é da maior importância que uma nação reconheça nas armas a sua principal honra, objeto de estudo e de ocupação." "Na juventude de um Estado, o que floresce são as armas; na meia-idade de um Estado, a sabedoria; e depois ambas, durante um certo tempo; no declínio de um Estado, as atividades mercantis e os mercadores."

Advertiu contra a concentração da riqueza como a principal causa de sedição e revolta. Contra elas,

> o melhor remédio ou prevenção é remover por todos os meios possíveis a causa material... representada pela necessidade e pela pobreza... Para atingir esse propósito é preciso abrir e equilibrar a balança do comércio, alimentar as manufaturas; banir a ociosidade; reprimir o desperdício e o excesso por meio de leis suntuárias, ...regular os preços das coisas vendáveis [...] Acima de tudo, deve-se usar boa política para que os tesouros e o dinheiro do Estado não fiquem reunidos em poucas mãos [...] O dinheiro é como palha, só é bom quando espalhado.

Bacon ri dos "filósofos que fazem leis imaginárias para comunidades imaginárias; seus discursos são como estrelas que dão pouca luz porque estão altas demais". Contudo, em *Nova Atlântida* (1624), ele descreveu claramente uma ilha imaginária cujo povo vivia feliz com as leis elaboradas para eles por um falecido rei Salomão. Em vez de parlamento, uma "Casa de Salomão": um conjunto de observatórios, laboratórios, bibliotecas, jardins zoológicos e botânicos – dirigidos por cientistas, economistas, técnicos, médicos, psicólogos e filósofos (como na *República*, de Platão) escolhidos através de testes iguais, após oportunidades iguais de educação e que depois (sem eleição) governariam o Estado, ou melhor, dominariam a natureza segundo o interesse do homem. "O objetivo da nossa Fundação é conhecer as causas e os movimentos secretos das coisas e ampliar os limites do Império Humano para tornar possível concretizar tudo", explica um dos governantes aos bárbaros procedentes da Europa.

Nesse mundo encantado ao sul do Pacífico, os feiticeiros de Salomão já haviam inventado microscópios, telescópios, relógios automáticos, submarinos, automóveis e aviões; haviam descoberto a anestesia, a hipnose, meios de enxertar plantas, gerar novas espécies e transmitir música para lugares distantes. Na Casa de Salomão, governo e ciência são interligados e, ali, fazem parte do equipamento do Estado todos os instrumentos e organizações de pesquisa que Bacon pedira a Jaime I. A ilha é economicamente independente; evita o comércio com o exterior, considerando-o uma cilada para a guerra; importa conhecimento, e não mercadorias. Assim, o humilde filósofo substitui o orgulhoso estadista, e o mesmo homem que aconselhara uma guerra ocasional como tônico social, sonha agora, nos seus últimos anos, com um mágico paraíso de paz.

O DEFENSOR DA RAZÃO

Bacon não foi, como o papa pensava, "o mais sábio, o mais brilhante e o mais mesquinho dos homens". Montaigne foi mais sábio, Voltaire mais brilhante, Henrique VIII mais mesquinho; e os inimigos de Bacon o consideravam bondoso, prestativo e pronto a perdoar. Era interesseiro até o servilismo e orgulhoso o bastante para irritar os deuses, mas levando em conta a luz que ele difundiu, aceitamos essas falhas o suficiente para perdoar-lhe a natureza humana. O seu egoísmo foi o vento que o impulsionou. Se víssemos a nós mesmos como os outros nos veem, teríamos uma imagem deformada.

Bacon não era um cientista, mas sim um filósofo da ciência. O âmbito da sua observação era imenso, mas o campo de especulação demasiado vasto para lhe permitir tempo suficiente para investigações especiais; tentou algumas, com poucos resultados. Ficou para trás no progresso da ciência contemporânea. Rejeitou a astronomia de Copérnico, mas deu boas razões para isso. Ignorou Kepler, Galileu e Napier. Em *Nova Atlântida*, algumas vezes registrou, mas ainda assim subestimando, o papel da imaginação, das hipóteses e da dedução na investigação científica. A proposta que fez a partir de uma paciente coleta de fatos funcionou bem na astronomia, em que a observação dos corpos celestes e os registros de milhares de estudantes deram a Copérnico material indutivo para as suas deduções revolucionárias; mas a proposta metodológica tinha pouca semelhança com os métodos através dos quais, à época, se descobriram as leis dos movimentos planetários, os satélites de Júpiter, o magnetismo da Terra e a circulação do sangue.

Bacon não alegava ter descoberto a indução. Não foi o primeiro a "derrubar Aristóteles"; homens como Roger Bacon e Petrus Ramus fizeram isso séculos antes. E o Aristóteles por eles deposto não foi (como Francis Bacon às vezes julgava) o grego que empregara e elogiara a indução ou a experiência, mas sim o transfigurado *ille philosophus* dos árabes e dos escolásticos. Bacon não foi o primeiro a enfatizar o conhecimento como caminho para o poder: Roger Bacon já o fizera, e Campanella dissera, com vigor baconiano: "*Tantum possumus quantum scimus*" – "Poderemos tanto quanto soubermos".

Talvez o estadista enfatizasse excessivamente os fins utilitaristas da ciência; contudo, reconhecia o valor da ciência "pura" em comparação à "aplicada" – da "luz" que se distingue dos "frutos". Insistiu no estudo dos objetivos, bem como dos meios, e previu que um século de invenções poderia criar mais problemas do que seria capaz de resolver, se a natureza humana não mudasse. Na fraqueza da sua própria moral, Bacon pode ter descoberto o abismo criado pelo progresso do conhecimento para além da disciplina do caráter.

O que resta depois de todas essas deduções tardias? Isto: que Francis Bacon foi a inteligência mais poderosa e mais influente da sua época. Naturalmente, Shakespeare paira acima dele na imaginação e na arte literária, na sutileza de percepção e pensamento; mas a mente de Bacon vasculhou o universo como um farol, espreitando e sondando com curiosidade todos os esconderijos e segredos do espaço. Era dotado de todo o entusiasmo estimulante do Renascimento, da excitação e do orgulho de Colombo navegando, intrépido, rumo ao novo mundo. Ouçamos o alegre canto do Cock Robin anunciando o amanhecer:

> Assim, eu concluí a parte do estudo relativa ao Conhecimento Civil, e com o conhecimento civil concluí a Filosofia Humana, e com o conhecimento humano, a Filosofia Geral. E agora, detendo-me por alguns instantes e olhando para o que ficou para trás, este escrito me parece, até onde um homem pode julgar o próprio trabalho, não muito melhor do que o ruído ou o som que os músicos fazem quando afinam seus instrumentos; nada agradável de se ouvir, mas, mesmo assim, a razão para a música se tornar mais doce. Então, contento-me em afinar os instrumentos das musas para que neles possam tocar os que têm mãos melhores. E, com certeza, quando coloco diante de mim as condições destes tempos, em que a sabedoria realizou sua terceira aparição ou circuito, com todas as qualidades daí decorrentes, com a excelência e a vivacidade dos espíritos desta época, os nobres auxílios e luzes por nós recebidos através das obras de antigos escritores; a arte da imprensa que transmite livros aos homens afortunados, a abertura do mundo através da navegação, que trouxe à luz milhares de experiências e grande quantidade de história natural –, não posso deixar de me convencer de que este terceiro período de tempo superará em muito o da sabedoria greco-romana [...] Quanto ao meu trabalho, se é que existe, se algum homem satisfizer a si mesmo ou aos outros censurando-o, ele fará aquele pedido antigo e paciente: Verbere sed audi ("Atacai-me,

se quiserdes, mas ouvi-me"); que os homens o censurem, pois assim observarão e avaliarão.

A princípio, os homens não o ouviram; na Inglaterra, na França e na Alemanha, preferiam a competição das religiões ao arbítrio das armas; porém, quando a fúria esfriou, quem não estava preso a grilhões e certezas organizou-se segundo o espírito de Bacon para ampliar o império do homem não sobre outros homens, mas sobre as condições e os obstáculos da vida humana.

Em 1660, quando os ingleses fundaram a Royal Society of London for Improving Natural Knowledge*, foi Francis Bacon quem teve a honra de servir de inspiração, e é provável que a Casa de Salomão da *Nova Atlântida* tenha pautado os objetivos dessa sociedade. Leibniz saudou Bacon como o regenerador da filosofia, e quando os *philosophes* do Iluminismo elaboraram a *Encyclopédie* (1751) que abalou o mundo, dedicaram-na a Francis Bacon.

No projeto, Diderot dizia: "Se chegamos ao sucesso, devemos boa parte dele ao Chanceler Bacon, que propôs o plano de um dicionário universal das ciências e das artes numa época em que, por assim dizer, não existiam nem artes nem ciências. Aquele gênio extraordinário, numa época em que era impossível escrever uma história daquilo que se sabia, escreveu sobre aquilo que era necessário aprender". E d'Alembert, num êxtase de entusiasmo, chamou Bacon de "o maior, o mais universal e o mais eloquente dos filósofos". Quando o Iluminismo irrompeu na Revolução Francesa, a Convenção mandou publicar as obras de Bacon a expensas do Estado. A essência e a trajetória do pensamento britânico, de Hobbes a Spencer – à exceção de Berkeley, de Hume e dos hegelianos ingleses –, seguiram as diretrizes de Bacon. Assim, podemos situar Francis Bacon na vanguarda da Idade da Razão. Ele não foi um idólatra da razão, como alguns dos seus sucessores; duvidava de todas as cogitações não

* Real Sociedade de Londres para o Progresso do Conhecimento Natural. (N.T.)

verificadas por experiência efetiva, e de todas as conclusões maculadas pelo desejo.

A compreensão humana não é uma luz fria, mas recebe uma infusão de vontade e de emoções; daí nascem ciências que podem ser chamadas de 'ciências subjetivas', pois o homem acredita mais prontamente naquilo que prefere como verdadeiro.

Bacon também não propôs a razão como inimiga ou substituta da religião, como fizeram os filósofos do século XVIII; ao contrário, abriu espaço para ambas na filosofia e na vida. Mas repudiou a confiança na tradição e nas autoridades; exigiu explicações naturais e racionais, em vez de pressuposições emocionais, intervenções sobrenaturais e mitologia popular.

Bacon desfraldou o estandarte de todas as ciências e atraiu para elas as mentes mais ávidas dos séculos seguintes. Independentemente da sua vontade, a iniciativa para a qual fora convocado – organizar de modo inteligível a pesquisa científica, a expansão ecumênica e a disseminação do conhecimento – continha cm si as sementes do drama mais profundo dos tempos modernos; o cristianismo, católico ou protestante, travando uma luta de vida e morte contra a difusão da ciência e da filosofia. Esse drama acabara de enunciar para o mundo o seu prólogo.

ÍNDICE REMISSIVO

B

D

E

F

G

H

K

L

M

Q

R

T

Coleção **L&PM** POCKET (LANÇAMENTOS MAIS RECENTES)

560.**Receitas da família** – J. A. Pinheiro Machado
561.**Boas maneiras à mesa** – Celia Ribeiro
562(9).**Filhos sadios, pais felizes** – R. Pagnoncelli
563(10).**Fatos & mitos** – Dr. Fernando Lucchese
564.**Ménage à trois** – Paula Taitelbaum
565.**Mulheres!** – David Coimbra
566.**Poemas de Álvaro de Campos** – Fernando Pessoa
567.**Medo e outras histórias** – Stefan Zweig
568.**Snoopy e sua turma (1)** – Schulz
569.**Piadas para sempre (1)** – Visconde da Casa Verde
570.**O alvo móvel** – Ross Macdonald
571.**O melhor do Recruta Zero (2)** – Mort Walker
572.**Um sonho americano** – Norman Mailer
573.**Os broncos também amam** – Angeli
574.**Crônica de um amor louco** – Bukowski
575(5).**Freud** – René Major e Chantal Talagrand
576(6).**Picasso** – Gilles Plazy
577(7).**Gandhi** – Christine Jordis
578.**A tumba** – H. P. Lovecraft
579.**O príncipe e o mendigo** – Mark Twain
580.**Garfield, um charme de gato (7)** – Jim Davis
581.**Ilusões perdidas** – Balzac
582.**Esplendores e misérias das cortesãs** – Balzac
583.**Walter Ego** – Angeli
584.**Striptiras (1)** – Laerte
585.**Fagundes: um puxa-saco de mão cheia** – Laerte
586.**Depois do último trem** – Josué Guimarães
587.**Ricardo III** – Shakespeare
588.**Dona Anja** – Josué Guimarães
589.**24 horas na vida de uma mulher** – Stefan Zweig
590.**O terceiro homem** – Graham Greene
591.**Mulher no escuro** – Dashiell Hammett
592.**No que acredito** – Bertrand Russell
593.**Odisséia (1): Telemaquia** – Homero
594.**O cavalo cego** – Josué Guimarães
595.**Henrique V** – Shakespeare
596.**Fabulário geral do delírio cotidiano** – Bukowski
597.**Tiros na noite 1: A mulher do bandido** – Dashiell Hammett
598.**Snoopy em Feliz Dia dos Namorados! (2)** – Schulz
599.**Mas não se matam cavalos?** – Horace McCoy
600.**Crime e castigo** – Dostoiévski
601(7).**Mistério no Caribe** – Agatha Christie
602.**Odisséia (2): Regresso** – Homero
603.**Piadas para sempre (2)** – Visconde da Casa Verde
604.**À sombra do vulcão** – Malcolm Lowry
605(8).**Kerouac** – Yves Buin
606.**E agora são cinzas** – Angeli
607.**As mil e uma noites** – Paulo Caruso
608.**Um assassino entre nós** – Ruth Rendell
609.**Crack-up** – F. Scott Fitzgerald
610.**Do amor** – Stendhal
611.**Cartas do Yage** – William Burroughs e Allen Ginsberg
612.**Striptiras (2)** – Laerte
613.**Henry & June** – Anaïs Nin
614.**A piscina mortal** – Ross Macdonald
615.**Geraldão (2)** – Glauco
616.**Tempo de delicadeza** – A. R. de Sant'Anna
617.**Tiros na noite 2: Medo de tiro** – Dashiell Hammett
618.**Snoopy em Assim é a vida, Charlie Brown! (3)** – Schulz
619.**1954 – Um tiro no coração** – Hélio Silva
620.**Sobre a inspiração poética (Íon)** e ... – Platão
621.**Garfield e seus amigos (8)** – Jim Davis
622.**Odisséia (3): Ítaca** – Homero
623.**A louca matança** – Chester Himes
624.**Factótum** – Bukowski
625.**Guerra e Paz: volume 1** – Tolstói
626.**Guerra e Paz: volume 2** – Tolstói
627.**Guerra e Paz: volume 3** – Tolstói
628.**Guerra e Paz: volume 4** – Tolstói
629(9).**Shakespeare** – Claude Mourthé
630.**Bem está o que bem acaba** – Shakespeare
631.**O contrato social** – Rousseau
632.**Geração Beat** – Jack Kerouac
633.**Snoopy: É Natal! (4)** – Charles Schulz
634(8).**Testemunha da acusação** – Agatha Christie
635.**Um elefante no caos** – Millôr Fernandes
636.**Guia de leitura (100 autores que você precisa ler)** – Organização de Léa Masina
637.**Pistoleiros também mandam flores** – David Coimbra
638.**O prazer das palavras** – vol. 1 – Cláudio Moreno
639.**O prazer das palavras** – vol. 2 – Cláudio Moreno
640.**Novíssimo testamento: com Deus e o diabo, a dupla da criação** – Iotti
641.**Literatura Brasileira: modos de usar** – Luís Augusto Fischer
642.**Dicionário de Porto-Alegrês** – Luís A. Fischer
643.**Clô Dias & Noites** – Sérgio Jockymann
644.**Memorial de Isla Negra** – Pablo Neruda
645.**Um homem extraordinário e outras histórias** – Tchékhov
646.**Ana sem terra** – Alcy Cheuiche
647.**Adultérios** – Woody Allen
648.**Para sempre ou nunca mais** – R. Chandler
649.**Nosso homem em Havana** – Graham Greene
650.**Dicionário Caldas Aulete de Bolso**
651.**Snoopy: Posso fazer uma pergunta, professora? (5)** – Charles Schulz
652(10).**Luís XVI** – Bernard Vincent
653.**O mercador de Veneza** – Shakespeare
654.**Cancioneiro** – Fernando Pessoa
655.**Non-Stop** – Martha Medeiros
656.**Carpinteiros, levantem bem alto a cumeeira & Seymour, uma apresentação** – J.D.Salinger
657.**Ensaios céticos** – Bertrand Russell
658.**O melhor de Hagar 5** – Dik e Chris Browne
659.**Primeiro amor** – Ivan Turguêniev
660.**A trégua** – Mario Benedetti
661.**Um parque de diversões da cabeça** – Lawrence Ferlinghetti

662.**Aprendendo a viver** – Sêneca
663.**Garfield, um gato em apuros (9)** – Jim Davis
664.**Dilbert 1** – Scott Adams
665.**Dicionário de dificuldades** – Domingos Paschoal Cegalla
666.**A imaginação** – Jean-Paul Sartre
667.**O ladrão e os cães** – Naguib Mahfuz
668.**Gramática do português contemporâneo** – Celso Cunha
669.**A volta do parafuso** *seguido de* **Daisy Miller** – Henry James
670.**Notas do subsolo** – Dostoiévski
671.**Abobrinhas da Brasilônia** – Glauco
672.**Geraldão (3)** – Glauco
673.**Piadas para sempre (3)** – Visconde da Casa Verde
674.**Duas viagens ao Brasil** – Hans Staden
675.**Bandeira de bolso** – Manuel Bandeira
676.**A arte da guerra** – Maquiavel
677.**Além do bem e do mal** – Nietzsche
678.**O coronel Chabert** *seguido de* **A mulher abandonada** – Balzac
679.**O sorriso de marfim** – Ross Macdonald
680.**100 receitas de pescados** – Sílvio Lancellotti
681.**O juiz e seu carrasco** – Friedrich Dürrenmatt
682.**Noites brancas** – Dostoiévski
683.**Quadras ao gosto popular** – Fernando Pessoa
684.**Romanceiro da Inconfidência** – Cecília Meireles
685.**Kaos** – Millôr Fernandes
686.**A pele de onagro** – Balzac
687.**As ligações perigosas** – Choderlos de Laclos
688.**Dicionário de matemática** – Luiz Fernandes Cardoso
689.**Os Lusíadas** – Luís Vaz de Camões
690(11).**Átila** – Éric Deschodt
691.**Um jeito tranqüilo de matar** – Chester Himes
692.**A felicidade conjugal** *seguido de* **O diabo** – Tolstói
693.**Viagem de um naturalista ao redor do mundo** – vol. 1 – Charles Darwin
694.**Viagem de um naturalista ao redor do mundo** – vol. 2 – Charles Darwin
695.**Memórias da casa dos mortos** – Dostoiévski
696.**A Celestina** – Fernando de Rojas
697.**Snoopy: Como você é azarado, Charlie Brown! (6)** – Charles Schulz
698.**Dez (quase) amores** – Claudia Tajes
699(9).**Poirot sempre espera** – Agatha Christie
700.**Cecília de bolso** – Cecília Meireles
701.**Apologia de Sócrates** *precedido de* **Êutifron** e *seguido de* **Críton** – Platão
702.**Wood & Stock** – Angeli
703.**Striptiras (3)** – Laerte
704.**Discurso sobre a origem e os fundamentos da desigualdade entre os homens** – Rousseau
705.**Os duelistas** – Joseph Conrad
706.**Dilbert (2)** – Scott Adams
707.**Viver e escrever** (vol. 1) – Edla van Steen
708.**Viver e escrever** (vol. 2) – Edla van Steen
709.**Viver e escrever** (vol. 3) – Edla van Steen
710(10).**A teia da aranha** – Agatha Christie
711.**O banquete** – Platão
712.**Os belos e malditos** – F. Scott Fitzgerald
713.**Libelo contra a arte moderna** – Salvador Dalí
714.**Akropolis** – Valerio Massimo Manfredi
715.**Devoradores de mortos** – Michael Crichton
716.**Sob o sol da Toscana** – Frances Mayes
717.**Batom na cueca** – Nani
718.**Vida dura** – Claudia Tajes
719.**Carne trêmula** – Ruth Rendell
720.**Cris, a fera** – David Coimbra
721.**O anticristo** – Nietzsche
722.**Como um romance** – Daniel Pennac
723.**Emboscada no Forte Bragg** – Tom Wolfe
724.**Assédio sexual** – Michael Crichton
725.**O espírito do Zen** – Alan W.Watts
726.**Um bonde chamado desejo** – Tennessee Williams
727.**Como gostais** *seguido de* **Conto de inverno** – Shakespeare
728.**Tratado sobre a tolerância** – Voltaire
729.**Snoopy: Doces ou travessuras? (7)** – Charles Schulz
730.**Cardápios do Anonymus Gourmet** – J.A. Pinheiro Machado
731.**100 receitas com lata** – J.A. Pinheiro Machado
732.**Conhece o Mário?** vol.2 – Santiago
733.**Dilbert (3)** – Scott Adams
734.**História de um louco amor** *seguido de* **Passado amor** – Horacio Quiroga
735(11).**Sexo: muito prazer** – Laura Meyer da Silva
736(12).**Para entender o adolescente** – Dr. Ronald Pagnoncelli
737(13).**Desembarcando a tristeza** – Dr. Fernando Lucchese
738.**Poirot e o mistério da arca espanhola & outras histórias** – Agatha Christie
739.**A última legião** – Valerio Massimo Manfredi
740.**As virgens suicidas** – Jeffrey Eugenides
741.**Sol nascente** – Michael Crichton
742.**Duzentos ladrões** – Dalton Trevisan
743.**Os devaneios do caminhante solitário** – Rousseau
744.**Garfield, o rei da preguiça (10)** – Jim Davis
745.**Os magnatas** – Charles R. Morris
746.**Pulp** – Charles Bukowski
747.**Enquanto agonizo** – William Faulkner
748.**Aline: viciada em sexo (3)** – Adão Iturrusgarai
749.**A dama do cachorrinho** – Anton Tchékhov
750.**Tito Andrônico** – Shakespeare
751.**Antologia poética** – Anna Akhmátova
752.**O melhor de Hagar 6** – Dik e Chris Browne
753(12).**Michelangelo** – Nadine Sautel
754.**Dilbert (4)** – Scott Adams
755.**O jardim das cerejeiras** *seguido de* **Tio Vânia** – Tchékhov
756.**Geração Beat** – Claudio Willer
757.**Santos Dumont** – Alcy Cheuiche
758.**Budismo** – Claude B. Levenson
759.**Cleópatra** – Christian-Georges Schwentzel
760.**Revolução Francesa** – Frédéric Bluche, Stéphane Rials e Jean Tulard
761.**A crise de 1929** – Bernard Gazier
762.**Sigmund Freud** – Edson Sousa e Paulo Endo
763.**Império Romano** – Patrick Le Roux
764.**Cruzadas** – Cécile Morrisson

765.**O mistério do Trem Azul** – Agatha Christie
766.**Os escrúpulos de Maigret** – Simenon
767.**Maigret se diverte** – Simenon
768.**Senso comum** – Thomas Paine
769.**O parque dos dinossauros** – Michael Crichton
770.**Trilogia da paixão** – Goethe
771.**A simples arte de matar** (vol.1) – R. Chandler
772.**A simples arte de matar** (vol.2) – R. Chandler
773.**Snoopy: No mundo da lua! (8)** – Charles Schulz
774.**Os Quatro Grandes** – Agatha Christie
775.**Um brinde de cianureto** – Agatha Christie
776.**Súplicas atendidas** – Truman Capote
777.**Ainda restam aveleiras** – Simenon
778.**Maigret e o ladrão preguiçoso** – Simenon
779.**A viúva imortal** – Millôr Fernandes
780.**Cabala** – Roland Goetschel
781.**Capitalismo** – Claude Jessua
782.**Mitologia grega** – Pierre Grimal
783.**Economia: 100 palavras-chave** – Jean-Paul Betbèze
784.**Marxismo** – Henri Lefebvre
785.**Punição para a inocência** – Agatha Christie
786.**A extravagância do morto** – Agatha Christie
787(13).**Cézanne** – Bernard Fauconnier
788.**A identidade Bourne** – Robert Ludlum
789.**Da tranquilidade da alma** – Sêneca
790.**Um artista da fome** *seguido de* **Na colônia penal e outras histórias** – Kafka
791.**Histórias de fantasmas** – Charles Dickens
792.**A louca de Maigret** – Simenon
793.**O amigo de infância de Maigret** – Simenon
794.**O revólver de Maigret** – Simenon
795.**A fuga do sr. Monde** – Simenon
796.**O Uraguai** – Basílio da Gama
797.**A mão misteriosa** – Agatha Christie
798.**Testemunha ocular do crime** – Agatha Christie
799.**Crepúsculo dos ídolos** – Friedrich Nietzsche
800.**Maigret e o negociante de vinhos** – Simemon
801.**Maigret e o mendigo** – Simenon
802.**O grande golpe** – Dashiell Hammett
803.**Humor barra pesada** – Nani
804.**Vinho** – Jean-François Gautier
805.**Egito Antigo** – Sophie Desplancques
806(14).**Baudelaire** – Jean-Baptiste Baronian
807.**Caminho da sabedoria, caminho da paz** – Dalai Lama e Felizitas von Schönborn
808.**Senhor e servo e outras histórias** – Tolstói
809.**Os cadernos de Malte Laurids Brigge** – Rilke
810.**Dilbert (5)** – Scott Adams
811.**Big Sur** – Jack Kerouac
812.**Seguindo a correnteza** – Agatha Christie
813.**O álibi** – Sandra Brown
814.**Montanha-russa** – Martha Medeiros
815.**Coisas da vida** – Martha Medeiros
816.**A cantada infalível** *seguido de* **A mulher do centroavante** – David Coimbra
817.**Maigret e os crimes do cais** – Simenon
818.**Sinal vermelho** – Simenon
819.**Snoopy: Pausa para a soneca (9)** – Charles Schulz
820.**De pernas pro ar** – Eduardo Galeano
821.**Tragédias gregas** – Pascal Thiercy
822.**Existencialismo** – Jacques Colette
823.**Nietzsche** – Jean Granier
824.**Amar ou depender?** – Walter Riso
825.**Darmapada: A doutrina budista em versos**
826.**J'Accuse...! – a verdade em marcha** – Zola
827.**Os crimes ABC** – Agatha Christie
828.**Um gato entre os pombos** – Agatha Christie
829.**Maigret e o sumiço do sr. Charles** – Simenon
830.**Maigret e a morte do jogador** – Simenon
831.**Dicionário de teatro** – Luiz Paulo Vasconcellos
832.**Cartas extraviadas** – Martha Medeiros
833.**A longa viagem de prazer** – J. J. Morosoli
834.**Receitas fáceis** – J. A. Pinheiro Machado
835.(14).**Mais fatos & mitos** – Dr. Fernando Lucchese
836.(15).**Boa viagem!** – Dr. Fernando Lucchese
837.**Aline: Finalmente nua!!!** (4) – Adão Iturrusgarai
838.**Mônica tem uma novidade!** – Mauricio de Sousa
839.**Cebolinha em apuros!** – Mauricio de Sousa
840.**Sócios no crime** – Agatha Christie
841.**Bocas do tempo** – Eduardo Galeano
842.**Orgulho e preconceito** – Jane Austen
843.**Impressionismo** – Dominique Lobstein
844.**Escrita chinesa** – Viviane Alleton
845.**Paris: uma história** – Yvan Combeau
846(15).**Van Gogh** – David Haziot
847.**Maigret e o corpo sem cabeça** – Simenon
848.**Portal do destino** – Agatha Christie
849.**O futuro de uma ilusão** – Freud
850.**O mal-estar na cultura** – Freud
851.**Maigret e o matador** – Simenon
852.**Maigret e o fantasma** – Simenon
853.**Um crime adormecido** – Agatha Christie
854.**Satori em Paris** – Jack Kerouac
855.**Medo e delírio em Las Vegas** – Hunter Thompson
856.**Um negócio fracassado e outros contos de humor** – Tchékhov
857.**Mônica está de férias!** – Mauricio de Sousa
858.**De quem é esse coelho?** – Mauricio de Sousa
859.**O burgomestre de Furnes** – Simenon
860.**O mistério Sittaford** – Agatha Christie
861.**Manhã transfigurada** – L. A. de Assis Brasil
862.**Alexandre, o Grande** – Pierre Briant
863.**Jesus** – Charles Perrot
864.**Islã** – Paul Balta
865.**Guerra da Secessão** – Farid Ameur
866.**Um rio que vem da Grécia** – Cláudio Moreno
867.**Maigret e os colegas americanos** – Simenon
868.**Assassinato na casa do pastor** – Agatha Christie
869.**Manual do líder** – Napoleão Bonaparte
870(16).**Billie Holiday** – Sylvia Fol
871.**Bidu arrasando!** – Mauricio de Sousa
872.**Desventuras em família** – Mauricio de Sousa
873.**Liberty Bar** – Simenon
874.**E no final a morte** – Agatha Christie
875.**Guia prático do Português correto – vol. 4** – Cláudio Moreno
876.**Dilbert (6)** – Scott Adams
877(17).**Leonardo da Vinci** – Sophie Chauveau
878.**Bella Toscana** – Frances Mayes
879.**A arte da ficção** – David Lodge
880.**Striptiras (4)** – Laerte
881.**Skrotinhos** – Angeli
882.**Depois do funeral** – Agatha Christie
883.**Radicci 7** – Iotti

884.**Walden** – H. D. Thoreau
885.**Lincoln** – Allen C. Guelzo
886.**Primeira Guerra Mundial** – Michael Howard
887.**A linha de sombra** – Joseph Conrad
888.**O amor é um cão dos diabos** – Bukowski
889.**Maigret sai em viagem** – Simenon
890.**Despertar: uma vida de Buda** – Jack Kerouac
891(18).**Albert Einstein** – Laurent Seksik
892.**Hell's Angels** – Hunter Thompson
893.**Ausência na primavera** – Agatha Christie
894.**Dilbert (7)** – Scott Adams
895.**Ao sul de lugar nenhum** – Bukowski
896.**Maquiavel** – Quentin Skinner
897.**Sócrates** – C.C.W. Taylor
898.**A casa do canal** – Simenon
899.**O Natal de Poirot** – Agatha Christie
900.**As veias abertas da América Latina** – Eduardo Galeano
901.**Snoopy: Sempre alerta! (10)** – Charles Schulz
902.**Chico Bento: Plantando confusão** – Mauricio de Sousa
903.**Penadinho: Quem é morto sempre aparece** – Mauricio de Sousa
904.**A vida sexual da mulher feia** – Claudia Tajes
905.**100 segredos de liquidificador** – José Antonio Pinheiro Machado
906.**Sexo muito prazer 2** – Laura Meyer da Silva
907.**Os nascimentos** – Eduardo Galeano
908.**As caras e as máscaras** – Eduardo Galeano
909.**O século do vento** – Eduardo Galeano
910.**Poirot perde uma cliente** – Agatha Christie
911.**Cérebro** – Michael O'Shea
912.**O escaravelho de ouro e outras histórias** – Edgar Allan Poe
913.**Piadas para sempre (4)** – Visconde da Casa Verde
914.**100 receitas de massas light** – Helena Tonetto
915(19).**Oscar Wilde** – Daniel Salvatore Schiffer
916.**Uma breve história do mundo** – H. G. Wells
917.**A Casa do Penhasco** – Agatha Christie
918.**Maigret e o finado sr. Gallet** – Simenon
919.**John M. Keynes** – Bernard Gazier
920(20).**Virginia Woolf** – Alexandra Lemasson
921.**Peter e Wendy** *seguido de* **Peter Pan em Kensington Gardens** – J. M. Barrie
922.**Aline: numas de colegial (5)** – Adão Iturrusgarai
923.**Uma dose mortal** – Agatha Christie
924.**Os trabalhos de Hércules** – Agatha Christie
925.**Maigret na escola** – Simenon
926.**Kant** – Roger Scruton
927.**A inocência do Padre Brown** – G.K. Chesterton
928.**Casa Velha** – Machado de Assis
929.**Marcas de nascença** – Nancy Huston
930.**Aulete de bolso**
931.**Hora Zero** – Agatha Christie
932.**Morte na Mesopotâmia** – Agatha Christie
933.**Um crime na Holanda** – Simenon
934.**Nem te conto, João** – Dalton Trevisan
935.**As aventuras de Huckleberry Finn** – Mark Twain
936(21).**Marilyn Monroe** – Anne Plantagenet
937.**China moderna** – Rana Mitter
938.**Dinossauros** – David Norman
939.**Louca por homem** – Claudia Tajes
940.**Amores de alto risco** – Walter Riso
941.**Jogo de damas** – David Coimbra
942.**Filha é filha** – Agatha Christie
943.**M ou N?** – Agatha Christie
944.**Maigret se defende** – Simenon
945.**Bidu: diversão em dobro!** – Mauricio de Sousa
946.**Fogo** – Anaïs Nin
947.**Rum: diário de um jornalista bêbado** – Hunter Thompson
948.**Persuasão** – Jane Austen
949.**Lágrimas na chuva** – Sergio Faraco
950.**Mulheres** – Bukowski
951.**Um pressentimento funesto** – Agatha Christie
952.**Cartas na mesa** – Agatha Christie
953.**Maigret em Vichy** – Simenon
954.**O lobo do mar** – Jack London
955.**Os gatos** – Patricia Highsmith
956(22).**Jesus** – Christiane Rancé
957.**História da medicina** – William Bynum
958.**O Morro dos Ventos Uivantes** – Emily Brontë
959.**A filosofia na era trágica dos gregos** – Nietzsche
960.**Os treze problemas** – Agatha Christie
961.**A massagista japonesa** – Moacyr Scliar
962.**A taberna dos dois tostões** – Simenon
963.**Humor do miserê** – Nani
964.**Todo o mundo tem dúvida, inclusive você** – Édison Oliveira
965.**A dama do Bar Nevada** – Sergio Faraco
966.**O Smurf Repórter** – Peyo
967.**O Bebê Smurf** – Peyo
968.**Maigret e os flamengos** – Simenon
969.**O psicopata americano** – Bret Easton Ellis
970.**Ensaios de amor** – Alain de Botton
971.**O grande Gatsby** – F. Scott Fitzgerald
972.**Por que não sou cristão** – Bertrand Russell
973.**A Casa Torta** – Agatha Christie
974.**Encontro com a morte** – Agatha Christie
975(23).**Rimbaud** – Jean-Baptiste Baronian
976.**Cartas na rua** – Bukowski
977.**Memória** – Jonathan K. Foster
978.**A abadia de Northanger** – Jane Austen
979.**As pernas de Úrsula** – Claudia Tajes
980.**Retrato inacabado** – Agatha Christie
981.**Solanin (1)** – Inio Asano
982.**Solanin (2)** – Inio Asano
983.**Aventuras de menino** – Mitsuru Adachi
984(16).**Fatos & mitos sobre sua alimentação** – Dr. Fernando Lucchese
985.**Teoria quântica** – John Polkinghorne
986.**O eterno marido** – Fiódor Dostoiévski
987.**Um safado em Dublin** – J. P. Donleavy
988.**Mirinha** – Dalton Trevisan
989.**Akhenaton e Nefertiti** – Carmen Seganfredo e A. S. Franchini
990.**On the Road – o manuscrito original** – Jack Kerouac
991.**Relatividade** – Russell Stannard
992.**Abaixo de zero** – Bret Easton Ellis
993(24).**Andy Warhol** – Mériam Korichi
994.**Maigret** – Simenon
995.**Os últimos casos de Miss Marple** – Agatha Christie

996.**Nico Demo** – Mauricio de Sousa
997.**Maigret e a mulher do ladrão** – Simenon
998.**Rousseau** – Robert Wokler
999.**Noite sem fim** – Agatha Christie
1000.**Diários de Andy Warhol (1)** – Editado por Pat Hackett
1001.**Diários de Andy Warhol (2)** – Editado por Pat Hackett
1002.**Cartier-Bresson: o olhar do século** – Pierre Assouline
1003.**As melhores histórias da mitologia: vol. 1** – A.S. Franchini e Carmen Seganfredo
1004.**As melhores histórias da mitologia: vol. 2** – A.S. Franchini e Carmen Seganfredo
1005.**Assassinato no beco** – Agatha Christie
1006.**Convite para um homicídio** – Agatha Christie
1007.**Um fracasso de Maigret** – Simenon
1008.**História da vida** – Michael J. Benton
1009.**Jung** – Anthony Stevens
1010.**Arsène Lupin, ladrão de casaca** – Maurice Leblanc
1011.**Dublinenses** – James Joyce
1012.**120 tirinhas da Turma da Mônica** – Mauricio de Sousa
1013.**Antologia poética** – Fernando Pessoa
1014.**A aventura de um cliente ilustre** *seguido de* **O último adeus de Sherlock Holmes** – Sir Arthur Conan Doyle
1015.**Cenas de Nova York** – Jack Kerouac
1016.**A corista** – Anton Tchékhov
1017.**O diabo** – Leon Tolstói
1018.**Fábulas chinesas** – Sérgio Capparelli e Márcia Schmaltz
1019.**O gato do Brasil** – Sir Arthur Conan Doyle
1020.**Missa do Galo** – Machado de Assis
1021.**O mistério de Marie Rogêt** – Edgar Allan Poe
1022.**A mulher mais linda da cidade** – Bukowski
1023.**O retrato** – Nicolai Gogol
1024.**O conflito** – Agatha Christie
1025.**Os primeiros casos de Poirot** – Agatha Christie
1026.**Maigret e o cliente de sábado** – Simenon
1027(25).**Beethoven** – Bernard Fauconnier
1028.**Platão** – Julia Annas
1029.**Cleo e Daniel** – Roberto Freire
1030.**Til** – José de Alencar
1031.**Viagens na minha terra** – Almeida Garrett
1032.**Profissões para mulheres e outros artigos feministas** – Virginia Woolf
1033.**Mrs. Dalloway** – Virginia Woolf
1034.**O cão da morte** – Agatha Christie
1035.**Tragédia em três atos** – Agatha Christie
1036.**Maigret hesita** – Simenon
1037.**O fantasma da Ópera** – Gaston Leroux
1038.**Evolução** – Brian e Deborah Charlesworth
1039.**Medida por medida** – Shakespeare
1040.**Razão e sentimento** – Jane Austen
1041.**A obra-prima ignorada** *seguido de* **Um episódio durante o Terror** – Balzac
1042.**A fugitiva** – Anaïs Nin
1043.**As grandes histórias da mitologia greco-romana** – A. S. Franchini
1044.**O corno de si mesmo & outras historietas** – Marquês de Sade
1045.**Da felicidade** *seguido de* **Da vida retirada** – Sêneca
1046.**O horror em Red Hook e outras histórias** – H. P. Lovecraft
1047.**Noite em claro** – Martha Medeiros
1048.**Poemas clássicos chineses** – Li Bai, Du Fu e Wang Wei
1049.**A terceira moça** – Agatha Christie
1050.**Um destino ignorado** – Agatha Christie
1051(26).**Buda** – Sophie Royer
1052.**Guerra fria** – Robert J. McMahon
1053.**Simons's Cat: as aventuras de um gato travesso e comilão – vol. 1** – Simon Tofield
1054.**Simons's Cat: as aventuras de um gato travesso e comilão – vol. 2** – Simon Tofield
1055.**Só as mulheres e as baratas sobreviverão** – Claudia Tajes
1056. **Maigret e o ministro** – Simenon
1057.**Pré-história** – Chris Gosden
1058.**Pintou sujeira!** – Mauricio de Sousa
1059.**Contos de Mamãe Gansa** – Charles Perrault
1060.**A interpretação dos sonhos: vol. 1** – Freud
1061.**A interpretação dos sonhos: vol. 2** – Freud
1062.**Frufru Rataplã Dolores** – Dalton Trevisan
1063.**As melhores histórias da mitologia egípcia** – Carmem Seganfredo e A.S. Franchini
1064.**Infância. Adolescência. Juventude** – Tolstói
1065.**As consolações da filosofia** – Alain de Botton
1066.**Diários de Jack Kerouac – 1947-1954**
1067.**Revolução Francesa – vol. 1** – Max Gallo
1068.**Revolução Francesa – vol. 2** – Max Gallo
1069.**O detetive Parker Pyne** – Agatha Christie
1070.**Memórias do esquecimento** – Flávio Tavares
1071.**Drogas** – Leslie Iversen
1072.**Manual de ecologia (vol.2)** – J. Lutzenberger
1073.**Como andar no labirinto** – Affonso Romano de Sant'Anna
1074.**A orquídea e o serial killer** – Juremir Machado da Silva
1075.**Amor nos tempos de fúria** – Lawrence Ferlinghetti
1076.**A aventura do pudim de Natal** – Agatha Christie
1077.**Maigret no Picratt's** – Simenon
1078.**Amores que matam** – Patricia Faur
1079.**Histórias de pescador** – Mauricio de Sousa
1080.**Pedaços de um caderno manchado de vinho** – Bukowski
1081.**A ferro e fogo: tempo de solidão (vol.1)** Josué Guimarães
1082.**A ferro e fogo: tempo de guerra (vol.2)** Josué Guimarães
1083.**Carta a meu juiz** – Simenon
1084(17).**Desembarcando o Alzheimer** – Dr. Fernando Lucchese e Dra. Ana Hartmann
1085.**A maldição do espelho** – Agatha Christie
1086.**Uma breve história da filosofia** – Nigel Warburton
1087.**Uma confidência de Maigret** – Simenon
1088.**Heróis da História** – Will Durant
1089.**Concerto campestre** – L. A. de Assis Brasil
1090.**Morte nas nuvens** – Agatha Christie
1091.**Maigret no tribunal** – Simenon

IMPRESSÃO:

GRÁFICA EDITORA Pallotti IMAGEM DE QUALIDADE

Santa Maria - RS - Fone/Fax: (55) 3220.4500

www.pallotti.com.br